谨以此书

致敬

千千万万默默奉献、奋勇争先的国企勇士们!

红色引擎

推动国企高质量发展

吴东晓 著

中国出版集团
研究出版社

图书在版编目 (CIP) 数据

红色引擎：推动国企高质量发展 / 吴东晓著. --
北京：研究出版社，2022.7
ISBN 978-7-5199-1264-2

Ⅰ.①红… Ⅱ.①吴… Ⅲ.①中国共产党 – 国有企业
– 党的建设 – 研究 Ⅳ.①D267.1

中国版本图书馆CIP数据核字(2022)第110842号

出 品 人：赵卜慧
出版统筹：丁　波
责任编辑：寇颖丹

红色引擎
HONGSE YINQING
——推动国企高质量发展

吴东晓　著

研究出版社 出版发行
（100006　北京市东城区灯市口大街100号华腾商务楼）
北京建宏印刷有限公司　新华书店经销
2022年8月第1版　2023年11月第3次印刷
开本：710毫米×1000毫米　1/16　印张：29.75
字数：456千字
ISBN 978-7-5199-1264-2　定价：68.00元
电话（010）64217619　64217652（发行部）

目录
Contents

序一	面向高质量发展的企业领导力	王重鸣	01
序二	雄关漫道真如铁　而今迈步从头越	张国玉	04
前言	凝结心灵，沟通世界		07

第一章
山雨欲来

01	临危受命	001
02	走出舒适圈？	004
03	单刀赴会	007
04	领导力的形成源于伟大的使命	009
05	干部大会上的悬疑	013
06	新老班子交接会	017
07	电梯边的临时报告	020
08	红酒品鉴师的交流	021
09	纪检干部的底气	024
10	师兄的智慧	027
11	望北楼的"陆客"	034
12	会所夜宴	035
13	热锅上的蚂蚁	037

★ 本章思考题　　　　　　　　　　　　　　　039

★ 本章知识点　　　　　　　　　　　　　　　040

1.1　国有企业20字好干部标准　　　　　　　040

1.2　国有企业干部选拔一般流程　　　　　　040

1.3　国有企业管理人员因私出国（境）相关管理规定　040

1.4　自我暗示　　　　　　　　　　　　　　041

1.5　第一印象　　　　　　　　　　　　　　041

1.6　刻板印象　　　　　　　　　　　　　　041

1.7　纪律检查机关监督执纪"四种形态"　　042

1.8　基层纪律检查委员会的领导体制　　　　042

第二章
力挽狂澜

01　总部必答题　　　　　　　　　　　　　044

02　把酒酹滔滔，心潮逐浪高　　　　　　　049

03　多事之秋　　　　　　　　　　　　　　054

04　外审发现的问题　　　　　　　　　　　057

05　狂风暴雨　　　　　　　　　　　　　　061

06　灵魂拷问　　　　　　　　　　　　　　064

07　开好党委会的四要四不能　　　　　　　068

08　党内政治生活的重要规矩　　　　　　　072

09　打造坚强战斗堡垒　　　　　　　　　　076

10　火车跑得快，全靠车头带　　　　　　　081

11　应该谁来报案？　　　　　　　　　　　084

12　资金链危机怎么解？　　　　　　　　　086

★ 本章思考题　　　　　　　　　　　　　　091

★ 本章知识点　　　　　　　　　　　　　　092

2.1　归属于母公司所有者的净利润和净资产　092

2.2　企业坏账与计提坏账准备　092

2.3　集团授信　092

2.4　流动资金贷款　092

2.5　信用证　093

2.6　挪用资金罪　093

2.7　挪用公款罪　094

2.8　皮格马利翁效应　094

2.9　"一把手"末位表态机制　094

2.10　母子公司借款　095

第三章
利剑出鞘

01　明知山有虎　096

02　偏向虎山行　101

03　犯罪的主体和客体　102

04　犯罪的主观和客观方面　103

05　抓住问题的关键　104

06　如何判断是国有资产损失？　106

07　"参照执行"等于"必须执行"吗？　107

08　既要低头拉车，也要抬头看路　109

09　商务厅阿姨讲的历史课　111

10　大千气象，风云再起　114

11　思想工作要细火慢炖　116

12　领导干部四个字的含义　118

13　思想工作中的关键对话　121

14　三会合一，提振士气　123

15　一场别开生面的党课　125

★本章思考题　128

★本章知识点 129

3.1 犯罪构成要件 129

3.2 国家工作人员 129

3.3 经济犯罪案件追诉标准 130

3.4 国有控股、参股股份有限公司中的国有公司、企业人员 130

3.5 渎职犯罪的经济损失 130

3.6 小金库 130

3.7 三会一课 130

3.8 三必到、四必访、五必谈 130

第四章
柳暗花明

01 夜半铃声 132

02 纪检人的骨气 134

03 搞气氛，要一把手带头 138

04 借来借去不是长久之计 140

05 北园酒家的早茶 142

06 听了舒心，下了决心，有了信心 147

07 以案促改，警钟长鸣 151

08 纪法情理贯通融合 154

09 生存还是灭亡 157

10 一颗老鼠屎坏了一锅汤 158

11 珠江边的笑声 163

12 要做"听诊器"，不做"复印机" 167

13 开放空间技术的中国实践 169

★本章思考题 172

★本章知识点 173

4.1 担保 173

4.2	质押	173
4.3	股权质押	173
4.4	党支部纪检委员	173
4.5	信托和单一信托	174
4.6	初步核实	174
4.7	审查调查	174
4.8	供应链管理	175
4.9	开放空间技术	175

第五章 步步为营	01	美食也是生产力	176
	02	破除形式主义、官僚主义	178
	03	高效会议管理七步法	180
	04	开会？先调频	183
	05	开会是门技术活儿	185
	06	行动学习：先破冰，再游泳	188
	07	严肃的主题，生动的讨论	193
	08	他山之石，可以攻玉	197
	09	金瑞集团的竞争力	199
	10	苏纺国际的生意经	202
	11	没有夕阳的产业，只有夕阳的企业	204
	12	平壤的春天	206
	13	总部建设提上日程	209
	14	总经理被控制了	213
	15	惩前毖后，治病救人	215
	16	硬度、力度、温度，一个都不能少	217
	★本章思考题		220

★本章知识点　　　　　　　　　　　　　221

　5.1　鱼骨图　　　　　　　　　　　　221

　5.2　世界咖啡会议模式　　　　　　　221

　5.3　价值链　　　　　　　　　　　　221

　5.4　核心竞争力　　　　　　　　　　222

　5.5　敏捷性组织　　　　　　　　　　222

　5.6　精益化生产　　　　　　　　　　223

　5.7　师课共建项目（PCT）　　　　　223

　5.8　国有企业民主生活会　　　　　　223

第六章
千锤百炼

01　国企改革，箭在弦上　　　　　　　224

02　浙商资产：增强国有经济的五个力　231

03　藏龙卧虎之地　　　　　　　　　　238

04　法人治理结构的核心　　　　　　　243

05　圆桌分享会：风险控制大家谈　　　248

06　战略管理风险：资源与定位不匹配　251

07　组织架构风险：失去制衡的空架子　255

08　企业文化风险：风险控制停在表面　258

09　尽职调查：领导牵线不代表领导背书　262

10　年化收益18%的项目？不是骗子！　265

11　出差吃泡面，我心里踏实　　　　　266

12　开局决定全局　　　　　　　　　　269

13　没有定力，再好的风控体系也是白搭　272

14　房产变现进入快车道　　　　　　　274

15　古井集团：党建经营一盘棋　　　　277

16　党建做实了就是生产力　　　　　　280

17　风险控制的三道防线　283

★**本章思考题**　288

★**本章知识点**　289

6.1　组织委任制和市场聘任制　289

6.2　国有企业的分类和界定　289

6.3　国有资产证券化　289

6.4　国企混改　290

6.5　"三重一大"事项　291

6.6　组织生活会　292

6.7　AMC和地方版AMC　292

6.8　高质量发展　293

6.9　主题党日活动　294

第七章
逐浪前行

01　进国企就是混吃养老吗？NO!　296

02　无领导小组讨论　299

03　看不见的刀光剑影　302

04　HRD的六脉神剑：把握六个方面的平衡　305

05　目标是坚定的，方法是灵活的，策略是多样的　308

06　兵马未动，粮草先行　310

07　出人意料的选择　312

08　规划规划，不是墙上挂挂　314

09　PCT项目：没有一瓶水，怎么倒给别人半瓶?　319

10　知己知彼，百战不殆　321

11　风险控制事前预防七步法　327

12　我见青山多妩媚　331

13　男儿当丽春　335

14　"后知后觉"要好过"不知不觉"　339

15　破除国有企业改革的困境　342

16　讲好国企故事，提高文化主导权　346

17　以星星之微光，引燃广阔之人心　348

18　青春同学会：心怀"国之大者"　352

19　服务双循环，助力碳中和　355

★本章思考题　358

★本章知识点　359

7.1　无领导小组讨论　359

7.2　MBTI 性格评估测试　359

7.3　新结构经济学　359

7.4　MBO　360

7.5　国之大者　360

7.6　双循环　361

7.7　碳达峰、碳中和"双碳"目标　362

第八章
鲲鹏展翅

01　全球领导力的研究前沿应当在中国　363

02　党建引领力：坚持党的全面领导，凸显国有企业鲜明底色　368

03　战略决策力：服务国家重大战略，把握企业发展正确方向　372

04　创新驱动力：塑造组织变革能力，构建创新发展机制体制　377

05　公司治理力：建立均衡治理结构，提升公司系统治理效能　382

06 风险管控力：坚守安全发展底线，持续完善风险
   防控机制 388

07 人才发展力：营造良好发展生态，打造高素质
   专业化铁军 391

08 文化凝聚力：传承守护红色基因，激活企业健康
   发展动力 397

09 基层冲锋力：赋能基层组织建设，打造一线坚强
   战斗堡垒 404

10 清正廉洁力：深化全面从严治党，涵养风清气正
   政治生态 409

11 劈波斩浪 415

★本章思考题 416

★本章知识点 417

8.1 元理论 417

8.2 元领导力 417

8.3 绿色贸易壁垒 417

8.4 《党委（党组）讨论决定干部任免事项守则》的
   相关规定 418

8.5 对"一把手"和领导班子监督的相关规定 419

附录1 高效会议管理七步法 420
附录2 HRD的六脉神剑：工作中需要把握的六个平衡关系 426
参考文献 430
专家点评 434

唐宁玉 长风破浪会有时，直挂云帆济沧海 434
王 璞 生动翔实的领导力建设读本 435

沈田丰　一本饶有趣味的好书　　　　　　　　　　　436

陈　捷　科学治理是企业生存与发展的重要基石　　437

范　巍　求职国企的一本实用参考书　　　　　　　438

郑晓峰　高质量发展解读的一扇窗口　　　　　　　439

冯　毅　生动的案例、学习的样本　　　　　　　　440

张荣祥　实现强国理想，服务"国之大者"　　　　443

后记　　　　　　　　　　　　　　　　　　　　444

| 序一 |

面向高质量发展的企业领导力

国有企业是中国特色社会主义的重要物质基础和政治基础。吴东晓博士以自己在国有企业二十余年丰富工作实践经历与积极思考，写出《红色引擎——推动国企高质量发展》一书，我作为导师，甚为欣喜，为这本书特别点赞！面向高质量发展，这本书对于国有企业新发展行动具有重要的意义，也对各类企业的党建工作、经营工作和领导力提升具有参考价值。

我国改革开放伟大实践的"重头戏"一直是国有企业的改革与创新发展。从20世纪80年代的"放权让利"和厂长经理承包责任制改革以及"所有权与经营权分离"，到20世纪90年代的国企改革，其主要包括转换企业经营机制、建立现代企业制度与国有企业重组，实现"产权明晰、责权明确、政企分开和科学管理"的现代企业制度建设，再到21世纪初的"股份制改造"和通过建立股东大会、董事会、监事会等现代公司体系，形成一套科学规范的法人治理体系，增强企业领导力一直是最关键的成功路径！

无论是以混合所有制改革为基本特征的国有企业改革，强调混改后国有企业完善公司治理机制，促进实现市场化经营机制，还是从2020年起全国通过实施国企改革三年行动，完善和优化中国特色现代企业制度和以管资本为主的国资监管体制，在推动国有经济布局优化和结构调整以及提高国有企业活力和效率，做强做优做大国有资本和国有企业的实践中，坚持党的全面领导和加强党组织领导力建设都是企业经营管理的核心原则。特别是充分发挥国有企业的政治优势，推进党建工作与生产经营深度融合，把提高企业效益、增强企业竞争力、实现国有资产保值增值作为企业党组织工作的出发点和落脚点，不断增强国有经济竞争力、创新力、控制力、影响力和抗风险能力。

在四十多年的国企改革中，领导力的提升与发展也经历了不断创新和赋能开发的过程。从20世纪80年代的责任承包领导行为提升与厂长经理培训，20世纪90年代的领导能力建模与胜任特征评价选拔，到21世纪初的党政领导干部评价选拔，21世纪最初十年的职业经理人资质评价适配与能力建设，再到2022年的元领导力建构和弹韧领导力、赋能领导力、责任领导力、伦理领导力、变革领导力等新型领导力开发。

这里所说的元领导力是我们根据领导力发展的新趋势和有关领导行为和领导胜任力的新进展，在一系列中国企业研究基础上，针对变革型组织成长和变革领导力开发的战略目标而提出的高阶领导力框架，包括动力、活力和张力三项元素：动力来自"不忘初心"和事业激励推动；活力出自协同创新和团队动能激发；张力则发自愿景价值和变革举措，特别是主动增强聚焦创意举措、愿景追求和赋能使能的创造性张力，从而在大变局、数字化、绿色转型和可持续发展中形成变革创新的全新领导力。

面向高质量发展的新目标和新任务，我国国企干部队伍正在快速成长。我们在四十年研究的基础上提出基于元领导力的五力管理模型，包括生态力管理（以可续管理为主线）、文化力管理（以责任管理为主线）、团队力管理（以团队管理为主线）、创新力管理（以创新管理为主线）和行动力管理（以变革管理为主线）五个方面，并且每一项管理都以领导力作为统领性能力体系，从而全面提升管理胜任力和企业竞争优势。

该作品以粤鹏集团在重重危机和变革挑战面前，坚持党的全面领导，通过党建引领、改革创新等一系列举措，发动红色引擎，增强能力，特别是领导力，主动推动企业高质量发展的生动实践，展现了企业领导力的培育、增强和发挥，揭示了国企领导团队凝心聚力，化解风险，不断增强国有企业的动力、活力和张力，加快增强组织的竞争力、创新力、控制力、影响力和抗风险能力的策略与原理。

本书在写作上具有立意站位高、案例故事真实、原理提炼到位、方法技术可行，各章知识点详尽等鲜明特点。全书从思想创建、文化凝聚、组织机制和领导力演进等多个角度，尤其是党组织领导力淬炼与开发的新视角，展示国有企业高质量发展的红色引擎。

王重鸣

2022年4月

浙江大学文科资深教授、博士生导师

浙江省特级专家

浙江大学全球创业研究中心主任

浙江大学人力资源与战略发展研究中心名誉主任

米勒创业创新研究院联合院长

国际丝路创业教育联盟理事长

雄关漫道真如铁　而今迈步从头越

　　三月，万物生发，收到来自杭州吴东晓博士的书稿《红色引擎——推动国企高质量发展》。初看书名，原以为是一部关于国企治理的理论论著，没想到读起来更像是一本以国企改革发展为主线的小说。但等到真正把全书仔仔细细读下来，却发现似乎也不能把它归类为纯粹的文学作品，而是一种以类似朋友间"对话式"交流探讨为写作风格的国企党建作品。不同的国企领导人物，在不同的领导场景，围绕企业党的建设、纪检监察工作、改革创新、经营管理等一系列事件，及冲突与合作，彼此之间既有思想的共鸣，也有观点的交锋，在相互碰撞中帮助读者实现对国有企业党的建设问题从感性认识到理性认识的深化。这是本书的第一个特点，把讲故事和讲道理融合起来，兼具可读性、知识性和思想性，读起来不累，看完后有所得。

　　基业长青是企业治理的永恒话题。德鲁克认为，企业是社会的器官，管理是企业的器官，管理层是管理的器官。企业能否永续经营，根本取决于企业能否持续为社会创造价值，取决于管理行为能否持续为企业创造整体贡献，取决于管理层能否持续为管理行为注入活力因子。聚焦为社会大众、为企业整体持续贡献是组织行为有效性和企业高质量发展的关键衡量标准，这恰恰与国有企业追求经济效益与社会效益相统一的本质高度一致。本书揭示探讨了国有企业高质量发展的大本大源——国有企业高质量党的建设这一企业发展的根本动力问题。这是本书的第二个特点，贯穿全书的主线是国有企业高质量党建促进国有企业高质量发展，剖析了党建与业务融合的基本规律与具体方法。

管理的最大特点是它的整体性，无论这一概念是以党建、领导、治理、改革还是发展等不同话语在哪一个场景出现。全书以国企党建作为企业高质量发展的"红色引擎"进行论述，但对这一主题的探讨不是就党建论党建，而是把党的建设、现代企业制度、企业治理、人才培养等涉及国有企业改革发展的关键要素有机地整合到一起。从多学科和跨学科的角度，通过设场景、讲故事、谈案例的方法，深入浅出地将国有企业党组织领导力的提升和企业经营管理智慧以可视化、可操作化的方式呈现给读者朋友。本书的第三个特点是，为大家呈现一个国有企业立体式的俯瞰全貌，更有助于从整体把握国有企业高质量发展的方向和全局。

国有企业党的建设，既需要坚定前进的根本方向，又需要可以落地管用的方法论。本书的第四个特点是，全书把政治过硬和本领高强、高素质与专业化有机融合起来。一方面，作者将党的十八大以来全面从严治党、中央八项规定、"三重一大"决策制度、监督执纪"四种形态"、国有企业党的建设工作会议、"国之大者"、对"一把手"和领导班子监督等重要知识点作为立论之基，贯穿始终。另一方面，书中为读者提供了一系列管用有效的管理工具，比如，开放空间技术、鱼骨图、圆桌分享会、无领导小组讨论等，并结合具体案例，向读者传递这些工具如何落地生根，如何产生切实的管理效果。更难能可贵的是，作者把这些管理工具的使用，有机地融合到国有企业党建和国有企业高质量发展的各个领域和各个环节。

书中很多情节可能都是作者虚构的，但贯穿这些故事的推动国企高质量发展的做法、思想和智慧，都是一位有着二十多年工作经历的国企领导人员在思想上艰苦奋斗的结果。比如，开好党委会的四要四不要、高效会议管理七步法、风险控制事前预防七步法、人力资源管理者六个方面的平衡等，这些观点或多或少都是作者多年从事国企领导工作实践的深刻感悟和简洁概括。全书整合组织领导力、国企改革、法人治理、风险控制、人力资源管理等领域的理论成果，同时又以国有企业领导人员为主体，通过一系列的关键事件和关键行为，阐发不同场景下相关理论的实践运用和具体实践的理论总结，给读者以很强的代入感。本书的第五个特点是，全书既放眼世界又植根本土，努力寻求理论与实践工作的结合点，将理论问题加以实践剖析，对实践问题进行理论升华。可以看出作者在理解和探索中国特色国有企业治理模式方面的有益尝试。

党的建设与党的领导须臾不可分，国有企业党的建设归根结底在于增强国有企业党组织的领导力，以党的领导力持续激活国企改革发展的活力因子，为国有企业高质量发展提供根本保证。作为全书最后一章，作者尝试总结出关于国有企业领导力构成的九个要素：党建引领力、战略决策力、创新驱动力、法人治理力、风险管控力、人才发展力、文化凝聚力、基层冲锋力、清正廉洁力。这九个方面内容既是国有企业党的建设的基本内容和主要要求，也是对国企好干部"对党忠诚、勇于创新、治企有方、兴企有为、清正廉洁"二十字标准的学理阐释，还是国企党建与国企高质量发展融合的理论成果。从中能够看出作者扎实的理论功底和一名国企领导人员追求理论素养的人生旨趣，以及对国有企业的浓浓情怀，这也是本书的第六个特点。

雄关漫道真如铁，而今迈步从头越。当前，我国进入把握新发展阶段、贯彻新发展理念、构建新发展格局的关键时期，正处在转变发展方式、优化经济结构、转换增长动力的攻关阶段，"三期叠加"影响持续深化，经济下行压力加大。面对国内国际各种挑战和不可预见的困难风险，党的坚强领导是克服一切艰难险阻的定海神针。深化领导力研究、加强领导力建设，提高广大领导者的领导能力专业化水平，无疑对党和国家事业高质量发展和人民获得感增强具有基础性、先导性和战略性的意义。

是为序。

张国玉

2022年4月

中央党校（国家行政学院）党的建设教研部教授、博士生导师

中国领导科学研究会副秘书长

《中国领导科学》杂志社副社长

凝结心灵，沟通世界

　　美国哈佛大学肯尼迪政府学院阿什民主治理与创新中心2020年发布的《理解中国共产党的韧性：中国民意长期调查》报告显示，中国公民对政府满意度的持续性，尤其是对中央政府的满意度从2003年的86.1%上升到2016年的93.1%。中国外交部发言人华春莹指出，报告的结论是，中国共产党的执政基础稳固，韧性源于民众的广泛支持①。相较于西方国家特别是美国公民对政府满意度的普遍下降，中国公民对政府的高满意度已经成为一个独特的政治现象。为此，国内外学者围绕着"中国共产党为什么能成功""中国共产党的执政密码是什么"和"中国共产党从哪里来、要到哪里去"等议题展开深入研究，力求从不同角度、不同层面探究中国共产党之所以能够获得成功的秘诀。

　　笔者开始关注党史党建并产生兴趣，是在二十多年前的一个春天，那时候正在准备考研的资料，在家中的书柜里翻到了一本胡绳主编的《中国共产党的七十年》。这本书是中共中央党史研究室为纪念中国共产党成立七十周年而撰写的。在这部近四十八万字的书中，作者试图对中国共产党在七十年中所走过的历史道路和所取得的经验做一个完整的叙述。

　　与一般的党史读物不同，这本书的作者集历史的见证者和研究者于一体。在回顾中国共产党七十年曲折发展的历史进程中，理性、反思性、建设

---

① 《哈佛大学调查报告：中国民众对中央政府的满意度高达93.1%》，https://baijiahao.baidu.com/s?id
=1672350807899081450&wfr=spider&for=pc，2020-07-16。

性的思想始终贯穿其中。记得当时读书的感觉好像是在听一位头发花白的老爷爷坐在家门口的大树下，摇着蒲扇讲自己当年的故事一样。从那个时候起，笔者开始对中国共产党党史和党的建设、党的领导力产生了浓厚的兴趣。说句心里话，认真研读此书，并由此厘清中国革命史的发展脉络，对当时考研取得政治高分功不可没。

转眼间，笔者来到西子湖畔的浙江大学攻读研究生。在博士研究生学习期间，有幸得到恩师王重鸣教授的悉心指导。导师高屋建瓴的国际视野和严谨求实的治学风范，让笔者学会了用宏观缜密的思维和实证研究的方法，研究组织行为学、创业胜任力和组织领导力等领域的重点课题，同时对党史党建和党的领导力更加关注组织层面的结构分析和逻辑演变。

从思想创建的角度看，在那个物质和生产极度贫乏的年代，共产党人靠一种什么样的魅力和方法，打造了铁一样的政党和军队，赢得了老百姓的信任和支持，凭着"小米加步枪"在与日本侵略者、国民党反动派的长期斗争中，战胜了敌人的飞机大炮，创造了一个又一个以弱胜强的战争神话？

从文化凝聚的角度看，在偏远、清贫的陕北地区，共产党人塑造了怎样一种如磁石一般的文化和灵魂，吸引了全国各地的爱国志士、进步青年和海外青年华侨不顾国民党当局的阻挠和迫害，冒着生命危险，冲破敌人重重封锁，跋山涉水奔赴延安，为新中国的解放事业甘愿抛头颅、洒热血？

从组织机制的角度看，一支由旧军阀人员、黄埔军校学生、小资产阶级知识分子、起义农民拼凑起来的队伍，在秋收起义失利的严峻形势下，不仅没有走向分裂、倒退和失败，反而在硝烟炮火的洗礼中成长为一支坚韧、刚强、具有强大战斗力的人民军队，保证了党对军队的绝对领导，这其中的方法和秘诀是什么？

从领导力演进脉络的角度看，以毛泽东为代表的中国共产党领导集体，在革命战争、抗日战争、解放战争时期，面对不同的环境、不同的形势、不同的对手，如何打造组织领导力，在战略、谋略和策略上凝聚人心、鼓舞士气、以贫战富、以小博大、以弱胜强？

革命的道路不是一帆风顺的。为了在这个占世界人口四分之一的贫穷而落后的国家里，夺取革命的胜利，建设一个新的社会，中国共产党创造过举世震惊的人间奇迹，也面对过许多棘手的难题，遭受过严重挫折。但不管什么困难和挫折，都阻挡不了它的前进，而只是将它锻炼得更加坚强，更加成熟。这其中的原因是什么？发展的道路有没有规律可循？对于今天的组织、企业和团队建设有什么借鉴意义？

国有企业是中国特色社会主义的重要物质基础和政治基础。新中国成立以来，在党的领导下，国有企业从无到有，从小到大，从弱到强，取得了举世瞩目的成就。然而，一段时间以来，社会上对国有企业的地位作用，对国有企业坚持党的领导、加强党的建设等问题的认识并不统一。一些人制造了不少关于国有企业的奇谈怪论。有的大谈"国有企业垄断论"，宣扬"国有企业与民争利"，鼓吹"私有化"，对国有企业及其改革发展提出各种质疑甚至是否定，使人们看不清国有企业改革的方向；有的打着维护市场经济的旗号，否定党对国有企业的领导，宣扬"党组织必须无条件撤出国有企业""国有企业党组织没必要发挥领导作用"，忽视国有企业的政治属性，直接危害到党的执政基础，对党的伟大事业造成影响。这些噪声杂音，弱化甚至否定党对国有企业的领导，混淆视听，扰乱人心，必须坚决抵制。

笔者从小就对国企有一种朴素而真挚的感情，每每听到一些人对国企的抹黑、歪曲之词，心里总不是滋味，从内心深处希望国有企业能尽快强起来、大起来、壮起来。毕业以后，除了有三年在民营企业，其他前前后后近二十年时间笔者一直在国有企业工作，可以近距离地观察、体悟企业党组织的运行规则和发展脉络。

党的十八大以来，全面从严治党在国有企业领域不断深化落实。笔者原所在的集团公司曾经面临危及企业生存的严峻挑战。困难面前，公司党委在上级集团党委的坚强领导下，以党建为引领，全面加强党的领导，把班子打造成攻营拔寨的火车头，团结职工，攻坚克难，有效化解了三大风险，完成了"不可能完成的任务"，实现了企业的浴火重生。

在这个过程中，笔者全程见证了全面从严治党对国有企业经营发展的引领和保障作用，深刻感受到了"党的领导是国有企业的第一竞争力"。放眼全国，截至2020年年底，全国国资委系统监管企业资产总额达到234.7万亿元，"十三五"期间年均增长14.4%。国有企业正在以高质量党建引领国企高质量发展，为实现国有资本和国有企业做强做优做大展现新作为①。

2019年3月，习近平总书记在全国政协十三届二次会议的联组会上提出，从当代中国的伟大创造中发现创作的主题、捕捉创新的灵感，深刻反映我们这个时代的历史巨变，描绘我们这个时代的精神图谱，为时代画像、为时代立传、为时代明德。总书记的讲话引发了笔者深深的思考：身处这样一个伟大的时代，我们要用什么样的方式来反映这个时代的变迁？用什么样的镜头来捕捉这个时代的轨迹？

2021年5月，在参加以"百年大党卓越领导力"为主题的中国共产党领导力论坛时，中国领导科学研究会会长冯秋婷在主持论坛时讲的一句话令笔者印象深刻。她说，我们党领导力的科学研究不仅要回溯历史、总结规律，更要观照现实、引领未来。这句话让笔者将目光从党史党建故事延伸拓展到这个时代正在发生的鲜活事例上，也给了笔者鼓舞和启发：能不能将全面从严治党在国有企业的生动实践写成一本书呢？

这本书既要反映出全面从严治党在国有企业的真实效果，又要融入经营管理工作实务和管理学原理、心理学知识、行动学习技术等，让人身临其境、观有所得、思有所悟，还要融入党史党建故事和国有企业的真实场景，提高趣味性和可读性。

呈现在读者面前的这本书就是从党组织领导力淬炼的角度切入，通过场景还原、沟通对话、案例分析等方法，反映出一家竞争性国有企业党组织，如何在市场竞争的第一线，以加强和改善党的领导为统领，发动红色引擎，整合力量，凝聚人心，攻坚克难，不断增强组织的竞争力、创新力、影响力和抗风险能力，实现企业的高质量发展。

此时此刻，中国正处在新的时代方位、面对新的历史关口。

纵览全球，国际形势发生新的重大变化，百年变局和世纪疫情震荡交织，经济全球化遭遇寒流，大国博弈复杂多变，世界进入新的动荡变革期。

环顾国内，改革发展稳定任务艰巨繁重，经济发展面临需求收缩、供给冲击、预期转弱三重压力，疫情要防住、经济要稳住、发展要安全，至为

---

① 《加强党的建设 推动国企高质量发展》，http://news.cctv.com/2021/10/10/ARTIHunchOE2iZzc73MB23Ik211010.shtml，2021-10-10。

关键。

面对国内外环境的严峻考验，国有企业将在不断完善的中国特色现代企业制度中激发改革创新的动力和活力，敢于并善于与任何市场主体公平竞争、一较高下；面对西方发达国家的高强度围堵打压，国有企业将以压倒一切困难的战略定力，迎难而上，坚定走自主创新、自立自强的发展道路；面对各种污名化、私有化的言论和企图，国有企业将在无惧挑战、沉着应战、英勇善战的市场竞争中以战止战。

大鹏一日同风起，扶摇直上九万里。笔者愿意以自己一滴水的实践体会和感悟思考折射出这个伟大时代的金色阳光。

吴东晓
2022年5月

山雨欲来

01 临危受命

广州的初秋和盛夏几乎没什么区别。热浪滚滚，蝉鸣阵阵，冷饮店的生意依然十分火爆，一杯冰镇饮料在手，人们似乎就有了消暑安心的底气。

正是傍晚时分，熙熙攘攘的人群从珠江新城广泰大厦的各路电梯里蜂拥而出，迅疾消失在羊城的各个角落。

在广泰大厦28楼宽大明亮的会议室里，周泽明站在落地窗前极目远眺，对面的广州电视塔已经亮起五颜六色的霓虹灯，"小蛮腰"在夕阳西下的霞光里，越发显得婀娜多姿。

初秋的天，说变就变。天空刚刚还是霞光万丈，一盏茶的工夫就变得昏暗一片，大片大片的乌云悄无声息地翻滚着，越积越厚，越积越多。

一个小时前，集团组织部副部长通知周泽明，集团党委书记、董事长齐云伟要和他进行任前谈话，让他提前到会议室等候。

45岁的周泽明是浙江金华人，从中山大学博士研究生毕业以后，一直在广泰集团工作，经过十多年的摸爬滚打，总算小有成就，一路过五关斩六将，做到了广泰集团下属粤海湾房地产公司总经理的位置。

前几年粤海湾拿了几块好地，开发了几个口碑不错的楼盘。周泽明正是踌躇满志、意气风发的时候。

一周前，集团组织部部长找他谈话，准备把他调至广泰集团下属粤鹏进出口集团，担任董事长、党委书记。粤鹏集团的主营业务是商贸流通，包括外贸和内贸。

从二级公司总经理调任二级公司董事长，毫无疑问，这是重用，相当于升职。

虽然是被重用，周泽明却一点都高兴不起来。

在计划经济时代，外贸是属于国家统一管理的行业。中化、中粮、五矿、中技、中机、中仪、中纺等公司，既是外贸部直属的外贸企业，又行使行业管理的职能。这一阶段，外贸行业基本上是垄断经营。

改革开放以来，外贸行业是率先对外开放的行业，国际贸易成为全国较有吸引力的职业之一。

周泽明上小学的时候，有个同学的爸爸就是做外贸的。这个同学一年四季吃的、穿的、用的、玩的都是外国进口的，带来的各种新奇玩意让班上的同学羡慕得直流口水，风头盖过了班干部和课代表。

到了20世纪90年代，外贸部直属企业与在各省市的分支机构逐步脱钩。各省市为了发展地区外贸，扶持发展了一批地区经贸委下属的外贸骨干企业，助其成为地区性外贸龙头企业。这一阶段，进出口经营权是外贸行业主要的进入门槛。

衣着光鲜、西装革履、出入豪华饭店、满口英文、经常出国公干，是那个时代外贸行业人员的主要标志。周泽明考大学时，第一志愿填报的都是国际贸易专业，可惜因分数不够，被调剂到其他专业。

随着中国加入世贸组织，外贸经营全部放开。对外贸易逐步分解转变为各行业企业自主经营的一部分，国家外贸部并入商务部。外贸行业作为专门的行业已经不复存在。外贸企业的业务逐渐萎缩。

近年来，随着国内原材料、人工成本的不断上涨，国际贸易保护主义的抬头，跨境电商等新技术、新业态的大量涌现，传统外贸模式受到严峻挑战。一部分外贸企业出现亏损、倒闭、破产。

周泽明平常就听说粤鹏集团不景气，曾经的辉煌烟消云散，这两年风险频发、诉讼不断，在集团二级子公司中的排名不断后退。

俗话说，隔行如隔山。不论是外贸还是内贸，对于周泽明来说，都是一个全新的领域。以往那点房地产方面的经验是绝对不够用的。

知人者智，自知者明。自己有几斤几两，周泽明心里还是很清楚的。

当然，周泽明清楚地知道，房地产业务不是广泰集团的主业，规模不大不小，如果自己一直沉浸于房地产领域，熟门熟路的，肯定很舒服。

但是，那是不是也意味着自己的能力、阅历和见识将停滞不前？

周泽明自己也明白打破这种路径依赖、走出思维惯性的必要性。

可是面对一个传统的行业和落后的公司，他无论如何都缺少一点底气。

"受任于困难之际，奉命于危难之间，既是组织对我的考验，也是组织对我的信任。勇敢走出舒适圈，我一定能胜任。"

周泽明得知自己要调任的消息后，一直在做这样的自我暗示，以引导自己尽快树立一种正向的思维模式。

自我暗示（Auto Suggestion）

通过构建与自己的心理对话，引导思维走向预想的方向。自我暗示的心理机制是，当我们足够去重视一件事情，大脑就会开始过滤筛查一天中遇到的相关的信息。当外界出现对自己很重要的内容时就会马上引起自己的重视，如果抓住机遇、把握机会就可能实现预定的目标。自我暗示，其实是对潜意识的开发。

02 走出舒适圈?

前天回到家，上五年级的女儿萌萌看到周泽明一副心不在焉、若有所思的样子，就问他为什么闷闷不乐?

周泽明想了想，这是个亲子教育的好机会，可以给女儿讲清楚走出舒适圈的道理，顺便也能进一步说服自己。

周泽明拿了一张纸，画了四个圈，分别写上舒适圈、恐惧圈、学习圈和成长圈。

"话说孙悟空一顿乒乒乓乓，把白骨精打得落花流水。白骨精跑了以后，孙悟空向唐僧抱怨道：'师傅，我用金箍棒画了一个圈让你别出来，你怎么不听?'"

周泽明先讲起了故事。

萌萌一听故事来了兴趣，双手合十说道："悟空，那个姑娘是良家女子。师傅我要保护她。"

周泽明笑着摇了摇头，"唐僧说，因为你把圈画在了东面的山坡上。"

"东面山坡上?"萌萌这下接不下去了。

"孙悟空一听急了，东面山坡怎么了? 唐僧说：'我要走出苏轼圈。'"

"东面山坡? 苏轼圈?"萌萌先是一愣，然后马上恍然大悟了，"东坡，苏东坡，苏轼，苏轼圈，这个唐僧还真调皮，哈哈哈哈。"

周泽明接着讲道："爸爸这两天为什么心不在焉呢，因为爸爸马上要走出自己的舒适圈去另外一个公司上班了，面对陌生的环境、全新的领域，有点信心不足，萌萌你能给爸爸加加油吗?"

"当然能，不过爸爸你要先告诉我什么是舒适圈?"

"舒适圈，是指自己生活在熟悉的环境里，做自己会做的事，一直感到很轻松、很自在。

"但是，很多时候，'舒适圈'其实是一个危险的环境，它会慢慢让你的思维和行动养成一种惯性的习惯。一旦进入舒适圈，人就不想吃苦了。因为进入学习圈意味着你将要做一些不擅长、不习惯甚至不愿意做的事。一直待在舒适圈，慢慢地，你也就没办法成长了。所以，我们要经常走出舒适圈，克服恐惧，持续学习，实现成长。"

"爸爸，你讲的那个温水里煮的青蛙是不是就是死在了舒适圈里？"

"萌萌，你真聪明，一点就通。"

周泽明在纸上的舒适圈画了一个箭头，它穿过恐惧圈、学习圈，指向成长圈，并做了一个惊恐的夸张表情，"爸爸现在就还在恐惧中。"

萌萌被周泽明的夸张表情逗得大笑，"爸爸你也有尿的时候，哈哈哈哈！"

妻子陈佳欣被女儿爽朗的笑声吸引过来，走到书桌前，一探究竟。

看到周泽明画的图，听完女儿的复述，陈佳欣也笑了。

"萌萌，不做温水里的青蛙是对的。但是，如果盲目走出舒适圈，就像唐僧一样，不仅会被妖怪抓去，而且会死得很惨。"陈佳欣也做了一个夸张的表情。

"为什么？不是只有走出舒适圈才会成长吗？"萌萌不解地问。

"萌萌，现在你在花城小学读得好好的，下个月把你转到顺德乡下的小学，和农村的孩子们一起学习，自己吃饭，自己睡觉。你离开爸爸妈妈，可以锻炼自主生活的能力，还可以学会干农活，你要不要去？"

萌萌摇了摇头。

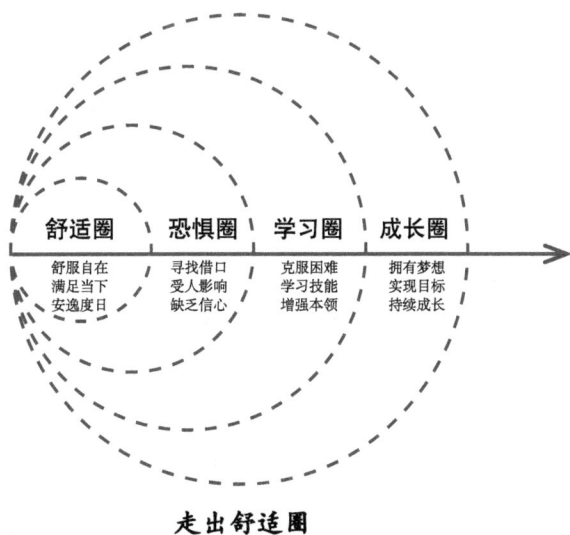

舒适圈	恐惧圈	学习圈	成长圈
舒服自在 满足当下 安逸度日	寻找借口 受人影响 缺乏信心	克服困难 学习技能 增强本领	拥有梦想 实现目标 持续成长

走出舒适圈

"有些人因为跳出舒适圈而开拓了边界，有些人却因为走出舒适圈而寸步难行。关键是要搞清楚什么是舒适圈，什么是成长，而不是一口气喝下别人的'心灵鸡汤'。"

周泽明搬了个板凳坐下来，拉着萌萌说："妈妈又有高见了，来，我们坐下来，洗耳恭听。"

"那些挑战自我舒适底线并且获得成功的人，从来不会在毫无准备之下就往另一个全新领域跳。妈妈觉得在走出舒适圈之前，要先问自己两个问题。第一，我的性格适合吗？第二，我的目标是什么？

"有句话叫，性格决定命运。还有句话叫，江山易改，本性难移。这都是讲性格是很难改变的。不同行业、不同岗位所需的人才各不相同。内向的人不适合做公关，冲动的人不适合当领导，犹豫的人不适合去创业。选择与自己天性匹配的职业，本身就是一件舒适的事情。为什么要违背天性去做自己不喜欢的事情呢？"

"妈妈，你觉得爸爸的性格是怎么样的？他是不是适合去那个什么新公司？"萌萌一脸认真地问。

"乖女儿，好问题。"陈佳欣摸了摸女儿的头，接着说，"我觉得你爸爸，第一是党员，政治觉悟高，有大局意识；第二，工作粗中有细，注重规范和秩序，又经常有新点子；第三，会说，会写，会总结。嗯，我看他适合那个新公司。"

妻子这么一说，周泽明觉得还真的是那么回事。

"所以他从一家公司，到另一家公司，并不算是走出舒适圈。因为，都在同一家集团公司，都是党组织的领导，都是国有企业的规章制度。这些都是他熟悉的东西。他不熟悉的、需要努力学习的，只是行业和业务。你爸爸最多算是扩大舒适圈。"

"妈妈，你刚才说，走出舒适圈要问自己两个问题：第一个是性格，第二个是目标。那你觉得新工作与爸爸的目标符不符合？"萌萌听得很仔细。

陈佳欣扑哧一笑，"你爸爸的目标？你要问他呀。有人认为，登上山顶才是成功；有人认为，坐在山脚下赏花也是一种幸福。在做出改变之前，先问问自己，到底想要什么？要不然，南辕北辙，盲目出发，走出舒适圈不是自找苦吃吗？"

"妈妈，你的目标是什么？你想走出舒适圈吗？"萌萌穷追不舍。

"你这个小妮子，问起问题来真厉害。妈妈的目标是做深做透本职工作，回到家能辅导你的功课，周末带你去陪爷爷奶奶，和外公外婆说说话。同时不断接触新事物，慢慢地扩大舒适圈。

"萌萌，妈妈问你，为什么你现在不适合去乡下读书？"

"我想我现在的目标应该是把小学的学习基础打牢，离开父母、独立生活的能力可以等我长大以后再锻炼。"

"非常好，什么阶段做什么事情。"陈佳欣给女儿竖了一个大拇指。

"你妈妈今天上的这堂课，告诉我们，要扩大舒适圈，但不要盲目走出舒适圈。妈妈在机关工作，在做好本职工作的基础上，不断学习新技能，开阔新视野，在舒适圈里依然茁壮成长，我们要向她学习。"周泽明说着，向妻子做了个比心的动作。

萌萌也向妈妈做了个比心的动作。

"明天悄悄地去粤鹏集团转转吧，趁大家都还不认识你，微服私访，知己知彼，百战不殆。"妻子给周泽明出了一个点子。

周泽明眼睛一亮，咦，好主意呀。

他哈哈一笑，"现在是知己知彼，以后就是要不分彼此、并肩作战了。"

03 单刀赴会

第二天早上，周泽明安排好手里的工作，出了粤海湾，租了辆共享单车，直奔粤鹏集团而去。多年的坚持锻炼，让周泽明不仅拥有匀称的身材、充沛的精力，也养成了他说干就干、雷厉风行的风格。

国有企业创立时间早，一般都落户在城市的核心地段。广泰集团就是如此，总部半年前刚搬入珠江新城的新大楼，下属的十多家子公司大多分布在天河区周边，往来十分方便。

粤鹏集团早年是由央企分公司改制而来，在外经贸行业高速发展的时期，曾经有过辉煌的时刻，投资过房地产等行业。

前几年粤鹏集团经营战线收缩，专注于内外贸行业，处置了几处房产，却依然坐拥羊城核心地段的优质资产——一座20层的粤鹏大楼。

远远望去，"广东粤鹏集团进出口有限公司"几个镏金大字镶嵌在白色楼面上，在蓝天白云下显得格外壮观。

周泽明一开始还担心自己怎么才能混进去，后来发现这担心完全是多余的——大厅门口的保安岗只见桌子、登记本和对讲机，就是不见人影。背着大包小包的快递员、行色匆匆的男男女女来来往往、径直出入。保洁阿姨还在打扫卫生。

三楼是粤鹏集团的食堂。周泽明以前来过。广泰集团早就实现了饭卡统一，就是为了方便集团和兄弟公司的往来交流。

现在是九点，这样的工作时间食堂却仍有几个职工模样的人，说说笑笑地在吃早餐，这引起了周泽明的注意。

他用饭卡买了一份粥和一份小菜，找了一个不远的地方坐了下来，拿出手机，表面在看微信，实际上是在听他们说话。

"这两天一直没看到老大，跑哪儿去了？"

"上个星期就去香港了，那边有个高尔夫邀请赛，他在这方面是高手。"

"何止啊，老大博彩也是高手。"

"纸醉金迷，灯红酒绿，这几天估计他是乐不思蜀了……"

"听说业务部那个新来的小王要走了？有点可惜啊，中山大学的高才生。"

"年轻人嘛，这山望着那山高。"

……

几个人吃好，站起来收拾餐具，门口急急跑进来一个人，"你们速度这么快啊，今天来晚了，我买块发糕，等等我。"说着，一个箭步冲到食堂窗口。

"不好意思，全卖完了。"窗口里的师傅双手一摊。

等这几个人走出食堂，周泽明戴好口罩走到窗口，前后左右望了望（这一刻，周泽明感觉自己像极了电影里的特工），压低了声音，问里面的师傅，"师傅，您好，我是今天刚来公司报到的新人，请问咱们这里早餐时间是到几点啊？"

"七点到八点半。"

"那我刚才九点来，不是也能买到吗？"

"唉，都是一个公司的，这几个人经常这个点儿来吃早饭，能不卖给他们吗？不然，要投诉我们食堂服务不好。"师傅叹了口气。

"你们八点半都收掉不就行了吗？"

"他们惹得起，他们老大我们可惹不起。"

虽然戴着口罩，周泽明感觉自己满脸都是问号，还想再问，里面的师傅却摇着头推着工具车走开了。

他们老大？他们老大是谁？

食堂门口的灯光有点昏暗，周泽明一面回味刚才师傅的话，一面浏览墙面上斑驳的画报快步向外走，一不留神，踩到了地上的一片油水，脚底一滑"扑通"一声，摔了个四仰八叉。

"唉，老革命遇到新问题了。"周泽明喃喃自语，起身去扶墙边的红色消防箱，不料，却摸到厚厚一层灰。

周泽明摇头苦笑。

◇04 领导力的形成源于伟大的使命

"周总，董事长现在有空了，你可以进去了。"

集团办公室主管陈雅像百灵鸟一样婉转的声音将周泽明从沉思中拉回现实。

"好的。"周泽明拿起会议桌上的笔记本，快步向董事长齐云伟的办公室走去。

　　董事长的办公室收拾得井井有条。错落有致的办公桌上，立着一个"党员先锋岗"的标牌，十分醒目。

　　"董事长好。"周泽明略带笑意地打着招呼，坐到了办公桌前椅子的一半处，身体微微前倾，打开了笔记本。

　　"泽明，集团党委这次安排你到粤鹏集团去，是经过慎重考虑的。"粤鹏集团党委书记齐云伟温和地看着周泽明。

　　周泽明在笔记本上写了几个字，抬头注视着云伟书记。

　　"粤鹏集团曾经是我们广泰集团的优等生，为集团发展做出过突出贡献，这几年出现了一些问题，变成了落后生。这既有外部大环境的影响，也有内部小环境的原因。现在他们的董事长要退休了，需要一个有魄力的人顶上，带领公司走出困境，向前发展。集团党委研究以后，认为你比较合适。"

　　说到这里，云伟书记停了一下，看着周泽明。

　　周泽明赶紧说，"感谢组织的培养和认可，感谢董事长的鼓励。"

　　云伟书记接着说，"你在粤海湾工作了几年，群众评价不错，成绩也有目共睹。这一次集团党委安排你去粤鹏集团担任一把手，既是组织对你的信任，也是对你的锻炼。今天的谈话，我给你提几点要求。

　　"第一，全面梳理粤鹏集团的管理，提升管控水平。我到广泰集团以后，感到二级子公司中粤鹏的体制最好。这种混合所有制得益于外贸行业的改革创新，带动了公司发展，激励了职工。但最近几年经常出问题，从优等生变成了落后生，什么原因？管理有问题。新班子要从根子上找问题。"

　　管理上肯定有问题，周泽明听到这里，想起了前两天在粤鹏食堂摔的屁股蹲儿，现在还隐隐作痛。

　　"第二，全面加强党的建设。党的建设是国有企业的光荣传统。国有企业不抓党建就是失职。贸易是面向市场的行业，要靠个人能力，但资源是国家的。国有企业的党委必须嵌入企业管理。抓党建就是抓生产力，抓住党建就抓住了解决问题的牛鼻子。"

　　听到这里，周泽明停止记笔记，抬头看着云伟书记，点了点头。

"第三，班子要团结一心。这次集团党委安排了靖琳、亦舒分别担任粤鹏集团的纪委书记和常务副总，再加上粤鹏现有的总经理、副总，配备是比较全的。靖琳对法务工作比较熟悉，亦舒在业务方面比较专业，他们各有所长。

"一个人的能力是有限的，团队的力量无穷大，要把班子建设成为攻坚克难的坚强堡垒。说到这里，你是中山大学的高才生，我问问你，什么是领导力？"

云伟书记的突然发问，让毫无准备的周泽明蒙了一下。

"领导力？"周泽明脑海里闪电式地出现了好几个领导力概念：战略领导力、情境领导力、愿景领导力……但这些好像都不合适。

突然，周泽明想到前段时间参加的一个党校培训班，有一个领导力的模型，他记忆犹新，就答这个应该不会错。

"领导力，本质是一种影响力，包括赢得信任、发展人才、驱动变革、卓越执行、战略决策几个方面的内容。领导力需要在实践中不断地磨炼、总结和提升。"

他把这个模型中的模糊决策改成了战略决策。他认为这样更能体现领导者决策的全局性和整体性。

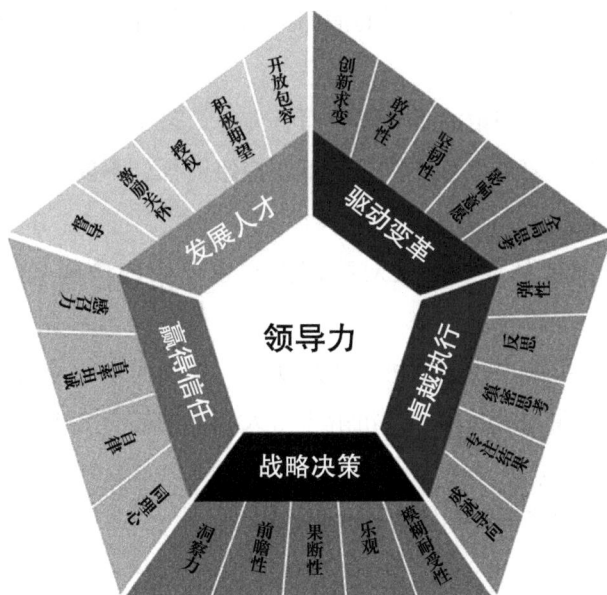

领导力要素构成模型图

"企业发展好的时候，顺风顺水，干部职工按照发展规划加油干，领导力多一点少一点关系不大。当企业出现困难、问题和危机的时候，这个时候最需要领导力，最需要班子成员带领全体职工直面问题、想方设法、化解风险、走出困境。"

云伟书记没有对周泽明的回答进行评价，而是说出了自己的看法。

"领导力的形成源于伟大的使命。朱德总司令当初并不是南昌起义的核心人物，他为什么能成为我党我军的领导人？"云伟书记问。

一听云伟书记问起党史上的故事，周泽明来了精神，"那是因为三河坝分兵以后，南昌起义失败的队伍面临溃散，只有朱德第一个站出来，领着大家干革命。"

云伟书记看着周泽明说道："在三河坝分兵以后，由朱德临时负责的这支孤军与上级的联系全部中断，四面又都是敌人，自己也损兵过半，思想上、组织上都相当混乱。

"走到江西的天心圩，各级干部纷纷离队。营长、连长们结着伙走，还有的把自己的部队拉走，带一个排、一个连公开离队。南昌起义留下的这点火种，有立即熄灭的可能。关键时刻，站出来的是朱德。他振臂一呼，在就快崩溃的队伍中树立起高山一样的信仰。真正的领导力和领导威望，在危机中如凤凰涅槃一样诞生。"

说到这里，云伟书记的目光坚定而有力，"班子如果薄弱，职工会怎么想？你作为班长，要带好这支队伍。不要抱怨前任，不要责怪他人。沧海横流，方显英雄本色。

"第四，廉洁从业，这是对我们国有企业干部最基本的要求，也是底线……"

从广泰大厦出来，夜幕低垂，华灯初上，扑面而来的是大雨洗刷过后清新的空气。周泽明深吸一口气，沉醉于沁人心脾的桂香之中，脚步也变得轻盈起来。

路虽远，行则将至；事虽难，做则必成。

夜深了，女儿早已进入甜美的梦乡，妻子还在洗洗涮涮。

轻柔的月光透过窗户，洒在了书桌上，仿佛给桌子铺上了一层银色的台布。

周泽明望向窗外，喧嚣一天的城市已安静下来，只有风儿吹过树叶，发出沙沙的响声，伴着秋虫的呢喃，合奏着一首小夜曲。

这样的夜晚是周泽明最享受的时刻，也是一天中真正属于他一个人的时刻。

作为一个空降兵，到一个新行业新公司担任一把手，履新的第一天、第一周、第一月应该做什么？

明天到粤鹏集团履新任职，要说什么、做什么？带哪些东西？见什么人？穿什么衣服，配什么鞋子？

多年的职场打拼，让周泽明养成了提前计划、关注细节的习惯，确保自己不在关键环节上出问题。

周泽明拧亮台灯，打开笔记本，略一思索，唰唰唰地写了起来：

第一天：

参加干部大会，表态发言（要点：第一次亮相，发言稿重点是要提高政治意识、感谢上级党委的信任，对老班子做出的贡献表示感谢，表明态度，展望未来，体现真诚）；

......

05 干部大会上的悬疑

周二下午，13:20。粤鹏大楼2楼大会议室。

十分钟后，粤鹏集团的干部大会就要开始了，三三两两的职工还在不断步入会场。

主席台上，广泰集团党委副书记郑丰南、组织部部长徐峰鸣、粤鹏集团老董事长柳齐堂、粤鹏集团新任董事长周泽明、粤鹏集团总经理江伟军、粤鹏集团新任纪委书记卢靖琳、新任常务副总经理方亦舒、粤鹏集团副总经理陈勇胜依次就座。

周泽明打开发言稿，重点看红笔标记的关键词语。

昨天晚上和今天早上，周泽明分别演练了一遍。

第一印象（First Impression）

第一印象又叫首因效应，是主体与陌生人第一次接触或交往后给对方的所得印象，对人们形成对人或事物的总印象具有较大影响。第一印象之所以起巨大作用，是因为由最初的信息形成的表象没有受到接触后的影响。研究表明，第一印象的深度有赖于以下几点：（1）陌生人提供的信息，如谈吐、风度等；（2）接触和交往的时间、场合与心理背景；（3）知觉主体期望值的高低。生活中，第一印象发挥着重要作用。

在他看来，在新公司的第一次登台亮相非常重要，将会给新公司的干部职工留下深刻的"第一印象"。

登台亮相讲什么，怎么讲，为什么这么讲，必须清楚表达，又不能啰唆；发言必须条理清楚，又不能空洞无物；表态讲话必须言简意赅，力求脱稿，实在记不住了，再看一下稿子，同时注意用眼神和干部职工交流。

周泽明的这个职业习惯得益于他的一位师兄，这个师兄有个观点：每一次发言就像递出了一张工作名片。

每次开会或者聚会，这个师兄的发言总能赢得全场的关注，并且能够抓住关键，切中要害，给人以思路清晰、反应敏捷、表达流畅的感觉。

有一次会后聚餐，几个师弟师妹一起请教他当众发言的秘诀。他说了一段话。

"我们提交的每一份文稿，做过的每一次发言，都是我们传递的一种形象、一个标签。有很多人，好几年中只听过你的一次发言，就形成了他们对你印象的全部。特别是第一次发言，是给尚未了解你的人派发的第一张'工作名片'。

"有的人天生就是好口才，一张纸不带，出口成章，侃侃而谈。录音整理下来，就是一篇思维严谨、逻辑严密的文稿。我们不是天才，只有把握每一次机会，打好草稿，逐步提升。

"不要抱怨自己有想法，没被尊重；有思路，没被重视；有才能，没被挖掘。首先你得让更多的人了解你、认识你、认同你。所以，有发言的机会，一定要认真对待，提早准备。"

这个师兄从发言的时机和针对性、发言的含金量和时间把握、发言的开篇和导入语、发言的辩证和两面性、发言的尴尬和应变等方面谈了自己的体会。

没想到发言讲话还有这么多诀窍，师弟师妹们听完大呼过瘾。周泽明记在小本子上，时常演练，慢慢也找到了感觉，发言讲话越来越得心应手。

现在这位"70后"师兄已是南方某市的市长。

13:25。一直站在会议室门口的办公室主任黄子薇，小心翼翼地走上主席台，在老董事长身后，俯下身子，耳语了几句。

老董事长听了以后，向周泽明这边望了望。

黄子薇又走到周泽明身旁，压低声音说："周董，除了两人请假、一人联系不上以外，粤鹏集团总部职工和中层以上干部已全部到齐。"

"联系不上？"周泽明听了以后，一脸疑惑地看着办公室主任。

"我们三天前就发会议通知了，只有粤鹏下属华策公司的总经理陈有中没有回复，微信也不回，电话也无人接听。"

"家里人联系过了吗？"

"他妻子和儿子都在美国，联系不上。"

"联系不上？"周泽明又重复了一句，一时也没想好对策，只好对办公室主任说，"你再接着打打电话，会后再议。"

会上，集团组织部部长宣布了干部任免决定，老班子成员和新任党委书记分别做了表态性发言。

会前出现"一名中层干部联系不上"的悬疑，让周泽明的发言，少了一些慷慨激昂，多了一些平和冷静。

14：30。粤鹏集团周泽明新办公室内。

办公室主任黄子薇在汇报华策公司总经理陈有中"联系不上"的情况。

"陈有中，华策公司总经理、党支部书记，属于粤鹏集团管理的中层干部。三天前，我们办公室的小童通过OA系统、短信和微信发今天召开干部大会的通知。两天前对于几个没有回复的，小童又打电话一个一个确认。

"从前天开始，陈有中的电话就一直无人接听，微信和短信也一直没回。他老婆和儿子早年就移民美国，电话打过了也打不通。去他家里，物业说家里没人。华策公司的人说，他一周前去了香港，一直没回来。"

"一周前去了香港？"周泽明放下手里陈有中的干部履历表，看着黄子薇，"因公还是因私？有没有审批？"

"公司人力资源部说没有审批或者备案的记录，应该是自己出去的。"

"没有审批、备案，他怎么出去的？他的港澳通行证自己保存的，没有上交？"周泽明一脸疑惑。

"我们公司出入境证照归人力资源部管理，具体我也不清楚。"黄子薇一脸无辜的表情。

联系不上是电话关机了？没电了？还是失踪了？死亡了？还是故意不接？

周泽明眉头紧锁，他明白对这个问题要尽快做出判断。

"请人力资源部把证照保管情况梳理一下，15：30前书面报告给我。你马上以粤鹏集团的名义起草一份书面报告，把发现陈有中联系不上的情况完整报告一下，必要时，我们要向上级集团汇报。"周泽明立即做出部署。

黄子薇合上笔记本，正要退出。

周泽明想了一下说："四点钟的新老班子交接会议照常举行。会议增加一个议题就是华策公司总经理联系不上的情况报告，你来汇报。另外，马上咨询律师，现在这种情况是否需要报警？需要哪些手续和资料？"

办公室主任走了以后，周泽明立即查看粤鹏集团的组织架构和基本情况，他要在开会前的有限时间内，对粤鹏集团形成一个基本的概念。

粤鹏集团组织结构图

---

06 新老班子交接会

新老班子交接会的重点是要明确权责的转移和当前工作的重点难点。

总经理江伟军首先介绍了粤鹏集团的组织架构、人员配置和股权结构。

粤鹏集团和下属公司在2000年前后分别实现了混合所有制改革。国有股占比51%，职工持股会和自然人持有一定比例股权。

前几年，在外贸行业大发展的环境下，粤鹏集团得到长足发展，职工收入连年攀升，福利待遇优厚，青年员工被分批送往中山大学培训，成为众人艳羡的"别人家的公司"。

从2008年金融危机开始，粤鹏集团的发展遇到瓶颈，公司从房地产等领域收缩，专注于外经贸行业经营，二级子公司由鼎盛时期的九家缩减到现在的六家，每家公司几十人左右。

由于历史的原因，各家子公司的董事长均由粤鹏集团的领导班子兼任。

现在的粤鹏集团总经理江伟军就兼任华策公司董事长。

听到华策公司四个字，周泽明的眉头又皱起来了。

如果一个人在外地24小时以内不接电话，不回微信，也许能说出一些理由——手机没电，手机丢失，手机被盗或者参加某项重要活动，或者所在地区信号不好。

但是，超过24小时呢？超过48小时呢？

特别是作为一名国家公职人员，一名中层干部在境外失去联系，和华策公司的资金、业务有没有关系？

失联？香港？资金？业务？周泽明在笔记本上将这四个关键词连了起来，打上了四个大大的问号。

老董事长柳齐堂是粤鹏集团老员工，由省经贸厅转制过来，对粤鹏有很深的感情。

"粤鹏当前最大的问题是，流动资金不足，业务风险时有发生。现在最突出的问题有三个：第一，华策公司的逾期应收账款问题，一年以上的有1个多亿，诉讼案件较多，资金链紧张；第二，受经济环境和汇率的影响，华意、华源、华强三家公司的服装出口业务受到明显冲击；第三，钢铁行业消费需求减弱，钢材价格大幅回落，华能公司业务受到影响。"

"这些问题没有彻底解决，我觉得自己能力有限，水平有限，心有余而力不足，深感遗憾。相信在泽明书记的带领下，新班子能够带领大家尽快走出困境，健康发展。"

说完，老董事长一脸落寞。

办公室主任黄子薇报告了华策公司总经理联系不上的情况。陈有中今年5月因私去香港探亲后，港澳通行证就一直没有上交。人力资源部催是催过，但后来没有继续催讨。据华策公司员工反映，陈有中两周之前说过要去香港参加一个高尔夫邀请赛。

纪委书记卢靖琳提出，作为一名党员，未经组织批准私自出境属于违规违纪行为。按照广泰集团的相关规定，发生此类事情要及时上报，必要时，应当直接向上级党委、纪委主要负责人报告。

问题接踵而至，压力逐渐变大。

周泽明一边听，一边记，一直没有对具体事项发表意见。

一方面，会上呈现的信息还不完整，自己难以形成判断；另一方面，交接会的重点是明确权力的转移和重要工作的交接，并没有给新班子议事讨论的时间和条件。

但是有一件事，必须要尽快决策，做出部署：一名中层干部超过48小时联系不上。

周泽明听完大家的发言，布置了几件事情：

第一，签字的效力。已经决策的事项，新老班子交替过程中，相关签字仍由老班子负责。新决策事项由新老班子相关决策人员共同签字。在新班子按照法定程序履职之后，所有签字由新班子负责。

第二，布置听取各企业、各部门汇报的时间和地点，要求提交书面汇报材料，明确存在的问题和应对措施。

第三，按照公司章程，启动公司管理层更换的股东会、董事会等法定程序，落实工商备案登记。

第四，请公司纪委牵头，调查华策公司总经理、党支部书记陈有中违规私自出境情况。

第五，请常务副总经理方亦舒牵头，组织人员对华策公司近年财务状况做一个专项审计。

第六，请办公室征询公司法务顾问的意见，起草一个华策公司总经理、党支部书记陈有中联系不上的情况报告，随时准备上报集团。

07 电梯边的临时报告

18：00。半小时前，周泽明和广泰集团云伟书记约好，六点半去集团汇报陈有中联系不上的情况。

看着墙上时钟已到六点，周泽明拿起公文包，三步并作两步走出门，差点和办公室主任黄子薇撞了个满怀。

"周董，陈有中联系上了。"黄子薇急急忙忙地说。

"联系上了？"周泽明盯着黄子薇，等着下文。

"刚才电话打通了，他说他在香港得了病，刚做完一个小手术，所以前两天电话一直关机。"

"有没有问他什么时候回来？"

"问了，他说还要一段时间。"

"还要一段时间，是多长时间？"

"他说要问医院，有确切消息会告诉我们。我们还想再问的时候，他那边电话就断了。再打过去，就打不通了。"

说着，黄子薇把手里的报告递给了周泽明。

"报告里还说的是失联吗？"周泽明拿起报告看了起来。

"前面说明是联系不上，后面把刚才电话联系的情况简要概括了一下，同时报告了我们采取了哪些举措。"黄子薇站到周泽明一侧，指着报告的开头说。

"我到车上再看一下。"说完，周泽明匆匆而去。

……

快到广泰集团门口的时候，周泽明得知云伟书记刚接到通知，临时要去省国资委汇报工作。

领导的时间比较难约，那就抓住时机、长话短说吧。

在电梯里面，周泽明快速地把报告又看了一遍。

到了28楼，正好碰到云伟书记走出门来。

"云伟书记，我就五分钟，简要汇报一下情况。"周泽明说道。

"好，就给你五分钟。"云伟书记停下脚步。

在电梯边，周泽明简明扼要地汇报了陈有中的情况。

听完以后，云伟书记和周泽明一同走进电梯。

"泽明，基本情况我了解了，这段时间你们尽快把问题梳理一下，举一反三，亡羊补牢，不要再出现类似情况。同时密切关注陈有中的动向，有什么情况及时与集团相关部门沟通联系。"

顷刻间，电梯到了一楼，云伟书记和早已等候在一旁的集团办公室主任张则庆，快步向门口走去。

一个卓越的领导者既要有举一反三、丝丝入扣的逻辑推理能力，也要有提纲挈领、深入本质的概括表达能力。

在什么场合运用什么样的汇报、表达和沟通方式，完全取决于当时、当地的情境和条件。这就需要平常有意识的锻炼、演习，把握每一次发言和练习的机会。

08 红酒品鉴师的交流

卢靖琳是复旦大学经济学专业毕业的研究生，在大学里就入了党，十多年前进入广泰集团工作，从二级子公司一名普通业务员做起，一年前晋升为这家公司的副总经理，可以算得上是稳稳当当、顺风顺水。

这次集团选派她来粤鹏集团担任纪委书记，她感觉有点意料之外，又在情理之中。

意料之外在于，自己十几年来在贸易、投资、法务等岗位上都工作过，自认为是一名业务型人员，职业生涯设计也是向经营方向发展，而这次组织让她转到纪委书记岗位上，颇有点剑走偏锋的感觉。

情理之中在于，集团选人用人一向打破常规、不拘一格。集团领导在任前谈话时明确告知她，这次岗位调整，主要在于粤鹏集团复杂艰巨的任务需要纪检岗位的强力支撑，要她尽快适应岗位，发挥作用。

回想起这十多年的职业生涯，卢靖琳认为自己改变了很多，也成熟了很多。

刚毕业时，卢靖琳自我感觉良好，名牌大学研究生毕业，入职就进入省属国有企业，信心满满，干劲十足。

一开始的外贸业务员岗位让她延续了学生时代心直口快、敢说敢做的风格。

然而，在遭遇了业务风险、经历了几次挫折之后，她说话做事就考虑得更周到了。

后来，在公司投资部做投资分析，促成了她既宏观思考，又关注细节的习惯。

一年前，卢靖琳被提拔为二级子公司副总经理，分管审计、法务工作。这让她更加注重理性分析、合规运行。

每个岗位卢靖琳都能很快地适应，并且迅速开展工作，这得益于她较强的学习能力和工作习惯。

对于纪委书记这个外人看来略带点神秘色彩的岗位，卢靖琳既有些期待，又有些不安。

期待在于新起点、新环境、新公司，自己即将开始一段新鲜的、未知的旅程，这让卢靖琳充满了憧憬；而不安在于自己此前对这个岗位一无所知，特别是面临粤鹏集团这么一个复杂的环境，自己是否能胜任？

特别是对于纪委书记这个听起来很严肃的角色，怎么打造自己的人设？

比如说，平常上班穿衣服，如果一个女同志整天穿得一本正经的，是不是过于严肃了？

但是如果穿得休闲一点，会不会又被别人认为不够严肃，不像个纪委书记？

卢靖琳为此也有过小小的纠结……

得知自己要调任粤鹏集团消息的第二天，卢靖琳就约了自己复旦大学的师兄——同在珠江新城的任一平吃饭，当面请教。

任一平比她高三届，比她早几年来广州，担任另一家省属国企二级企业珠江物产公司纪委书记三年多了。

平常两人也没时间见面，但是每年年底的校友会上，见了面总会交流很长时间。都是体制中的人，又都在国有企业，大家的共同语言还是很多的。

粤鹏集团下属的华强公司四十多年前就开始进口葡萄酒了，直接在法国、意大利包下酒庄，原产地直销，性价比高，在广泰集团内口碑很好。

每年春节，卢靖琳都会买十多箱送给亲朋好友，自己平常在家也小酌两杯，和三五好友小聚则是品鉴红酒的欢乐时刻。

一来二去，卢靖琳成了红酒品鉴的半个专家。

任一平所在的珠江物产公司是广东省进口葡萄酒副理事长单位，二十年来进口葡萄酒总量稳居广州前三位。

任一平平常喜欢喝红酒，利用业余时间，考取了红酒品鉴师职业资格证。

因此，红酒品鉴是两人见面交流的重要内容。

卢靖琳今天带来的是一款意大利威尼托产区的橡木桶陈酿。

"欧美特？今天这个酒不是你们华强公司的？"任一平看着酒标，疑惑地问。

"我们公司的酒，师兄你都尝得差不多了，这一款是我妹妹上周去杭州出差带回来的，她要我帮她品鉴一下，我就把这个光荣的任务交给师兄你了。"

说着，卢靖琳给任一平的杯子里倒了半杯。

任一平仔细端详标签上的产地和品种，然后托起半杯红酒，

> **红酒品鉴的步骤**
>
> 品鉴红葡萄酒一般遵循4个步骤：观色、闻香、品味和归纳。
>
> 1. 观色。观察和对比葡萄酒的颜色和透明度。
>
> 2. 闻香。时间的把握是关键，摇杯能促使葡萄酒香气释放。
>
> 3. 品味。饮入一口，在吞咽之前，迅速在口腔中搅动并停留3—5秒，让口腔充分接触到酒液，体会葡萄酒的风味和结构。
>
> 4. 归纳。对葡萄酒的综合质量进行描述，即酸度、单宁、甜度、酒精感和酒体的相互作用。

一边摇晃，一边观察酒颜色的变化，而后闭上眼睛，放到鼻子前，深吸了一口气。

瞬间，一种愉悦的神情浮现在任一平脸上。"薄荷、香草、浆果，香气馥郁。"

卢靖琳知道这只是品酒四部曲的前两步，师兄还没品尝就已经闻出三种香味来了，果然厉害。任一平抿了一口酒，没有直接吞下，而是看着酒杯，让酒香慢慢地铺满整个口腔。

过了一会儿，任一平握住杯脚，愉悦地看着宝红色的酒液，品味着入口后的余香，说了一句："口感均衡，的确是好酒。"

◇09 纪检干部的底气

品了两杯红酒，面对一脸求知心切的小师妹，任一平不慌不忙，娓娓道来：

"总书记说，要理直气壮做强做优做大国有企业。我觉得要理直气壮做好纪检监察工作。我做党建纪检工作有十多年了，从来没有像现在这么有底气过。"

看着任一平一副胸有成竹的样子，卢靖琳笑着问："师兄，纪检监察的工作真的有这么好干吗？"

听到这句话，任一平将目光转向卢靖琳说："现在有底气，说明以前没底气。以前为什么没底气？纪委的工作说白了，都是得罪人的活儿。纪检监察干部被诬告、被恐吓，车子被拔掉气门芯的事情屡见不鲜。我就不止一次被人打电话威胁过。"

听到这句话，卢靖琳收起了笑容。

"可是，总书记怎么说？'得罪千百人，不负十三亿'，'有腐必反，有贪必肃！'总书记的话掷地有声，让我们纪检监察干部挺直了腰杆！"

总书记的一句话就让你挺直了腰杆？

卢靖琳心里这么想，嘴上可没说出来，静待下文。

任一平仿佛看透了卢靖琳的心思，接着说："以前，一说到反腐败、党风廉政建设，很多人都觉得这是纪委的事情。案件层出不穷，纪委疲于应付。纪检干部加起班来，五加二、白加黑是家常便饭，经常是天不亮出门，半夜里到家。不仅身体上受累，精神上压力也很大。"

"我觉得你们这么忙，一方面是案件太多了，纪委手段又有限，应付不过来；另一方面是腐败分子层出不穷，根子上问题没解决。"

卢靖琳插了一句话，想显示一下自己并不是什么都不懂的小白。

"你说得有道理，看来做过不少功课了。"任一平笑着鼓励了一下小师妹。

"真正的转变是在2014年。总书记在党的群众路线教育实践活动总结大会讲话中提出：全面推进从严治党。①"

"全面从严治党以前好像也听说过，这个和纪委的工作应该有密切的联系吧？"卢靖琳问。

"以前是叫从严治党，现在是全面从严治党。两者有联系也有区别。总书记在十八届中央纪委六次全会上，阐述了全面从严治党的基本内涵：核心是加强党的领导，基础在全面，关键在严，要害在治。"任一平说。

"我还是个党员呢，以前在这方面确实没有深入学习理解过，太不应该了，请师兄不吝赐教。"卢靖琳一脸的惭愧。

"党的十八大以来，我们党管党治党理念由'从严治党'发展为'全面从严治党'，最突出的变化就是强调了'全面'。

"一是主体全覆盖，全面从严治党的主体是谁？是'在全党''靠全党'。从党中央到省市县党委到基层党支部，各级党组织都有全面从严治党的主体责任。从这方面就可以看出，管党治党、反腐败不再只是纪委的责任，而是各级党组织的主体责任。党的各级纪律检查委员会是党内监督专责机关。

"二是客体全覆盖，全面从严治党的客体在哪里？要'管全党''治全党'。全面从严治党涵盖各级党组织和全体党员。无论是各级党组织，还是

① 《认真学习贯彻习近平总书记在党的群众路线教育实践活动总结大会上的重要讲话巩固和拓展教育实践活动成果，加强党的作风建设，全面推进从严治党》，《光明日报》，2014年10月15日。

各级单位，无论是领导干部，还是普通党员，都是全面从严治党的对象。

"三是内容全覆盖，全面从严治党涵盖管党治党的各个方面、各个环节……"

看着师兄侃侃而谈，卢靖琳心生敬仰。

吃专业饭，干专业活儿。以后自己做专职纪检干部，要像师兄这样党言党语、纪言纪语张口就来才行。

"我认为最重要的就是第一点，主体全覆盖。这个就是说，全面从严治党、反腐败、党风廉政建设不再只是纪委的责任，而是各级党组织的责任，这就从根本上明确了管党治党的责任问题。"卢靖琳说。

任一平笑了，"小师妹果然冰雪聪明，进入状态很快。"

"致敬师兄，高山仰止。"卢靖琳端起酒杯和任一平碰了一下，小口喝下，然后给任一平斟了酒，"我这是抛砖引玉，还望大师兄不吝赐教啊。"

任一平端起酒杯晃动了几下，看了看红酒的颜色，轻轻地放在桌上，接着说："十多年前，当我转岗成为一名纪检战线的新兵时，我时常问自己：作为一名纪检人，履职尽责最基本的要求是什么？在讲究效益的企业里，纪检人到底应该发挥什么样的作用？"

"这么说来，师兄以前也是有很多压力、很多困惑了？"卢靖琳忍不住问了一句。

"我这些年来，有压力，有困惑，有成绩，有成长，更多的是很多个难以入睡的夜晚，有时候压力巨大，斗争不停，但是我扛下来了，我现在已经能胜任这个岗位了，所以我说现在不仅有信心，而且要理直气壮地做好纪检监察工作。"任一平端起酒杯。

"斗争还不停啊？师兄是怎么胜任的？像我这样的'小菜鸟'应该做些什么准备？有什么注意事项吗？"卢靖琳发出了连环问。

"从现在开始，到你去新公司履新任职估计还有一段时间，我觉得你可以利用这段时间，好好准备一下，这是我下班前写的几条，供你参考。"说着，任一平从公文包里掏出了一张便笺纸。卢靖琳接过来一看：岗位履新小贴士。

> ## 岗位履新小贴士
>
> 一、研读政策法规，锚定职责定位
>
> 二、熟悉规章制度，掌握业务规程
>
> 三、学习上级文件，落实工作要求
>
> 四、多看报纸杂志，掌握前沿动向
>
> 五、参加业务办案，打造实战本领
>
> 六、积极参加培训，请教前辈同行
>
> 七、定期复盘回顾，总结提升经验
>
> 八、细心观察体会，融入企业生态

"好厉害，师兄好棒，总结得挺好，我知道文笔好是党建纪检工作的必备技能。不过看起来对于每个行业都适用啊，不像是给我量身打造的啊。"卢靖琳莞尔一笑。

"你讲得对，我列的这八条，实际上对于跨行业、跨公司的空降兵都适用，特别适合中高层管理者和专业技术人才的岗位履新。世上无难事，只要肯登攀。"

任一平也笑了，觉得自己好像挺会吹的。

"愿闻其详。"

"尽我所能。"

"第一，研读政策法规，锚定职责定位。在其位，谋其政。行其权，尽其责。我觉得对于一个新岗位，首先要明确这个岗位的职责定位，明白自己是干什么的？要做什么，不要做什么。举个例子，董事长、董事、监事、经理层的职责是什么？这在公司法和公司章程里面肯定写得清清楚楚的；如果是领导班子，那就在领导班子的职责分工里面明确；对于部门负责人和一般岗位，应该在公司的组织架构和岗位说明书里面找。"

"纪委的职责是上面规定好的吧？"卢靖琳问。

听了这个问题，任一平放下酒杯，问道："这个问题我先来问问你，纪委是干什么的？纪委怎么干？"

卢靖琳早有准备，从包里掏出一个小笔记本，说道："师兄，老实说，以前对纪委总感觉很神秘，觉得纪委的人很严肃，认为纪委就是查腐败问题和违法乱纪行为，看见纪委的人有点心慌。这一次我专门做了一点功课，发现是自己学习不够，形成了刻板印象。

刻板印象（Stereotype）

刻板印象，是心理学名词，主要是指人们对某个事物或物体形成的一种比较固定、概括而笼统的看法，对我们进行的社会信息加工起到很大的影响作用。刻板印象的形成主要有两种方式：一种是通过直接与某些人和某些群体接触，然后将这些特点固定化而形成的；另一种是通过间接的方式获得的，对一些素未谋面的人，人们会根据间接的资料和信息产生刻板印象。

"党的各级纪律检查委员会是党内监督专责机关，是党推进全面从严治党、开展党风廉政建设和反腐败斗争的专门力量。党的各级纪律检查委员会的主要任务是：维护党的章程和其他党内法规，检查党的理论和路线方针政策、党中央决策部署执行情况，协助党的委员会推进全面从严治党、加强党风建设和组织协调反腐败工作。

"写是这样写的，究竟怎么个定位还是理解得不够透彻。"卢靖琳一口气念完以后说。

任一平呵呵一笑，说："别着急，师妹你冰雪聪明，很快就会进入状态的。对于纪律检查岗位，简单来说，就六个字：监督、执纪、问责。监督是前提，执纪是核心，问责是关键。监督什么？首先是维护党的章程和其他党内法规，检查党的理论和路线方针政策、党中央决策部署执行情况，特别是党中央、省委省政府以及上级党委的决策在你所在企业里的执行情况。监督的任务比较重，在具体工作中就要求我们跟进监督、精准监督、全程监督。"

"师兄，能不能这么理解，在全面从严治党、党风建设和反腐败工作方面，我们纪委的责任是协助和监督？"卢靖琳问。

"'坚持履行协助职责和监督责任有机结合，促进全面从严治党党委主体责任和纪委监督责任贯通协同'，这么说才是完整准确的。

"执纪是纪律检查工作的核心，是我们纪委的重要职权，是指纪律检查机关对党组织和党员违反党章和其他党内法规的违法、违规、违纪以及危害公共利益的行为，依规依纪依法，精准有效运用监督执纪'四种形态'。

"问责是纪律检查工作的关键。党中央提出在全面从严治党、党风建设和反腐败方面，党委负主体责任，纪委负监督责任，最大的关键点，我认为就是强调和突出'责任'两个字。纪委在工作中发现党组织、党员领导干部失职失责的，要依规依纪开展问责调查，查明问题，向党委提出责任追究的建议，或者按照规定的权限和程序做出问责决定。

> **纪律检查机关监督执纪"四种形态"**
>
> （一）党员、干部有作风纪律方面的苗头性、倾向性问题或者轻微违纪问题，或者有一般违纪问题但具备免予处分情形的，运用监督执纪第一种形态，按照规定进行谈话提醒、批评教育、责令检查等，或者予以诫勉。
>
> （二）党员、干部有一般违纪问题，或者违纪问题严重但具有主动交代等从轻减轻处分情形的，运用监督执纪第二种形态，按照规定给予警告、严重警告处分，或者建议单处、并处停职检查、调整职务、责令辞职、免职等处理。
>
> （三）党员、干部有严重违纪问题，或者严重违纪并构成严重职务违法的，运用监督执纪第三种形态，按照规定给予撤销党内职务、留党察看、开除党籍处分，同时建议给予降职或者依法给予撤职、开除公职、调整其享受的待遇等处理。
>
> （四）党员、干部严重违纪、涉嫌犯罪的，运用监督执纪第四种形态，按照规定给予开除党籍处分，同时依法给予开除公职、调整或者取消其享受的待遇等处理，再移送司法机关依法追究刑事责任。

"以前为什么管党治党'宽、松、软'？一个重要原因就是没有责任追究。这几年全面从严治党的实践证明，只有严格问责，才能传递压力。推动落实'两个责任'的着力点就是严肃追责。"任一平说。

"这么说起来，纪委的权力很大喽？"卢靖琳忍不住问了一句。

任一平听了以后，笑了一下，正色说道："总书记怎么说的？'把权力关进制度的笼子里'，'强化对权力运行的制约和监督'，纪委的权力也是党组织和人民赋予的。在我看来，权力没有大小、多少，只有合不合规、合不合法。监督、执纪、问责，每一项都涉及对事的分析、对人的判断，政策性、纪律性很强，必须严格按照规定、权限和程序处理。

"这六个字的具体内涵是什么？你这几天好好学习一下党的十八大以来中央纪委历次全会精神，特别是总书记关于全面从严治党的论述，这些都是最重要、最基本的要求，吃透精神，把准方向，从大局上去理解党中央对纪检机构、对纪检机构负责人的定位和要求。"

"平时，政治理论也在学习的，不过这一块我以前确实没关注。"卢靖琳知道，自己要开启狂飙学习模式了。

"第二，熟悉规章制度，掌握业务规程。民营企业的一些中高层经理空降以后，往往水土不服。一个最重要的原因，就是路径依赖，把在前一家企业的成功经验照搬过来，想要快速复制，迅速打开局面，甚至是把原来的下属一起带过来，这往往就会带来矛盾。每个企业的内外部环境是不一样的。橘生淮南则为橘，生于淮北则为枳。照抄照搬的结果必然导致失败。"

"这就像遵义会议以前的中国革命一样，照抄照搬苏俄模式。"卢靖琳补了一句。

"对的，要破除教条主义，本本主义。比如说人力资源管理，就单单一个招聘，在不同行业、不同企业、不同阶段都有不一样的业务流程。复制前一家企业的成功经验往往导致失败。所以，适应新岗位，首先要熟悉相关规章制度，掌握本企业的业务规程。在此基础上，结合企业实际，找准合适时机，再进行改革完善。规章制度是纪检监察工作的根本依据，特别是纪律处分条例、监督执纪工作规则等制度，这些都是开展工作的基本规程，一定要熟练掌握。"

"先站稳脚跟，再改革创新。"卢靖琳说。

任一平微笑点头。

卢靖琳相信这是师兄的肺腑之言。因为，任一平来广州工作时换过三家民营企业。据他说，有公司炒他鱿鱼的，有他炒公司鱿鱼的，也有自己在家待业的，各种滋味都尝过。

"第三，学习上级文件，落实工作要求。对于集团化管理的企业，每个岗位既有横向的行政管理，又有纵向的专业管理。吃透上级文件精神，明确上级机构对岗位的专业化要求非常重要。这也是评价你专业化能力高低的重要尺度。规章制度是基本不变的，文件精神是与时俱进的。每年专业化条线的重点项目、重点工作都是年度考核评价的重点，也是需要你第一时间把握的，结合本公司的实际要重点落实的。"

"我理解这个原则其实不仅仅是对纪检工作，而是所有的条线工作都需要掌握。"卢靖琳说。

"对于纪检监察岗位又有特殊性。我们纪委接受同级党委和上级纪委的双重领导，特别在专业条线方面，上级纪委既是我们的专业领导机构，又是我们的专业指导机构，一定要经常研读上级纪委的文件精神和年度工作要点，落实各项工作要求。

"第四，多看报纸杂志，掌握前沿动向。他山之石，可以攻玉。报纸杂志提供行业内的即时信息和典型案例，是我们汲取经验、开阔眼界的重要渠道。我订阅了《中国纪检监察报》和《中国纪检监察》杂志。这些报纸杂志都是中央纪委国家监委主管的，具有权威性和专业性，从中可以了解纪检监察工作的最新精神和前沿动向。

"第五，参加业务办案，打造实战本领。刀在石上磨，人在事上练。提高自己专业水平最快的途径，就是参加业务办案。一个案子办下来，所有的业务流程和关键环节你都熟悉了。所以，你到任以后，一方面，对于本单位的案件线索，要依规依纪扎扎实实进行处置；另一方面，要积极向上级纪委要求参加业务办案。"任一平一口气讲了不少，停下来，喝了一口水。

"师兄，你现在这么厉害，是不是办了很多案了。"卢靖琳忽闪着大眼睛，用崇拜的目光看着任一平。

"很多也算不上，各种类型的案子我都参与过。工作规则里面写的就这么几个步骤，实际上每个环节在现实中都会遇到各种各样的情况、各种各样的问题。这就要求我们纪检人员积极参加业务培训，不断积累经验，特别是要虚心请教前辈和同行，这是第六条。

"第七条，定期复盘回顾，总结提升经验。原则就那么几条，情况千变万化。对于自己或者他人办理过的案件，学会定期复盘回顾，就可以事半功倍，如虎添翼。这些经验经过总结提升，就会变成你自己的财富。归纳、总结过的经验才是你自己的，才会成为你的专业本领。

"第八条，细心观察体会，融入企业生态。这也是最重要的一条。你到了一个新公司，怎么获得别人的认可很重要。除了在专业上要扎实牢靠，还要多观察、多体会，了解企业的生态，融入企业的生态，先站稳脚跟，再谋求发展。"

任一平一口气把后面两条也说完了，感觉意犹未尽，想了一下说："还有一条，也是很关键的，就是摆正纪委和党委的关系、纪委书记和党委书记的关系。"

"怎么理解？怎么摆正？"卢靖琳停下手里的笔，不解地问。

基层纪律检查委员会的领导体制

《中国共产党纪律检查委员会工作条例》第二章 第六条
党的地方各级纪律检查委员会和基层纪律检查委员会在同级党的委员会和上级纪律检查委员会双重领导下进行工作。

"首先，基层纪委是受同级党委和上级纪委双重领导的。纪委是在同级党委的领导下开展纪律检查和反腐败工作，同时党章要求上级纪委加强对下级纪委的领导。其次，纪委要依照规定加强对同级党委，特别是一把手履行职责、行使权力情况的监督。这些都是制度上的规定，在现实工作中，如何能让党委书记支持你的工作，同时又保证纪委书记一定的专业性和独立性，是需要你好好把握和体会的。"

任一平意味深长地看着依然一脸困惑的小师妹。

"那我就先体会体会吧，碰到什么困难再向师兄您请教。"卢靖琳又是莞尔一笑，收起了笔记本。她知道今晚的信息量太大，即使师兄说了，自己也未必能马上领会。那还不如就此打住，以后遇到问题再来求教。

第一天到粤鹏集团，卢靖琳一下子还真有点不适应：一无纪检人员，二无纪检机构，历史遗留问题不少，可供查找的资料不多，纪委书记这个岗位已空缺一年多了，现在就她一个光杆司令。

初来乍到，还没站稳脚跟、熟悉情况，就接到了调查华策公司总经理、党支部书记陈有中违规私自出境情况的任务。

卢靖琳心里想，好家伙，这进入状态可够快的，幸好来之前，请教了师兄，拿到了锦囊妙计，恶补了相关的知识，囫囵吞枣地看了一些实战经验，多多少少有点概念了，要不然一上来就是一头雾水，手忙脚乱，可要出洋相了。

选配人员，上报审批，培训业务，规范流程，建立机制，卢靖琳在两周之内迅速建立起粤鹏集团纪委的基本架构，并且照葫芦画瓢地进入监督执纪的工作状态。

这是她的风格：很多事情不能等想清楚了才干，很多时候，边想，边干，边调整，边完善。

这也得益于两年前在集团投资部的借调经历，三个月的借调时间，卢靖琳和集团的各个部门都混熟了，对各流程运作的关键节点了如指掌。这也是卢靖琳能在短短两周之内，把该走的流程走完、该汇报的工作汇报完的主要原因。组织、人员、工具齐备，接下来就要拿枪上战场了。

关于陈有中违规私自出境情况的调查，看起来并不复杂，申请调阅公安系统的出入境记录，查看公司内部审批记录，对照相关规章制度基本上就清晰了。复杂的是，陈有中滞留香港，不肯回粤，这背后是不是隐藏着更多的违规违纪甚至是违法的行为？应该从哪里入手呢？

正当卢靖琳为这个线索左思右想，一筹莫展之时，广泰集团纪委来电话了。原来，中国纪检监察学院每年都会举办国有企业纪检监察业务培训班，今年是第266期，在北戴河校区举办。广泰集团纪检监察室的朱衡岳主任问卢靖琳有没有时间参加？

有时间的，太好了，雪中送炭啊。

卢靖琳心里想，师兄刚倾囊相授，让我这个菜鸟积极参加业务培训。机会就来了。这个可不能错过。手里刚好有线索，要虚心向前辈和同行们请教。

11 望北楼的"陆客"

香港，中环金融街88号，丽景酒店。

窗外就是一览无余的维多利亚港和九龙半岛海岸。

酒店的无边际泳池看起来就像跟维多利亚港无缝对接了一样，在午后的阳光里闪烁着宝石蓝的光芒，几个美人在欢快地游来游去。

陈有中躺在窗边宽大的沙发上，眼睛在浏览窗外的美景，心里却连着桌子上的手机。微信里每个叮咚一声的新消息都会让他如惊弓之鸟一样紧张起来。

十天之前，他从广州来到这里，租了一套"四季汇"的长租公寓住了下来。每天深居简出，只在吃饭时，竖起耳朵，假装凑凑热闹，听听食客们透露出来的一些消息。

住在此间酒店里的，多数是"陆客"——大陆来的客人，其中因为地理和语言上的便利，这里更成为珠三角地区"陆客"的首选避风之地。

这里的房间不大，却是他们掩盖行踪的藏身之所。他们表面上漫不经心，实际上内心充满了焦灼和不安，经常从安静隐秘的落地窗里沉默地向北而望，因而坊间便把香港丽景酒店称作"望北楼"。

这些人到这里其实就是为了回避有关部门的调查和谈话，期待风平浪静以后，早日过关，安全回归内地，继续他们或者辉煌或者平淡的财富故事。

陈有中成长在广东顺德西关一个高级知识分子家庭，父亲是大学教授，姐姐是医生。

从小学到大学，陈有中一路优秀，品学兼优，获得过市级三好学生称号，是典型的"别人家的孩子"。

1990年，他大学毕业进入粤鹏集团工作后，业绩一直名列前茅，后来公司的大宗商品进出口业务都交给他负责，一时间可谓前途无量。

陈有中与韶关的一个商人刘小军结识于1997年。刘小军出手大方，又很

"讲义气"，经常宴请陈有中。

几次接触下来，陈有中与刘小军的关系近了起来，开始称兄道弟。十多年来，在陈有中的帮助下，刘小军的出口生意做得风生水起，钱也越赚越多。宴请陈有中的地点也从最早的广州酒家换成了私人会所，来接送陈有中的小车也从原来的本田换成了劳斯莱斯，刘小军公司的地点也从宝安迁到了珠江新城。

眼看着刘小军在自己的关照下，从一个普通商人一步步走向土豪，而自己却没什么大的变化，陈有中心里的天平逐渐失去了平衡。

⑫ 会所夜宴

回想起自己第一次突破底线，陈有中至今还记忆犹新。

那是十多年前的一个夜晚。宝安区一家新古典中式风格的私人会所。灯光璀璨，富丽堂皇。一间装潢考究的包厢里，陈有中和刘小军及其一帮兄弟在推杯换盏。

酒过三巡后，陈有中醉眼蒙眬，几次欲言又止。

他拿起桌上的茅台酒瓶仔细端详，以此掩盖内心的慌乱。

刘小军看出来陈有中和平常不太一样，又不好明问，只好找各种理由来敬酒。

良久，陈有中一大口白酒吞下肚以后，脑子晕乎起来。

他乘着酒意把刘小军拉到一边说："兄弟，你现在生意红红火火，事业蒸蒸日上，喝的是茅台，住的是别墅，三天两头周游世界，你就是美好生活的形象代言人，大哥我过得不如你啊。"

刘小军一听，这话里有话啊，赶紧斟满了酒，举到胸前说："中哥，我刘某人能有今日，多亏有中哥您罩着，树高千尺也有根，吃水不忘挖井人，我先干为敬。"说完，仰脖子一饮而尽，然后拿起酒瓶给陈有中的酒杯斟满。

"中哥，我也就是外表风风光光的，其实买了房子以后欠了一屁股债，股市里的钱全部被套牢，投了几个项目每天担惊受怕的。其实我挺羡慕您的，工作稳稳当当，生活舒舒服服，老婆和儿子远走高飞。"说完，刘小军给陈有中点上了一支烟。

"国有企业的机制太死板了。"陈有中吐了一口烟圈，若有所思，接着说，"老婆孩子刚送去国外，我平常也是形单影只，没什么爱好，就喜欢种点儿花花草草，上个月看中了珠江新城一套带露台的公寓，可是凑来凑去，首付就差三十万。"

说这句话之前，陈有中其实也很忐忑，因为这样话里有话地说自己缺钱还是第一次。

但是说完，他就给自己做了暗示：刘小军通过我赚了这么多钱，都是我给他铺的路，我从中分一杯羹不过分吧。想着想着，陈有中也就坦然了。

刘小军一听，心里想：这家伙贪得无厌，平常我送给你的够多了，现在直接要来大手笔了。他转念一想，算了，算了，反正算投资，以后我肯定从你这里赚得更多。

刘小军脑子转了这么几转，心里这么想，说出来的话是："中哥，我说你什么事情闷闷不乐呢，原来是这个事情，大露台，没问题，等你这个房子住进去之后，我再来专程给您庆贺。"

说完，刘小军拿起手机，边拨电话，边离开酒桌。

夜幕降临。白马公寓地下停车场。

陈有中打着饱嗝从刘小军的座驾上下来，和刘小军道了别，抬脚就走。

刘小军下了车从后备厢拿出一个黑塑料袋，三步并作两步，赶上陈有中道："中哥，昨天去乡下带了些特产。"

陈有中嘴上说着，"你太客气了，谢谢了"，顺手拿起塑料袋走向电梯。

进了家门，陈有中打开塑料袋一看：一个大闸蟹礼盒和一摞摞人民币。拿出来数了一下，刚好三十万元。

当然，这个钱不是白拿的。作为回报，陈有中在后续的出口业务中给了刘小军很大的"帮助"。

直接要钱就是索贿，陈有中这点常识还是懂得。再说这样下去也不是长久之计。于是，陈有中采取了更加隐蔽的方式捞钱。

⑬ 热锅上的蚂蚁

2005年，陈有中被任命为华策公司总经理。

就在这一年，华策公司开始了铜贸业务。

一开始，公司各项业务严格遵照制度规定开展，铜贸业务也开展得有声有色。

这年年底，刘小军给陈有中介绍了一个山东客户。

这个客户在华策公司的尽职调查中原本没过关，但是他通过刘小军找到了陈有中，提出自己公司实力雄厚，华策公司的门槛太高，能否适当降低一点，增加合作的机会。

刘小军介绍的客户，陈有中当然心领神会。

酒杯一端，政策放宽。在一番酒酣面热之后，特别是陈有中听到"合同金额2%的好处费"之后，表面上不动声色，实际上已经心花怒放。

很快，在陈有中的授意下，华策公司修改了业务规章的相关条款。这个客户顺理成章地与华策公司做起了生意。

2011年年底，受宏观经济影响，铜产品价格一路下滑，交易对手恶意违约跑路，贸易链上多家企业"被动违约"。

一些铜贸公司纷纷倒闭。华策公司支付高达4000余万元货款后，山东这个客户欠款涉诉，账户遭冻结，华策公司由此形成大额逾期应收账款。

2012年，华策公司与福州裕新进出口有限公司签订代理进口及贸易协议，为裕新公司代理进口化工原料。

这个时候，陈有中的胆子越来越大，指使业务员采用不收款先放货、连续开证、延后收款、滚动核销的方式，开展代理业务。

2014年下半年，裕新公司经营陷入困境，造成华策公司的应收账款大量逾期。

在福州裕新大量应收账款未收回的情况下，陈有中指使业务员与泉州华达公司、台州华日公司在没有实质性物权担保的情况下，通过连续开证、滚动核销的方式，"拆了东墙补西墙"，持续开展业务，造成更大的窟窿。

当然，在这些业务中，陈有中通过收取好处费，敛财已达数千万元。

华策公司有五个业务部。业务一部做铜贸和进出口业务，业务二部做大宗商品，业务三部、四部、五部做进口设备。

业务三部、四部、五部的业务经营都很稳健，只有业务一部、二部风险频发。

一部是陈有中直接操控；二部经理和分管领导看到公司管理松懈，就动了歪脑筋，内外勾结，造成的风险资产与一部不相上下。

整个公司在一部和二部的拖累下，资金链岌岌可危。

到今年夏天，华策的金融债务已接近3亿元，其中贸易融资1.2亿元，流动性贷款1.8亿元。

一面是大额的逾期应收账款无力回天，另一面是银行贷款马上到期。

还不了银行的钱，曾经辉煌一时的华策公司将面临资金链全面断裂的危险。

陈有中知道，自己很快就要露出马脚了，不得不提前准备跑路，常来常去的香港是首选之地。

好在港澳通行证还在自己手里，老婆和孩子早就移民去美国了。眼下这种情况，他只有自己出去避避风头。也只能去香港。

他听说，粤鹏集团即将更换一把手了，说不定马上就查到自己头上了。

于是，他放出风来，去香港参加一个高尔夫邀请赛，悄悄溜了。

干部大会的微信通知他收到了，不过没有回复。他心虚啊，也不知道怎么回复。

看着粤鹏集团办公室不停打来的电话，陈有中接通了电话，用编好的理由来搪塞。

其实，他是想看看自己到底有没有露馅儿？事情已经暴露了还是只是通知他开会？

从办公室小童的口气来看，只是通知他开会，没有说别的，也许还没有露馅儿，但也不能麻痹大意。

本来他以为，躲在香港就可以高枕无忧了。

但是，最近了解的一些信息，让陈有中坐立不安、心绪不宁，像热锅上的蚂蚁。

一方面是内地反腐力度不断增强，"老虎苍蝇一起打"，特别在国企领域重拳反腐，陆续有不法分子锒铛入狱；另一方面是香港的政策变化。

近期，香港律政司司长在北京与最高人民法院签署了相关民商事判决的安排。

这是自香港回归以来，内地与香港商签的第五项司法协助安排，标志着两地民商事领域司法协助已基本全面覆盖。

"望北客"们齐聚香港，最主要的原因是他们认为沿用英美法系的香港比起内地更为安全。内地和香港两地间至今尚未签订任何刑事司法协助协议，加上不同法域间明显的法律冲突，致使两地司法机关在移交逃犯合作中面临诸多法律障碍。但在这项司法协助安排的促进之下，司法互助机制的建立将为期不远。

这些机制将会对"望北客"们产生重大而深刻的影响。

本章思考题

1. 作为一名空降兵，到一个新环境新行业新公司担任一把手，履新的第一天、第一周、第一月应该做哪些事情？

2. 公司一名中层干部工作日48小时失去联系，如果你是这家公司的董事长、党委书记应该如何处置？是否需要立即向上级公司报告？如果报告，应该怎么报告？

3. 如果你被晋升或轮岗到一个新的专业性较强的管理岗位，如何在短时间内做好知识储备和心理准备？要从哪几个方面开展工作？要点是什么？

4. 陈有中滥用职权、贪污受贿、中饱私囊的问题症结在什么地方？如果你是上级公司负责人，如何发现问题、堵住漏洞、规避风险？

本章知识点

1.1 国有企业20字好干部标准

2016年10月，习近平总书记在全国国有企业党的建设工作会议上强调，国有企业领导人员必须做到对党忠诚、勇于创新、治企有方、兴企有为、清正廉洁。

1.2 国有企业干部选拔一般流程

（一）动议中层岗位空缺情况，沟通酝酿，组织部门提出建议方案，提交党委会集体讨论；

（二）民主推荐，包括会议投票推荐和个别谈话推荐（或公开选拔，包括公布岗位、资格审查、甄选测评）；

（三）党委会集体研究确定考察对象，在一定范围内发布考察预告；

（四）组织考察（含有关方面征求意见）；

（五）综合分析，提出任用建议；

（六）党委会集体讨论，并进行表决；

（七）任前公示，党委会集体讨论；

（八）任前谈话（含任前廉政谈话）；

（九）依照法律和有关规定履行任职手续。

1.3 国有企业管理人员因私出国（境）相关管理规定

根据国家相关规定，国有企业中高层干部和特定岗位人员（职工董监事、总经理助理、人事和财务部门负责人）因私出国（境），经组织审批后，由国有企业组织部门统一向所在地公安机关出入境管理部门报备。国有企业中高层干部和特定岗位人员因私出入境证照由国有企业组织部门保管。

1.4　自我暗示

自我暗示（Auto Suggestion）指通过构建与自己的心理对话，引导思维走向预想的方向。自我暗示的心理机制是，当我们足够去重视一件事情，大脑就会开始过滤筛查一天中遇到的相关的信息。当外界出现对自己很重要的内容时就会马上引起自己的重视，如果抓住机遇，把握机会就可能实现预定的目标。自我暗示，其实是对潜意识的开发。

1.5　第一印象

第一印象又叫首因效应（First Impression），是主体与陌生人第一次接触或交往后给对方的所得印象，对人们形成对人或事物的总印象具有较大影响。第一印象之所以起巨大作用，是因为由最初的信息形成的表象没有受到接触后的影响。

研究表明，第一印象的深度有赖于以下几点：

（1）陌生人提供的信息，如谈吐、风度等；

（2）接触和交往的时间、场合与心理背景；

（3）知觉主体期望值的高低。

工作和生活中，第一印象发挥着重要作用。

1.6　刻板印象

刻板印象（Stereotype），是心理学名词，主要是指人们对某个事物或物体形成的一种比较固定、概括而笼统的看法，对我们进行的社会信息加工起到很大的影响作用。刻板印象的形成主要有两种方式，一种是通过直接与某些人和某些群体接触，然后将这些特点固定化而形成的；另一种是通过间接的方式获得的，对一些素未谋面的人，人们会根据间接的资料和信息产生刻板印象。刻板印象有积极的一面，也有消极的一面。

积极表现：对具有许多共同之处的某类人在一定范围内进行判断，不用探索信息，直接按照已形成的固定看法即可得出结论，这就简化了认知过程，节省了大量时间、精力，使人们能够迅速了解某人的大概情况，有利于人们应对周围的复杂环境。

消极表现：在被给予有限材料的基础上做出普遍性的结论，会使人在认知别人时忽视个体差异，从而导致知觉上的错误，造成先入为主，妨碍对他人做出正确的评价。

1.7 纪律检查机关监督执纪"四种形态"

（一）党员、干部有作风纪律方面的苗头性、倾向性问题或者轻微违纪问题，或者有一般违纪问题但具备免予处分情形的，运用监督执纪第一种形态，按照规定进行谈话提醒、批评教育、责令检查等，或者予以诫勉。

（二）党员、干部有一般违纪问题，或者违纪问题严重但具有主动交代等从轻减轻处分情形的，运用监督执纪第二种形态，按照规定给予警告、严重警告处分，或者建议单处、并处停职检查、调整职务、责令辞职、免职等处理。

（三）党员、干部有严重违纪问题，或者严重违纪并构成严重职务违法的，运用监督执纪第三种形态，按照规定给予撤销党内职务、留党察看、开除党籍处分，同时建议给予降职或者依法给予撤职、开除公职、调整其享受的待遇等处理。

（四）党员、干部严重违纪、涉嫌犯罪的，运用监督执纪第四种形态，按照规定给予开除党籍处分，同时依法给予开除公职、调整或者取消其享受的待遇等处理，再移送司法机关依法追究刑事责任。

——《中国共产党纪律检查委员会工作条例》

（2021年12月6日中共中央政治局会议审议批准，2021年12月24日中共中央发布）

1.8 基层纪律检查委员会的领导体制

第六条　党的地方各级纪律检查委员会和基层纪律检查委员会在同级党的委员会和上级纪律检查委员会双重领导下进行工作。

党的地方各级纪律检查委员会和基层纪律检查委员会应当落实同级党的委员会推进全面从严治党、加强党风廉政建设和反腐败工作的部署，执行同级党委作出的决定，及时向同级党委汇报工作，按照规定请示报告重大事项。

上级党的纪律检查委员会加强对下级纪律检查委员会的领导，对下级纪委的工作作出部署、提出要求；督促指导和支持下级纪委开展同级监督，检查下级纪委的工作，定期听取工作汇报，开展政治和业务培训；坚持查办腐败案件以上级纪委领导为主，按照规定审议和批准下级纪委关于线索处置、立案审查、纪律处分等的请示报告，按照程序改变下级纪委作出的错误或者不当的决定，必要时直接审查或者组织、指挥审查下级纪委管辖范围内有重大影响或者复杂的案件。

——《中国共产党纪律检查委员会工作条例》

（2021年12月6日中共中央政治局会议审议批准，2021年12月24日中共中央发布）

第二章

力挽狂澜

01 总部必答题

秋天在广州的街头游走，偶尔会发现一片片粉色"云朵"。那不是人造的美景，而是正在盛放的异木棉。因为开花之时，花瓣鲜粉、色彩迷人，像极了樱花，所以异木棉也有个美丽的名字，叫作"秋樱"。

周泽明没有心情欣赏窗外的美景。

他在思考怎么能尽快掌握粤鹏集团的真实情况，了解潜在的风险，化解现有的危机。

他知道他在和时间赛跑。

来粤鹏集团之前，周泽明就计划要和班子成员、各部门负责人——进行谈话交流。

一方面是对集团和各子公司的情况进行多方位、多角度的了解和印证，了解粤鹏集团落后的原因，找到问题的症结；另一方面是对总部各部门负责人的能力、素质和思路进行直观的感受。

总部各部门发挥着承上启下的枢纽作用。对上，从专业条线对上级公司的各项政策、任务落实对接；对下，结合公司的实际对子公司进行管控和服务。他们是粤鹏集团的中流砥柱。

了解总部各部门负责人的意见和看法，对于新班子快速掌握粤鹏集团的总体情况至关重要。在此基础上，深入各子公司调研才会更加真实、更加丰富、更有方向感。

对子公司负责人的了解，周泽明想更多地通过听取汇报和实地调研来完成。对于这些实力派，听取正式汇报和深入实地调研，既是集团新班子树立权威、听取意见的过程，也是提出要求、明确方向的过程。而这些要求和方向需要新班子短时间内对集团和子公司的整体情况和突出问题进行准确判断。

在与总部各部门负责人谈话交流之前，周泽明首先要做一个准备工作。

他给办公室主任黄子薇布置了一个任务。

黄子薇是十五年前加入粤鹏集团的，所有对上级集团、下级公司和外部机构的行文都由她来起草和把握，因此对粤鹏集团和子公司的整体情况都比较了解。

"子薇，我们班子成员有三个都是新来的，对集团的整体情况都不了解，我想请总部各部门负责人具体介绍一下。"周泽明说。

"好的，周董，您看什么时间合适？"黄子薇说。

"你作为办公室主任，对粤鹏集团的整体情况比较了解，你先介绍一下吧。"周泽明打开了笔记本，拧开了钢笔笔帽。

"我先介绍？好的。"毫无思想准备的黄子薇，先是愣了一下，然后马上反应过来了。毕竟粤鹏集团的情况自己了然于胸。

"粤鹏集团的前身是中国机电服装集团广东省分公司，1988年与中央财政脱钩后，独立核算，取得自营进出口经营权。1992年，开始形成工贸一体的特色经营发展思路，先后建成服装加工四家直属供货企业，形成内外贸并举、进出口并重的产业格局。2000年，通过股权划转，粤鹏集团成为广泰集团二级子公司。2002年，粤鹏集团进军房地产和期货行业，那段时间是粤鹏集团发展最好的时期，公司里人才济济，每次的运动会和大小比赛，我们不是冠军就是亚军，一到年底，公司就组织去国外旅游，是广泰集团最风光的企业。"

"六个子公司各有什么特色？"周泽明问。

"华策公司是做大宗商品进出口的，以前是粤鹏集团的明星企业，规模和利润都很高，每年都被推荐为广泰集团的先进集体。陈有中在广泰集团的年度会议上还做过经验分享。这几年业绩大幅下滑，和外贸行业形势有关。但是，最主要的原因是华策公司的管理水平不行，风险资产太多，去年开始亏损，今年估计也要亏。听说陈有中经常去香港打高尔夫，内部人都管他叫老大，他在华策公司是说一不二的人物，在粤鹏集团也很有话语权。"

"一个亏损企业的总经理也有那么大话语权？"周泽明疑惑地问。

"他是1990年进公司的，和厅里的老领导、前几任董事长都很熟悉。以前集团考核经营规模的时候，他们做大宗商品贡献很大，可以说是一方诸侯。"黄子薇说。

"华贸公司主要做木浆、棉纱和机电产品进出口的，他们公司原来一直比较稳健，去年开始做农产品，出了一单风险，有一千多万美元，目前还在讨债中。

"华强、华源、华意主营业务是纺织服装出口，各有一家生产企业，这几年受金融危机影响，发展速度也降下来了。华能公司主要做铁矿石进口和钢材内贸，也有一部分服装出口。华能以前一直稳定增长，现在受到钢贸行业周期的影响，发展也放慢了。"

"华强、华源、华意都是做纺织服装外贸的？"周泽明问。

"一家做面料的，一家做梭织服装，一家做针织服装，但业务上都有交叉。"

"你认为现在粤鹏集团最大的问题是什么？"周泽明听完黄子薇的介绍，抬头问她。

"每个公司都会有问题，也都会有风险。关键是看这些问题是不是要害问题，这些风险能不能及时化解。以前企业发展好的时候，每个人脸上都有光。现在企业遇到困难了，我们总觉得抬不起头来。现在粤鹏集团最大的问题，我觉得是信心不足、方向不明。外贸行业的竞争越来越激烈，新模式层出不穷，我们的传统优势在不断萎缩，不知道未来的路该怎么走。"黄子薇说。

听黄子薇说完，周泽明沉思了片刻，在纸上写了几行字。

"基本情况我了解了，在总部各部门负责人介绍交流之前，我列了一个提纲，请各部门负责人，提交一个简要的报告。"周泽明说着，递给了黄子薇一张纸。

黄子薇接过来一看，上面是手写的六行字。

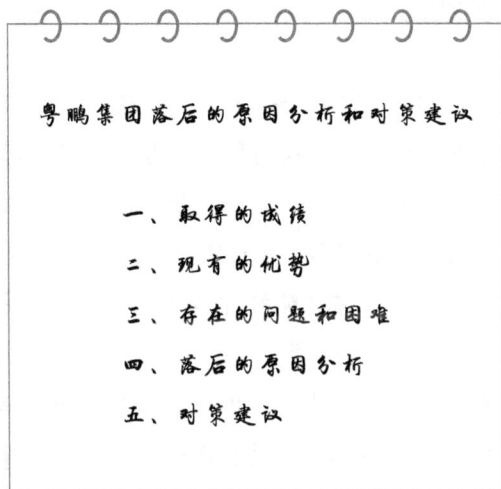

粤鹏集团落后的原因分析和对策建议

一、取得的成绩

二、现有的优势

三、存在的问题和困难

四、落后的原因分析

五、对策建议

"第一部分，取得的成绩。重点回顾近年来粤鹏集团发展所取得的成绩，这是粤鹏发展下去的基础。我们不能只讲问题，不讲成绩。现在这个阶段，信心比黄金还重要。"周泽明说。

"第二部分，现有的优势。重点是评估我们现在的资源和能力，客观评估我们形成的优势，增强发展的信心。

"第三部分，存在的问题和困难。既然落后了，我们要看到落后的表象是什么，表现在哪些方面，找出主要的出血点。

"第四部分，落后的原因分析。重点是分析这些问题产生的根源是什么？

"第五部分，每个部门提出对策建议，数量不要多，不超过三个。

"前面四个部分既要有总体的概括描述，又要有具体的事例或建议。不要长篇大论，只要干货，每部分不超过三个要点。另外，这两年有没有外部咨询机构、中介机构对粤鹏集团做过诊断和调研？"

周泽明相信给总部各部门负责人出的这道必答题，会从总体上形成对粤鹏集团的基本判断。

这样从内部和外部两个方面来解读，可以让新班子快速了解集团的整体情况，掌握问题的症结。

"有的。前段时间，广泰集团在做人才发展规划时，带了咨询公司到我们这里和子公司调研访谈，有一份简要的访谈记录总结，我稍后拿给您。"黄子薇说。

"粤鹏集团的五年规划和中期评估也给我一份。书面的报告只是一部分的信息，各部门各条线的具体情况我会和他们再一一沟通交流。请你通知各部门负责人认真准备，周五前提交，所有报告领导班子人手一份。"周泽明说。

"好的。"黄子薇合上笔记本，起身离去。

在国有企业里，公司的总体战略和业务布局在一个规划期里基本保持不变。这是国有企业的特点，也是优势。

中国的五年计划是从苏联学来的，但后来发现苏联模式的缺陷后，我们就开始对这个计划体制进行改革，把传统的指令性计划改革为指导性计划和战略性规划，既发挥政府的作用，也发挥市场的作用。其中最大的变化，就是把许多应该交给市场和企业的，交给了市场和企业。

从中央到地方再到各级国有企业制定五年规划的过程，已经成为一个战略定位、评估能力、塑造预期的过程。同时，上级公司根据自己的总体规划和产业布局，对下级公司的五年规划进行指导和评估。

因此，对一家国有企业而言，领导班子调整了，公司的战略方向和产业布局不会发生大的改变。这就是国有企业"一张蓝图绘到底，一任接着一任干"的特点。

周泽明布置的这个必答题，让每个部门负责人不能不高度重视。

大的战略方向不会变，但是落实战略的人和组织是不是有效？这就要打个问号了。

组织一把手的变动，必然会带来运行规则和经营策略的变化。

特别是当一家企业效益不佳，需要更换主帅、调整策略之时，任何组织变动都会带来新的排兵布阵。

每个部门负责人都要问问自己，还能胜任这个岗位吗？以前做得怎么样？现在应该怎么做？这是关系帽子和位子的重大事情。

新的一把手有新的要求，必须尽快适应，展现能力，建立信任。

02 把酒醑滔滔，心潮逐浪高

三天以后，财务部经理赵德生来到了周泽明的办公室。

"周董，粤鹏过去发展的辉煌时期是2011年左右，那个时候连续三年营业收入、利润总额、资产总额、净资产四项指标复合增长率都在20%以上，在广泰集团名列前茅，具有相当的话语权。"赵德生是粤鹏集团老员工，对粤鹏集团的发展历史相当熟悉。

"什么原因曾经辉煌，又是什么原因现在没落了呢？"周泽明想听听这个老员工的分析。

"那个时候发展好，主要原因是看准了时机，进军房地产行业。2010年，粤鹏集团进出口总额5.1亿美元，但我们的利润就有1.3亿元人民币，这其中贡献最大的就是房地产投资。后来，房地产投资扩张太快，资金沉淀太多，再加上房地产行业调控，我们投资的房地产企业就开始亏损了。这是近三年的主要财务状况。"赵德生说着，递给周泽明一份报告。

"你们财务部提交的报告，我看过了，到去年年底，这三年粤鹏集团归属于母公司净资产降幅达35%，原因是什么？"周泽明问。

"华策去年开始亏损，净资

> **归属于母公司所有者的净利润和净资产**
>
> 根据企业会计准则体系（2006）的有关规定，"归属于母公司所有者的净利润"反映在企业合并净利润中，归属于母公司股东（所有者）所有的那部分净利润。归属于母公司净资产是指合并报表中归属于母公司的所有者权益。

> **坏账与坏账计提准备**
>
> 　　坏账是指企业无法收回或收回的可能性极小的应收款项。坏账损失是由于实际发生坏账而产生的损失。企业应设置"坏账准备"会计科目，用以核算企业提取的坏账准备。企业应当定期或者至少每年年度终了，对应收款项进行全面检查，预计各项应收款项可能发生的坏账，对于没有把握收回的应收款项，应当计提坏账准备；实际发生坏账时，直接冲减已计提坏账准备，同时转销相应的应收账款余额。

产大幅下降主要是因为华策公司的风险资产。这一部分风险资产的坏账计提准备就有1.2亿元。"赵德生回答。

　　"华策公司风险资产形成的原因是什么？"周泽明问。

　　"主要是业务管控薄弱，没有对货物定期实地检查，交易过程中失去货物控制权，一些货物长期积压，等等。"赵德生说。

　　"华策公司这么大一个业务量没有相应的制度吗？"

　　"制度是有的，问题是没有执行。如果都按制度严格执行了，哪里有那么多问题？"

　　"其他企业的财务状况呢？"

　　"华茂公司也是做大宗商品进口，但是规模有控制。华强、华源、华意三家公司以出口业务为主，除了资产负债率有点高以外，还比较稳健。但是去年这三家各出了一笔风险业务，所以去年的净利润都不高。"赵德生说。

　　"华能公司呢？"周泽明问。

　　"华能公司总体比较稳健，他们做钢贸比较专业，有几个是从外部引进的人才。他们最大的问题是自有资金不足。"赵德生说。

　　"这是钢贸行业的普遍情况还是个别情况？"周泽明问。

　　"前两年，钢贸行业经历过一轮周期，很多小公司已经破产了。华能公司能坚守下来，说明是有实力、有竞争力的。他们注册资本5000万元，公司在银行的信誉很好，银行给他们的授信有10个亿，现在用了将近5个亿。"赵德生说。

　　"这样杠杆太高，万一出问题，那就是大问题。"周泽明说。

　　"华能公司的管控体系还不错，应该不会出问题。"赵德生说。

　　"华策公司财务资金方面没有问题吗？"周泽明一想起陈有中的事情，就觉得华策公司可能出事情了。

"由于风险资产占用了大量资金，他们现在主要利用客户的保证金和流动贷款来弥补资金缺口，能够运转，但是非常紧张，业务员抱怨很大。不过从财务报表来看，虽然华策公司亏损了，但是他们的资产有1.5个亿，如果处置好的话，是有可能扭亏为盈的。"

"这六个公司都是独立法人单位，防火墙还是有效的吧？"周泽明问。

"对的，六个公司和粤鹏集团都是股权投资关系。但是银行给我们的是集团授信。"赵德生答。

"任何一家子公司都不能发生信用违约，否则将影响整个粤鹏集团。"周泽明说。

"对的，特别是几个公司的进口业务，是靠流水来生存发展的。离开银行授信额度，就相当于没有了业务，没有了血液的补充，小的授信额度也接不了单。

> **集团授信**
>
> 集团授信是指商业银行向集团客户直接提供资金支持，或者对集团客户在有关经济活动中可能产生的赔偿、支付责任做出保证。包括但不限于：贷款、贸易融资、票据承兑和贴现、透支、保理、担保、贷款承诺、开立信用证等表内外业务。为什么有集团客户授信？因为集团客户不是单一法人，商业银行在授信管理上往往存在难度，所以为加强集团客户管理、有效防范和控制集团客户授信业务风险，各家商业银行根据《商业银行集团客户授信业务风险管理指引》制定了符合自身经营特点的集团客户授信管理办法、操作指引等。

如果华策公司今年继续亏损，银行肯定要降低授信额度。"赵德生说。

"现在看来，解决华策公司的资金链问题是重中之重。"周泽明说。

"从财务报表来看是这样，具体情况还需要您和各子公司负责人深入交流。"赵德生说。

"你认为粤鹏落后的原因是什么？现在最紧迫的问题是什么？"周泽明问。

"我觉得粤鹏落后的原因有很多，最主要的原因是风控管理体系不健全，表现在四个方面。第一，风控文化还没有完全建立。第二，风控流程不够健全。第三，制度规章软约束。第四，追责机制不到位。"

周泽明翻开笔记本开始记录，他知道，做财务的一向严谨理性，分析起问题来也必定是有相当分量的。

"第一，风控文化是指全员、全过程对风险控制有正确的认识和合规的举措。我们企业里现在有两种倾向。一种是忽视风险，没有认认真真扎扎实实地去做风险防范；另一种是惧怕风险，畏手畏脚，缺少大胆创新的魄力。我觉得风险就是机遇，任何有回报的事情都是风险和机遇并存的，只有走出去，才有拥抱机遇的可能。只要企业在运行过程当中，只要经济活动在产生，风险就一直并存。所以，首先对风险控制本身要有正确的认识。认识都不正确，那举措就更不用提了。

"第二，风控流程不够健全。现在几个子公司都是业务出险以后，再去采取补救措施。其实风控流程是贯穿事前、事中、事后全过程，以及财务、业务、法务、审计、纪检全方位的。我常常给财务部的同志们讲，从业务的前端就要开始风险防控。如果客户经营出现了状况，或者他没有能力再跟我进行结算的时候，你还要给他发货吗？你不要进行实地考察吗？你不需要跟你的客户、你的供应商进行对接吗？难道你在对接的过程中没有任何一点点察觉吗？不可能。

"所以我说我们财务人员也要走出部门，多站在业务的角度去洞察这些异动。比如我发现我的供应商没有偿债能力时，他已经欠了很多客户的这个货币资金了，他拿了很多的货都没给人家结算，这个时候你就要慎重了，放一百个心的、连查都不查、问都不问的话，你就给他发货，还给他很长的账期，那你一定会受到损失的。

"这个时候呢，我们就要对他进行重新评估。适当时候我们要放一些信用政策，或者是提价或者重新谈判等，来进行制约和防范，而不是不管不顾地，一味地向前冲。这只是财务方面，还有法务的把关、审计的检查、纪检的监督，我们要有这种全过程、全方位防范的措施，有预警的机制。

"第三，制度规章软约束。制度规章都是有的，为什么没有严格执行？这个只有具体做业务的业务员、分管领导和一把手最清楚。我认为这和公司文化和导向有关系。

"最后，出了事情，造成损失了，有没有查清原因、追究责任？如果没有，问题出在哪里？

"我的建议有三个。第一，建立正确的风险控制文化导向。让正确的风控观念、风控意识深入人心；第二，建立全员、全过程、全方位的风险控制体系，形成人人参与，人人负责的环境；第三，制度规章硬约束，落实追责、问责的工作机制。"

与财务部经理赵德生的谈话，让周泽明对粤鹏集团的财务状况和风控体系有了初步的判断。接下来是贸易管理部、审计法务部、人力资源部、办公室等其他部门。

这么一轮谈下来，周泽明对粤鹏集团的整体情况也了解得差不多了，心里却越来越没底儿了。

士气低落、业务涣散、人心不稳、制度不严、管理松懈、漏洞百出、风险频发，问题都摆在那里，建议也针针见血。

千头万绪，从哪里抓起？

与总部各部门负责人谈完以后，周泽明陷入深深的思考之中。

"茫茫九派流中国，沉沉一线穿南北。烟雨莽苍苍，龟蛇锁大江。"

晚饭后，周泽明站在阳台上，望着暮色沉沉的天空，吟诵起毛泽东的《菩萨蛮·黄鹤楼》。

"烟雨莽苍苍，龟蛇锁大江，黄鹤知何去？知何去？"眼前的苍苍景象分明是自己的心境。

"爸爸，你在干什么？一会儿自言自语，一会儿沉默不语。"背后传来女儿萌萌的声音。

"爸爸在朗诵毛主席的一首词，叫《菩萨蛮·黄鹤楼》。你会背吗？"

"当然会，上周六辅导班的老师刚教过。茫茫九派流中国，沉沉一线穿南北。烟雨莽苍苍，龟蛇锁大江。黄鹤知何去？剩有游人处。把酒酹滔滔，心潮逐浪高！"

"萌萌，你知道这首词的含义吗？"周泽明把女儿拉到面前问她。

"不是太了解，爸爸你说吧，我想听你说。"萌萌脸上闪过一丝狡黠的笑容。

"1927年，大革命危局出现。蒋介石发动四一二反革命政变，国民党拘捕、屠杀共产党员和革命群众，全国笼罩在一片白色恐怖之下。这首词反映了毛主席当时苍凉和悲壮的心情。"

"爸爸，你的心情也是苍凉、悲壮吧，刚才好像听到你在唉声叹气。"萌萌笑着说。

"是吗？"周泽明笑了，自己不自觉的沉沉心境竟然被发现了，他提醒自己，不能在女儿面前表现出消极的状态。

"'茫茫九派流中国，沉沉一线穿南北。烟雨莽苍苍，龟蛇锁大江。'老师说，诗人寥寥数笔就把当时情景展现在我们面前。茫茫、沉沉、苍苍三个叠字写出了天气之阴霾、情势之迷茫；一个'锁'字生动传神，一是指诗人登楼看见龟蛇二山夹江而立的形象，更是指当时十分严酷的政治形势。"

听到女儿分析得这么头头是道，周泽明蹲下身来问她，"真厉害，老师还说什么了？"

"老师还说，关键是最后一句，'把酒酹滔滔，心潮逐浪高'。一扫前面几句的阴霾之气和悲凉之感，写出了毛主席澎湃的激情和不灭的信念。爸爸，你要向毛主席学习，不能只是自言自语、唉声叹气，要有信心解决问题。"

女儿这么一说，把周泽明说乐了。

"哇，萌萌，你这个小皮猴明明懂得比我多，还说不了解。你这个讲课讲得比妈妈还要好，我不仅要向毛主席学习，也要向你多学习。"周泽明说。

"做我的学生，上课要注意听讲，期末要考试的。"萌萌像煞有介事地说。

"那当然，严师出高徒。"

阳台上留下父女俩爽朗的笑声。

03 多事之秋

来粤鹏集团的一个月，周泽明体会到了什么是"屋漏偏逢连夜雨，船迟又遇打头风"。烦心的事接踵而至，连环来袭：

华茂公司的一个客户，明确告知公司即将倒闭，无法支付1000万美元的货款；

华策公司的总经理至今滞留香港，不肯回来；

六合会计师事务所的现场审计显示，华策公司的账务十分混乱；

华策公司几个业务骨干提交离职信……

"丁零零。"一阵清脆的铃声打破了周泽明的遐思。

"周董，我是江伟军，您现在有空吗？我过来一下。"

"待会儿六合会计师事务所的人要来，他们还没到，你先来吧。"

江伟军是粤鹏集团的总经理，兼着华策公司的董事长。

十分钟后，江伟军将华策公司的一份财务报表递给了周泽明。

"周董，上个星期，华策公司主持工作的副总经理何志云和我说，这个月底华策有一笔260万美元的信用证要到期，要我们粤鹏集团帮忙周转一下。本来这个事情，我想我们班子商量一下。没想到，过了两天，何志云来说，需要5000万元来周转一下。我就问他，到底有多少银行借款到期还不出来，他说他自己也不清楚，平常都是陈有中分管财务，是他们华策公司的财务经理付燕萍跟他说的。我一听，有点不对劲。就让总部财务部帮助华策公司梳理一下金融债务情况。报表上反映，到目前为止，华策公司有3.6亿元的金融债务。到今年年底，总共有六笔流贷和信用证到期。最早一笔是这个月底。"江伟军一口气说了一大段，周泽明飞快地在笔记本上记着。

> **流贷**
>
> 流贷是流动资金贷款，流动资金贷款是为满足企业短期资金需求而发放的贷款。按贷款期限可分为一年期以内的短期流动资金贷款和一年至三年期的中期流动资金贷款；按贷款方式可分为担保贷款和信用贷款，其中担保贷款又分保证、抵押和质押等形式。按使用方式可分为逐笔申请、逐笔审贷的短期周转贷款，和在银行规定时间及限额内随借、随用、随还的短期循环贷款。

华策公司大额资金付款预算表

序号	付款项目	付款日期	付款金额	备注
1	信用证到期	10.31	US$2100012	粤发银行
2	信用证到期	11.22	US$5334813	中天银行
3	流动贷款到期	11.29	RMB10000000	中天银行
4	进口押汇到期	12.11	US$2856650	粤发银行
5	信用证到期	12.21	US$6601221	中天银行
6	流动贷款到期	12.31	US$5300000	中天银行

"3.6个亿？"周泽明停下笔，刚喝了一口水，听了以后差点喷出来，赶紧去看报表。

"上个星期，我和财务部经理赵德生刚谈过。他怎么没说起这个事情？难道有两本账？"周泽明疑惑地看着江伟军。

江伟军正要回答，手机叮咚响了一下，他看了以后，神色严峻起来。

"周董，何志云刚才发来信息说，华策公司财务部经理付燕萍投案自首。"江伟军说着，眉毛皱了起来。

"自首什么内容？"周泽明脸色铁青。

"私刻公章，伪造账册。"江伟军答。

"私刻公章，伪造账册？她昏了头了？"周泽明瞪大了眼睛。

"也许是陈有中授意的。这一个月来，陈有中滞留香港不归，给她压力很大，再加上集团财务和外部审计的介入，她估计扛不住了。可惜啊，家庭和事业都毁了。"江伟军叹息。

周泽明沉默不语。

"华策公司一向都是粤鹏的主力军，特别是经营规模方面为粤鹏做了不少贡献，出这样的事情也是意料之外。"江伟军说。

"江总，你是华策公司的董事长和法人代表，出这么大事情，你一点儿都没发觉？"周泽明疑惑地看着江伟军。

"我这个董事长也就是兼的，华策公司平常都是陈有中在操盘。"江伟军赶紧解释。

"兼的？出了问题你这个董事长没有责任吗？"周泽明尽量让语气平和，但依旧掩盖不了自己的疑惑和不满。

"责任？我的主要精力在粤鹏集团，兼职也有责任吗？"江伟军在周泽明疑惑的目光下紧张起来，花白的头发边沁出了点点汗珠。

江伟军说完，看着周泽明脸上的疑问没有消除，小声说了一句："陈有中是我们粤鹏的老员工，我一直都信任他，没想到看走了眼。"

"还不了，怎么办？"周泽明把报表放下，手指轻轻地敲着办公桌。

"如果华策公司资金链断裂，将面临被银行查封账户和被起诉的风险；如果公司破产了，一百多口人的工作要受到影响，他们入股的钱也收不回来了，那就麻烦多了。"江伟军忧心忡忡地说。

"这就不仅仅是个经济问题，还要变成稳定问题了。"周泽明的眉毛皱得更紧了。

04 外审发现的问题

"咚、咚、咚"，门口响起了清脆的敲门声。

"请进。"周泽明合上了笔记本，对着门的方向说。

门开了，常务副总经理方亦舒和一男一女站在门口。

"周董，六合会计师事务所的王总已经到了。"方亦舒向周泽明说完，又向江伟军点了点头，以示打扰。

"江总，你一起听一下吧，六合会计师事务所完成了华策公司审计的初稿，今天来和我们沟通一下。"周泽明对起身刚想离去的江伟军说。

"周董、江总，粤鹏集团的审计报告初稿出来了，我们来汇报一下。具体请六合的王总介绍一下吧。"一落座方亦舒就开门见山。

让新来的常务副总经理方亦舒牵头组织对华策公司审计，通过第三方对公司的尽职调查，可以更客观地反映被调查公司的真实状况。

作为问题一大堆的华策公司更需要这种相对客观公允的评估、调查。这也可以让粤鹏集团包括周泽明在内的新班子在最短时间内了解华策公司最真实、最紧迫的病灶和问题。

"怎么样，主要有哪些问题？"周泽明单刀直入。

"周董、江总，经过审计，我们发现陈有中担任华策公司总经理的最近这五年间，公司的经营状况总体下滑，除营业收入以外，其他指标均未完成年度预算目标。"王凯一边说，一边打开了面前的文件袋。

粤鹏集团华策公司风险资产成因及现状

单位：万元

序号		事项内容	账面原值	减值准备	净值	备注
		合计	16232.46	1175.04	15057.42	减值准备包含合并层面补提部分
1	业务一部	为山东百顺铜业公司垫付货款未收回	4001.86	25.22	3976.64	未起诉
2	业务一部	云南滇西铜业公司存货丢失	589.53	31.00	558.53	未起诉，且部分欠款已超诉讼时效
3	业务一部	为福州裕新垫付资金未收回	1502.26	19.21	1483.05	已起诉并胜诉，无资产可执行
4	业务一部	为泉州华达垫付资金未收回	1823.11	322.68	1500.43	已起诉并胜诉，无资产可执行
5	业务一部	为台州华日代理业务垫资未收回	1778.93	231.20	1547.73	已起诉并胜诉，无资产可执行。2016年已累计收款121万元

序号		事项内容	账面原值	减值准备	净值	备注
6	业务二部	韶关金通公司棉纱业务未控货	2118.21	135.26	1982.95	已起诉并胜诉,处于执行阶段。2016年已累计收款110.6万元
7	业务二部	为宁波金全公司垫付货款未收回	1227.25	53.22	1174.03	未起诉,且部分欠款已超诉讼时效
8	业务二部	芜湖一立仓储存货流失	1015.23	230.00	785.23	已起诉并胜诉,处于执行阶段
9	业务二部	泉州铁矿石存货滞销	934.27	124.36	809.91	未起诉
10	业务二部	福州三明棉纱业务未控货	553.58	0.58	553.00	未起诉,且部分欠款已超诉讼时效
11	业务二部	应收河北万泰公司款项未收回	688.23	2.31	685.92	未起诉

制表:六合会计师事务所

"审计中发现的问题主要有两方面。最主要的问题是风险资产问题。由于华策公司对业务管控薄弱,形成11项风险资产。这个原因主要有:违反合同中关于贷款提货的条款,没有按照要求对货物定期实地抽查,交易过程中没有严格控制货物实物或提单失去货物控制权,这些导致应收款无法收回。一些货物没能及时进行变卖,长期积压存货致使仓储费、保管费等费用大幅增长,最终使得所控货物无实际价值。除去已收回的货款231万元,这几年产生的风险资产合计有1.6亿元。" 王凯一边说,一边将资料分别递给了周泽明和江伟军。

"华策公司因风险资产占用巨额资金,现金流岌岌可危,这个月底有笔260万美元信用证要到期,到年底总计有六笔流贷贷款和信用证要到期。

"第二个问题是挪用资金问题。三年前,我们六合给华策公司做过一次审计,发现有一笔300万元的钱没有经过任何手续借给了一家民企。当时,我们就提出了风险提示。这一次,我们发现同样的事情还存在,而且还是同一家公司。"

"三年前,这个事情没有整改掉?" 周泽明疑惑地问。

"贵公司有没有整改，我不清楚，但这次我们发现这个问题依然存在，而且已经超过了半年。"王凯接着说。

"挪用资金超过三个月，已经是职务犯罪了。"周泽明陷入了沉思……

挪用资金罪、挪用公款罪

《中华人民共和国刑法》

第二百七十二条 【挪用资金罪】公司、企业或者其他单位的工作人员，利用职务上的便利，挪用本单位资金归个人使用或者借贷给他人，数额较大、超过三个月未还的，或者虽未超过三个月，但数额较大、进行营利活动的，或者进行非法活动的，处三年以下有期徒刑或者拘役；挪用本单位资金数额巨大的，处三年以上七年以下有期徒刑；数额特别巨大的，处七年以上有期徒刑。

国有公司、企业或者其他国有单位中从事公务的人员和国有公司、企业或者其他国有单位委派到非国有公司、企业以及其他单位从事公务的人员有前款行为的，依照本法第三百八十四条的规定定罪处罚。

第三百八十四条 【挪用公款罪】国家工作人员利用职务上的便利，挪用公款归个人使用，进行非法活动的，或者挪用公款数额较大、进行营利活动的，或者挪用公款数额较大、超过三个月未还的，是挪用公款罪，处五年以下有期徒刑或者拘役；情节严重的，处五年以上有期徒刑。挪用公款数额巨大不退还的，处十年以上有期徒刑或者无期徒刑。

挪用用于救灾、抢险、防汛、优抚、扶贫、移民、救济款物归个人使用的，从重处罚。

六合会计师事务所的人走了以后，周泽明把江伟军和方亦舒留了下来。

"你们对华策公司现在的问题怎么看？"周泽明问。

"资金链是眼下最紧迫的问题，解决不了的话会引起一连串的麻烦，处理不好会影响稳定。"江伟军说。

"现在来看，挪用资金和应收账款只是一个方面，华策公司可能还有其他的问题。现在陈有中滞留香港不归，华策公司又存在挪用资金的情况，我建议要立即报警，以防止产生更大损失。"方亦舒说。

"现在财务经理付燕萍已经投案自首了，我们还有没有必要再去报警？"江伟军疑惑地问。

"付燕萍投案自首和我们通过审计发现问题主动报警还是两回事，虽然可能在证据核查方面会有交集。一个是犯罪嫌疑人主动归案，一个是企业发现问题及时报案。"方亦舒说。

"我同意亦舒的意见，这是两件事，确实都比较紧急。现在还有一个更要紧的事，华策公司的负责人缺位，班子薄弱。这些事情都要华策公司去操作，毕竟它是一个法人单位，做什么事情，要按照相应的程序，我们不可以越俎代庖。"周泽明说出了自己的观点。

听到这里，江伟军和方亦舒均点头赞同。

"你们觉得谁适合去担任华策公司的一把手？这个人是需要重整旗鼓、担当重任的。"周泽明问。

"我来的时间不长，对华策公司还不是很熟悉，江总可能会更了解一些。"方亦舒说。

江伟军想了一下说："我觉得有两个人选。一个是华策公司的副总经理何志云，他是业务出身，一直很稳健，对华策公司比较了解；一个是总部贸易管理部经理梁若飞，他对财务和业务都比较熟悉，对集团整体的情况了解多一些。"

"人选的事情我再考虑一下。江总，请华策公司就资金链危机的事情，发文上报粤鹏集团，分析存在的问题，明确现在的困难以及需要粤鹏集团支持的事情。方总，请准备审计情况的报告。这两个事情我们上党委会审议。"

05 狂风暴雨

从大学时代，周泽明就保持着一个生活习惯：晚上十点半之前一定上床睡觉。两个方面的原因，一个是醒得早，五点多睡也睡不着了，干脆起床；另一个是睡眠不好，经常凌晨两三点钟醒来，如果再遇到一些难事、急事，那整个后半夜就都在无尽的思考中度过了。医生就建议他，如果后半夜睡不好，那就尽量晚上准时入睡，这样最起码保证前半夜的睡眠质量。

早上七点半，周泽明已经在粤鹏大楼的办公室里办公了。

这两天发生了太多事情，尤其是华策公司的突发事件，让他思考了半宿，略感疲惫。

突然，一道闪电划过天际，瞬间照亮了大地。

轰隆隆，从早上一直阴沉的天气，开始打起雷来。

大风携着雨点扫进了屋。周泽明起身去关窗户。

"丁零零"，手机忽然铃声大作。

周泽明关好窗户，拿起手机一看，是广泰集团办公室主任张则庆打来的电话。

"周董，我是张则庆，你现在在哪里，请你马上到广泰集团门口来。"张则庆语气较为急促。

"则庆主任好，我现在在粤鹏集团，什么事情？"周泽明有点紧张。

"你们粤鹏下属的华策公司三十多人，在广泰集团门口聚集，听保安说可能是集体上访，请你马上过来处理，我也在去集团的路上。"张则庆说。

"集体上访？了解了，我现在出发，估计三十分钟以后到。"周泽明说完，挂了手机，马上给办公室主任黄子薇打电话。

"子薇，集团办公室说华策公司的人到广泰集团集体上访，请立即通知江伟军和华策公司何志云，马上到广泰集团门口处理。"说完，周泽明披上外套，快步走出办公室。

这两年，对于维稳工作，各级政府、各行业、各单位都抓得紧，党代会明年就要召开了，维护稳定是不折不扣的政治任务。国有企业作为国民经济的支柱力量，是维护社会稳定、维持社会和谐的主力军。这个节骨眼上，更是不能出任何问题。

在不断向下的电梯里，周泽明的脑海里不断冒出疑问：

哪些人去上访？

为什么要去上访？

上访的诉求是什么？

华策公司的领导班子知不知情？

为什么华策公司和粤鹏集团事前一点儿都没察觉？

见到了这些人，应该说什么、做什么？

会不会有激烈的冲突？

要不要通知公安部门的人？

周泽明知道，这个骤然降临的难题对他将是一个严峻的考验。

大雨如注，天空越发灰暗了。

周泽明没有车，住在市区的他早已习惯了乘地铁上下班。

广州四通八达的地铁线让他尽享绿色出行的便利。

公司的驾驶员还没有到岗。

倾盆大雨，又是早高峰，这个时候就很难打到车了。

手机预约网约车始终没有人接单。

是租辆共享单车骑过去，还是上楼换双运动鞋跑过去？

不管怎么样，都要披件雨衣，要不然，肯定变成落汤鸡。

周泽明犹豫了半分钟。

忽然，一辆红色雪佛兰轿车出现在门口。车窗摇下，是办公室主任黄子薇。

她向站在粤鹏大楼门口的周泽明喊道："周董，快上车。"

周泽明一个箭步上前，拉开车门，坐了进去。

"你今天怎么这么早？"周泽明问。

黄子薇的及时出现让周泽明感到些许欣慰。

"您给我打电话的时候，我在来公司的路上。本来想直接去广泰集团会合，后来一想现在驾驶员可能还没上班，早高峰又打不到车，您可能没有办法去广泰集团，我就先到粤鹏大楼来接您过去，正好看到您，看来我第六感还挺准的。"黄子薇笑着说。

"考虑周到。其他人都通知到了吗？"周泽明问。

"都通知了，他们都在去往广泰集团的路上。"黄子薇看了一眼后视镜。

周泽明正在浏览窗外，表情严肃。

"华策公司出事情在意料之中，但是出事情这么快在意料之外。"周泽明说。

"华策公司去年亏损的时候，一些员工就有意见，说一两个部门拖垮了整个公司，现在资金链危机一爆发，他们反应肯定更激烈了。"黄子薇说。

"一两个部门是哪两个部门？"周泽明问。

"一个是业务一部，陈有中直接分管的，另一个是业务二部，副总经理杨林分管的，这两个部门的风险资产最大。"黄子薇说。

"那今天来上访的是其余几个部门的了？"周泽明问。

"如果是因为资金链危机来上访的，那应该是另外几个部门的人。"黄子薇说。

说话间，车已经到了广泰集团大门口。

06 灵魂拷问

雨小了一些，却依旧没有停下来的意思。

周泽明撑起黄子薇递过来的伞，下了车，抬手看了看表，8：20。

广泰大厦大厅里靠东边一侧站着三十多人。

与周泽明想象的吵吵嚷嚷、群情激愤的场面不同，这些人没有发出喧闹的声音，三三两两在说着话，好像在等待着什么。

大厅门口站着办公室主任张则庆、主管陈雅和保安部主任。

门口的保安明显比往常多了很多。

"则庆主任，我们到了。"周泽明快步走上前对张则庆说。

"泽明，华策公司的人都在那边。"张则庆用眼光示意说，"他们想等云伟书记来，递交报告。"

"云伟书记到了吗？"周泽明问。

"还没有，他一般8：40左右到。"张则庆说着，把周泽明拉到了一边。

"兄弟，这个事情尽快处理好，我的建议是不要让云伟书记和他们碰面。"张则庆说。

"你想想看，他们不论提出什么样的要求，云伟书记怎么答复？如果有人再激动起来，那这个场面就不好控制了。如果我们提前把事情处理了，那这件事可以大事化小。但是如果闹到云伟书记那里，这个事情可能就要变大了。"张则庆毕竟是集团"大内总管"，经验丰富，说得有道理，周泽明连连点头。

周泽明和黄子薇耳语了几句，一起走到了大厅东侧这群人的前面。

周泽明站定以后，朗声说道："华策公司的各位同仁们，我是粤鹏集团的党委书记周泽明。"

讲到这里，周泽明停了下来，等着这些人一起将目光转向他。

这时，粤鹏集团总经理江伟军、华策公司副总经理何志云都赶到了。

"华策公司目前遇到了困难。我非常理解。我到粤鹏集团刚刚一个月，本来打算这个星期去看望大家，听听大家的心声。现在在这里相遇，也是缘分。大家有什么诉求，有什么意见，可以先找我们粤鹏集团党委。你们来找云伟书记，云伟书记也是要我们粤鹏集团党委来解决啊。如果我们不重视，没有能力来解决问题，你们再来找云伟书记也不迟啊。我相信我们粤鹏领导班子一定能解决问题。希望大家现在回华策公司去，安心上班。"周泽明说。

这时，靠近大门一侧的两三个人耳语了几句。为首的是一个两鬓略白的汉子，拿着一张纸递给了周泽明。

周泽明接过来一看，是华策公司职工联名信：

> 尊敬的广泰集团领导：
>
> 　　我们是华策公司的职工，从去年开始，公司亏损，银行授信压缩，我们业务没法儿接，合同没法儿签，年终奖没有发。现在总经理逃跑，财务部经理涉嫌犯罪，公司资金链即将断裂。照这样下去，企业很快就要走向破产，我们将下岗失业。现提出三点诉求：
>
> 　　一、彻底调查华策公司亏损的原因；
>
> 　　二、追究导致华策公司亏损相关人员的责任；
>
> 　　三、帮助华策公司走上正轨。

最后是密密麻麻的签名和红手印。

"周董，这个人是华策公司业务三部的钱海东，马上要退休了。"黄子薇上前和周泽明小声地说。

广泰集团上班的人开始多了起来，有的人停下来刚想围观，就被办公室主管陈雅和保安们劝走了。

"领导，你好，我是华策公司的老员工，很快就要退休了。"钱海东说话的声音不大，但中气很足。

后面的人群自觉地以他为中心，呈扇形分布。"想请教书记一个问题。"钱海东道。

"您好，老师傅。请教不敢当，请问有什么问题？"周泽明搞不清楚他葫芦里卖的什么药，以礼待之。

"敢问书记一个简单的问题，什么是道？什么是德？"

钱海东目光炯炯，直视周泽明。

在场的每个人都在注视着他，也在等着看周泽明如何应对。

"什么是道？什么是德？"

这么高深的问题，难道是对灵魂的拷问吗？

周泽明重复着这两句话，脑中急速地搜寻答案。

周泽明想了半天，也没想出所以然来，只能按照自己的理解说，"道可道，非常道。道就是事物的规律。德就是一个人的品德。不知道这样理解对不对，还请老师傅指教。"

说着，周泽明向钱海东抱拳。

钱海东微微一笑，朗声说道："四时运行，谓之道；行有所得，谓之德。道就像今天外面下的瓢泼大雨。德就像你刚才进来时拿的那把伞。"

说到这里，钱海东向后面的人群看了一眼。

刚走进大门来上班的几个人，看到这幕情景，听到这几句话，都放慢了脚步。

周泽明凝神聆听。

"道不分南北，德却有高低。领导，你撑的这把伞是遮住你一个人呢，还是遮住更多的人？你的所作所为是只为某几个人的利益，还是就为你一个人的利益，还是考虑到我们更多职工群众的利益？这其实就是你的德。"

这个话说完，后面的人都鼓起掌来。

周泽明一听，心里暗暗说，遇到高手了。

这个意思是说，做领导，如果只考虑个人的利益或者某几个人的利益，而不为更多人的利益考虑，那就是无德、缺德。

周泽明等掌声渐渐平息以后，微微一笑，双手抱拳说道："老师傅，今天受教了。你们反映的问题和提出的要求，我们领导班子会认真研究，尽快答复。"

周泽明自始至终以"老师傅"相称，语言客气礼貌，答复言之有理，一会儿抱拳，一会儿微笑，礼数都到了，这让人也挑不出什么毛病。

钱海东听完以后，和身边的人耳语了两句，向周泽明一抱拳，说道："领导，今天冒昧得罪，也是迫不得已，希望你能倾听我们职工群众的心声，多为我们普通老百姓的饭碗着想。"

说完，钱海东也不等周泽明答复，挥手向人群做了一个"走"的手势。

这三十多人陆续走向门口，消失在人海中。

周泽明松了口气，走上前去，向张则庆说："则庆主任，感谢您前面做的工作，稳住了局面。他们反映的问题和提出的诉求，我们领导班子回去以后，会认真研究讨论。处理的情况，到时我会及时向您和云伟书记汇报。我们就先回去了。"

张则庆拍了拍周泽明的肩膀，说："泽明，你也不容易啊，困难企业是非多，处理情况你直接向云伟书记汇报就好了。"

两人告辞以后，周泽明一行人走向大门。

出了大门，走下阶梯，正好云伟书记到了。

"云伟书记，早。"周泽明和江伟军走上前去说。

"泽明、伟军，今天你们怎么有空来集团啊？"

齐云伟在来的路上接到张则庆的电话，了解了早前发生的事情。

他是明知故问，脚步没停。

周泽明跟着云伟书记的步伐，小声说："云伟书记，粤鹏下属华策公司的一些职工想反映一些问题，希望借助广泰集团引起重视。我刚刚已经拿到了他们的联名信，答复他们我们领导班子一定认真研究，尽快答复，他们刚刚都回去了。"

周泽明想既不能隐瞒事实，又没有时间说得太多太复杂，也只能这样说了。

"你们领导班子要多注意倾听职工群众的声音，老百姓就是基础啊，基础不牢，地动山摇。"

齐云伟边说边进了大门，走向了电梯厅。

"这个事情疏忽了，我们回去以后马上落实。"周泽明知道出了这样的事情，自己确实有责任。

"千里之堤，溃于蚁穴。你们领导班子要找出问题，亡羊补牢，防止类似问题再次发生。"

电梯门打开，云伟书记对周泽明说完，进了电梯。

"明白，我先回去了，董事长。"

周泽明想，事情已经发生了，与其在这里多做解释，还不如回去解决问题。

走出广泰集团的大门，雨小了一些，大风依旧吹个不停，点点雨滴打在脸上，已经有些许秋的寒意了。

"风起于青蘋之末，其来也渐，其入也深。"周泽明默念着这句话，看了一眼苍黄阴暗的天空，上了黄子薇开来的车，出了广泰集团的大门，消失在细细密密的雨幕中。

◇ 07 开好党委会的四要四不能

"董事长，根据您的指示，这是草拟的下午公司第二十次党委会的议题和相关的材料。"周泽明接过粤鹏集团党群部主任王婉飞递过来的材料，一边看，一边读了起来：

"第一，听取公司纪委关于陈有中违规私自出境的情况报告；第二，听取法务审计部关于华策公司专项审计的报告；第三，听取华策公司关于财务状况的报告；第四，审议办公室关于成立华策公司应急处置领导小组和工作组的报告；第五，华策公司管理层人事调整事项。

"婉飞，第五项议题调整到第二个。另外，这些议题和材料，你和各位领导再沟通一下，看看有没有其他意见，特别是第四项，请办公室再细化一下方案，重点是建立工作组的日常沟通机制，明确目标，落实责任。"

"好的，董事长，其他领导都已经沟通了，亦舒总刚出差回来，还没回复，等会我再向她汇报一下。"

"婉飞，我前两天画了一张党委会的主要流程表，你们党群部好好商讨一下，参考一下广泰集团的制度，把党委会议事规则修订完善好，以后我们都要按照流程来。"

周泽明打开电脑，打印了一张流程图，递给了王婉飞。

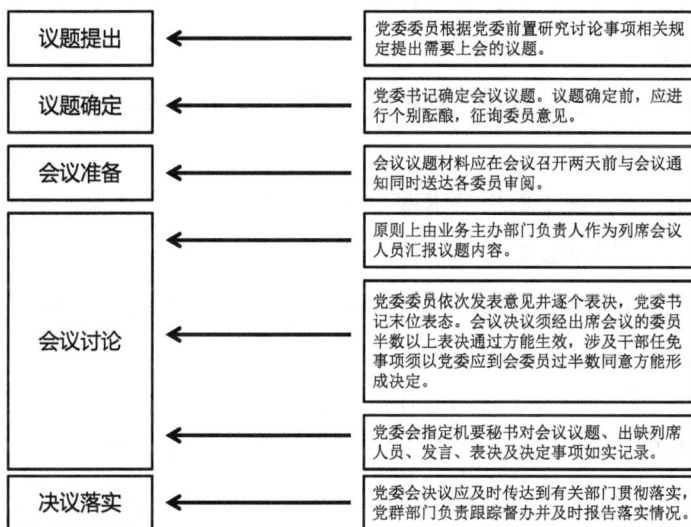

议题提出	←	党委委员根据党委前置研究讨论事项相关规定提出需要上会的议题。
议题确定	←	党委书记确定会议议题。议题确定前，应进行个别酝酿，征询委员意见。
会议准备	←	会议议题材料应在会议召开两天前与会议通知同时送达各委员审阅。
	←	原则上由业务主办部门负责人作为列席会议人员汇报议题内容。
会议讨论	←	党委委员依次发表意见并逐个表决，党委书记末位表态。会议决议须经出席会议的委员半数以上表决通过方能生效，涉及干部任免事项须以党委应到会委员过半数同意方能形成决定。
	←	党委会指定机要秘书对会议议题、出缺列席人员、发言、表决及决定事项如实记录。
决议落实	←	党委会决议应及时传达到有关部门贯彻落实，党群部门负责跟踪督办并及时报告落实情况。

党委会议事规则主要流程图

"婉飞，以后我们上党委会的议题，一是要按照党委前置研究讨论事项的相关规定严格落实，一个不落，不能再出现上董事会、股东会的议题党委会没有审议过这样的事情。第一个环节最容易出现的问题是该上党委会的没上，不该上党委会的反而上了。"周泽明用笔指着"议题提出"这个环节说。

"上次董事会审议的公司年度分红方案这么重要的事情怎么会没上过党委会？是不是和办公室没有衔接好？请纪检室设计一个表格。所有上董事会的重大议题，要先由党群部确认党委会讨论过签字以后，再发起董事会的流程，纪检室负责监督。有些议题不属于'三重一大'事项，是日常性的经营管理事项，就不要上党委会。什么都上党委会，那就没有重点了。

"二是要上会的材料必须严谨翔实、格式规范，提前发参会人员审阅，不能就口头说说，纸上写写。上会材料第一道关是主办部门。第二道关是你们党群部。不符合要求的资料不上会，要尽快和主办部门沟通协商。你们党群部要负起责任来，把好这个关。

"三是要发挥主办部门的力量，谁主办，谁负责，要有书面的正式意见，不能以参会人员的同意不同意代替主办部门的处置意见。这个环节最容易出现的问题就是不安排主办部门来汇报或者来汇报了没有明确意见。这样既不利于议题的充分讨论，也发挥不了主办部门的作用。光几个委员说同不同意是不够的。

"四是对党委会前置讨论的事项要有反馈，有落实，有跟进，不能只见讨论，不见结果。"

周泽明一口气说了四项要求四个不能，也是这一个月来，参加了粤鹏集团几次党委会的切身感受。

以前，粤鹏集团的党委会工作都是按照老的套路来，考虑得不是很细致，做得也不够规范。

这一个月来，经过周泽明的耳提面命，王婉飞一方面感觉专业水平飞速提升、受益匪浅，另一方面也感觉以前的工作确实太不细致了。

"婉飞，光靠我给你的这个流程图以及广泰集团的相关制度还远远不够。你是党群部负责人，你先谈谈对党委会的认识和理解。"

周泽明本来想让王婉飞回去好好学习一下再来交流，转念一想，先看看她的总体情况。

王婉飞，武汉大学计算机专业毕业，十多年前粤鹏集团最辉煌的时期加入公司，入司以后一直在办公室工作，IT、行政、工会、党群什么工作都干过，一年前刚被提为办公室副主任。

周泽明这一届新班子来了以后，将党群和纪检的职能从办公室里独立出来，专门设了党群工作部（工会）和纪律检查室。

部门设置好了，人员的专业化程度是不足的。这在基层企业是一个普遍的现象。

上面千条线，下面一根针。基层企业职能部门的人员多是身兼数职，以往的工作要求也不高，党建纪检的人员配备尤其薄弱。

好在，王婉飞毕竟是名校理工科毕业的，基本素质还是过硬的，提拔为党群部负责人以后，边干边学，一直在补课。

"党委会制是我们党一项重要而又基本的制度，党委会是我们党民主集中制原则的重要载体。在党委会上，党的委员会书记是班长，应当善于听取委员们的意见，集中大家的智慧，对重大事项拍板做出决定，并督导贯彻执行。

"泽明书记，您刚才提到的公司党委会四个方面不规范的事情，确实是我学习不够，我们党群部尽快调整完善，到时向您汇报。"

王婉飞一边回答，一边在笔记本上飞快地记着，脸也红了起来。

她自己也清楚，如果一直是这样"一瓶子不满，半瓶子晃荡"的状态，如果不尽快提高自己的专业水平，是胜任不了党群部负责人这样一个关键岗位的。

周泽明知道，面对这样一个风险频发的传统企业，选人用人没有太多选择余地。人就那么几个，优秀的人才，外部既招不进来，内部也选不出来，只能手把手地教，一步步地带，自己不也是这样过来的吗？

自己的预期成为对方行为改变的重要因素，现在是需要发挥"皮格马利翁效应"的时候了。

想到这里，周泽明去了一趟洗手间，放松了身体，调整了心态。

皮格马利翁效应（Pygmalion Effect）

皮格马利翁效应，又称罗森塔尔效应。一种社会心理效应，由美国著名心理学家罗森塔尔和雅各布森验证提出。皮格马利翁效应指人们基于对某种情境或某人的知觉而形成的期望或预言，会对该情境或该人产生适应这一期望或预言的效应。

皮格马利翁是希腊神话中的塞浦路斯国王，善雕刻。由于他不喜欢塞浦路斯的凡间女子，决定永不结婚，他用神奇的技艺雕刻了一座美丽的象牙少女像。在夜以继日的工作中，皮格马利翁把全部的精力、全部的热情、全部的爱恋都赋予了这座雕像。他像对待自己的妻子那样抚爱她，装扮她，为她起名伽拉忒亚，并向神乞求让她成为自己的妻子。爱神阿佛洛狄忒被他打动，赐予雕像生命，并让他们结为夫妻。

08 党内政治生活的重要规矩

周泽明打开桌子上的西湖龙井茶叶盒，给王婉飞泡了一杯茶，王婉飞赶紧起身去接，然后拿过水壶给周泽明的杯子添了热水。

周泽明让王婉飞打电话，问问党群工作部的另外两个人有没有空现在一起过来。

随后，两人就在窗边的茶几上坐了下来。

"河北的西柏坡是个革命圣地，你去过吗？"周泽明喝了一口茶，放下茶杯说道。

"西柏坡我知道，但是没去过。我们党的七届二中全会就是在那里召开的。毛主席提出了'两个务必'，要求全党在胜利面前要保持清醒头脑，在夺取全国政权后要经受住执政的考验，务必使同志们继续保持谦虚、谨慎、不骄、不躁的作风，务必使同志们继续保持艰苦奋斗的作风。"

王婉飞对这些党史的基本知识还是知道的。

"2013年，习近平总书记在西柏坡参观时曾指出：这里是立规矩的地方。总书记说的这里是立规矩的地方，你知道是哪儿吗？"周泽明问。

"七届二中全会的会址？"王婉飞不确定。

她对党史略知一二，了解得不多。

周泽明摇摇头，笑着说："我们党在西柏坡有一段时间呢，又不止开了一个会。总书记说的那个立规矩的地方是中共中央政治局九月会议的会址①。"

说话间，党群部的罗小美和郭飞都到了。

王婉飞示意他们搬个椅子围着茶几坐下来。

周泽明接着说："西柏坡时期，解放战争形势发生重大变化。小规模的游击战争过渡到大规模的战争，原本分散的根据地，变为统一的大解放区。

---

① 《"立规矩"的地方》，求是网，http://www.qstheory.cn/laigao/ycjx/ 2021–05/18/c_1127458994. htm，2021–05–18。

战争形势的变化，要求在组织纪律方面相应加强。为此，在九月会议上，中共中央既着眼于全党的集中统一，通过了建立请示报告制度的决议，又着眼于扩大和建立党内正常的民主生活，对健全党委制进行了基本的规定。"

听到这里，王婉飞明白了周泽明的重点是要讲党委制的来龙去脉。罗小美和郭飞也都在认真地做笔记。

"为什么说这里是立规矩的地方呢？我的理解是这里立的规矩、定的纪律，对于我们党夺取全国政权的胜利，一直到现在我们党内政治生活的基本准则都有深远和重大的影响。

"解放战争以前的很长时间内，由于游击战争的特定情况，各根据地和游击区一直处于被分割和独立活动状态，分散主义、无组织、无政府状态等倾向严重存在于许多地区的党组织中，个人决定重大问题的现象更是普遍存在。

"针对党内存在的个人包办、党委委员形同虚设、损害党的集体领导的现象，毛主席在为中共中央起草的《关于健全党委制》的文件中，首先强调了健全党委制的重要性。党委制是保证集体领导、防止个人包办的党的重要制度。这是因为，党委制下，书记和委员的地位和权利平等，党委研究决策重大问题，书记和委员一样只有一票的权利，并按少数服从多数的原则做出最终决定。所以，健全党委制的重要性就在于从制度上保证了党的集体领导。"

周泽明从桌子上拿过来一个笔记本，看了一眼接着说："毛主席在《关于健全党委制》中，提出了完善党委会议制度的具体要求。一是一切重要问题由到会委员充分发表意见，按少数服从多数原则做出最终决定。二是为防止会议决定流于形式或不能做出决定，在会前必须要充分做好准备，会前应事先通知会议参加者。

"三是在会议召开期间，要注意发扬民主，容许不同意见的争论。取得思想上的一致后，再做出明确的决定。四是少开长会，不频繁开会。五是明确规定了党委会的领导体制，防止权力过分集中于常委会。

"你们看看毛主席七十多年前总结的经验、提出的原则，到现在还在用。可是，看看我们公司的党委会，运行得规范吗？"

三个人听了周泽明的问题沉默不语。

"这说明我们的同志对这些基本原则没有去深入理解，没有去贯彻执行，所以才会出现这样那样的问题。"

周泽明一边回顾党史，一边结合实际，对公司党委会运行存在的问题从思想、制度、组织、改进几个方面又梳理了一遍，提出了针对性的意见，王婉飞等人不由得从心底里佩服。

其实，在得知自己将要担任粤鹏集团党委书记的时候，周泽明就开始收集资料，了解党委制的来龙去脉了。

经过这段时间的实际体验，周泽明对党委制的运行规则已经相当熟悉，分析起问题来自然提纲挈领，切中要害。

"邓小平同志在党的八大上说过，《关于健全党委制》这个决定总结了党内认真实行集体领导的成功经验，促使那些把集体领导变为有名无实的组织纠正自己的错误，并且扩大了实行集体领导的范围。

"婉飞，你刚才提到了七届二中全会提出的两个务必。实际上，七届二中全会还有一个重要内容，也是关于党委制的工作方法的。"周泽明说。

"这个我真不知道。"王婉飞睁大了眼睛，竖起了耳朵，看着周泽明。

"中共中央政治局九月会议通过的《关于健全党委制》提出了实行党委制的重要意义、基本原则和注意事项。但毛主席并没有停留在这些基本原则上，而是进一步将党委制具体化为了可操作的工作方法。

"面对即将执掌全国政权的新形势、新任务，在七届二中全会的结论中，毛主席提出了《党委会的工作方法》，全面系统地介绍了党委会的工作方法。这是在总结我们党实行集体领导经验的基础上，加强党委领导班子建设、提高党的领导水平和执政能力的一篇经典文献。小美和郭飞你们俩听说过吗？"周泽明转头问罗小美和郭飞。

正在记笔记的两个人，被突然这么一问，一下子不知如何回答。

周泽明端起茶杯，喝了一口茶。

罗小美反应快一点，说道："我记得习近平总书记在党内号召全体党员干部重温一篇关于党委会工作方法的文章，好像就是这个《党委会的工作方法》^①。"

对于罗小美的回答，周泽明还是意外的，问道："小美，你的知识面挺丰富的。说说看，你是怎么关注到这个信息，你又是怎么理解的？"

"因为我们公司有党委，我当时也在办公室从事党群工作，总书记号召全体党员干部都要重温学习，所以，当时看到这个新闻，我就多看了两眼，呵呵。具体内容不记得了。"被一把手表扬，小美心里美滋滋的。

周泽明看了一眼王婉飞，接着说："在《党委会的工作方法》中，毛主席明确指出了党委会科学的领导艺术与工作方法，共十二则。这十二则方法是对健全党委制思想的具体化，具体化为了可操作的工作方法，避免了党委制流于空泛的局面。

"我们党的根本组织原则和领导制度是民主集中制，实现途径就是以党委制实现集体领导。一直到今天，党委制仍是我们党进行科学决策、民主决策的重要制度和途径，是各级党委开好党委会、提高议事决策水平的重要法宝。

"其实，你们看看粤鹏集团目前出现的党的建设弱化、淡化、虚化、边缘化的问题，很大程度上就是因为规矩没有立起来。毛主席当时指出的个人包办、搞一言堂等损害党的集体领导的现象，在我们粤鹏集团有没有？"

三个人看着周泽明，不敢回答。

"有，肯定有，不同程度地在我们各级党组织中存在，要不然也不会出现这么多的风险和问题。这两篇文章就是坚持党内集体领导和民主集中制的重要规矩，是党内政治生活的重要规矩。我们全体党员都要响应习近平总书记的号召，扎扎实实地学，认认真真地学。

"你们党群部要在总部各部门中带起头来，把这些具体方法和广泰集团的相关制度结合起来，制定我们自己的制度，推动各公司各支部出台相关制度，把规矩立起来，把纪律严起来。"周泽明语重心长。

三个人出了周泽明的办公室。王婉飞暗暗下了决心：尽快成为党建领域的行家里手，要不然自己的位置难保。

---

① 《习近平：各级党委要重温〈党委会的工作方法〉》，中国新闻网，https://www.chinanews.com.cn/gn/2016/02-25/7773302.shtml，2016-02-25。

09 打造坚强战斗堡垒

中午时分，雨过天晴，太阳从乌云中露出脸庞，气温也渐渐升高了。

粤鹏大楼的顶楼是一个露天茶吧。

六顶太阳伞一字排开，每顶太阳伞下面均配着一个圆桌、三把藤椅。靠近门的地方摆放着各式各样的咖啡、点心和茶水。

午休时，粤鹏集团的员工最喜欢到这里逛逛，坐坐，站站，活动活动筋骨，欣赏珠江两岸的景色。

周泽明从办公室走出来，转个弯儿就能到这里，这也是他来粤鹏集团以后驻足思考、会客谈话之地。

周泽明一直认为，每当遇到棘手的事情时，极目远眺，海阔天空的环境能给自己带来更长远、更宏大的视野格局。

下午两点。周泽明坐在茶吧最边上的一顶太阳伞下，闭目思考。

在下午党委会召开之前，他约了两天前刚从中国纪检监察学院学习回来的纪委书记卢靖琳见面交流。

耳畔传来的一阵清脆的高跟鞋声，让周泽明睁开眼睛转过身来，朝着小径的方向望去。

卢靖琳今天一身素雅的米色长裙，握着一杯咖啡，袅袅婷婷地走来，看着温婉知性，很是柔和。

"靖琳书记，这段时间你辛苦了，还没给你配好枪炮，就让你上战场了。"周泽明一边笑着打趣，一边帮卢靖琳拉开了椅子。

"泽明书记，你是一把手、第一责任人，要说辛苦还是你最辛苦。"卢靖琳一边坐下，一边笑着回应着。

"去北戴河学习得怎么样？取到真经了吧？"周泽明问。

"确实不错。我们班的林同学用了'好、高、明'三个字代表我们组做总结发言。我正好也向您汇报一下。"卢靖琳笑意盈盈地翻开笔记本。

"是吗？听起来也是一个总结汇报的高手，怎么个'好、高、明'？"

周泽明问道。

"好指的是五个好。时机好、地点好、环境好、学风好、组织好。这次培训班是在学习习近平总书记系列重要讲话精神，统筹推进'五位一体'总体布局，协调推进'四个全面'战略布局，全力推进全面建成小康社会进程的重要时刻举办的。这是最重要的——时机好。

"高指的是三个高。一是政治站位高。培训旗帜鲜明讲政治，紧紧围绕学习贯彻习近平总书记重要讲话精神，王岐山同志三次专题党课，开展纪律检查相关业务讲座。大家充分认识到，纪律审查不仅是业务工作，更是十分严肃的政治工作，要把讲政治作为最根本和第一位的要求，体现执纪检查的政策性和政治性。二是讲课水平高。授课老师来自中纪委、国务院国资委、重点骨干企业一线，具有较高的理论水平和丰富的工作经验。旁征博引，例证丰富，答疑解惑，娓娓道来。大家感到既高大上，又接地气。"卢靖琳说。

"这么说来，我们粤鹏集团违规违纪的疑难杂症你也有药方了？"周泽明问。

"药方谈不上。但是，在向老师请教和与同学们交流的过程中，我对纪律审查检查的政策含义和业务规程理解更丰富了。

"三是纪律标杆高。我们上课考勤，住宿查房，外出请假，禁止下海、宴请和外食。同学们都说，这是历次培训纪律最严的一次。大家都自觉遵章守纪，树立了国企纪检干部的良好形象。

"明指的是四个明。一是明确方向。进一步增强四个意识，营造风清气正的政治生态，干事创业的发展环境。二是明确任务。把握运用好四种形态，当好护林员，守好国有企业这片茂密森林。三是明确定位。坚持监督执纪问责的定位，思想上对标，行动上紧跟，执行上坚决，落实上较真。四是明确责任。打造执纪铁军，忠诚履职担当，夯实党执政兴国的物质基础和政治基础，谱写全面从严治党的新篇章。

"这就是这次培训学习的总结体会。感谢上级纪委和公司党委安排我参加这次培训学习，让我充了电，赋了能，信心更足了。"卢靖琳说。

"靖琳，你的变化挺大的。你去之前，看你还像个纪检战线的新兵。今天怎么听都像是个胸有成竹的将军。"周泽明笑道。

"不敢当。我现在就是开足马力，遇山开路，逢水架桥，争取早日提高专业能力。"卢靖琳说。

"陈有中的事情怎么样了？"

"根据公司纪委的核查，陈有中今年五一去香港探亲回来以后，就没有交还因私往来港澳通行证。这一次的确是未经组织批准就去了香港，属于违规违纪行为，给予什么样的处分，要看情节的轻重。情节较轻的给予警告或者严重警告处分；情节较重的，给予撤销党内职务处分；情节严重的，给予留党察看处分。"

"那怎么区分情节的轻重呢？"周泽明问道。

"我个人认为，如果他去香港，只是自己的私事，并且认错态度较好，那可以说是情节较轻；如果他去香港，和违规违纪违法行为有关，甚至是和粤鹏集团的权益受损有关，那就是情节较重或者是严重。当然，这只是我个人的观点，具体还要经过我们纪委会商议决定。"

卢靖琳谨慎地用着措辞，她知道，作为一个基层纪检机构负责人，说话严谨、办事理性是最基本的要求。

"现在最紧迫的问题是一个多亿的窟窿怎么补上，填不上的话，这百来号人都要来找我们要饭碗。"说完，周泽明苦笑了一下。

"冰冻三尺非一日之寒。据我了解，华策公司出问题其实早有迹象。"卢靖琳说。

"咦？什么迹象？"周泽明疑惑地看着卢靖琳。

"我听说，华策公司的财务问题早在三年前就出现了。当时粤鹏集团财务部提出要换掉华策的财务部经理，把总部的一个专业能力很强的小伙子调过去，可陈有中找了各种理由坚决不同意。按道理，职能部门的岗位调换是正常的组织行为。他为什么不同意？这里面肯定有问题，这是第一。第二，一个公司是不是风清气正，从他们的文化就能看出来。我听说，华策公司一到节假日，特别热闹，各个部门经理都要包个红包给总经理，副总也给总经理包红包。一个公司内部之间这样红包送来送去，你觉得这个风气能好到哪里去？"

卢靖琳来了半个月以后，通过换届选举兼任了粤鹏集团的工会主席。这一个月来，她通过各种形式的工会组织、文体活动、谈话交流等正式的和非正式的渠道了解了不少的信息。

这种超强的沟通能力让周泽明也暗自佩服。

"第三，华策公司一年到头几乎没开过什么董事会、经营会、支部会，所有财务上的大额支出，总经理和财务经理一商量，钱就出去了，根本没有任何的监督机制。法人治理名存实亡，党支部软弱涣散，一把手不受监督，风险控制形同虚设。这样的公司不出问题才怪。"

卢靖琳有点愤愤不平，实际上是为国有资产流失着急。

"还有一个问题，就是法治意识淡薄，江伟军兼任华策公司的董事长和法人代表，竟然都不知道出了这些问题自己是有责任的。"周泽明轻轻摇了摇头。

"江伟军这个人是很细致、很认真的，就是太信任陈有中了。这也反映出我们一些干部，没有与时俱进地学习，还停留在老一套的观念和意识中。他们没有看到，环境已经变化了，现在和过去不一样了，以往的那一套行不通了。再用传统老方法管理现在的企业肯定会出问题。不管怎么说，华策公司出了这样的事情，给国有资产造成这么多损失，他作为法人代表和董事长，难辞其咎。"卢靖琳说。

"今天上午华策公司职工去广泰集团上访的事情，听说了吧？"周泽明问。

"黄子薇把基本情况和我说过了，还好没有和云伟书记直接冲突，我觉得你的处理是正确和及时的。"

卢靖琳看着周泽明说，目光中露出赞许。

"你对这个事情怎么看？"周泽明问。

"华策公司到现在快亏损两年了。银行授信不断在压缩，大的业务一直没办法开展。我听说业务员反映一年多了，一直没有什么效果，现在总经理逃离，财务经理投案，公司可能面临破产，职工们忍无可忍了。"卢靖琳说着，悠悠地看着远方。

"当然，我们也有责任。本来新班子来，是一个转机。"

卢靖琳接着说："来了一个月了，我们疲于应付各种各样的事情，没有真正地去倾听一线职工群众的声音。"

"特别是华策公司这种亏损快两年的困难企业，我们应该防患于未然，反应还是慢了，关注不够。"周泽明自责地说。

"我们纪委的信访举报箱设置了一个星期，昨天一天就收到了十封举报信。"卢靖琳说。

"一天十封？那这应该和华策公司财务部经理投案有关，矛盾集中爆发了。"周泽明说。

"主要是举报华策公司总经理陈有中和副总经理杨林，贪污腐败和滥用职权。"卢靖琳说。

"你们纪委准备怎么办？"周泽明问。

"这些举报都是匿名的，我们纪委上午开会讨论过了，准备先从部分线索入手，依规依纪开展前期核查。"卢靖琳说。

"这些举报信中的内容还很零碎，可能需要更深入地挖掘，更彻底地核查，需要集团党委的大力支持。对了，泽明书记，对于早上上访的事情，你准备怎么处理？"卢靖琳问。

"我找你来也是想和你商量这件事。"周泽明说，"职工联名信中提出的三点诉求，我们要正面回应，这是第一位的。第一条就是要求彻查华策公司亏损的原因，第二条要求对造成亏损的相关人员进行问责。这两条和你刚才说的收到举报信实际上是不谋而合。如果这两个人涉嫌违规违纪违法的行为坐实了，那华策公司亏损的原因基本上就能有眉目了，第二条的要求也能落实了。集团党委肯定会支持你们纪委的工作，你们就放心大胆地干吧。"

"泽明书记，我在想今天华策公司员工去上访的事情，他们反应这么激烈，可能是因为长期以来有苦说不出，说出来也没有结果。我建议我们班子成员和他们职工一对一地见面交流，这样我们也能更真实、更全面地了解华策公司整个情况。"卢靖琳说。

"我也正有这种考虑。除此之外，我想我们有必要成立一个应急工作领导小组，和华策的领导班子一起应对华策公司现阶段可能突发的各种情况。"周泽明说。

"说起领导班子，我觉得华策公司现在的领导班子太弱了，兼职的兼职，跑路的跑路，还有两个被举报的。"卢靖琳说。

"兵熊熊一个，将熊熊一窝。现在陈有中滞留不归，华策公司群龙无首，当务之急是要让他们正常运转起来。你对华策公司的一把手人选有什么建议？"

周泽明之前也征求过其他领导的意见，在一把手的配备上，他觉得要多听听各方面的意见，这个岗位太重要了。

"我对具体人选了解不多，但是我有一个建议。就是华策公司目前这个状况，既要懂业务的，更要懂党务的。懂业务的是要尽快把华策公司从危机中解救出来，懂党务的要把整个华策公司的精气神提振起来，两者如果不能兼得，宁可优先考虑党务，业务经营可以通过其他班子建设解决。一个公司如果党支部软弱涣散，战斗力可想而知。把党支部打造成坚强的战斗堡垒，华策才有希望。"卢靖琳说。

"把党支部打造成坚强的战斗堡垒。"周泽明重复着卢靖琳的话语，目光投向远处的珠江两岸，若有所思，接着说道，"这将是贯穿华策公司风险化解的一条主线。"

说完，周泽明的脸上开始露出一点点欣慰，好像厚厚的云层里透出一道微光。

⑩ 火车跑得快，全靠车头带

15：30，粤鹏集团20楼小会议室，粤鹏集团第二十次党委会。

第一项议题。卢靖琳代表纪委通报了陈有中违规出境的情况，同时说明了纪委的意见：

"陈有中未经组织批准，私自出境并且声称患病，滞留香港不归，属于违规违纪。但是现在还无法给予处分或处理，因为对其情节是否严重还没有定论。如果有证据表明，其存在违法犯罪行为，党组织在核实以后，依照规定会给予党纪处分或者组织处理。"

"陈有中能够私自出境，就是因为上次回来以后，没有交回港澳通行证。他没有交回，负责保管的部门也没有催要吗？"方亦舒提出了疑问。

"人力资源部说催是催过了，但是陈有中一直没有交上来。后面人力资源部也没有盯牢这个事情。"卢靖琳补充道。

"陈有中的事情虽然还不能定性，但这种违纪违规的行为应该及时受到通告批评，不然影响不好。"

"陈有中不仅是一名中层干部，还是一名党支部书记，这明显违反了党纪党规。"

"人力资源部也有责任。5月回来，9月出去，这里面有四个月呢，如果说人力资源部及时催要，或者及时汇报，也就不会出现后面的事情了。"

与会人员纷纷发表自己意见。

卢靖琳说："人力资源部在保管证件方面疏于管理，造成相关人员至今滞留不归，负有责任。纪检机构可以牵头调查核实相关问题，但责任的认定和职工的奖惩应由总经理办公会等行政机构根据公司相关规定做出处理决定。所以，我们建议由总经理办公会根据公司相关规定对责任部门做出处理。"

> **"一把手"末位表态机制**
>
> 按照"一把手"末位表态制度的设计，在党组织议事讨论的决策会议上，发言被分解为不同顺序：首先由需讨论研究事项的分管党组成员提出相关意见和建议；其次分别由其他党组成员作表态发言；"一把手"则在最后即末位综合归纳集中与会成员的意见。同时推出特别责任条款，规定"凡是没有用末位发言制度形式形成的决策，单位其他干部和职工有权拒绝执行，并有权向上级纪委和组织部进行举报"。

等参会人员说完各自意见以后，周泽明开始发言了。他知道他作为一把手抓党建，首先就要带头从开好党委会开始，而"一把手"末位表态机制就是党委会议事规则的最基本原则。

"现在正是粤鹏集团危机频发的多事之秋。问题的产生固然有各种各样的原因。但是有两点都是相同的，那就是意识淡薄、管理松懈。

"第一，陈有中未经组织批准，私自出境，并且滞留不归，目无法纪，敢于触碰纪律、规矩的高压线。这种现象必须要严肃通报批评，以儆效尤。请纪委研究一下，能否先出个通报批评，正风肃纪，以正视听，是否给予处分或者组织处理，待相关事项核实以后再做决定。

"第二，人力资源部在保管证件方面疏于管理。制度上明明规定因私出国（境）返回后十天内将所持证件交回保管部门，人力资源部既没有催讨到底，也没有及时汇报，制度规定形同虚设，风险由此而生。请办公室牵头，根据公司纪检室的调查核实情况，按照公司相关规定，提出处理意见，报总经理办公会审定。"

"同意。"卢靖琳首先表态。

"同意。"

"同意。"

"同意。"

"大家意见一致，第一项议题完毕。"

第二项议题。人力资源部汇报了华策公司管理层人事调整事项：

贸易管理部经理梁若飞任华策公司党支部委员和书记，陈有中不再担任华策公司党支部委员和书记职务；

推荐梁若飞任华策公司董事长、法人代表，江伟军不再兼任华策公司董事长、法人代表；

建议免去陈有中华策公司总经理的职务；

推荐何志云担任华策公司总经理；

建议开展华策公司副总经理和董事、监事的职位选拔；

委派财务部主管赵慧清担任华策公司财务部经理，劳动关系不变。

周泽明会前和几位党委委员都沟通过华策公司人事调整的事情，大家都一致同意。卢靖琳提出，所有子公司的董事长和法人代表，不再由粤鹏集团领导班子兼任，确需兼任的要严格履行相关报批程序，并报广泰集团批准。

周泽明最后发言："大家都知道现在华策公司经营发展面临较大困难，工作任务繁重，但华策公司总经理滞留香港不归，领导班子缺员严重，治理结构不健全。这是华策公司迫切要解决的问题。

"火车跑得快，全靠车头带。班子强不强，关键在班长。配齐配强华策公司领导班子，搭建好公司董事会、监事会和经营班子，特别是加强党支部建设，迫在眉睫，这有利于对内鼓舞士气、稳定骨干员工，对外传递积极的解困信号，是推进华策公司经营问题解决的较好突破口，对稳定华策公司发展具有至关重要的意义。我也同意大家的意见。请公司人力资源部和华策公司按规范程序做好上述岗位的选拔和任免工作。"

⟨11⟩ 应该谁来报案？

第三项议题。法务审计部简要汇报了六合会计师事务所对华策公司的审计情况以及财务部经理付燕萍投案自首的情况，重点提出了风险资产和挪用资金的事情。

"第一，风险资产是个历史问题，久拖未决，也是华策公司资金紧张的一个原因；第二，挪用资金是否已构成违法犯罪，建议听取法律顾问的意见，如果是的话，要尽快报案；第三，财务部经理投案自首客观上有利于相关证据的核实调查。"方亦舒说。

"挪用资金是经办人自己挪用的？还是在领导的授意下操作的，还是和领导两个人的共谋行为，这些问题要搞清楚才能报案吧？"江伟军问。

"关于风险资产，我觉得在这种情况下，要尽快核查处理变现，盘活资产；关于挪用资金，我觉得要搞准确什么是挪用资金？和挪用公款有什么区别？这些搞不清楚的话，公安部门是不会受理的。搞清楚了以后，我同意尽快报案。"卢靖琳说。

"风险资产的问题由来已久。我觉得在目前这种情况下，该讨债的讨债，该处理的处理，该起诉的起诉，尽快盘活资金；挪用资金的事情充分听取会计师事务所和法务顾问的意见。"陈勇胜说。

其他四个党委委员发表完意见之后，周泽明开始说话了：

"大家对这两件事情意见基本相同，一是风险资产要尽快核查处理，盘活资金；二是根据会计师事务所提供的审计报告显示华策公司涉嫌违法犯罪，要尽快报案，这个报案表明我们粤鹏集团发现问题以后及时处理，性质上和财务部经理投案自首还不一样。

"这两个观点我都同意。关于下一步的具体工作,我的意见是:第一,请华策公司对风险资产的处理提交一份方案,明确处理的途径、方法和时间节点,这个请江总把关。

"第二,请靖琳书记牵头,协同公司法律顾问,起草一份控告书,发起报案。发生这种事情,我们必须马上控人、控物、控赃。

"有三个方面要注意的。一要关注华策公司相关人员的思想和行为状况,必要时和其谈话交流,稳定其状态;二要把涉嫌违法犯罪的相关证据依照相关规定取证、保管好;三是控告书的起草不需要太复杂,我们已经有明确证据证明其违法犯罪,作为控告主要内容,达到立案标准即可,对于没有把握,但是有部分证据的,作为附件附上,待公安机关一并查证。"

"大家看看如何?"说完,周泽明看着大家,特别是报案的控人、控物、控赃三个要点,是上个月参加国资委一个风险控制的专题培训听来的,觉得有用就记下来了,没想到今天派上用场了。

"泽明书记。"首先说话的是卢靖琳,"第一点我同意的,江总兼着华策公司的董事长,他来把关肯定效率更高,效果更好。第二点,关于报案的三个要点,我也同意的。但是,由我来牵头不太合适。"

说到这里,卢靖琳看了周泽明一眼,微笑了一下,用来缓解否定式语句可能带来的不适。

"因为,华策公司是一个独立的法人单位,有自己的治理结构和工作程序。它作为一个受害者,应当是报案的主体。我们粤鹏集团不论是作为上级公司,还是大股东,来发起报案程序都不合适。所以,我建议我们党委会对重大事项,也就是发现下属子公司存在违法犯罪的情况进行前置讨论,具体的操作执行应该是由华策公司来发起。我们上级纪委,可以配合公安机关和华策公司做好相关工作,一旦发现有党员干部涉嫌违法犯罪的证据,我们马上依照规定启动相关程序。"

卢靖琳说完,看了一眼大家,在笔记本上写下了自己的意见。

"靖琳书记说得有道理,我们粤鹏集团和华策公司毕竟是两个不同的法人主体。"

"我同意靖琳书记的观点。"

卢靖琳一番合情合理的发言，赢得了参会人员的一致同意。

"我也同意靖琳书记的意见，这里我还想补充一点。就是审计法务部作为主办部门，汇报完事项之后，应当提出明确的处理意见。这一点请党群部也把好关，上会的材料都要格式规范、内容齐全、意见明确。不符合要求的不上会。"周泽明最后做了总结发言。

⟨12⟩ 资金链危机怎么解？

第四项议题。华策公司副总经理何志云汇报了公司资金链紧张的情况：

"2011年至2015年期间，华策公司在开展大宗商品代理进口业务过程中，涉入了一系列风险事件，形成了4000万元损失。为接续资金链，华策公司一方面主要利用正常代理进口业务项下收取的委托方保证金来弥补自身的资金缺口；另一方面积极与银行沟通，取得了中天银行、粤发银行的授信额度1.5亿元。

"从2012年起，我司陆续与福州裕新公司、泉州华达公司、台州华日公司代理进口化工原料业务。2014年年底，这三家公司陆续出现亏损，无法支付货款。经我司努力催讨，收回应收账款121万元。2015年，我司向广州市中级人民法院起诉这三家公司，均已胜诉，但这三家公司均已破产，且无财产可执行。还有一家是云南滇西铜业，存货丢失，形成风险资产589万。截至目前，我司对五家公司的应收款余额，包括货款、进口代理费和各项费用，共9200余万元，这是业务一部的风险资产。

"业务二部主要经营大宗原材料进口，近三年形成风险资产六项共7000余万元，这六项业务中，韶关金通、芜湖一立这两项业务已胜诉，其余四项业务未起诉。未起诉业务中的部分欠款已超诉讼时效。在胜诉业务中，韶关金通现已收回110万元货款，芜湖一立则无资产可执行，追讨难度很大。

"我司财务部经理付燕萍上周五先到公司说明情况，然后向派出所投案自首。根据她的供述，为掩盖与福州裕新公司、泉州华达公司、台州华日公司垫资业务造成的损失，她在陈有中的授意下，私刻了银行和合作方的公章，伪造假账，以避开上级公司的核查和审计。

"目前，她已经被粤城区公安分局监视居住。她的具体笔录我们不掌握。据初步分析，伪造假账主要在隐瞒真实金融债务和应收账款总额。根据会计师事务所的审计初稿，我们华策公司的风险资产目前是1.6亿元。

"由于公司产生了大量应收账款，房产投资也积压了大批资金，给公司资金周转造成很大困难。到目前为止，华策公司有3.6亿元的金融债务（含信用证），其中中天银行1.5亿元、粤成银行4000万元、粤发银行3000万元、民兴银行1.4亿元。到今年年底，总共有六笔流贷和信用证到期。最近一笔是10月31日260万美元的信用证到期。如果资金链断裂，银行停止开证，我司正常业务将无法开展，将会对银行、客户、业务、职工和社会各方面产生严重影响。今天上午，我司部分职工已经到广泰集团集体上访，这是一个危险的信号。我们在此恳请粤鹏集团及时给予扶持和指导。"

"何总，你们华策公司请求帮扶的具体建议是什么呢？"卢靖琳问。

"我们请求帮扶的建议是两方面。一方面，是请粤鹏集团提供临时资金1500万元周转，以解燃眉之急，避免资金链断裂，维持正常业务开展；另一方面，请粤鹏集团给予指导，推进风险化解，解决根子上问题。"何志云说。

"燃眉之急，必须要解，根子问题，从长计议。当务之急是确保华策公司资金链不断裂。志云，粤鹏借给你们1500万元以后，你们就可以运行起来了吗？"方亦舒问。

"只要我们不违约，银行就可以继续给我们开新的信用证，我们的业务就能运转起来，不过下一笔信用证到期能不能正常付款，还要看当时的资金情况，总体来说，现在华策公司的资金链岌岌可危，非常脆弱。特别是陈有中去香港的这一个多月来，公司内部人心惶惶。"何志云说完，叹了一口气。

"华策公司一旦资金链断裂将会对各方面产生连锁反应，我们粤鹏集团要拉一把，我同意粤鹏提供1500万元临时资金周转，按同期银行利率利息。"发言的是江伟军。

经过那天周泽明的提醒，他早就醒悟过来：作为华策公司董事长，一旦资金链断裂，他难辞其咎。

"就华策公司的资金链情况报告，请财务部先发表意见。"周泽明说。

周泽明这么一提醒，江伟军发现自己表态太早了。

"粤鹏集团没有那么多的现金流，我们拿不出1500万元来。"财务部经理赵德生开门见山。

"我同意提供1500万元临时资金周转，现在保生存、保业务要紧。关键现在粤鹏集团没钱怎么办？"粤鹏集团副总经理陈勇胜说。

会议陷入一片沉默。

"德生，"江伟军转头去问列席会议的财务部经理赵德生，"阳江置业的财务运转还正常吧？"

"正常的，江总。"赵德生答。

"周董，阳江置业是粤鹏集团和几个下属子公司共同投资的一个房地产公司，前期房子都卖完了，现在在清算阶段，账上还有1600万元，赵德生兼着那边的财务经理，这笔过桥资金可以通过阳江置业进行周转。"江伟军朝周泽明说道。

这时，卢靖琳说话了。

"我同意借给华策公司1500万元临时资金周转，以解燃眉之急。但是出借的方式要合规，母公司直接借给子公司恐怕不行，特别是我们粤鹏集团作为混合所有制，向外的投资、担保或借款都应该遵循一定的程序。如果要通过关联公司借款，也应当遵循相应的程序。"

纪委书记卢靖琳从合规的角度提出了顾虑，也是理所当然。

母子公司借款

子公司在工商部门领取《企业法人营业执照》，有自己的公司名称和章程，以自己名义开展经营活动，具有独立的法人资格。子公司以其自身财产独立承担民事责任，与母公司互不连带。子公司是独立的法人企业，其对外关系是完全独立的，投资人是子公司的母公司。母公司和子公司作为两个完全独立的法人，母公司可以借款给子公司，没有硬性规定要求对外披露，但是要遵守《中华人民共和国公司法》第十六条规定的程序，即要经过公司董事会或者股东会或者股东大会的决议，并且不得超过公司章程规定的限额。

《中华人民共和国公司法》第十六条：公司向其他企业投资或者为他人提供担保，依照公司章程的规定，由董事会或者股东会、股东大会决议；公司章程对投资或者担保的总额及单项投资或者担保的数额有限额规定的，不得超过规定的限额。

所有的监督都应该在事前，而不应等到事中、事后，以免被动。

周泽明看看卢靖琳，没有接话，而是问方亦舒："亦舒，你的意见呢？"

方亦舒说："华策公司肯定要救的，但是粤鹏集团又没钱，现在唯一的办法也只有通过阳江置业来拆借了。我同意靖琳书记的意见，要走相应的程序，以免我们自己被动。"

"大家的发言都有道理。"周泽明开口了，"华策公司资金链出现危机，不救，必然会导致一系列问题，我也同意通过阳江置业临时出借1500万元给华策公司周转，但是应当遵循相应的程序，具体方式请总经理办公会讨论决定。"

看到大家凝神静气地在听自己的发言，周泽明补充说："我们今天只是做前置性讨论，具体方式请总经理办公会按照程序审议讨论。"

第五项议题：审议办公室关于成立华策公司应急处置领导小组和工作组的报告。

办公室主任黄子薇坐到了发言席的位置上。

"根据华策公司目前出现的紧急情况，拟成立华策公司应急处置领导小组。"

"为加强对华策公司重大突发事件的预防和应急处置工作、保障职工的生命财产安全和企业的正常运行、促进粤鹏集团全面协调可持续发展，经研究，决定成立重大突发事件应急处置领导小组和工作组，成员如下：

组　　长：周泽明

常务副组长：江伟军

副组长：卢靖琳、方亦舒、陈勇胜

组　　员：办公室主任（联络员）、华策公司班子成员

工作组组长：梁若飞

副组长：何志云

组　　员：华策公司各部门经理

工作组设立四个小组。

第一，业务小组。梳理华策公司现有业务，规范现有业务，停止违规业

务；分管领导：江伟军。

第二，财务小组。梳理华策公司的财务账务，沟通协调各合作银行，维护银企关系；分管领导：方亦舒。

第三，案件小组。根据审计报告内容，协调负责审计的事务所，发起控告、报案工作；分管领导：卢靖琳。

第四，追债小组。梳理华策公司大额逾期应收账款资料，依法追讨债权，维护公司和职工权益；分管领导：陈勇胜。

以上事项请党委会审议。"

"我有一个建议。"说话的是卢靖琳。

"建议华策公司成立相应业务、财务、案件、追债四个小组，单独发文，明确任务，落实职责，对接粤鹏集团的领导小组和工作组。这样从法人治理角度来说，更规范。其他都同意。"

卢靖琳的反应很快。

其他人都附和同意。

"好的，我也同意靖琳书记的意见。我们这个应急处置领导小组的第一项任务，就是应对今天早上部分员工到广泰集团反映诉求这件事情。"

周泽明用"反映诉求"这四个字来代替"集体上访"，是希望尽量减轻这件事情对方方面面的冲击。

"这件事情，我认为要做到内紧外松、合规合情。

"第一，内紧外松。我们内部要高度重视，从明天开始，我和靖琳书记分两个组，和华策公司的所有在职职工一一见面交流，倾听问题，了解诉求。对于外部来说，我们不要制造紧张气氛，尽量消减今天早上这个事情的消极影响，我们不要自己说集体上访，就说成是反映诉求，我们不能把自己给套进去了。

"第二，合规合情。一方面，职工愿意掏心窝子跟我们说话，这是信任我们，相信我们，我们不能辜负这份感情，一定要真心实意地关心他们，倾听他们的心声，解决实际问题。另一方面，职工提出的诉求，我们要认真分析，确保依法依纪依规解决问题。"

因为这件事情不是决议事项，周泽明就一口气把自己的想法说出来了。

"同意。"

"同意。"

"同意。"

"同意。"

"请党群部做好本次党委会各项议题的督办跟进工作。以后每次党委会都对前次党委会的决议事项检视回顾，确保落到实处。"周泽明最后总结发言。

❓ 本章思考题

1. 空降到一家公司做一把手，怎么能在短时间内了解企业的真实情况，把握住关键环节，识别出主要风险？

2. 面临资金链断裂危机、总经理滞留香港不归、财务部经理投案自首、大额应收账款逾期、公司挪用资金，如果你是粤鹏集团董事长，面对下属子公司突然暴露出的这些问题，应该怎么办？

3. 面对企业职工的集体上访，如果你是一把手，应该怎么处置才能在短时间内既找到症结、解决问题，又能安抚情绪、维护稳定？

4. 党的建设是国有企业的根和魂。把党支部打造成坚强的战斗堡垒，是激发组织创造力、凝聚力和影响力的关键所在。党支部如何实现业务和党建工作相互促进，而不是两张皮？

本章知识点

2.1 归属于母公司所有者的净利润和净资产

根据企业会计准则体系（2006）的有关规定，"归属于母公司所有者的净利润"反映在企业合并净利润中，归属于母公司股东（所有者）所有的那部分净利润。归属于母公司净资产是指合并报表中归属于母公司的所有者权益。

2.2 企业坏账与计提坏账准备

坏账是指企业无法收回或收回的可能性极小的应收款项。坏账损失是由于实际发生坏账而产生的损失。企业应设置"坏账准备"会计科目，用以核算企业提取的坏账准备。企业应当定期或者至少每年年度终了，对应收款项进行全面检查，预计各项应收款项可能发生的坏账，对于没有把握收回的应收款项，应当计提坏账准备；实际发生坏账时，直接冲减已计提坏账准备，同时转销相应的应收账款余额。

2.3 集团授信

集团授信是指商业银行向集团客户直接提供资金支持，或者对集团客户在有关经济活动中可能产生的赔偿、支付责任做出保证。包括但不限于：贷款、贸易融资、票据承兑和贴现、透支、保理、担保、贷款承诺、开立信用证等表内外业务。为什么有集团客户授信？因为集团客户不是单一法人，商业银行在授信管理上往往存在难度，所以为加强集团客户管理，有效防范和控制集团客户授信业务风险，各家商业银行根据《商业银行集团客户授信业务风险管理指引》制定了符合自身经营特点的集团客户授信管理办法、操作指引等。

2.4 流动资金贷款

流动资金贷款是为满足企业短期资金需求而发放的贷款。按贷款期限可分为一年期以内的短期流动资金贷款和一年至三年期的中期流动资金贷款；

按贷款方式可分为担保贷款和信用贷款，其中担保贷款又分保证、抵押和质押等形式。按使用方式可分为逐笔申请、逐笔审贷的短期周转贷款，和在银行规定时间及限额内随借、随用、随还的短期循环贷款。

2.5　信用证

信用证（Letter of Credit，简称L/C）是一种付款方式，是贸易双方基于规避商业风险由进口方向银行申请由银行出面开出的有条件付款的文件，属于银行信用。

贸易双方在贸易的过程中会有以下情况："进口方先付款"有出口方不交货的风险。"出口方先出货"有进口方不付款的风险。就此，双方要求银行作保，开信用证。

1. 进口方向进口地银行提出开证申请并把货款或抵押文件交给银行，开证行向出口方开出信用证。

2. 出口方按信用证的要求出货和缮制单据并通过议付行将单据交开证行收汇。

3. 开证行收到出口方的正确单据，就把货款付给出口方，把单据交给进口方，进口方就可以报关提货。所以出口方只要向银行递交单证一致、单单一致的单据，按照国际惯例一定能收到货款。

银行在处理上述业务时会收取一定比例的开证费、结汇费用和手续费。

2.6　挪用资金罪

《中华人民共和国刑法》第二百七十二条

公司、企业或者其他单位的工作人员，利用职务上的便利，挪用本单位资金归个人使用或者借贷给他人，数额较大、超过三个月未还的，或者虽未超过三个月，但数额较大、进行营利活动的，或者进行非法活动的，处三年以下有期徒刑或者拘役；挪用本单位资金数额巨大的，处三年以上七年以下有期徒刑；数额特别巨大的，处七年以上有期徒刑。

国有公司、企业或者其他国有单位中从事公务的人员和国有公司、企业或者其他国有单位委派到非国有公司、企业以及其他单位从事公务的人员有前款行为的，依照本法第三百八十四条的规定定罪处罚。

2.7 挪用公款罪

《中华人民共和国刑法》第三百八十四条

国家工作人员利用职务上的便利，挪用公款归个人使用，进行非法活动的，或者挪用公款数额较大、进行营利活动的，或者挪用公款数额较大、超过三个月未还的，是挪用公款罪，处五年以下有期徒刑或者拘役；情节严重的，处五年以上有期徒刑。挪用公款数额巨大不退还的，处十年以上有期徒刑或者无期徒刑。

挪用用于救灾、抢险、防汛、优抚、扶贫、移民、救济款物归个人使用的，从重处罚。

2.8 皮格马利翁效应

皮格马利翁效应（Pygmalion effect），又称罗森塔尔效应。一种社会心理效应，由美国著名心理学家罗森塔尔和雅各布森验证提出。皮格马利翁效应指人们基于对某种情境或某人的知觉而形成的期望或预言，会对该情境或该人产生适应这一期望或预言的效应。

皮格马利翁是希腊神话中的塞浦路斯国王，善雕刻。由于他不喜欢塞浦路斯的凡间女子，决定永不结婚，他用神奇的技艺雕刻了一座美丽的象牙少女像。在夜以继日的工作中，皮格马利翁把全部的精力、全部的热情、全部的爱恋都赋予了这座雕像。他像对待自己的妻子那样抚爱她，装扮她，为她起名伽拉忒亚，并向神乞求让她成为自己的妻子。爱神阿佛洛狄忒被他打动，赐予雕像生命，并让他们结为夫妻。

2.9 "一把手"末位表态机制

按照"一把手"末位表态制度的设计，在党组织议事讨论的决策会议上，发言被分解为不同顺序：首先由需讨论研究事项的分管党组成员提出相关意见和建议；其次分别由其他党组成员作表态发言；"一把手"则在最后即末位综合归纳集中与会成员的意见。同时推出特别责任条款，规定"凡是没有用末位发言制度形式形成的决策，单位其他干部和职工有权拒绝执行，并有权向上级纪委和组织部进行举报"。

2.10 母子公司借款

母子公司借款：子公司在工商部门领取《企业法人营业执照》，有自己的公司名称和章程，以自己名义开展经营活动，具有独立的法人资格。子公司以其自身财产独立承担民事责任，与母公司互不连带。子公司是独立的法人企业，其对外关系是完全独立的，投资人是子公司的母公司。母公司和子公司作为两个完全独立的法人，母公司可以借款给子公司，没有硬性规定要求对外披露，但是要遵守《中华人民共和国公司法》第十六条规定的程序，即要经过公司董事会或者股东会或者股东大会的决议，并且不得超过公司章程规定的限额。

《中华人民共和国公司法》第十六条：公司向其他企业投资或者为他人提供担保，依照公司章程的规定，由董事会或者股东会、股东大会决议；公司章程对投资或者担保的总额及单项投资或者担保的数额有限额规定的，不得超过规定的限额。

第三章

利剑出鞘

◎ 01 明知山有虎

整个周末两天，卢靖琳都沉浸在与华策公司职工见面交流的细节中。她一遍又一遍地翻看着笔记本，重温每个职工的话语，重点的用红笔做标记。

"我是快退休的人了，我不想眼睁睁地看着公司破产倒闭，自己辛辛苦苦攒的钱血本无归……"

"现在这种情况，业务接还是不接？接了，没有授信不能开证。不接，业务就要断掉，我们工资奖金从哪里来……"

"我希望对造成企业亏损的原因彻底调查，即使要死，也要死个明白，把造成国有资产流失的人绳之以法……"

"我们这么好的一个公司，十年前我们进口的业务量占全省的50%，是全省的标兵企业，现在被两个部门给拖垮了……"

"业务部经理胆子很大，公司没管理好，出了问题没人负责……"

"如果要救活华策公司，怎么救？如果救不活，客户交来的保证金怎么办？在手合同怎么处理……"

在和钱海东的谈话中，卢靖琳记得最详细：

"公司2000万元的注册资本金，2012年时净资产6000多万元，退休员工退股时按每股3元，高高兴兴地回家了。2013年，公司净资产4000多万元，退休员工退股按每股1.18元退股，也算有收益。2014年，公司净资产2000多万元。到2015年公司净资产为负数了，没有股份可以退了，为什么每年有2000多万元的减值？因为有败家子在！"

"这只是我们个人的股份。国家的呢？国家占大头，几千万元的国有资产损失了，好端端的一个国有企业眼看要破产了，相关的责任人员不应该承担责任吗？我们反映了一年多了，没有结果。所以，我们才要去上访。集团没有结果，我们就去省国资委，省国资委没有结果，我们就去省委。将罪有应得的人绳之以法，惩治败家子！我们就是要出这口气！"

卢靖琳现在还记得钱海东结束谈话临走时的神情，三分痛心、三分不甘、四分愤怒。

卢靖琳第一次觉得自己的语言这么苍白，安慰无力，鼓励也无力，更不可能有任何的承诺，大部分时间只有静静地听，仔仔细细地记。

职工群众把追责的责任都寄托在组织上了，纪委作为监督执纪问责的专责机关，责无旁贷。但是，从哪里入手呢？

为什么以前的反映没有结果呢？

和钱海东谈完话以后，卢靖琳找到了办公室主任黄子薇并向她了解情况。

黄子薇是老员工，对方方面面的情况比较了解。

"靖琳书记，华策公司的事情以前听说过。但是我们办公室没有收到过他们的信访举报件。其实，陈有中潜逃这个事情不爆发，我们大家可能到现在都还被蒙在鼓里。"黄子薇说。

"子薇，以前粤鹏集团的纪检工作是谁负责的？"卢靖琳问。

"靖琳书记，粤鹏集团上一届纪委书记是两年前退休的。两年多来，我们既没有纪委书记，也没有纪检部门。广泰集团布置的纪检工作，都是我们办公室来承接，因为党群工作部的职能在我们办公室这里。

"我们办公室就这么几个人，行政办公、法人治理、安全生产、车辆管理、党群工作、纪检工作、工会工作都在我们这里，而且每一项工作都很重要，每一项工作的要求也是越来越高，说实话是疲于应付。"

卢靖琳知道，黄子薇所言非虚。

在党的十八大之前的一段时间，党建工作在企业里是不受重视的。

一些企业在发展过程中模糊了自身的红色属性，一味强调"在商言商"，一心想着赚快钱、堆业绩，对企业长远发展特别是党建工作漠不关心，个别企业负责人甚至厌恶被人称呼党内职务。有人曾坦言，如果有人称他"书记"，他会觉得心里不舒服。

在部分人眼里，党建工作就是虚的，不产生效益，在公司里没地位，说话没有分量。

党的十八大以后，坚持和加强党的全面领导逐渐深入人心，各地各级各单位普遍摆正了党建工作的地位。党建工作在思想观念、组织保障、人员配备、经费投入方面发生了根本性的变化。

考虑到党建工作的重要性，以及党管干部的原则，周泽明这一届新班子到任以后，设置了党群工作部，配备了专职党务干部。原人力资源部经理王力杰因为疏于管理，被调任办公室副主任。人力资源部与党群部（工会）合署办公，王婉飞担任两个部的负责人，同时兼任了集团团委书记。

同时，粤鹏集团设立了纪律检查室，选拔了一个年富力强的同志担任部门负责人。

黄子薇接着说道，"粤鹏集团是一家老的国有企业，历史遗留问题也有很多。像我们办公室以前也接到过广泰集团纪委转下来的信访件，主要是关于华策公司总经理陈有中和副总经理杨林的匿名信件。

"但是，那个时候，陈有中的势力很大，在粤鹏集团是实力派人物。同时，这些信访件反映的问题也都没有具体证据，再加上纪检工作力量薄弱，怎么去查心里没底，没有分管领导，老董事长接近退休，处理这些事情就不太积极。后来就不了了之了。

"靖琳书记，您和周董来了以后，给我们以新的希望。其实华策公司的问题我们以前也听说过，也知道就是那两个部门、那几个人造成的。我们料到华策有问题，但是没想到问题会这么大。我们也希望公司党委、纪委能够惩治害群之马，揪出公司的蛀虫，将败家子绳之以法，让企业走上健康发展的道路。"

黄子薇走后，卢靖琳陷入了沉思。

两年多了，粤鹏集团没有纪委书记，没有纪检部门，没有纪检人员；华策公司以往贡献大，陈有中资格老；老董事长、党委书记临近退休，党建纪检工作弱化、虚化、边缘化；查办案件不敢、不会、不愿，这就是钱海东他们反映无果的主要原因，也是粤鹏集团正气不畅、歪风横行的重要原因。

那几晚，卢靖琳梦里不断浮现出与华策公司职工面谈交流的景象，钱海东痛心的表情、黄子薇无奈的神情轮流在她面前涌现。

一天早上，卢靖琳正在办公室里翻看卷宗。

突然，黄子薇慌慌张张跑过来说："不好了，不好了，靖琳书记，钱海东带着一群人说是要到省政府去上访了。"

卢靖琳一听，吓得不轻，赶紧问黄子薇："泽明书记呢？"

"泽明书记联系不上，我先来您这里汇报。"

"快，马上去省政府！"

卢靖琳放下手里的文件，抓起外套和黄子薇冲出了门。

到了省政府大门口以后，黄子薇怎么都找不到，也联系不上钱海东这些人。

卢靖琳方寸大乱，手足无措，不知如何是好。她不停地拨打周泽明的电话，一直都是无人接听。

一阵急促的铃声打破了沉静。

黄子薇接起电话，了解情况以后，马上向卢靖琳说："钱海东他们去了环城高速公路路口。"

"为什么去环城高速公路路口？"卢靖琳焦急地问。

"他们听说今天新的省长要到任，准备在路上交举报信。我们要马上去把他们拦住，劝回来。要不然，这个事情就闹大了。"黄子薇说得很快，神色严峻。

"快，快，现在马上去。"卢靖琳和黄子薇一路风驰电掣开到高速公路路口。

远远地，卢靖琳和黄子薇就看到高速公路进城的路边，站着一群人，对着路中央指指点点地在议论。

她俩停好车，走过去，向路中央一看，大吃一惊。

在笔直的双黄线上，向着进城的方向，跪着一队人，为首的正是钱海东，手里举着一个纸板做的牌子，上面白底黑字几个大字赫然在目：惩治国企蛀虫，还我们血汗钱。

两边是不断疾驰而过的汽车。

钱海东这些人很危险，分分钟都能丧命。

卢靖琳突然觉得这一幕似曾相识，好像在哪里见过。

"警察呢？交警怎么不来处理一下？"

黄子薇说："110打不通。"

卢靖琳站在路边向钱海东喊："你们赶快回来，我们粤鹏集团能处理，这里太危险！"

卢靖琳想喊，却怎么也喊不出声，急得满头大汗。

忽然，一阵轰鸣声由远而近，五个黑衣蒙面人驾着五辆摩托车从后面疾驰而来，为首的是一个汉子，手里拎着一个木棍，靠近钱海东时，准备向他的后脑勺挥去。

"危险！"卢靖琳使出浑身的力气向钱海东大叫。

可是，依旧发不出一点声音。

卢靖琳急得吼起来了，"啊！"

"醒醒，醒醒。"卢靖琳睁开眼，看到睡眼惺忪的老公正在摇她的肩膀。

"又做梦了，刚才就听到你一会儿说梦话，一会儿大叫，没事吧？"

"没事，没事，我到隔壁去睡。"卢靖琳胸口和后背全都湿透了。

幸好，只是一场梦。

一切都还来得及。

02 偏向虎山行

周一早上九点半。粤鹏大楼19楼小会议室。

卢靖琳主持召开了一个纪委扩大会议。纪委委员法务审计部经理刘传凯、财务部经理赵德生参加会议,纪检监察室主任汤元兵列席。

"今天我们纪委在这里专题研究华策公司信访举报的事情。先请元兵介绍一下具体情况。"卢靖琳说。

"截至目前,我们共收到信访举报信件12封,其中通过粤鹏集团信访举报箱的有8封,上级纪委转来的有4封。这12封中,有6封是举报华策公司总经理陈有中的,内容涉及贪污、受贿、滥用职权、不正当男女关系;有6封是举报华策公司副总经理杨林的,内容涉及贪污、受贿、滥用职权,以上12封均为匿名信件。"

汤元兵说完,将两份信访举报件材料分别给了刘传凯和赵德生。他会前已经向卢靖琳汇报过,材料就不需要再给她了。

刘传凯和赵德生仔细地翻阅手里的材料。他们都是法务和财务科班出身,具有较强的专业能力。

"反映两人贪污、受贿方面的内容我看都比较笼统,主观性描述较多,证据类资料没有。鉴于目前财务部经理付燕萍已经投案自首,付燕萍和陈有中涉嫌共同犯罪,警方已经立案,我认为我们应当把重点放在杨林身上。"刘传凯说。

"贪污、受贿需要有确凿的证据,这些举报信中只是给我们提供了信息或者方向,但没有实质性的证据。目前具有可查性的只有滥用职权了。"赵德生说。

"滥用职权罪是怎么定义的?"卢靖琳问。

"滥用职权罪,是指国家机关工作人员故意逾越职权,不按或违反法律决定,处理其无权决定、处理的事项,或者违反规定处理公务,致使侵吞公共财产、国家和人民遭受重大财产损失等行为。"刘传凯找到滥用职权罪的定义读了一遍。

"我理解这个罪名成立要满足两个条件，第一，违反规定处理公务；第二，导致国家财产损失。"汤元兵说。

"一项罪名是否成立要四方面的构成要件：犯罪主体、犯罪客体、主观方面、客观方面。此外还要有立案标准。我们要一项一项来分析。元兵抓住了两个最主要的元素，不错。传凯，你先说说你的看法。"

卢靖琳这样说，既鼓励了汤元兵的主动性，又把控了讨论的方向。

03 犯罪的主体和客体

国家工作人员

《最高人民法院、最高人民检察院关于办理国家出资企业中职务犯罪案件具体应用法律若干问题的意见》（法发〔2010〕49号）规定，经国家机关、国有公司、企业、事业单位提名、推荐、任命、批准等，在国有控股、参股公司及其分支机构中从事公务的人员，应当认定为国家工作人员。

《中华人民共和国刑法》规定，国家工作人员是指国家机关中从事公务的人员。

国有公司、企业、事业单位、人民团体中从事公务的人员和国家机关、国有公司、企业、事业单位委派到非国有公司、企业、事业单位、社会团体从事公务的人员，以及其他依照法律从事公务的人员，以国家工作人员论。

"好的，靖琳书记。滥用职权罪的主体是国家机关工作人员。对于什么是国家机关工作人员，最高人民法院出过司法解释。在这方面，华策公司具有特殊性。这个特殊性就在于它是混合所有制企业。虽然粤鹏集团股权占比51%，但是粤鹏集团不是国有独资企业，所以股权一穿透，华策公司国有股占比26%，非国有股占了大头。像这种混合所有制企业中的管理者算不算国家机关工作人员？陈有中是华策最大的自然人股东，他可以说华策是股份制企业，不是国有企业，他代表自己的股份担任经营管理职务，而不是从事公务的人员。"刘传凯说。

"这么说起来，如果国有参股企业不算国有企业，那么企业损失也就不能算作公共财产损失。那么滥用职权罪的客体也不成立了？不可能的，我觉得只要国有股参股都是国有企业，都是国家公共财产。"赵德生很肯定地说。

　　"你们俩说得都有道理，这个罪名构成要件的主体和客体是否适用于混合所有制企业，我们可以查查相关案例，再咨询一下律师就清楚了。现在的重点是后面两个要件，主观和客观方面，这直接关系到我们线索核查的方向。"卢靖琳说。

◇ 04 犯罪的主观和客观方面

　　"滥用职权罪的主观方面为故意，行为人对其滥用职权行为可能造成的危害后果所持心态是放任不管甚至是希望发生，其动机可能是徇私情、私利或者其他因素，如果是过失，那就是国有公司人员失职罪，而不是滥用职权罪。"刘传凯说。

　　"这么说起来，判断当事人是否存在主观故意就是一个关键。但是判断一个人是不是主观故意难度很大。他可以隐藏动机。你不知道他心里在想什么。"赵德生说。

　　"再狡猾的狐狸也会露出尾巴。我们的任务就是找到狐狸的尾巴，把它揪出来。怎么找尾巴，那就要靠赵经理财务方面的工具了。"刘传凯呵呵一笑。

　　"犯罪的客观方面呢？"卢靖琳问。

　　刘传凯打开笔记本说："我找到了一个司法解释，我来读一下。滥用职权罪在客观上表现为由于严重不负责任或者滥用职权，造成国有公司、企业破产或严重亏损，致使国家利益遭受重大损失。

　　"就国有公司、企业直接的主管人员来说，主要有以下一些表现：不尊重客观经济规律，对市场需求不做可行性分析和论证，不听取各方面意见，独断专行，致使企业经营决策发生重大失误；管理混乱，规章制度不健全，对于损公肥私，化公为私，侵吞、侵占、私分、挪用公司、企业财产的违法犯罪现象置若罔闻；在经济交往活动中由于种种原因上当受骗后，不主动及时向司法机关报案；违反规定动用企业资金炒股票、期货；违反规定批准拆借资金等。"

"我觉得还是要看立案标准。这些都是主观性描述。要看具体的量化标准。"赵德生说。

经济犯罪案件追诉标准

《最高人民检察院、公安部关于经济犯罪案件追诉标准的规定》规定，因滥用职权造成国家直接经济损失数额在三十万元以上的，应进行追诉。若是失职罪，则造成国家直接经济损失数额在五十万元以上，应进行追诉。

"最高检、公安部给出的司法解释是，滥用职权造成国家直接经济损失数额在三十万元以上的，应进行追诉。失职罪造成国家直接经济损失数额在五十万元以上，应进行追诉。"刘传凯说。

"我们这边一单业务就有上百万、上千万的损失。这个条件应该是符合了。"赵德生说。

"关键还是看第一条，混合所有制企业，特别是国有企业参股的企业能否算是国家公共财产，管理层是不是算国家工作人员，这条不成立，后面都不能成立。"刘传凯说。

"如果只要是混合所有制企业都不算，那岂不是便宜了那些损害国家财产的蛀虫。他们侵吞国有财产，却可以逍遥法外。"赵德生愤愤不平地说。

四个人陷入了沉默。

⬧05 抓住问题的关键

"我找到了两个案例，是关于第一条要件的。"一直没说话的汤元兵说。

听到这句话，大家都一齐看向汤元兵。

汤元兵看着手机说："我在中国裁判文书网上找到一个关于滥用职权的案例判决，是江苏省南京市中级人民法院的二审判决。"

"二审到了中院，那应该就是终审判决。"刘传凯说。

"被告人王伟、李冰系江宁集团员工，2004年经江宁集团党委、总裁联席会议研究提议，聘任王伟为苏美公司总经理、李冰为苏美公司副总经理。江宁集团作为国有资本控股公司，其党委、党政联席会议等组织显然负有管理、监督国有资产的职责，故王伟、李冰系江宁集团中负有管理、监督国有资产职责的组织研究决定，代表其在苏美公司中从事组织、领导、监督、经营、管理工作的人员，应当认定为国家工作人员。具体的任命机构和程序，不影响国家工作人员的认定。"

汤元兵读完以后，抬起头来对大家说："问题的关键是什么？国企参股公司里的人员属于国家工作人员吗？这个案例中苏美公司是混合所有制，江宁是国有资本控股公司，股权占比是60%，形成绝对控股。虽然和我们这里的参股公司不一样，但是把国有资本控股公司的委派、任命工作人员认定为国家工作人员这个事情讲清楚了。

"我又找到了第二个案例，是山东省济南市中院的二审判决。这个案例是国有控股公司的参股企业，国有控股公司股权占比35%。这个和我们华策公司差不多。判决书上是这么说的，'根据法律规定，国有公司、企业委派到国有控股、国有参股公

> ### 国有控股、参股公司中的国有公司人员的认定
>
> 《最高人民法院关于如何认定国有控股、参股股份有限公司中的国有公司、企业人员的解释》（法释〔2005〕10号）规定，国有公司、企业委派到国有控股、参股公司从事公务的人员，以国有公司、企业人员论。

司从事公务的人员，以国有公司、企业人员论'。这个就比较清晰了。"

"这么说来，不论是国有控股公司、国有参股公司，只要是国有公司委派到公司从事管理和经营等公务工作的人员都属于国有企业人员。"赵德生说。

"这其实也是给我们的线索核查明确了一个方向。就是要找到粤鹏集团委派或者任命管理人员任职的相关文件和资料。"刘传凯说。

"现在，我们把重点聚焦在副总经理杨林是否滥用职权方面，就要去查证核实三方面的证据。

"第一，核实杨林在业务二部的业务审批上是否具有决策权；第二，杨

林在业务审批上有没有违反公司的相关规定；第三，如果以上两个条件都具备了，那就要看杨林违规审批的业务有没有造成损失，造成了多大的损失。"

汤元兵说完，刘传凯和赵德生均点头赞同。

"如果杨林没有业务决策权，那就构不成犯罪要件的主观方面。他可以说，他都是听领导的，他没有权力。但是，我听说他和陈有中一向不和。所以，陈有中对杨林分管的业务基本上是不管的，都是杨林自己说了算。但这方面的情况需要具体的证据。"赵德生说。

"如果杨林审批的这些业务没办法证明是损失，那也构不成犯罪要件的客观方面。即使是损失，也要看是否达到了职务犯罪的起刑点。"刘传凯说。

06 如何判断是国有资产损失？

"江苏南京这个案例对于造成国有资产损失也有明确的认定。"汤元兵说。

"判决书是这么说的，'嘉时公司在诸多执行案件中因无财产可供执行被执行法院终结执行，二审期间南京市人民检察院出具的执行裁定书亦证实三诺公司在执行案件中因无财产可供执行，被法院裁定执行程序终结，故苏美公司对嘉时公司、三诺公司未收回的垫资款作为债权已经无法实现，应当认定为苏美公司的实际损失'。"

> **渎职犯罪的经济损失**
>
> 最高人民法院、最高人民检察院《关于办理渎职刑事案件适用法律若干问题的解释（一）》规定，债务人经法定程序被宣告破产，债务人潜逃、去向不明，或者因行为人的责任超过诉讼时效等，致使债权已经无法实现的，无法实现的债权部分应当认定为渎职犯罪的经济损失。

"这就是说，认定有没有造成国有资产损失，执行法院的终结执行裁定书是一个证据。债务无法收回，无财产可执行。这样构成要件的客观方面就有方向可核查了。"赵德生说。

卢靖琳对汤元兵说："元兵，你觉得要从哪几个方面入手调查？"

正在做笔记的汤元兵，抬起头来，想了一会说：

"第一，杨林在业务上是否有决策权，我觉得可以从公司制度、会议纪要、会议记录方面去核查；第二，在业务审批上有没有违反公司的相关规定，就要去查华策公司有没有业务操作方面的规定，如果有规定，那要看业务二部的业务是否按规定操作；第三，是否造成国家财产损失，我觉得要去查查华策公司已经胜诉的案件是否申请强制执行，以及执行的结果。"

"卢书记，不知道我这样思考对不对？"说完，汤元兵看着卢靖琳。

"你刚才说的是华策公司有没有业务操作方面的规定，如果没有这方面的规定呢？"卢靖琳问。

"没有规定？那怎么核查？"汤元兵疑惑地看着卢靖琳。

"以前公司成立得早，不像现在这么规范，一些具体规定没有制定是有可能的。"赵德生说。

07 "参照执行"等于"必须执行"吗？

"我以前看过中国裁判文书网上的一个浙江省案例，也是二级公司的违规操作给公司造成重大损失。这个公司也是没有相关的规定。但是，法院依然判定当事人违规。"卢靖琳说。

刘传凯、赵德生、汤元兵三个人一同望向卢靖琳。

"检察院找到了上级公司的制度，制度上明确写明下级公司参照执行。"卢靖琳说。

"下级公司没有规定的，要参照上级公司的规定执行。"汤元兵说。

"参照执行是什么意思？我觉得不同的理解，会导致在执行政策法规时，产生完全不同的结果。"赵德生说。

"在实践中，对'参照执行'，一般有三种理解。一是认为只是'参照'，单位可以不执行；二是认为可以执行，也可以不执行，是否执行由这些单位自行决定，执行不执行都可以；三是认为'参照执行'强调的是执行，并不是不执行，而是一定要执行。据我的理解，'参照执行'，更多地，是体现了第三种理解精神，即要求执行，甚至是必须执行。"卢靖琳说。

"今天这么一讨论，我对浙江这个案例理解加深了。被委派人代表上级国有控股公司经营、管理下级公司，应按照委派方的规定履行职责，所以上级国有公司的规定适用于下级公司。"卢靖琳说。

"南京这个案例也有这样的表述。"汤元兵好像又发现了新大陆。

"'江宁集团出具的公司规章制度汇编等书证证实，江宁集团在2001年就制定公司相关业务的制度汇编，明确对于代理进口、出口业务，不得垫付和占用资金；对于金额在20万美元以上的重要合同，应当与分管总裁或授权子公司经理洽谈，并由分管总裁签订或授权子公司经理签订。被告人王伟、李冰作为早在1982年、1997年就进入江宁集团相关业务部门工作的老员工，应当熟知代理进出口业务的相关业务规章制度；王伟代表江宁集团经营、管理苏美公司，应按照江宁集团的规定履行职责，故王伟提出江宁集团的规定不适用于苏美公司的上诉理由不能成立，本院不予采纳。'这个说得非常清楚了。"

"王伟代表江宁集团经营、管理苏美公司，应按照江宁集团的规定履行职责。重点在这一句。"刘传凯说。

"你代表国有公司被委派到下级公司，应当按照相关规定履行职责。另外，你没有制定相关规定，说明是渎职。因此，嫌疑人提出的上级公司的规定不适用于下级公司的上诉理由不能成立，法院不采纳是对的。"赵德生说。

"元兵的思路总体是对的。我们刚才讨论的是，如果华策公司没有相应业务规定的情况。其实，国有企业的建章立制应该是很规范的。我觉得华策公司应该有这方面的规定。要去核查一下。"卢靖琳说。

"元兵，你转岗到纪检岗位没多长时间，进步挺快的，看来这段时间下了不少功夫。"

卢靖琳一边说，一边心里想，这话既是说给他听的，也是在提醒自己：

大家都在不停进步，自己要是落后了，凭什么去领导他们的工作？更何况还有法务专家和财务专家也在不断进步。

"第一、第二点除了你刚才说的，还需要相关人员的笔录来佐证，形成一个完整的证据链。"刘传凯说道。

"周五在我和华策公司职工的面谈交流中，办公室主任韩文杰，提到一个事情。去年，业务二部在做的一项业务中，办公室副主任蔡青青提出过法务上的意见，但是副总经理杨林并没有采纳。后来这个业务出险了，蔡青青就离职了。我觉得可以从这方面核查一下，搞清楚当时的情况。"卢靖琳说。

"卢书记说的这个情况是有的，我想起来了，蔡青青当时向我们法务审计部汇报过，我们当时也对这个业务提出过意见，但是杨林没有听进去。"刘传凯说道。

"元兵，你在调阅华策公司相关资料时，注意保密，不要只调阅业务二部的资料，而要同时调阅其他部门的资料，以防走漏风声。"赵德生说。

"两位的建议都很好，今天我们讨论的事项，请纪检监察室和公司法务顾问去沟通确认，同时和广泰集团纪检监察室及时汇报沟通，抓紧落实各项工作，并做好本次会议的纪要。做笔录之前先列好提纲。有情况及时沟通。"卢靖琳说。

08 既要低头拉车，也要抬头看路

白云山在广州市的北部，素有"南越第一山"的称号，因为靠近市区，成为广州市民周末假日登高望远的首选之地。

周日的早上，周泽明和妻子、女儿一同登山游玩。

虽然已是秋天，白云山依然郁郁葱葱。从正门进去，两旁的花草生机盎然，门口几棵参天大树绿叶茂盛，树下围着树干的小花，红的、蓝的、紫的、黄的，令人心旷神怡。

周泽明走在弯弯曲曲的路上，看着风景如画的景色，心里还在想着公司

小金库

"小金库"是指违反法律法规及其他规定，应列入而未列入符合规定的单位账簿的各项资金（含有价证券）及其形成的资产。"小金库"性质总体上处于违规与违法甚至经济犯罪的中间地带，少数处于边缘，个别的触犯了法律。多年来，一直是国家严厉打击和整治的对象，也是审计查处的重点。

的事情。

华策公司负责人涉嫌挪用资金的事情，警方已经立案。

在华策公司财务部现场搜查时，警方在现场发现了一个账本，是陈有中指使付燕萍设立的小金库账簿，往来流水有3000万元左右。华策公司议论纷纷，人心不稳。

这是华策公司已经暴露出的问题，其他几个公司是不是也有类似的问题，只是没有暴露呢？

来粤鹏集团一个多月了，爆雷的事件接二连三，虽然周泽明也能够从容应对、不乱阵脚，但总觉得缺了点什么。

妻子看他又是一副若有所思的样子，笑着摇了摇头，去追赶前面的女儿了。

山间峰峦重叠，溪涧纵横，林木葱郁，鸟语花香，白云山果然四季如春。

走着走着，一边观赏风景，一边神游万仞的周泽明被脚下一处小水沟绊了一下，差点摔倒。幸好他身手敏捷，跳了开去。

"爸爸、爸爸。"女儿萌萌从前面跑回来，本来要给他看捡到的枫叶，恰好看到这一幕，马上像个小大人一样，笑着说："周泽明同志，既要低头拉车，也要抬头看路。"

"遵命，首长。"周泽明马上向女儿敬了个礼。

"既要低头拉车，也要抬头看路。"周泽明喃喃自语，"对呀，这段时间总是在想着怎么救火、应急，对于未来的路还真没有认真考虑过。"

企业所有问题最好的解决方法就是发展。

在发展中解决问题，在发展中克服困难，在发展中闯出新路。

想到这里，周泽明眼前一亮，已经来到了摩星岭。

从摩星岭往山下看，云雾缭绕，广州城大半收在眼底，往东南方向看，还可以看见半山腰的碑林。

"佳欣，我来广州二十多年了，每次登山远眺，都会让我有新的感受。"周泽明对妻子陈佳欣说。

"仁者乐山，智者乐水。你是仁爱有余，智慧不够，以后多吃点核桃，补补脑。"妻子打趣道。

"以前做房地产，都没怎么关注外贸行业。你这个商务厅的专家赶紧给我补补智慧吧。"周泽明笑着说。

09 商务厅阿姨讲的历史课

"咱们广州，吃穿住行俱佳。千年商都，名副其实。按照世界500强最新的排名，广州有五家企业上榜，也算是第一梯队了。"妻子略带自豪地说。

"千年商都？广州通商有一千年了？"周泽明略感意外。

"何止一千年，从秦朝开始，广州就是南粤地区的政治经济中心。到了唐代，广州已经发展成为海上丝绸之路上最重要的商港。明朝时期，广州为全国三大港口之一，专门设立市舶司进行管理。到了清朝，广州成为唯一的对外贸易港口。"陈佳欣说。

"我记得鸦片战争以后，清政府签订了丧权辱国的《南京条约》，同意割让香港，开放广州、厦门、福州、宁波、上海为通商口岸，这是不是说明鸦片战争前，广州海关关闭了，还是说只开放了广州一家？"周泽明问。

"这要从清朝初期的海禁政策讲起。清朝刚刚建立的时候，努尔哈赤总觉得夺了明朝的江山，心里不踏实，特别是害怕台湾郑成功卷土重来，反清复明，于是就在东南沿海实行海禁。

"一直到了康熙平定三藩之乱，才取消海禁，陆续设立广州粤海关、福建厦门闽海关、浙江宁波浙海关、江苏松江江海关，这就是四口通商。

"后来，英国东印度公司觉得粤海关的关税太高，就想另辟蹊径，把货船开往浙江宁波进行贸易。结果弄巧成拙，乾隆一怒之下就宣布封闭闽、浙、江三海关，只保留广州海关，这就是后来说的一口通商。

"一口通商实施后，清政府规定，由官府指定洋货行统一与外国商人开展进出口贸易。这些洋货行最少时只有四家，最多时有二十多家，其中，最有名的有十三家，叫作广州十三行。一时间，广州成为中国最繁荣的城市，可以说是洋船泊靠，商贾云集，盛况空前。"陈佳欣绘声绘色的讲解，引得其他游客也围拢过来聆听。

"阿姨，当时有广州、福建、浙江、江苏四个海关，为什么清政府选择广州作为唯一的通商口岸呢？"一个扎着马尾辫的小姑娘问道。

"这个问题问得好，主要有四个方面的原因。"陈佳欣说着，看到女儿萌萌也在旁边听她讲话，就轻轻地把她拉到身边，好让她听得清楚些。平常，女儿很少能乖乖地听她讲这些东西。

"第一个方面是我们广州的地理位置非常独特。广州位于南粤大地南部，是西江、北江、东江三江汇流点，与香港、澳门形成珠江三角洲。广州以下是珠江，直通南海，向西经过印度洋，可以通向西亚、北非和南欧；从南到东南亚经过太平洋，可以与美洲各国往来。同时，港口运输与内河、铁路、公路、航运相互衔接，让广州四通八达。就这样，广州顺理成章地成为中国对外贸易的南门。

"第二个方面，广州的防御工事很坚固。"

"阿姨，什么是防御工事？"马尾辫的小姑娘不解地问。

"防御工事就是防止敌人用枪炮来打我们而修建的坚固的城墙、碉堡或者是天然的屏障，比如大山、大河，那样敌人就不容易打进来。"陈佳欣一边说，一边比画着。

"我们广州的虎门海口是外国船只进入广州的要塞，处于三江汇源之地，是中国八大要塞之一，号称金锁铜关。要塞就是易守难攻的意思。你看我们东面有大虎山，西面有小虎山，可以说是一夫当关，万夫莫开，而虎门到广州的这条水路，历来有重兵设防。洋船难以自由进出。"

"阿姨，这种地形是我们广州特有的吗？"小姑娘问。

陈佳欣笑了一下，摸了一下这个爱提问题的小姑娘的头。

"对呀，浙江宁波、福建厦门这些地方就没有这样的屏障，海面辽阔，无险可守，外面来的船挂起海帆，就可以直接进入中国的腹地。

"第三个方面是广州的政策。我们中国自古实行儒家教育思想。儒家思想是什么？仁者爱人，克己复礼。学而优则仕。天下兴亡，匹夫有责。"

"这个我知道，先天下之忧而忧，后天下之乐而乐。每个人都要为天下的兴亡扛起责任。"小姑娘兴奋地说。

"对的，你真棒。中国的传统文化让我们做一个有家国情怀的人。但是随着远洋贸易的繁荣，西方的基督教开始在中国传播，逐渐改变了原有的文化格局。到了乾隆时期，福建、江浙地区出现了大量青壮年不读私塾、不考科举的现象，反而热衷于加入教会，巴结洋商，进行远洋贸易。"陈佳欣说。

"这种形势对清朝统治者是巨大的威胁。于是，清政府就采取管制措施抑制外商，控制外来文化的侵入，但同时官府还不想放弃外来贸易带来的巨大红利，就禁止外商在江南地区进行外贸，规定广州是唯一的通商口岸。"

说到这里，陈佳欣停了下来，女儿萌萌递过来一瓶拧开盖子的水。她笑了笑，接过来喝了一口，接着说：

"最后一个原因是政府官员之间的争斗。由于外贸交易一直集中在海关，这就形成了各地海关与当地商家结合的利益集团，他们互相包庇以换取巨人的利益。

"其实浙江、福建、江苏等地的海关一直对广州海关的丰厚利益虎视眈眈，垂涎已久。这几个海关利益集团进行过激烈的政治博弈，但最后粤海关更胜一筹，这也导致了通商口岸只留下了广州一地。

"广州独特的地理位置、优良的港湾、方便的交通，带来了庞大的财富积累和先进的技术文化，带动了整个南方甚至整个清朝的经济和文化发展。

"正因为广州独特的地位使得清政府必须留下广州这个口岸城市。同时广州有完善的防御设施，可以监控外来商户的行动，而且远离文化斗争的中心，即便广州发生战争也不会对清政府的统治地位构成威胁，这对清朝统治者来说，就是一个天然的聚宝盆。"

"原来如此。"围观的游客纷纷发出感叹。

10 大千气象，风云再起

"姑娘，你讲得很好。我想请教你，名满天下的广交会是怎么一回事？"一个操着北方口音的大伯问道，他站在旁边一直听得很专注。

陈佳欣心里想，你还真问对人了。我如果不在商务厅工作，恐怕还回答不了你的问题。

"大伯您客气了。谈不上请教。我把我了解的情况简单介绍一下。新中国成立后，我们首先面对的就是西方国家在经济方面的围追堵截。1951年，美国操控联合国对中国实行禁运。为了打破封锁，换取国家建设急需的外汇，新中国必须要大力发展对外贸易。广州因为近临港澳，外贸历史悠久，就成为创办广交会的不二选择。

"1957年4月25日，首届中国出口商品交易会开幕，周恩来总理提议简称为广交会。19个国家和地区的1200多位采购商到会。广交会第一年就成交了8686万美元，占当年全国创收现汇总额的20%。第一届广交会成功创办，迅速成为中国出口创汇的主渠道，开辟了一条中国与世界交往的通道。

"改革开放以后，广东屡屡敢为人先，饮下外贸体制改革的'头啖汤'。1986年，体制改革'先行一步'的广东登上全国外贸进出口总量第一的宝座。从那以后，这个第一的位置就没有别的地区坐过。"

听到这里，围观的人群不约而同地鼓起掌来。

听着妻子的讲解，周泽明的思绪又飘远了。

1986年，广东外贸进出口总额首次跃居全国第一。

发展上来了，问题也随之而来。

尽管广东的外贸企业数量和规模不断扩张，却大多依赖"大锅饭"制度，并不考虑盈亏，逐渐陷入"生意做得越大、出口创汇越多、拿政府补贴越多、财政负担越重"的怪圈。

1988年，广东探索实施外贸承包经营责任制，要彻底打破"大锅饭"制度，极大激发了市场活力与创造力。

2001年，中国成功加入世界贸易组织。自此，世界的大门向广东完全敞开。此后，广东提出了国有外经贸企业改革的具体目标：进一步深化改革，使国有外经贸企业真正成为自主经营、自负盈亏、自我发展、自我约束的法人实体和市场竞争主体。

粤鹏公司正是在这一轮改革中脱颖而出，完成了混合所有制改革，调动了职工积极性，激发了企业活力。

……

然而，十年河东十年河西。当年的优秀生变成了现在的落后生。

问题出在哪里？如何对症下药？这是以周泽明为班长的粤鹏领导班子需要好好把脉的事情。

但是，如果只是当"救火队长"，疲于应付，就无法解决长远发展问题。

企业所有的问题都应当在发展中解决。

粤鹏公司作为一家老牌的国有外贸公司，不能只满足于化解风险，而应当主动融入大局，围绕国家重大战略，勇当开放强省战略的排头兵。

一手抓风险化解，一手抓改革发展。两手抓，两手都要硬。

下一步，粤鹏公司是要好好谋划该往哪里去、怎么往那里去、为什么要往那里去的事情了。

这时，妻子陈佳欣讲解完毕，正拉着女儿说说笑笑。

周泽明向远处眺望，广州塔窈窕玉立，珠江两岸郁郁葱葱，高楼大厦星罗棋布、鳞次栉比。

"大千气象，风云再起。低头拉车，抬头看路。"周泽明情不自禁地说了一句。

"爸爸，你又自说自话了，吓了我一跳。"站在一旁的女儿嗔怪他。

"首长，你今天的指示为我军指明了方向。"周泽明笑着向女儿说。

11 思想工作要细火慢炖

周一下午。在任前谈话中，粤鹏集团党委书记周泽明和即将担任华策公司党支部书记的梁若飞谈了一个多小时。

其实在召开党委会之前，周泽明就做过梁若飞的思想工作。

当时，梁若飞表面上说是服从组织安排，但是看得出来有点犹豫。

毕竟，接手这么一个烂摊子，换谁压力都大啊。

周泽明想，思想工作要细火慢炖，不可能一步做到位，让他先有一个思考消化的过程也好。

到了任前谈话的时候，周泽明做了一点准备。

果然，梁若飞依然信心不足，一直说自己没有担任过一把手，对于挑起华策公司这么一个重担底气不足。

"若飞，你来粤鹏集团多长时间了？来粤鹏集团之前在哪里？"周泽明提起茶壶给梁若飞倒了一盅茶后问道。

"八年了，当初是粤鹏集团要做期货现货结合业务，把我当作人才从永安期货引进的。后来期现结合业务中途中止了，我就到了贸易管理部，没想到在粤鹏这么一干就是七八年。"

"这么说来，你选择从永安期货出来到粤鹏集团，也是对自己有期许的吧？当初为什么要从永安期货出来？"周泽明问。

"当然有期许了，跳个槽相当于人生的赛道都换了。我在永安期货一开始是做分析师的，当时是顺德分公司的总经理助理。来粤鹏集团主要有两个方面的原因。一是因为结婚了，老婆要我回广州来；二是我想从一个新项目尝试自己独当一面的能力。"梁若飞答。

"若飞，你对现在的职业生涯发展满意吗？"周泽明问。

"周董，我明白你的意思。从党性的角度来说，我应该服从组织上的安排。可我一直在总部从事专业管理工作，对经营单元如何运作真的不了解，况且又是华策这么一个复杂的公司。"梁若飞依然忧心忡忡。

"若飞，你来之前，我看过你的简历。我想谈谈我的看法，供你参考。"周泽明微微一笑。

"从个人的角度说，人在事上练，刀在石上磨。你刚才也讲了你当初是有期许、有抱负的。你以前做过分析师，有专业的技能；你在总部职能部门担任负责人，了解总部管理的模式。如果你要有更大的发展，现在就缺少一线经营单元的操盘经历和能力。扩大自己的舒适圈，你的能量超乎你想象。"

"从组织的角度说，到华策公司这么一个复杂的公司，你将要面对的不是鲜花和掌声，而是各种各样的问题。但是，怕什么？党的领导是战胜一切艰难困苦的定海神针。有组织在，那是你最大的压舱石。而你带领班子在应对困难和挑战中激发出来的各种潜能，将是你职业生涯中最宝贵的一段经历。"

"周董，来粤鹏集团之前，云伟书记是不是也这么跟你说的？"梁若飞俏皮了一下。

周泽明又是微微一笑，摇了摇头。

"周董，我以前确实没做过经营单元的一把手，你能不能给我一个锦囊妙计，到了华策公司以后该怎么开展工作？"梁若飞一脸真诚，其实是给周泽明出了一道不小的难题。

周泽明站起身来，走到窗口，把窗户开大了一些，看了看天空。

窗外吹进来的冷风让室内的温度渐渐降了下来。

看着周泽明一副若有所思的样子，梁若飞有点后悔。

到了华策公司应该怎么做，周泽明怎么能知道呢？

这个问题没头没脑地来问领导有点轻率。

周泽明也明白，梁若飞这么没头没脑的问题确实问得不礼貌，但是现在这种情况，也不能跟他去计较。现在的重点是要做通他的思想工作。

看着梁若飞有点不安的神情，周泽明知道也许再有一步，就能成功。

"若飞，你现在的心情我能理解，因为我也有过你这样的心路历程。"周泽明踱着步子从窗口走回来，坐到了办公桌边的沙发上。

"呃？"梁若飞睁大了眼睛，看着周泽明。

"五年前，粤海湾房地产公司把我派到粤乐居房产项目公司的时候，我和现在的你是一样的心情。当时的粤海湾房地产公司的党委书记于国荣对我说了一番话，我到现在依然记忆犹新。"

梁若飞翻开了笔记本，准备记笔记。

12 领导干部四个字的含义

于国荣以前是省厅的办公室主任，十多年前担任粤海湾房地产公司的党委书记，去年年底退休。周泽明就是他带出来的，先是被派到粤乐居项目公司担任总经理，然后回到粤海湾房地产公司担任营销部经理、发展部经理，后来被提任为副总经理、总经理。

"国荣书记是我的老领导，他在我信心不足的时候给我讲了领导干部四个字的含义。我结合我在粤乐居的经历和你交流一下，供你参考。"周泽明轻轻地抿了一口茶。

"领导干部四个字中，'领'是核心，它有三个含义。第一个领是政治统领。我们作为国有企业的干部，政治能力是打头的，必须要学会从政治上观察形势、谋划工作、考量得失。我到了粤乐居公司以后，第一件事抓的就是党建职能的明确和三会一课的落实。

> **三会一课**
>
> "三会一课"中的"三会"指定期召开支部党员大会、支部委员会、党小组会，"一课"指按时上好党课。

"虽然我们人手少，但是我们还是明确了党建纪检的职能定位。在其位，谋其政。有这个职能和没这个职能完全不一样。当时做党建的小伙子身兼数职，没关系，我和他一起做。我们的政治学习是方式多样的，一点都不枯燥。当时的房地产市场低迷，但是我们一直坚持通过扎扎实实的政治学习，鼓舞士气，提高政治素养，牢牢把握企业发展的正确方向。

"第二个领是方向引领。企业要把发展作为第一要务。当时粤乐居公司的首要任务是房产销售，但是市场低迷，客户都在观望。我们班子商量以后，觉得不能等，要发动一切力量完成房产销售任务，指标分解到部门，责任落实到个人。就这样，我们通过亲戚朋友、税务机关、同学老乡各种渠道去发动，最后那一年销售了十个亿，缓解了资金压力。第三个领是品格率领。这个我不用多说，你现在担任部门负责人应该有体会吧，等你到了经营单元，你的体会会更深。"

"政治统领、方向引领、品格率领，国荣书记还真会总结。"梁若飞看着笔记本上记的笔记喃喃自语。

于国荣是广泰集团的老干部，梁若飞虽没有打过交道，但是久仰其名。

周泽明接着说了下去，"导是领导干部的根本职责。第一个导是学习先导。重视学习、善于学习，是中国共产党人的优良传统。我们党领导中国革命、建设和改革的历史，实质上就是一部创造性学习、创新性实践的历史。粤乐居作为一家竞争性行业的企业，每天面对的市场形势千变万化。我们靠什么以变应变，准确识变？只有持续不断地学习。第二个导是专业指导。我们是企业，经济效益是要靠合同靠订单一份份做出来的。你作为一把手，没有专业化的水平，没有专业化的指导，怎么在干部群众中树立威信？

"第三个导是思想疏导。思想政治工作是我们党的优良传统和政治优势，是一切工作的生命线。困难企业是非多。企业越不景气，职工的思想包袱就越重。怎么做呢？'三必到、四必访、五必谈'，这些方法是做好职工思想政治工作的重要内容和有效抓手，诉求合理的解决问题到位、诉求不尽

"三必到、四必访、五必谈"

"三必到、四必访、五必谈"是国有企业思想政治和党群工作的一种工作机制，在实践中根据企业的不同情况有不同的表现形式。

三必到：经营关键时刻（重大营销、重大谈判、重大节点）必到；遭遇自然灾害必到；发生突发事件必到。

四必访：在职工遭遇急困时必访；职工亲属去世时必访；职工重病住院时必访；家庭遭遇意外灾害时必访。

五必谈："职工取得突出进步和成绩"必谈，充分肯定，给予鼓励；"职工递交入党申请书、发展新党员"必谈，提出希望，端正动机；"职工思想出现问题"必谈，耐心教育，提高认识；"职工的工作出现问题"必谈，及时指出，鞭策改进；"职工人事安排有较大变动"必谈，了解思想，统一认识。

合理的思想教育到位、生活困难的帮扶救助到位。"

周泽明娓娓道来，梁若飞脸上的表情已经由起初的不安，变成了钦佩。

他起身给桌上的茶壶添满了热水后，坐下来，继续记笔记。

"'干'是领导干部的价值基石。干部干部，干字当头。第一个干是埋头苦干。企业困难的时候，问题比较多，要坚持苦字当头，少说空话、废话，要准备比别人吃更多的苦、流更多的汗、承担更大的压力，这样才能杀出一条血路来。第二个干是学会巧干。苦干不是蛮干、瞎干，只有边干边总结，理论联系实际，用正确的科学观、方法论来指导实际工作，才能事半功倍。到了华策以后要用改革的思路、创新的办法去破解难题、化解矛盾，找准突破口。

"第三个干是担当敢干。干部的价值在干事，干事就要有担当。敢于硬碰硬，敢啃硬骨头，敢于涉险滩，你去了华策以后遇到的难题不会少。放心大胆地干，集中大家的智慧，想准了就去干，集团党委是你最坚强的后盾。"

听到这里，梁若飞点了点头，坐直了身体。

"最后，国荣书记和我说了'部'的含义，他是用'部'这个字指代三方面的工作，我听下来非常有道理，也找到了工作的抓手。

"他说'部'是领导干部的基础支撑。基础不牢，地动山摇。第一个'部'是建强支部。如果说前面的政治引领强调的是总体上宏观上的把握，这里的建强支部的重点是充分发挥基层党组织的'桥头堡'作用，激发基层党建工作活力。特别是支部委员，那要当堡垒中的堡垒，旗帜中的旗帜。

"第二个部是用好干部。你去了华策以后要及时发现、大胆起用优秀干部，让想干事的人有机会、能干事的人有舞台。王兵兵、江河、张涛，我看这几个人都不错，都是在市场一线中锻炼出来的。关键是怎么人岗相适、人尽其才、用当其时，激发和调动大家的聪明才智。第三个部是打牢根部。这个根部指的是制度规章的基础性、全局性、根本性作用。现在华策出了这么多问题，不是没有制度，而是没有执行制度，是制度本身有问题？还是执行制度的机制有问题？你去了以后好好查找原因，拿出举措，堵住漏洞。"

周泽明说完以后，端起茶几上的茶壶，倒了一盅茶，细细地品。

他实际上是在给梁若飞消化吸收的时间，因为，刚才他讲的语速虽慢，但内容不少。不知道梁若飞理解得怎么样。

没想到，梁若飞反应很快，说道："泽明书记，刚才冒昧给你出了一道难题，不当之处，请多多包涵。您刚才讲的领导干部四个字的含义我都记下了，当好领导干部，核心在'领'，根本在'导'，关键在'干'，基础在'部'，回去以后我好好吸收消化一下。我服从组织的安排，有组织做我的后盾，我有信心有决心把工作做好。"

看到梁若飞的明确表态，周泽明如释重负。

说得以势压人，对方耿耿于怀，是一种隐患。

说得唇枪舌剑，对方不欢而散，是一种失败。

说得切中要点，对方理解接受，是一种能力。

说得圆满得体，对方自动反省，是一种智慧。

13 思想工作中的关键对话

在与梁若飞任前谈话前，周泽明一直在思索。

如果讲大道理，用党性、职位来强压梁若飞接受组织的决定是没有用的，也是不明智的。

这样做，一方面不会让梁若飞心服口服，只会留下日后出问题的隐患；另一方面也不符合思想政治工作的根本原则。搞不好的话，可能会让一个人才对组织失去信任，甚至造成人才流失的结果。

得知周泽明的困惑以后，妻子陈佳欣给他出了个主意：去看《关键对话》的技巧。

"什么关键对话？任前谈话是关键对话吗？"周泽明知道有这么一本书，好像是个西方学者写的，他没有看过。

"任前谈话也不是单纯完成任务，重点也要让被谈话人心悦诚服地接受组织的决定。这和思想政治工作的原理是一样的。"

妻子陈佳欣以前也做过组织人事工作，对这方面工作并不陌生。

周泽明向妻子拱手作揖，一脸真诚地说道："陈老师，请你讲讲看，什么是关键对话？有哪些注意事项？望不吝赐教。"

"我的理解是所有可能引起对抗的对话都是关键对话。你让他去担任华策公司董事长，他不想去。要么是违心答应，心里面疙疙瘩瘩的，做起事情来没有尽心尽力，最后可能出问题；要么是明确拒绝，后面消极怠工或者辞职走人，对于组织对于个人都是损失。

"关键对话提出了几个关键的节点。我来谈谈我的理解。第一是关注目标。明确自己的真正目的，这个就是提醒我们一旦发现自己即将陷入沉默或暴力时停止对话，冷静思考我们的动机。第二是建立安全。既要观察对话的内容，又要观察对话的气氛。当对话陷入危机时，暂时后退，放慢节奏。"

陈佳欣从桌上拿过来一张纸，唰唰唰地画了一个简单的表。

关键对话的关键节点

节点	内容
1.关注目标	既要观察对话的内容，又要观察对话的气氛。当对话陷入危机时，暂时后退，放慢节奏
2.建立安全	出现危机时，采用缓和式的举动或话语，强调共同目的来应对，恢复对方的安全感
3.交换观点	分享事实经过，说出你的想法，征询对方观点，做出试探表述，鼓励做出尝试
4.了解动机	了解对方的看法，询问观点；通过表示高度理解对方的感受，增强安全感；重新描述，主动引导
5.落实行动	鼓励对方用询问、复述和承诺的方式将达成一致的观点落实到具体的任务中

"出现危机的时候，要冷静，采用缓和式的举动或话语，通过强调共同目的来应对尴尬的局面，恢复对方的安全感。否则事情会变得不可收拾。第三是交换观点。分享事实经过，从最少争议最有说服力的事实谈起，说出你

的想法，征询对方观点，做出试探表述，鼓励做出尝试。这一点上重点要了解对方的真实想法，而不是表面上的想法。

"第四是了解动机。表明你很有兴趣了解对方的看法；同时通过表示高度理解对方的感受，增强安全感。当对方说出自己的看法时，你应当重塑他们的表达，表明自己不但理解他们的观点，而且鼓励他们分享内心的想法；主动引导，如果对方还是退缩迟疑，你应当先发制人，对他们的想法和感受做出最符合情况的猜测。

"最后一节是落实行动。这些都是关键对话的基本原则，具体的方法还要根据不同的情况不同的场景来考虑，比如任前谈话是上级和下级的交流，除了解决被谈话人的顾虑以外，如果再适时加入一些组织保障、具体方法之类的信息，效果会更好。"

妻子陈佳欣说完，在纸上写了四个字：因地制宜。

周泽明听完之后，说道："虽然我没看过这本书，听你这么一讲，确实理念很好。和我们党思想政治工作的方法一结合，应该会有一加一大于二的效果。"

"那当然，我们党的思想政治工作从来都是与时俱进、博采众长的。哪像你，只顾低头拉车，也不抬头看路，差一点被一个小水沟给绊倒。"

想起白云山公园的趣事，陈佳欣哈哈大笑。

⟨14⟩ 三会合一，提振士气

周泽明对关键对话的方法反复研究了以后，考虑了梁若飞上一次谈话中的顾虑，以及这一次谈话中可能提出的问题，做了一些准备。

在刚才的谈话中，他不断观察对话的内容和气氛，通过谈职业生涯发展的前景，营造双方共同的目的；通过倒茶、开窗、踱步等举动，在双方意见不一的时候，暂时后退，放慢节奏；通过表示理解梁若飞的心情，寻找双方的共同性，建立安全感；通过讲解于国荣书记领导干部四个字的含义，结合自己的实践，提供具体的意见建议，解决实际的问题；通过表明党组织的强有力支撑，给梁若飞以信心和鼓励。

得到梁若飞明确的承诺和表态以后，周泽明轻轻舒了口气，觉得这几天的工夫没有白费，回去还要请老婆吃顿大餐，感谢一下。

最后，周泽明问梁若飞还有什么需要集团支持的。

梁若飞想了一下，"关键时刻，希望集团领导能够给全体员工鼓鼓劲、加加油，助推一把。"

周泽明笑了一下："没问题，粤鹏集团走进基层讲党课第一站就放在你们华策，我来讲。和干部员工大会放在一起。全体职工都参加，让靖琳主席也一起来参加。"

"周董，我还有个想法，华策公司的党支部现在需要提振士气，我们想搞个重温入党志愿书的活动，把每个党员的入党志愿书都找出来，请大家谈谈入党时的初心。全体职工一起参加，来听听每个党员的初心和使命。"

梁若飞来谈话之前，把华策公司和党支部的基本情况梳理了一遍。

"这个主意好，不忘初心，牢记使命，这样的活动让党员干部找回往日的激情，重新焕发出活力。工作做细一点。我看这三个活动可以放在一起，时间把控好。"周泽明说完，又补充了一句，"我讲党课要一个半小时，这个时间要给我留好。"

"好的，早就听说周董的党课精彩，这在广泰集团都口口相传，我们很期待。"梁若飞不失时机地给周泽明奉上一顶高帽。

周四下午13：50。粤鹏大楼8楼华策公司会议室。

一面鲜艳的党旗悬挂在墙上中央位置。40余名职工陆续就座。

粤鹏集团党委书记周泽明、纪委书记卢靖琳、华策公司新任党支部书记梁若飞、总经理何志云和粤鹏集团党群工作部、办公室等部门负责人步入会场。

华策公司干部员工大会、华策公司党支部主题党日活动、粤鹏集团"走进基层讲党课"华策站三场活动安排在今天下午。

14：00，华策公司干部员工大会开始。

粤鹏集团党群工作部负责人王婉飞宣读了干部任免文件。

梁若飞表态发言以后，周泽明重点说明了任免华策公司党支部负责人和组建新经营班子的意义，提出了三点希望：第一，旗帜鲜明讲政治，全面加强党对国有企业的领导；第二，凝心聚力讲团结，为企业攻坚克难营造良好环境；第三，一心一意谋发展，推进华策公司化解风险，持续发展。

对于这些，周泽明没有过多发挥，因为他知道，这些要让大家听进去，理解透，记在心，是需要一定的场景和设计的，也是他接下来的重头戏——讲党课。

⑮ 一场别开生面的党课

14：30。华策公司新任党支部书记梁若飞宣布主题党日暨职工教育活动开始："今天的主题党日暨职工教育活动有两项，第一项是粤鹏集团'走进基层讲党课'华策站活动；第二项是重温入党誓词活动。首先由粤鹏集团党委书记周泽明同志为大家讲党课，大家欢迎。"

周泽明站起身来，拿着一支白板笔，走到投影幕布旁，开始说话了："同志们，下午好，今天我给大家讲的党课题目是'一个党员一面旗帜，一个支部一座堡垒'。

"以史为鉴，可以知兴替。习近平总书记号召全党同志：学习党史、国史，是坚持和发展中国特色社会主义、把党和国家各项事业继续推向前进的必修课。

"学习党史，既是一次把握规律、把握未来的理论学习，又是一次坚定信仰、坚定方向的党性教育。今天，联系华策公司的实际情况，我就从党史的一段故事讲起。"

一听讲故事，大家伙儿来了精神，睁大了眼睛，就想看看周泽明葫芦里卖的什么药，讲什么故事能和华策公司联系在一起。

"1947年是中国历史上有特殊意义的一年。正是在这一年，中国大地上发生了一个历史性的转折：二十年来在中国占统治地位的国民党从优势转变为劣势，在内战战场上从进攻转变为被动挨打，由强者变成弱者；反过来，中国共产党却从劣势转变为优势，在战场上从防御转变为进攻，由弱者变成强者。双方力量对比在一年内发生的这种巨大变化直接影响并支配着此后中国的走向……"

如何能提高党员干部的政治觉悟、统一思想认识，一直是周泽明重点思考的问题。

做思想工作不能只是靠说教和讲解。作为一名历史爱好者，周泽明从中国近现代史，特别是党史中发现了一座蕴藏着巨大智慧的宝库。

十多年来，周泽明长期研读党史，收获颇丰，做了厚厚几大本笔记，讲起党课来游刃有余，如鱼得水。

在给华策公司备课前，他设计了几处互动提问，通过分组讨论、小组发言，充分调动参加者的积极性，鼓励大家发言。

课堂上，气氛十分活跃。

一个半小时下来，周泽明已经微微出汗，面露红光，但丝毫不觉得累。这就是他最享受的状态：寓学于乐，并且获得了参加者的充分投入和积极响应。

周泽明指着投影幕布上的地图说："延安保卫战安定了民心，使人民群众看到了希望，鼓舞增强了陕甘宁边区和全国各解放区军民的战斗意志，提高了人们必胜的信念。它采取巧妙的周旋，运用'蘑菇'战术，在运动中既歼灭了敌人，又减轻了全国其他战场的压力，争取到了时间，有力地推动了各解放区由战略防御转入战略进攻，为全国提前解放奠定了基础。"

说到这里，周泽明停顿了一下，"请大家思考3分钟，今天的学习有什么收获，结合我们华策公司的实际，你有什么样的体会？"

这时候，一部分人还沉浸在精彩的故事里，一部分人听到问题就开始在纸上唰唰地写起来了。

周泽明环顾全场，有的人还在研究投影幕布上的地图，有的人打开手机搜索相关的知识，有的人在认真地打着草稿，有的三三两两在轻声讨论。

这时，周泽明把目光投向了华策公司办公室主任韩文杰。

他在讲课之前，让梁若飞做了一个准备。特别是在华策公司这种场合，谁第一个发言，发言的质量如何？发言的内容如何？实际上对整场讲课都有影响。这是一个必要的课程设计，特别适合在关键场合使用。

韩文杰首先起身发言："周董今天的党课妙趣横生，旁征博引，让我对党史上的这个故事有了更深刻的理解。转战陕北，扭转战局凭借的是政治上的思想统一、步调一致，经济上的精兵简政、分工合作，组织上的深入群众、发动群众，军事上的机动灵活、全局配合。当前华策公司面临重重困难，我认为全体党员要以政治建设为统领，严明政治纪律和政治规矩，加强政治监督；积极应对困难局面，维护党的团结统一，维护稳定团结的大局；党支部发挥战斗堡垒的作用，党员发挥先锋模范的旗帜作用。"

韩文杰的发言赢得了热烈的掌声。

这时，业务三部的一个小伙子举起了手，周泽明示意他发言。

"1947年，面对胡宗南五十万大军的包围，我党分析了敌众我寡的严峻形势，果断决定撤离延安，转战陕北，最后取得解放全中国的胜利。这说明：第一，一切反动派，都是纸老虎。战略上藐视敌人，战术上重视敌人，面对困难和挑战，首先我们要有必胜的信心。第二，延安保卫战为什么能够胜利？一个重要的原因就是我们相信群众、发动群众、依靠群众，群众保护了我党我军；而胡宗南的几十万大军进入陕北后晕头转向，战斗力直线下降，怎么能和我军作战？

"第三，在延安保卫战中，中共中央形成了坚强的领导核心，党中央指哪儿，军队就打哪儿，让撤退就撤退，让转移就转移，让歼灭就歼灭，如身使臂，如臂使指，叱咤变化，灵活机动。国民党军队高官平时养尊处优，习惯了大军团作战，遇到陕北高原这种复杂地形，哪里是我们的对手？"

这个小伙子诙谐生动的语言，让会议室里响起笑声和掌声。会场的气氛也变得轻松起来。

周泽明面带笑意，等着下文。

"结合我们华策公司的实际，我们现在面临着这样那样的困难，但是只要我们坚定信心，团结一致，精准发力，就一定能走出困境。"周泽明问清了小伙子的名字，赞许地点了点头。

周泽明看到钱海东在笔记本上写写画画，就对他说："钱海东师傅，我看到你刚才听课听得特别认真，讨论也非常投入，你能不能给我们分享一下？"

钱海东不慌不忙地拿掉鼻梁上的眼镜，站起来面向大家说道："我们华策公司在外贸专营年代，曾经参与过广东通信、韶关电厂、番禺燃机电厂、黄埔船舶等大型项目，取得了良好的社会效益和经济效益。我们华策公司曾经是广州关区唯一一家实施汇总征税的省级外贸企业，近年来公司仍有高校、医疗、大型企业三大块业务存在优势。近几年，我们遭遇了前所未有的困难，风险频发、业务停滞、人心涣散，怎么办？华策公司这面红旗还能扛多久？今天泽明书记的党课给我的启发有两个。第一，在一切艰难困苦面前，党的领导是定海神针。第二，越是困难复杂，越要保持定力，集中精力，精准发力。不能乱发力。"

听到这里，周泽明欣慰地笑了，梁若飞也如释重负，因为本来他们要提出的要求和希望，通过这场党史课，变成了党员干部和职工群众的共识和体会。

在重温入党志愿书的活动中，新老党员纷纷回顾了自己当初入党的初心，有的老党员还流下了激动的泪水。

最后，在党委书记周泽明的带领下，全体党员面对党旗重温入党誓词：我志愿加入中国共产党……

每个党员脸上所呈现的那种神圣和庄严，让在场的职工群众也为之动容。

那声音像一声声号角，回荡在粤鹏大楼的上空。

？本章思考题

1. 犯罪成立的构成要件是什么？每个要件的关键点是什么？

2. 什么是国有资产损失？如何定义国家工作人员？

3. 参照执行等于必须执行吗？

4. 面对下属承担急难险重任务的信心不足，如果你是主管，应该如何做思想工作？

本章知识点

3.1 犯罪构成要件

任何犯罪都包括四个方面的构成要件，即犯罪客体、犯罪客观方面、犯罪主体、犯罪主观方面。

1. 犯罪客体。犯罪客体是指我国刑法所保护的，为犯罪行为所侵犯的社会关系。

2. 犯罪客观方面。犯罪客观方面是指犯罪活动的客观外在表现，具体包括危害行为、危害结果、危害行为与危害结果之间存在因果关系，以及犯罪的时间、地点和方法。

3. 犯罪主体。犯罪主体是指实施犯罪行为，依法应当负刑事责任的自然人和单位。

4. 犯罪主观方面。犯罪主观方面的心理状态有两种，即故意和过失。

《中华人民共和国刑法》第十四条【故意犯罪】

明知自己的行为会发生危害社会的结果，并且希望或者放任这种结果发生，因而构成犯罪的，是故意犯罪。故意犯罪，应当负刑事责任。

3.2 国家工作人员

《最高人民法院、最高人民检察院关于办理国家出资企业中职务犯罪案件具体应用法律若干问题的意见》（法发〔2010〕49号）规定，经国家机关、国有公司、企业、事业单位提名、推荐、任命、批准等，在国有控股、参股公司及其分支机构中从事公务的人员，应当认定为国家工作人员。

《中华人民共和国刑法》规定，国家工作人员是指国家机关中从事公务的人员。

国有公司、企业、事业单位、人民团体中从事公务的人员和国家机关、国有公司、企业、事业单位委派到非国有公司、企业、事业单位、社会团体从事公务的人员，以及其他依照法律从事公务的人员，以国家工作人员论。

3.3 经济犯罪案件追诉标准

《最高人民检察院、公安部关于经济犯罪案件追诉标准的规定》规定，因滥用职权造成国家直接经济损失数额在三十万元以上的，应进行追诉。若是失职罪，则造成国家直接经济损失数额在五十万元以上，应进行追诉。

3.4 国有控股、参股股份有限公司中的国有公司、企业人员

《最高人民法院关于如何认定国有控股、参股股份有限公司中的国有公司、企业人员的解释》（法释〔2005〕10号）规定，国有公司、企业委派到国有控股、参股公司从事公务的人员，以国有公司、企业人员论。

3.5 渎职犯罪的经济损失

最高人民法院、最高人民检察院《关于办理渎职刑事案件适用法律若干问题的解释（一）》规定，债务人经法定程序被宣告破产，债务人潜逃、去向不明，或者因行为人的责任超过诉讼时效等，致使债权已经无法实现的，无法实现的债权部分应当认定为渎职犯罪的经济损失。

3.6 小金库

"小金库"是指违反法律法规及其他规定，应列入而未列入符合规定的单位账簿的各项资金（含有价证券）及其形成的资产。"小金库"性质总体上处于违规与违法甚至经济犯罪的中间地带，少数处于边缘，个别的触犯了法律。多年来，一直是国家严厉打击和整治的对象，也是审计查处的重点。

3.7 三会一课

"三会一课"中的"三会"指党支部定期召开支部党员大会、支部委员会、党小组会，"一课"指按时上好党课。

3.8 三必到、四必访、五必谈

"三必到、四必访、五必谈"是国有企业思想政治和党群工作的一种工

作机制，在实践中根据单位的不同情况有不同的形式。

三必到：经营关键时刻（重大营销、重大谈判、重大节点）必到；遭遇自然灾害必到；发生突发事件必到。

四必访：在职工遭遇急困时必访；职工亲属去世时必访；职工重病住院时必访；家庭遭遇意外灾害时必访。

五必谈："职工取得突出进步和成绩"必谈，充分肯定，给予鼓励；"职工递交入党申请书、发展新党员"必谈，提出希望，端正动机；"职工思想出现问题"必谈，耐心教育，提高认识；"职工的工作出现问题"必谈，及时指出，鞭策改进；"职工人事安排有较大变动"必谈，了解思想，统一认识。

第四章

柳暗花明

◇◇ 01 夜半铃声

广州的夜晚热闹而美丽，就像一颗耀眼的明珠，吸引了天南地北的游客。

卢靖琳工作以后就很少去过喧闹的夜生活。她更喜欢家里的书房，坐在舒适宽大的沙发上，点一炉沉香，泡一壶好茶，静静地看一本喜欢的书，尽享一个人的美丽时光。

结婚生娃以后，卢靖琳晚上的时间大多数给了家庭。洗洗涮涮以后，忙里偷闲再看会儿书，一会儿就到十一点了。

夜深了，一轮明月挂在天空上。

"丁零零……"一阵急促的手机铃声把卢靖琳从梦境中惊醒。卢靖琳睡眼惺忪地拿起手机，屏幕上显示的是一个陌生的号码，她接通了电话，"喂……"

"你是卢靖琳吗？"电话里传来的声音，听不清是男是女，缓慢而低沉。

"我是卢靖琳，请问你是哪位？"

"我是谁并不重要。有人让我带话给你，华策公司很复杂。别把事做绝了，要不然你没有好日子过。"

听到这里，卢靖琳睡意全无，马上按下了手机上的录音键。

这时候，对方已经挂了电话，手机里只有"嘟、嘟、嘟"的声音。

"什么人，什么事情？"卢靖琳的丈夫也被吵醒了，起身问她。

"接到一个恐吓电话。"卢靖琳说。

她其实有点慌的，莫名其妙接到一个深夜电话。她只有实话实说。

"恐吓电话？谁打的？马上报警。"

她丈夫坐起身来，打开房灯。

卢靖琳打通了110，把刚才的事情一五一十地说了一遍。在报电话号码时，她发现这个号码是一串不规则的数字。前面四个数字是0921，不像是一个地区的区号，更像是一个网络电话。

110答复，先去查一下这个号码，有消息会回复。

卢靖琳下床，披起衣服，怔怔地回想匿名电话中的每一句话。

很显然，这和最近在核查的华策公司信访举报件有关。

回想起近几天，卢靖琳在粤鹏大楼乘电梯或者中午用餐时，总能感觉到有几个人将目光投射于她。

那种目光不是友好的、善意的，而是冰冷的、敌意的。

"你先睡吧，我到隔壁去睡。"卢靖琳对丈夫说。

她不想因为她工作上的事情，把整个家庭搞得鸡飞狗跳的。

卢靖琳虽然睡下去了，脑子却无比清醒，她像放电影一样，把这几天的事情又回顾了一遍。

这件事情看起来是华策公司的人干的，但是具体到谁，现在还无法确定。

纪检监察室调阅的资料既有一部二部的，也有三部四部的。找人谈话的，以一部二部的业务员为主。

她想起了师兄说过的话：这年头，随着高压反腐的深入，从事纪检监察工作的压力越来越大，"得罪人"的情况越来越多，受到威胁恐吓的情况真不少。

卢靖琳的儿子咚咚在上幼儿园中班，丈夫在医院骨科工作，公公婆婆在家里带小孩。一家人平平安安、和和美美的，从来没有遇到过这种情况。

看来自己以后无论是开车出行还是外出办事，要多留一份心，注意观察有无异常情况。

但是，如果这些坏蛋知道了儿子咚咚上幼儿园的地方，会不会……

卢靖琳的一颗心悬了起来，一夜无眠。

快到天亮的时候，卢靖琳终于迷迷糊糊睡着了，但很快就被窗外的鸟鸣声叫醒了。

丈夫送儿子咚咚上幼儿园去了。他没有叫醒她，就是想让她多睡一会儿。

到了公司，卢靖琳把华策公司的卷宗找出来，细细地又看了一遍。

02 纪检人的骨气

"咚咚咚。"门口响起敲门声，是纪检监察室主任汤元兵站在门口。

"元兵，你来吧。"卢靖琳说。

"卢书记，我来汇报几件事情。"汤元兵进来以后坐在桌子前，边说边打开笔记本。

"第一件事情，关于华策公司副总经理杨林的业务决策权。在2012年以前，业务二部的新业务都是经过华策公司经营班子集体讨论的，签订20万美元以上的合同都是报粤鹏集团分管领导审批的。但是，从2012年以后，业务二部的新业务，特别是宁波金全、芜湖一立、泉州镍铁、韶关金通四个新业务，均未经过华策公司经营班子集体讨论；签订20万美元以上的合同都没有报粤鹏集团分管领导审批。"

"签订20万美元以上的合同都是报粤鹏集团分管领导审批，是华策公司的规定还是粤鹏集团的规定？"卢靖琳问。

"是粤鹏集团的规定，粤鹏集团规定各子公司代理进出口业务一律不得垫付及占用资金，签订20万美元以上的合同需经粤鹏集团分管领导审批。"汤元兵说。

"合同和业务审批单上谁签的字？"

"是总经理陈有中和副总经理杨林。"

"两个人的签字能反映出业务的决策权吗？"

"暂时还不能，但是合同和业务审批单显示，韶关金通这个业务，副总经理杨林是2013年9月10日签的字，这个业务在9月15日就已经打款了，10月10日总经理陈有中在合同和业务审批单签了字。"汤元兵说。

卢靖琳看着汤元兵，静待下文。

"据说那段时间，陈有中到加拿大考察业务，是回国以后补签的字。"汤元兵说。

"你也是听说的，还没有实际证据吗？"卢靖琳问。

"是的，我也是听财务部说的。我去调阅陈有中的出国记录就可以查实。"汤元兵说。

"两个人签字，有两种可能。一种是副总经理把关以后，再向总经理汇报，总经理具有最终决策权。这种情况下，副总经理的责任要小一些，但是也有责任。另一种是副总经理把关以后，总经理看到副总经理的签字，就认同该事项，总经理再签字或补签字只是形式上的程序。这种情况是副总经理具有实质上的决策权。你刚才讲的签字时间上的不一致，应该就是第二种。否则不会出现没有总经理的签字，货款就付出去的情形。"卢靖琳说。

"第二件事情，关于损失的认定。我刚刚找到了华策公司办公室主任，拿到了华策公司诉韶关金通的执行裁定书，韶关金通已无可供执行的财产，终结执行。"汤元兵说。

"那就意味着，除了追回来的110万元，还有2008万元已经确定是损失了。"卢靖琳说完，若有所思。

"第三件事情，是关于业务二部开展业务的法务意见。我们纪检监察室联系了已经离职的蔡青青，请她过来做了笔录。业务二部在开展韶关金通和福州三明这两项业务之前，宁波金全公司以其实际控制和占有股份的福州百达公司提供担保。这种担保其实是有问题的。当时，华策公司的办公室副主任蔡青青向杨林提出，虽然宁波金全以其持有的福州百达40%的股权为韶关金通和福州三明提供担保，但是担保书上没有福州百达的股东会决议，也没有在其股东名册中备案，而且没有到工商部门办理股权质押登记。这种担保

担保

担保，是经济活动中，债权人为保障其债权实现，要求债务人向债权人提供担保的法律措施，该项债务是主法律关系，担保是从法律关系。

担保，包括人保、物保和金钱担保。

股权质押

股权质押（Pledge of Stock Rights）又称股权质权，是指出质人以其所拥有的股权作为质押标的物而设立的质押。

股权质押是权利质押的一种，以企业出资人的股权为标的。在中国，能作为股权质押的仅为股份公司股东的股票与有限责任公司股东的股份。

以依法可以转让的股票出质的，出质人与质权人应当订立书面合同。

以证券登记机构登记的股权出质的，质权自证券登记机构办理出质登记时设立。

以其他股权出质的，质权自工商行政管理部门办理出质登记时设立。

的效力是有问题的，要尽快补全手续，但杨林置之不理。这就导致韶关金通破产以后，华策公司原来可受法律保护的权益受到重大损害。"汤元兵说。

"杨林为什么置之不理？这个里面是不是就隐藏着不法行为和个人利益？"卢靖琳问。

"这个就需要后续的审查调查程序。"汤元兵说。

"第四件事是我今天早上收到了一封恐吓信，现在向组织汇报。"说着，汤元兵把一封信递给了卢靖琳。

信封和信纸上的字都是打印的：

汤元兵，不要把事情做绝，我知道你家住哪里。

"这两天在谈话中，有两个业务二部的业务员十分抵触、态度蛮横，多次表示我们没资格和他们谈话，还说要走着瞧。"汤元兵说。

汤元兵面不改色地把业务上的前三件事情都汇报完，最后才说出自己收到恐吓信的事情。这让卢靖琳刮目相看。

汤元兵的淡然处之也给了她一股不小的勇气。

"元兵，你对这个事情怎么看？"卢靖琳不动声色地问。

"我觉得有些人之所以如此嚣张，无非是三点原因。一是因为自己确实存在违法违纪问题，害怕东窗事发，所以不择手段地干扰办案；二是因为这些人平日里飞扬跋扈，任性惯了，所以匪气十足；三是因为这些人没有认清当前的反腐形势，妄图负隅顽抗。

"当然，我也要做好万一受到他们伤害的准备，及时向组织汇报，请组织上给我支持。"汤元兵说。

"元兵，我在转岗到纪检岗位之前，专门去请教了我的一位师兄。他说的一句话，我现在依然记忆犹新。总书记说，'得罪千百人，不负十三亿'。为什么明明有危险，纪检干部还是要选择去做得罪人的工作呢？违法犯罪的人毕竟是少数，在全面从严治党的大环境下，他们再也不会嚣张到哪里去。有组织撑腰，你不用怕。纪检人要有志气，有底气，有骨气。"

说着，卢靖琳心中的神圣感油然而生，渐渐战胜了昨晚的恐惧和不安。

"为官避事平生耻。纪检干部对党忠诚、对党和人民事业负责，就要为党分忧、勇于做事、敢于担责。在大是大非面前是不是敢于亮剑，在矛盾问题面前是不是迎难而上，在危机困难关头是不是挺身而出，面对歪风邪气是不是坚决斗争，是对我们纪检干部的现实考验。"

卢靖琳说："其实，我昨天晚上也接到了一个电话，恐吓电话。"

"还有打电话的？谁打的？"汤元兵一听，也感到意外。

"是一个网络电话，匿名的，不知道是谁。"

卢靖琳说："我们作为纪检监察干部，对违纪违规人员宽容，对违纪违法人员坐视不管，就是最大的失职、最大的不忠，得罪的就是党和人民。

"组织上当然会为我们撑腰，党和群众就是我们最大的后盾。我们受到恐吓以后最好的反应，就是依法依纪依规做好本职工作，将罪有应得的人绳之以法。当然，我们也要保护好自己，安全第一。"

卢靖琳说："前面讲到的三个事情，做细、做深、做实，形成初核报告以后，公司纪委会商审议。"

卢靖琳说完这些话以后，也彻底把自己说服了。本来她还想寻求组织上的保护。现在，不需要了。

下班前，她把她和汤元兵受到恐吓的事情，分别向周泽明和广泰集团纪检监察室主任朱恒岳做了汇报并表明了自己的态度。

两位领导告诉她不要被吓倒，同时提醒她注意安全。

03 搞气氛，要一把手带头

周三上午7：30 。粤鹏集团三楼餐厅。

清晨的阳光透过玻璃窗洒在桌子和地板上，渲染成大片大片明快的色彩，窗外的鸟儿叽叽喳喳地叫着，电视里传出央视《朝闻天下》欢快奋进的声音，美好的一天就这样开始了。

卢靖琳坐在靠窗的桌边，不慌不忙地吃着早餐。

她喜欢这样的时刻。

尽管已经在家里陪儿子吃过一些早点，但她还是喜欢到公司食堂再吃一点儿。

她知道，作为纪委书记，平时不苟言笑，正襟危坐，总会让人感觉有距离。所以，她时刻注意让自己不要过于严肃，过于高冷。

更多时候，她常常提醒自己工会主席的身份，走出办公室，和干部职工打成一片，融入其中。当然，通过深入群众、服务群众、联系群众做好监督工作，也是做好纪检监察工作的应有之义。

周泽明端着一份早餐，看到卢靖琳，便径直走了过来。

"周董，早。"

"靖琳，早。早上不用送儿子去幼儿园啊？"

"他爷爷奶奶送去，我是习惯了早点到公司，不堵车。你女儿几年级了？谁送去上学？"

"五年级，她外公外婆送去。"

"周董，正想跟你汇报一个事情。来了粤鹏以后，我发现同志们士气普遍低落，总觉得粤鹏是落后生，见到集团和兄弟公司的人，觉得拖了集团的后腿，低人一等。所以，集团工会商量了一下，准备在下周组织一个团建活动，提振士气，振奋精神。这个不在年初的预算内，如果可以的话，我们就走个程序报批。"卢靖琳说。

"是要搞个活动，把大家的精气神提起来。在哪里搞？准备怎么搞？"

"团建活动准备叫粤鹏集团环珠江毅行大赛，沿着珠江，沿途设置挑战性项目，分成几个队进行PK，最终根据每个队的总分，评选出优胜队，并现场颁奖。"

卢靖琳以前在复旦大学里就是活跃分子，是经济学院的研究生会主席，在组织活动、主持研讨、举办比赛方面积累了丰富的经验，所以策划起团建活动来也算是轻车熟路。

"这个活动好，我参加。"

"周董，你不仅要参加，而且要大力支持。你四十多公里的马拉松都能轻松拿下，区区一个十多公里的毅行肯定不在话下。"

"好的，请工会的同志和班子其他同志都打个招呼，领导都要参加，也是展现我们企业风貌的集体活动。"

两人正说着，梁若飞端着一份早餐，走过来坐下。

"两位领导早。"

"若飞，你来了正好，靖琳主席刚刚策划了一个团建活动，叫什么珠江毅行大赛，希望你们华策公司全员参与，勇夺桂冠。"周泽明说。

"这么好的活动，那我们一定要积极参与，拿出我们华策公司的气势来，准备放在什么时候？"梁若飞问。

"可能放在下周五吧，只要不下大雨，就照常进行。"卢靖琳说。

"两位领导都在，我正想提个建议。我们下面公司人少、事多、力量又不够，特别需要这种团建活动给大家鼓鼓士气，但是我们自己没有力量来组织，希望集团工会能够多组织这种文体类的、团建类的活动，帮助我们搞活氛围。"梁若飞一脸诚恳地说。

周泽明听完以后，笑了一下，继续吃早餐。

"若飞，你的建议很好，我们集团工会的定位就是：服务企业大局，凝聚职工力量。我们昨天开会还在讨论怎么加强集团总部工会的组织能力，策划能力和专业能力建设，上下联动，带动加强各企业工会建设。对于像华策公司这样处于特殊时期的企业，集团工会的帮扶和支持力度会更大。"

卢靖琳的一番话，说到周泽明心里去了。

"靖琳主席果然是复旦的高才生，这么快就对工会工作理解得如此透彻了。"周泽明说。

"不敢当，在周董面前是班门弄斧。"卢靖琳谦逊地说，"若飞，你们要全员发动，全员参与啊，特别是你这个一把手，要把你们华策的士气搞起来。"

"没问题，领导放心。搞气氛，要一把手带头。集团有周董在，我们肯定跟上。"梁若飞笑着说。

吃完早餐，三人走向电梯。

"周董，现在有空吗？上班前我到您办公室一下。"梁若飞说。

04 借来借去不是长久之计

早上8：20。周泽明办公室。

"周董，上次集团通过阳江置业借给我们的1500万，帮助我们救了急，让我们松了口气。"梁若飞说。

"还了吗？"

"上周四还的，肯定还的。每天都有利息的。"梁若飞笑了。

"有借有还，再借不难。我看现在再借也难，你们华策是风险企业，这样的借款也是有风险的。"

"周董，今天我来，主要就是为了这个事情。11月22日，下星期一，华策在中天银行有一笔533万美元的信用证到期，需要对外付款。初步测算现在的资金缺口约800万元。我们华策在中天银行的授信受总额控制的影响，必须将美元对外支付留出额度后，才能对外开立新的信用证。所以，我们想请集团再次提供临时资金周转。"

"需要多少钱？多长时间？"

"需要人民币800万元。现在我们和一个外商已经谈妥一个合同，上下游客户都已锁定，可回笼资金520万美元，前后时间大概需要15天。保险一点，我们想借款20天时间。"说着，梁若飞从包里拿出了一份材料。

"你们这个事情和江总汇报了吗？"周泽明看了以后问道。

"还没有，今天早上，我先到您这里来汇报，等会儿再去他那里。"梁若飞说。

"都没有沟通过，怎么就发文上报了呢？"周泽明看了梁若飞一眼。

"不好意思，这个事情我疏忽了。太急了，昨天晚上匆匆忙忙弄出来的，下不为例。"梁若飞搓了搓手。

两人陷入了沉默。

"若飞，你们下个资金缺口的时间是什么时候？"周泽明问。

梁若飞打开笔记本看了一下，答道："11月29号有一笔1000万的流动贷款到期。"

"也就是说，再过9天，还要再向集团借款。"周泽明看着梁若飞说。

"是的，周董。"梁若飞一脸无奈的样子，心里想：我也不想这样啊，是你们把我推向了这个火山口。

周泽明仿佛看透了梁若飞心里所想，说道："华策公司肯定是要救的，你们先打一份报告上来。总经理办公会要审议一下。但是，这样也不是长久之计。时间长了，说不定把粤鹏集团也带坑里去了。你想想办法，我也想想办法，看看还有没有什么更合适的方式。"

"好的，谢谢周董，我今天去找一些做资金业务的朋友问问看，还有没有更好的方法。"说完，梁若飞起身准备离去。

"若飞，还有一个更重要的事情，你回去以后和你们班子商量一下华策公司以后怎么走？未来的路还能不能走得通？走不通早做打算，走得通拿出方案来。"周泽明说。

梁若飞走了以后，周泽明给广泰集团财务部的副总经理王西若打了个电话。他和王西若是同一年进入广泰集团的，又都是在浙江大学读的研究生。曾经一起参加入司培训，一起轮岗实习，一起参加过马拉松比赛。这些共同的经历让他们多了一些共同的语言。又因为在同一家集团公司，两人的交往又多了一份信任。

周泽明约了王西若周日早上一起"叹早茶"。

刚才梁若飞的一句话提醒了他。王西若是浙江大学经济系毕业，工作以后一直从事资金管理方面的工作，金融界的朋友也比较多。像华策公司资金方面遇到的问题，可以当面好好请教她。

05 北园酒家的早茶

周日早上七点半。妻子和女儿还在睡梦中，习惯早起的周泽明已经出现在北园酒家的门口。

食在广州。

在茶楼叹"一盅两件"是老广不可或缺的日常。

一壶茶配两个点心，三五个好友就可以坐在一起，聊一整天。对于老广而言，早茶是美食，也是文化。

周泽明当初报考中山大学，原因之一就是中意广州的美食。

民以食为天。能让吃饭变成一种享受，周泽明认为这才是生活的目的和意义。

在中山大学读书的时候，周泽明就隔三岔五地约上朋友一起叹早茶。

广州酒家、大同酒家、云香酒楼、荣华楼、莲香楼、幸运楼这些耳熟能详的老字号，周泽明都来过。

他曾经和学校里的食友们立下宏愿：尝遍羊城所有美食。

当然，这个愿望太过宏大，至今都没完成。

工作以后，经济实力虽然增强了，但是可支配的时间却大幅减少了。

不过，周泽明依旧喜欢在周日的早上一个人去茶楼，既可以什么都想，也可以什么都不想，自己一个人慢慢叹，看看人生百态，品味市井烟火。

这，也是一种生活。

九点，王西若准时来到北园酒家。

北园酒家因地处羊城北郊，毗邻白云山麓，树木茂盛，环境清静，更有小河从前面流过，故有"山前酒家、水尾茶寮"之称。

北园酒家曾经是广州饮食服务企业集团有限公司的一块金字招牌。

2005年之前，广州饮食集团公司曾经同时托管广州16个餐饮老字号品牌，包括陶陶居、南园酒家、北园酒家、莲香楼、泮溪酒家、大同酒家、太平馆等。

2005年8月之后，广州饮食集团公司将这些餐饮品牌的产权向下转让，慢慢退出幕后。

广州餐饮行业曾经"国有独资，一股独大"的状况不再，老字号们或由各区政府接管，或是转手民营资本。

虽然产权向下转让，但是老字号的品牌跟商标的权属依然属于广州市国资委。经营方只有老字号的使用权，不享有老字号的转让权等权利。

这种运营模式一大优势就是，退一万步来说就算经营老字号的企业发生破产、倒闭，广州市国资委也可以通过招标、租赁或企业重组等形式，让有条件的企业继续经营。

这种品牌和经营分离的管理策略一直延续到现在。

王西若一身运动装束，噔噔噔径直上了"绮秀楼"的三楼，一眼就看到了坐在窗边的周泽明。

"周董事长，早。"

"西若，你好，看你这身装备，是跑过来的啊？"

"恭喜你，答对了，早上出来一看天气好，我还真是小跑过来的。"

"广州女子马拉松标杆就是这样炼成的，佩服佩服。"周泽明笑道。

王西若去年在广州马拉松中跑出了3小时45分钟的成绩，在女选手中排名第489位，一时在朋友圈中赢得了海量的赞。

"看看你喜欢吃什么？"周泽明将菜单递给了王西若。

在广州，早餐享受的就是过程。

北园的早茶茶市的时间是九点到十点半。

因为生意火爆，北园的早市一般不接受提前定位，只能先来先得，特别是在节假日和周末，人特别多，而且很多是一家老小来饮茶，等位时间比较长。

早上七点半，熟知这一规则的周泽明就在门口排队等位了。

八点半酒家开门，周泽明选了一个三楼靠窗的位置，这里可以观赏到园内的风景。

此时，点心师傅已经忙碌了整整3个小时，一样样精致的茶点被一双双灵巧的手赋予生命。

广东早茶丰富而奢侈，"茶"只是借口，更重要的是点心、菜肴和粥品。

"去粤鹏多长时间了，怎么样？"王西若问。

"一个多月了，天天在火上烤，现在已经是外焦里嫩。"周泽明自嘲道。

"欲戴皇冠，必承其重。将军都是这样炼成的。"王西若笑道。

"今天有劳大驾，是想请教一个事情。"周泽明说。

"千万别这么说，你这么说，我茶都不敢喝了，压力太大了。"王西若笑道。

"失言，失言，今天我们是品茶论道，顺便说件小事。"

周泽明把华策公司的情况一五一十地介绍了一遍。

"华策公司就是这种情况。不救，它眼睁睁地就要死掉。它这一死掉，牵连这么多的人、这么多业务，就会闹出很大动静来，甚至影响稳定；救它，你说这么多钱借出去，万一收不回来，这就形成新的风险。那就不仅仅是我们新班子的责任，而是又埋下了一个隐患。现在是进退两难。"周泽明说。

"你们粤鹏通过阳江置业借款给华策，没有担保吗？"

"暂时还没有，因为他们要得急，也来不及办理。"

"华策公司的资金缺口一般是多少？"

"近段时间在800万到1500万之间，关键是他们每隔十五到二十天就来这么一次危机，我们连走程序都来不及。"

"华策公司有资产可以抵押吗？"

"他们在珠江新城有几处房产，应该可以抵押。"

"依据我国相关法律的规定，母子公司符合公司章程的规定，不侵害股东利益的，经股东会会议决议的，进行相互借款是合法的。"王西若说。

"但是，这里的前提是不侵害股东权益。你们是混合所有制企业，第一次也许还可以打个擦边球，但是也是有风险的。一旦这笔钱还不回来，你这个董事长首先要承担责任。而一旦上股东会、董事会审议，小股东肯定不同意借款，因为华策公司现在是一个风险企业。"王西若说。

"烦恼正是因此而生。现在粤鹏集团通过阳江置业借款给华策公司还不能算是母子公司借款。但是哪怕华策公司把房产抵押给了粤鹏或者阳江置业，每次报董事会、股东会审议这个程序也吃不消。更何况小股东们未必会一致同意。"周泽明说。

两人陷入一阵沉默，各自心不在焉地品味早点。

"粤鹏集团通过阳江置业借给华策公司的资金利息是多少？"

"利率参照银行同期贷款利率。"

"也就是说粤鹏集团实际上是没有那么多资金，但是又必须救华策公司，所以通过投资的阳江置业借贷给了华策公司，那么阳江置业目前还有多少资金可以用呢？"王西若问。

"账面上估计有5000万左右。"周泽明答道。

王西若抬头看看墙上的挂钟，已经十点了。

"我去打个电话，你等我一下。"王西若说完，拿起手机，走向门外。

王西若回来的时候，已经是10点20了。还有十分钟，北园酒家的早市就要结束了。

"有了，周董。你们粤鹏帮助华策公司或许可以通过单一信托的方式来完成。"王西若说完，问服务员要了纸和笔。

"单一信托？"周泽明用疑惑的眼神看着王西若。

"单一信托，也叫作个别资金信托，是指信托公司接受单个委托人的资金委托，依据委托人确定的管理方式（指定用途），或由信托公司代为确定的管理方

> ### 信托（Trust）
>
> 信托是指委托人基于对受托人的信任，将其财产权委托给受托人，由受托人按委托人的意愿以自己的名义，为受益人的利益或特定目的，进行管理和处分的行为。信托业务是一种以信用为基础的法律行为，一般涉及三方面当事人，即投入信用的委托人，受信于人的受托人，以及受益于人的受益人。信托是一种理财方式，也是一种特殊的财产管理制度和法律行为，同时又是一种金融制度，与银行、保险、证券一起构成了现代金融体系。

式（非指定用途），单独管理和运用货币资金的信托。"王西若说着，在纸上唰唰唰地画了一个示意图。

粤鹏集团（委托人） —增值税 所得税→ 税务机构

信托利益

信托费用 委托设立 增值税 所得税

广金信托（受托人） ←抵押担保— 华策公司所属房产

贷款利息 信托贷款

华策公司（受益人） —印花税→ 税务机构

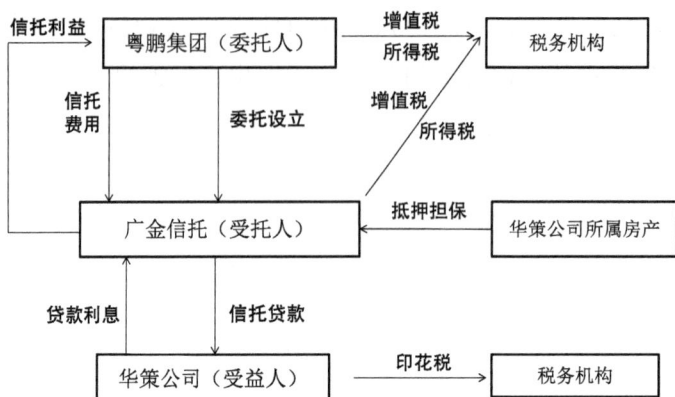

注：受益人预期年化收益率 $R_1=R_0(1+n\%)$；R_0 为银行基准利率，$n\%$ 为浮动比率

单一信托交易结构图

"首先，你们要从阳江置业把5000万给借来。因为你们粤鹏不是风险企业，并且你们可以采取增信措施。而且，母子公司之间的借款可以约定为无偿借贷。

"其次，你们找一家信托公司把这5000万做成一个单一信托产品，指定给华策公司借款使用。

"最后，华策公司要把房产评估以后抵押给信托公司。

"这样做的话，抵押的房产能够覆盖借款的额度，比如说按照评估后的价值打个七折，风险可控；然后华策公司可以在两三年内长期使用这笔贷款，不用急着还来还去。"王西若说。

"如果资金盘活了，抵押的房产可以提前解押吧？"周泽明问。

"这你要和他们信托公司谈。付点费用，应该是可以的。在合同里可以约定啊。就像提前还贷一样，公司不都是这么赚钱的嘛。"王西若说。

周泽明看完以后，马上明白了这个内涵，笑意立即浮现在脸上。

"专家出马，一个顶俩。能帮我介绍个信托公司吗？"周泽明问。

"必须能，我刚才出去就是联系了一个广金信托的老总，当然他们还要做尽职调查。"王西若说。

"今天非常感谢你提供的锦囊妙计，回去以后我和同志们商讨一下。另外，等你今年广马胜利归来，我们一起煮酒论英雄。"周泽明起身说道。

"客气了，尽我所能。感谢周董今天丰盛美味的早茶。也希望华策公司能早日走出困境，我先告辞了。"

说完，王西若拿起手机离席而去。

⬡ 06 听了舒心，下了决心，有了信心

广州的冬季是潮湿的，天总是阴沉的，间或有小雨。但潮湿的天气并不使人厌烦，因为气压不低，不会令人感到气闷。

广州的冬季又是鲜绿的，草木在冬季虽然生长较慢，但因空气里的水分不少，天气又暖，所以草木的枝叶里的水分已近饱和，显得很旺盛，绿得鲜嫩。

临近中午时分，周泽明和卢靖琳出了广东省委党校，一同上了驶过来的一辆奥迪轿车。他们刚参加完全省国资国企系统学习贯彻全国国有企业党的建设工作会议精神报告会，省国资委专门从北京请来了国务院国资委党建工作局的一位专家进行讲解。

"靖琳，今天的报告会有什么感想？"周泽明问。

卢靖琳想了一会儿说："听了舒心，下了决心，有了信心。"

"总结得很精辟啊，说来听听。"周泽明笑了。

"国有企业以前在社会上的评价不高，形象不佳，甚至是负面的。很多人一提起国有企业，就要说垄断、腐败、不景气。曾经有段时间，个别经济学家提出国有企业要从竞争性领域里全部退出，让更有效率的民营企业来经营，这些话语的潜台词就是国有企业低效、垄断。久而久之，社会上妖魔化国企的人就多了。

"腐败、低效、不景气的国有企业有没有呢？当然有。但是这些人片面夸大国有企业差的方面，故意不提国有企业好的方面，要么是哗众取宠，要么是别有用心。"卢靖琳看来也是憋了很久，一开口就没停。

"边远山区、无人海岛这些地方，国计民生、重大工程这些领域都是谁在默默地做贡献？可以说国有企业是中国经济发展的中流砥柱。但是，长久

以来，国有企业一直蒙受着各种各样的调侃、诋毁和责难，有的人还提出经济改革方向是取消国有经济主导地位、卖掉国有企业，搞得我们这些在国企工作的人也觉得抬不起头来。

"可是，这一次总书记在会议上怎么说的？'理直气壮做强做优做大国有企业……''国有企业是中国特色社会主义的重要物质基础和政治基础，是我们党执政兴国的重要支柱和依靠力量……''国有企业为我国经济社会发展、科技进步、国防建设、民生改善做出了历史性贡献，功勋卓著，功不可没……'这些评价高度肯定了国企的地位和作用，两个'功'说完，很多参加会议的央企负责人都流下了激动的泪水，这些话语能不让人舒心吗？"卢靖琳动情地说。

周泽明目不转睛地看着卢靖琳，似乎也被触动了，说了一句，"我也有同感。这是第一个'听了舒心'，'下了决心'呢？"

"找到一条符合我国实际的国有企业发展道路不容易。由于党组织和现代企业制度的结合在实践中有很多难点，我们曾经照搬国外的现代企业制度，在企业法人治理结构设计上生搬硬套国外做法，搞得不伦不类。

"结果呢？第一，弱化了企业党组织的合法地位，党组织软弱涣散，发挥不了重要作用；第二，我们的党建工作也遭到一些西洋学派的评头论足，说我们在企业里建立党组织不符合市场经济规律；第三，我们的党建工作在企业里也得不到重视，总认为是虚头巴脑的东西，只有业务经营，只有效益才是王道。这一次华策公司出这么大事情，一个最主要原因是党支部软弱涣散，三重一大机制形同虚设。"

"也就是说，以前对于国有企业怎么加强党的建设，怎么建立现代企业制度，特别是两者怎么结合起来，是认识模糊的，对于怎么搞是方向不清的，下不了决心的。"周泽明忍不住也插了一句话。

"所以，总书记说了两个'一以贯之'：坚持党对国有企业的领导是重大政治原则，必须一以贯之；建立现代企业制度是国有企业改革的方向，也必须一以贯之。中国特色现代国有企业制度，'特'就特在把党的领导融入公司治理各环节，把企业党组织内嵌到公司治理结构之中……"

卢靖琳边说，边看着笔记本上记的笔记。

"这就从根本上明确了国有企业党组织在公司法人治理结构中的法定地位和作用，指明了方向，让我们也下了决心，把两个'一以贯之'都搞好。"周泽明补充说。

"我的理解，这不仅是一次国有企业党的建设工作会议，而且是国有企业发展史上的一座里程碑。它的重要作用会随着时间的推移越来越明显。

"总书记的这些论述掷地有声，振聋发聩，在国有企业改革的紧要关头，深刻回答了国有企业要不要加强党的建设、怎样加强党的建设等一系列重大理论和实践问题，为坚持党对国有企业的全面领导、做强做优做大国有企业指明了方向，也为我们做好粤鹏集团党建工作提供了根本遵循。"卢靖琳说。

"这就是你所说的'有了信心'。"周泽明笑着说。

"这就是我们做好党建工作、做强国有企业最大的底气。"卢靖琳说。

"你的解读我觉得很精彩，看看什么时候给我们总部上一堂党课？"周泽明问。

"我这只是一些零散的思考，回去以后我要再消化吸收一下。泽明书记，这些是我今天听了报告以后的一些感悟，比较零散，不成系统。你一直在抓党建工作，对这些方面会思考得更多一些，你也给我上一课吧。"卢靖琳笑言。

"上课不敢当。不过我确实也有体会。总书记的讲话给我印象最深的是两个方面，一个是政治高度，另一个是实践力度。"周泽明说。

"学习了总书记的讲话以后，第一个感受，也是最深刻的感受是政治高度。以往我们受西方经济理论的影响，一直纠结于国有企业中党组织的地位和作用到底怎样，如何融入企业，如何发挥作用，等等。

"总书记是站在政治高度上看待国有企业，澄清了讲国有经济只讲经济属性、忽视政治和社会属性的模糊认识，强调只有坚持党的领导、加强党的建设，才能让国有企业有一种为国家为人民真诚奉献的精神、一个坚强有力的领导班子、一支勇于攻坚克难的高素质干部队伍、一支充分组织起来的职工队伍。

"这些观点，从经济基础决定上层建筑、政治与经济相统一的角度，旗帜鲜明地为加强党对国有经济的领导提供了理论依据。"

这次，轮到卢靖琳目不转睛地看着周泽明了。

"第二个感受，就是实践力度。总书记在讲话中不仅明确了目标和方针，还提出了落地实践具体的方法和路径。第一，强化基础性建设。从基本组织、基本队伍、基本制度严起，构成全面从严治党在国有企业落实落地的基本路径，折射出治本的根本立意和战略定力。第二，强化主体性发挥。总书记将坚持全心全意依靠工人阶级的方针明确为坚持党对国有企业领导的内在要求。也就是说，工人阶级的主人翁地位能否体现出来，是考核评价国有企业党的建设是否得到切实加强的根本标尺。第三，强化党委主体责任。总书记指出，党对国有企业的领导是政治领导、思想领导、组织领导的有机统一。国有企业党组织的领导作用归结到一点，就是把方向、管大局、保落实。这一领导作用与服务生产经营、推动企业发展的根本目标其实是手段与目的的统一。"周泽明说。

"泽明书记，听了你的体会，我觉得给大家上党课的应该是你，不是我。既有理论高度，又有具体内容。你这样的党课大家最爱听。"卢靖琳说道。

"谢谢鼓励，我们都回去准备一下，下次我们联袂给大家交流分享。"周泽明说。

"好的，你做男一号，我做助教，配合你。"卢靖琳笑着说。

"你不是助教，我是男一号嘛，你就是女一号。男女搭配，讲课也不累。"

周泽明说完，两个人一同哈哈笑了起来。

"另外，泽明书记，我觉得现在要加强各党支部纪检监察的力量，这既是全面从严治党向基层延伸的要求，也是粤鹏集团的现实需要。特别是在最近的信访举报信件核查过程中，我们感觉需要各公司党支部的落实配合。"卢靖琳说。

"怎么加强呢？"周泽明问。

"从现有各党支部委员中，明确一人为纪检委员，协助党支部书记做实党风廉政建设工作，落实纪检监察延伸到各支部的工作，这就从组织结构和人员配置上加强了力量。同时，因为各支部直接是各经营主体，他们可以从业务层面上加强事前、事中和事后的监督。"卢靖琳说。

"我觉得可以。党委会对党支部设立纪检委员这个事情先审议，然后你们纪委列出纪检委员的标准，让各支部推选以后报公司党委会审议。"周泽明说。

说话间，车子已经驶入粤鹏集团的大门。

党支部纪检委员

2018年11月，中共中央印发《中国共产党支部工作条例（试行）》，要求各地区各部门认真遵照执行。此前，各基层党组织已在探索在党支部委员会中设置纪检委员。

《中国共产党支部工作条例（试行）》第二十条规定，党支部委员会设书记和组织委员、宣传委员、纪检委员等，必要时可以设1名副书记。

---

07 以案促改，警钟长鸣

广泰集团26楼，集团纪委书记陆天明办公室。

卢靖琳在向集团纪委书记陆天明和纪检监察室主任朱恒岳汇报线索核查的工作。

"陆书记、朱主任，收到反映华策公司副总经理杨林的举报信以后，粤鹏集团纪委依规依纪进行了线索核查。因为举报的内容涉及贪污、受贿、滥用职权等多个线索，而且均是匿名信，直接证据没有。所以，我们纪委会商以后，选定从涉嫌滥用职权方面进行突破，查证核实三方面的证据。第一，核实杨林在业务二部的业务审批上是否具有决策权；第二，杨林在业务审批上有没有违反公司的相关规定；第三，核查杨林违规审批的业务有没有造成损失，造成了多大的损失。

"经过核查，通过调阅华策公司的业务和合同审批单以及华策公司的会议纪要、会议记录，我们发现虽然业务二部的审批均是总经理陈有中和副总经理杨林共同签字的，但是分管业务二部的杨林具有实质性的决策权。其中韶关金通的第一笔业务就是在杨林签完字以后预付货款的，十天以后陈有中从国外考察回来再补签的字。这项业务类似情况一共有十二次。这说明陈有中的签字只是形式上的程序，这是第一。

"第二，粤鹏集团规定各子公司代理进出口业务一律不得垫付及占用资金，签订20万美元以上的合同需经粤鹏集团分管领导审批。但是从2012年以后，业务二部的新业务，特别是宁波金全、芜湖一立、泉州铁矿、韶关金通四个新业务，均未经过华策公司经营班子集体讨论；签订20万美元以上的合同都没有报粤鹏集团分管领导审批。

"宁波金全以其持有的福州百达40%的股权为韶关金通和福州三明提供担保在程序上是有问题的，担保书上没有福州百达的股东会决议，也没有在其股东名册中备案，而且没有到工商部门办理股权质押登记。当时的华策公司办公室副主任蔡青青提出要尽快补全手续，但杨林置之不理。这就导致韶关金通破产以后，华策公司原来可受法律保护的权益受到重大损害。

"第三，2015年7月华策公司起诉韶关金通。年底，华策公司胜诉。但此时，韶关金通资产已全部转移完毕，所以即使华策公司申请强制执行，也无可执行的资产。到上个月，粤城区法院已经出具执行裁定书，终结执行。这表明，除了已追回的110万元，韶关金通这个业务有2008万元已经确定为渎职犯罪的经济损失。

"这只是韶关金通一个业务已经确定的损失。实际上，业务二部因为违规开展业务导致的风险资产现在有6420余万元，绝大部分已经追不回来了，有几项风险资产已经过了诉讼有效期，只有韶关金通这个业务具有执行裁定书。信访举报信中所反映的杨林贪污、受贿等线索需要进一步核查。

"综上所述，华策公司副总经理杨林，作为一名党员，涉嫌违规违纪违法，我委已完成初核报告。特上报广泰集团纪委。"

卢靖琳讲完，看了看陆天明和朱恒岳。

陆天明和朱恒岳都没有讲话。

卢靖琳继续讲了下去。

"第二件事情，是粤鹏集团下属华策公司原总经理陈有中未经审批私自出境，至今滞留不归，涉嫌违规违纪。我委已经查明相关违规违纪事实，形成初核报告。另外，华策公司财务部经理付燕萍投案自首，涉嫌私刻公章、伪造账簿，已被公安机关监视居住。

"以上核查报告，均有相应的账簿、审批单、纪要、判决书、谈话笔录等。"卢靖琳说。

"恒岳，两份初核报告你都看了吗？"陆天明问。

"我们纪检监察室看过了。这是靖琳书记办理的第一个案件，思路比较清晰，资料比较齐全，证据比较充分，能看得出来，粤鹏集团纪委花了不少的工夫。就是在一些细节方面，比如谈话笔录的签字、手印，初核报告的内容和格式方面还需要进一步规范。"朱恒岳说。

"谢谢朱主任的鼓励，我们粤鹏集团纪委也是第一次办理线索核查，肯定有不规范、不到位的地方，请两位领导指导指正。"卢靖琳说。

"靖琳，你们和杨林本人谈过了吗？"陆天明问。

"还没有，我想慎重起见，对于这种涉嫌职务犯罪的案件，我们先不要打草惊蛇，先来集团汇报以后再说。另外，我们那里没有专门的谈话室，安全问题无法保证。"卢靖琳说。

"靖琳，你们总体上做得不错，到粤鹏集团这么一个落后困难的企业，面临的形势也这么复杂，你们克服困难，完成了初步的核查，确实不容易。已经形成的初核报告，对所有的证据要核实再核实，资料要完整再完整，确保这份报告经得起历史的检验。粤鹏集团以前这么好的一个企业，现在变成风险频发、危机四伏，确实很可惜。涉嫌违法犯罪的，我们要依法依纪依规进行处理。企业管理方面也要提升，特别是在党风廉政建设方面，你们要以案促改，警钟长鸣，建立长效防控机制。"陆天明说。

"好的，陆书记，我们回去以后就落实。"卢靖琳说。

"恒岳，你看看有什么指示？"陆天明问。

"不敢谈指示。陆书记，我是这么想的，关于杨林涉嫌滥用职权这个线索。第一，完善报告。我们把集团的谈话室借给粤鹏使用，对杨林开展谈话，进一步核查证据，形成完整的证据链，完善初核报告。第二，协助做好审查调查的准备工作。根据粤鹏集团的初核报告，以及杨林谈话的情况，集团纪检室协助粤鹏纪委做好立案审查调查的准备工作。"朱恒岳说。

08　纪法情理贯通融合

　　"陈有中这个事情，你们粤鹏公司要做做他的思想工作，多打打电话，动之以情，晓之以理，警之以法。现在党中央打虎拍蝇猎狐多管齐下，他能跑到哪里去？为了钱亡命天涯太不值得，早日回来是正道。这方面有什么问题吗？"

　　陆天明说到一半，看到卢靖琳面露难色，停下来问她。

　　卢靖琳皱着眉头说："陆书记，我们前段时间一直和他联系，劝他回来。可他要么就是不接电话，要么就是不回微信，油盐不进，不为所动，我们也没办法呀。"

　　三个人陷入沉默。

　　陆天明端起茶杯，呷了一口茶，抬头看了一眼窗外，说道："我在粤城区纪委工作的时候，遇到过这么一个事情。有人举报一个正处级干部收了别人做的一对沙发。当时查这种事情，取证很不容易，一定要对方配合，提供一对一的口供，而且要对得上。谁送的呢？工作组一查，是个水产市场的老板，五大三粗的，因为打架三次进过拘留所。对这样的人，应该怎么谈话呢？"

陆天明停了下来，问卢靖琳。

卢靖琳略一思索，说道："请他到纪委来，说清政策，讲清规定，开展谈话笔录。"

陆天明笑了一下，摇了摇头，"这种人一听到纪委两个字，来都不会来。"

"那怎么谈话呢？"卢靖琳疑惑地问。

"我们工作组的章组长非常有经验，组织我们事先讨论分析。这样的谈话放在政府机关不合适，放在派出所也不合适，因为这种人很要面子的，一听说这种地方，来都不会来。那放哪里呢？刚好，辖区派出所旁边有一个居委会。工作组就把它借来了，然后让派出所给这个老板打电话。章组长带着我和另外一个人先到居委会里等着。"

朱恒岳看来也没有听过这个故事，和卢靖琳一样专注地看着天明书记。

"十点半的时候，这个人来了。一进门，他看看我们，头一抬就问：你们什么单位的？章组长说是某某同志吧，来来来先请坐。这时候我们同去的小王马上倒了一杯茶过来。章组长说我们是粤城区纪委的。

"纪委的？找我干什么？我又不是党员。现在是我做生意最忙的时候。说完，这个老板准备要走。章组长说，我们找你有事情。

"有事情？来来来，把我铐走。这个老板双手一伸，一副赌气的样子。章组长说今天我们有事来找你，希望你配合。今天你不说，也可以。我们明天还会找你。到时候去水产市场找你。那就不好看了。

"就这样我们和他反复沟通，他就是不配合谈话，来来回回快十二点了。派出所的人进来以后就问，怎么样，要么旁边小饭店先吃饭。章组长说，谢谢，不用了，劳驾你到食堂帮我们打几份盒饭过来。

"过了一会儿，盒饭打来了。章组长对这个水产店老板说，来来来，先吃饭。这时候，这个人不说话了，看看我们纪委几个干部和他一样，都是吃的盒饭。过了一会儿，他说话了：算了，我知道你们找的是谁。看在这盒饭的面子上，我都说了。谈话谈完以后，他还和我们交起朋友来。你们以后有事情不用通过派出所找我，多难听呀，直接打我电话好了。"

陆天明说到这里，朱恒岳和卢靖琳都露出了佩服的神情。

"这件事情当时就给我一个启示。纪是党内规则，法是社会准绳。但纪和法不是冷冰冰的，而是背后有情有理有温度的。这个情不是个别人的私情，是绝大多数人公认的常情，蕴含着善的底色。有时候，一杯热茶、一份盒饭，可能就会起到意想不到的结果。

"还有一次，一名谈话对象在谈话期间，吃不下饭。我们工作组一了解，发现他吃不下饭一方面是因为心理压力巨大，另一方面是因为有肠胃炎。我们就和食堂协调，尽可能每顿饭向他多提供蔬菜和水果。没有水果的时候，章组长有几次自己掏钱买水果给他。这个人得知后，顿时破防了，眼泪汪汪地给我们说，你们对我这样的犯错之人还这样关照，我心存感激。在接下来的谈话中，他从开始的敌对心理转变成了信任，很快交代了相关的违纪违法事实。

"我们纪检监察工作本质上是政治工作、做人的工作，执纪执法既是严肃、刚硬的，又是有温度、有柔性的，最终的目的在于教育人、挽救人。对待犯错误的同志既要讲依规依纪依法，也绝不能忽视思想政治工作，还必须讲究做思想政治工作的力度和技巧。在动之以情、晓之以理中释纪释法，让他们感受到组织对犯错误同志'不放弃不抛弃'的善意。"

陆天明说完，看着卢靖琳。

卢靖琳想了一下，说道："陆书记，您刚才讲的这两个事例，让我对纪检监察工作有了更深刻的认识，也让我对沟通能力有了更生动的体会。思想政治工作不是一蹴而就的，而是要耐心地、反复地、有策略地做沟通工作。回去以后，我们继续和陈有中联系，想尽办法劝说他早日归来。"

卢靖琳说完，陆天明微笑着点了点头说道："我们纪检监察工作不能动不动就上纲上线，既要讲依规依纪依法，也要精准运用政策策略，既要有刚性硬度，也要有人文温度，要坚持纪法情理贯通融合。像陈有中，以前这么优秀，家庭条件也不错。这样的人，我觉得还是可以做思想工作的。

"开动脑筋，创新思路。既查清问题、指错纠错，又强调政策感召、教育感化，帮助陈有中深刻反省、积极改正，让他放下包袱、轻装上阵。

"另外，你们华策公司的财务部经理投案自首的事情，要和公安机关保持联系，一旦犯罪事实确凿，要及时处理，不能出现带着党籍被审判的情形。党纪要严于国法。有什么问题，及时和集团纪检室沟通联系。"

"明白了，谢谢陆书记和朱主任指导。"卢靖琳合上笔记本，起身告辞。

09 生存还是灭亡

周四20：00。粤鹏大楼8楼，华策公司会议室，灯火通明。

华策公司全体职工齐聚一堂。

总经理何志云首先发言。

"各位好，今天召集大家在这里开职工大会，主要是商讨一个至关重要的事情——华策公司何去何从？今天的内容主要有三项。第一，财务部介绍公司的整体情况和面临的问题；第二，请大家畅所欲言，各抒己见；第三，根据大家的意见，做出决定，部署下一步的工作。

"粤鹏集团已经通过广金信托，借给了我们4000万元，两年的时间，这可以说是解了我们的燃眉之急。但是，我们有了资金以后还能不能起死回生，渡过难关？先请财务部经理赵慧清介绍总体情况。"

赵慧清是粤鹏集团财务部主管，两个月前调任华策公司任财务部经理，上周开始担任华策公司党支部纪检委员。

这次职工大会的方案，经过华策公司党支部的酝酿讨论，已经准备了近一周的时间，财务部收集了各方面的数据，进行了多次的模拟测算。

但是，全体职工究竟有什么样的反应，赵慧清和梁若飞一样，心里没什么把握。

赵慧清指着墙上的投影说："华策进出口有限公司，是广东省内进出口业务规模最大的专业贸易商之一，也是省内最早从事进口代理业务的专业外贸公司。我司代理国家机关、大专院校、科研院所、医院等事业单位及大中型企业，进口先进设备和技术。三十多年来，我司凭借专业的外贸服务和优良的资质资信，在国内外客户中享有美誉。

"自2012年，公司大宗商品业务产生大量逾期的应收账款，当前本息合计余额约1.6亿元，同时房产上沉淀了近1.5亿元的资金。去年企业亏损以后，省内各家银行对公司加紧了调控，压缩贷款和授信规模，我司陷入非正常经营状态，现金流频频告急。

"今年6月份。我司唯一可以开证的中天银行和民兴银行不仅进一步缩减了我们的贷款规模，还将我司准备用于变现增加流动资金的房产也作为增信做了抵押。对于华策公司这样一家靠流水来生存发展的企业来说，没有银行授信额度就相当于没有了业务，没有了血液的补充。今年9月，原总经理陈有中事件爆发，资金链岌岌可危。粤鹏集团借给我们的4000万，解了我们的燃眉之急，但也只是杯水车薪，如果不能从根子上解决资金来源和授信额度问题，华策公司只能走向破产清算。"

赵慧清讲到这里，会议室里寂静无声，大家齐刷刷地把目光都投向她。

看到这种情形，坐在赵慧清旁边的何志云说："我来补充一下，如果公司倒闭，除了对全体员工及家庭产生巨大影响外，也将造成严重的社会不良影响。我司目前尚未履行完毕的合同有数百个之多，涉及金额有7000余万美金，涉及100多家国内客户及160余家外商。如果华策公司破产清算，将会对包括中山大学、华南理工大学等高等院校，省人民医院等各大医院，各类重点工程项目、企业各类技改项目产生重大经济及社会影响。"

何志云接着说："华策公司在银行的贸易授信额度从最高的30亿元减少到现在的1.5亿元。由于银行授信不足，无法正常开证，业务严重萎缩，直接导致了现金流的不足，这就形成了恶性循环，请问各位，现在该怎么办？"

会议室里又是一片静默。

⑩ 一颗老鼠屎坏了一锅汤

"华策公司不能倒闭，倒闭了我们这些年拼死拼活就白干了。我们这些人去哪里，怎么办？"说话的是业务三部经理邱勇。

"华策公司现在所具有的资质是我们辛辛苦苦几十年拼下来的，是在政府、高校和各大企业招投标中屡屡中标的核心能力，换个平台就什么都没有了……"

"把房产处置掉填补掉风险资产的窟窿，让华策走上健康发展的轨道……"

"那还要算算我们的成本和利润，能不能起死回生，如果亏损大了，资不抵债，那还不如早点关门……"

"现在太难受了，资金压力那么大，开证规模那么小，什么时候才能扭亏为盈？"

"如果横竖都是死，不如早死，早死早超生……"

参会人员各抒己见，莫衷一是。

梁若飞站起来，走到白板前面，画了一东一西两个箭头，向大家说："我来归纳一下大家的意见，华策公司未来的出路就两种：第一，资不抵债，盈利无望。资金越来越紧张，规模越做越小，没有翻盘的机会，那还不如早点处置，早做打算。第二，咬紧牙关，绝处逢生。从现在开始，开源节流，稳扎稳打，小步快跑，争取用几年时间翻盘。"

梁若飞边说，边在白板上写出几个关键词。

"刚才大部分人都谈到了华策公司过去所积累的美誉、资质和客户资源。我想没有一个人愿意看到自己的公司破产倒闭。因此，第一个出路，我的理解是实在无路可走的一种选择。第二个出路，哪怕只有一线希望，我们也要拼尽全力。大家同意吗？"

看到在座的人大部分都点头，梁若飞接着讲了下去：

"财务部做了一个这两年业务类型的分析，请大家看一下这两张图。"梁若飞指着投影上的图。

"对于占用资金较大、违约风险较大的金属矿产类进口业务已经从2014年的50%，降到2015年的22%，再降到2016年的1%；而风险较小、保证金占比较高、基本无违约风险的医疗和科学仪器占比高达57%，此外我司传统的优势项目机械设备的进口占比也达到了32%。

"按照华策公司正常经营状态下的情况，公司每年的毛利在2000万元左右。历年来公司的年均费用支出，在1400万元左右。公司通过采取削减费用、降低工资奖金总额和开源节流等措施后，还能节省400万元左右的支出。资金成本按照1亿元流动贷款测算，融资成本在500万元左右。这样一年下来，公司的净利润有500万元左右。"

华策公司历年经营状况（2013—2015）

单位：万元

	2013	2014	2015
营业收入	203489.55	224623.01	243536.63
营业成本	201329.88	221747.94	240096.53
毛利	2159.67	2875.07	3440.1
存款规模	15668.82	10079.2	28204.26

看到大家都在目不转睛地听自己讲解，梁若飞停顿了一下，继续说道："我现在的问题是，如果要达到这样一种盈利状态，需要哪些条件？"

听到这句话，有的人开始在笔记本上写写画画，有的三三两两在小声讨论，有的人盯住墙上的投影仔细观看。

这时，在角落里的一个小伙子起身说道："梁董，我来说一下。"

梁若飞定睛一看，是业务四部的张家乐，去年刚进入公司。

"我觉得要达到梁董刚才讲的这种状态，首先需要公司成为一个健康的机体，不能再让已经坏死的病灶拖累公司。具体地说，就是两个部门的风险资产要尽快处置，房地产尽快变现，填补资金窟窿，让我们轻装前进。"

"啪！"坐在会议桌前的一个人猛拍了一下桌子，让全场的人惊了一跳，"张家乐，你说谁是坏死的病灶？谁拖累公司？"

众人望去，原来是业务二部的经理许水波。

张家乐被他这么一骂，一时没反应过来，立刻涨红了脸，"我，我又没说你们二部。"

"公司里的风险资产就在我们二部和一部，你没说我们，你是在说谁？老子辛辛苦苦地干了几十年，你小子才来几天，你就在这里胡说八道。"许水波寸步不让。

张家乐被他骂急了，反而陡生一股勇气，对着许水波大声说："你也要有自知之明，要不是你们这些风险资产，我们用得着这么紧巴巴地做业务吗？用得着在这里讨论怎么破产清算吗？一颗老鼠屎坏了一锅汤！"

"我削了你！"许水波一听，气得抓起会议桌上的茶杯就要砸过去。

"你个害群之马，有种单挑！"张家乐也抓起茶杯。

众人一看，这边拉住许水波，那边让张家乐坐下别再说话。

"都别吵了，聚焦主题。"一直坐在会议桌前没有出声的副总经理杨林说话了。

杨林一说话，许水波立即坐到座位上安静下来。

"现在情况这么危急，我觉得要尽快把房产变现，盘活资金，尽管现在写字楼市场低迷，但是我们也要尽力而为。"杨林说。

杨林把话题重点转向了房产变现。因为他知道一旦处置完公司的风险资产，损失就要敲定，他作为业务二部的分管领导，无法置身事外，也难辞其咎。

梁若飞环顾会场，看到了业务四部的经理王兵兵也正看向他。这就是准备发言的信号。如果一个人不想发言，会将目光转向别处或者去看手机，尽量避开主持人的视线。

"兵兵，你有什么高见？"梁若飞问。

"高见谈不上。梁董，我理解你刚才的测算实际上有三个前提。

"第一，轻装上阵，开足马力。因为你刚才的那组数据都是我们华策前几年在授信额度充分、资金没有负担的情况下的经营业绩，这也就意味着要用房产变现的钱来填补风险资产的窟窿。

"第二，风险可控，稳扎稳打。这几年我们出的问题都是业务风险。如果接下来在我刚才讲的第一点上开展业务再出风险，那就前功尽弃，得不偿失。所以必须要有全面风险控制的机制，不能再出颠覆性问题。

"第三，同舟共济，共克时艰。公司风险资产1.6亿元，房地产沉淀1.5亿元，就算把房地产全部变现，也还有1000万元的资金占用。风险资产处置或许还能盘活一些资金，但希望不大，金额也很有限。您刚才讲了，通过削减费用、降低工资奖金总额和开源节流等还可以节省出400万元左右。那就需要我们大家勒紧裤腰带，早点把这个窟窿补上。那后面的日子才会越来越好过。"

"王经理讲得有道理，我赞同。"坐在王兵兵后面的钱海东说。

"兵兵讲得好。"业务五部的经理江河说话了，"现在是困难时期，我们大家要齐心协力，才能渡过难关。"

"一部、二部和四部的意见呢？"梁若飞问。

"赞同业务三部的意见。"

"同意王经理的意见。"

"同意。"

"志云，你有什么补充？"梁若飞转头问何志云。

"我同意大家的观点，没有补充。"何志云说。

看到大家都表了态，梁若飞站在白板前，指着刚才写的几条措施说道："今天晚上的职工大会很成功，经过讨论，大家达成共识。我来总结一下，同时布置下一步的工作：

"第一，我们华策公司不能死，不仅不能死，在未来我们要活得更漂亮！老一辈人打造出来的金字招牌，绝不能砸在我们手上。我们要走出困境，发扬光大。人争一口气，佛争一炷香。我们现在没有退路了，只能向死而生、背水一战。

"第二，处理资产，轻装上阵。请办公室牵头，盘点公司的存量房产，拿出一个方案来，全员发动，可以设置激励机制，尽早实现房产变现，为各部门开足马力夯实基础。请财务部和银行、信托公司沟通联系，协调做好房产解押的准备工作。

"第三，加强应收账款追讨和存货处置，推进诉讼案件处置。对于风险资产，没有起诉的尽快起诉，已经胜诉的申请强制执行，涉嫌合同诈骗的要尽早发起控告。

"第四，建立长效风控机制。这件事情至关重要，又要从长计议。请各部门梳理总结历史上已经出险的业务情况和处置情况。这个事情我们要好好分析问题，查找原因，补齐短板。

"第五，党员带头，率先垂范。今天不是党员大会，但是党员都到场了，我把要求在这里一并说了。各个项目任务排出来以后，我们党支部委员首先带头，认领项目。其他党员干部主动报名认领工作任务。什么是党员？率先垂范，身先士卒，困难冲在前面，责任扛在前头。什么时候才能看出你是党员？就从现在，能打硬仗，敢啃骨头。

"请办公室做好今天各项工作任务的落实督办工作，散会。"

会后，梁若飞和经营班子对房产变现的几个重点环节进行了商讨，明确了各项任务的时间节点和责任分工。

众人走出粤鹏大楼时，已是月明星稀。

⑪ 珠江边的笑声

周五上午7：50。东湖公园踏春园。阳光明媚，天高云淡。

一百来号人散落在踏春园里，说说笑笑，三五成群，聊天的、拍照的、热身的，各种热闹。

粤鹏集团工会组织的环珠江毅行大赛即将从这里启程。

卢靖琳今天一身紧身装束，脚蹬越野鞋，头戴空顶帽，身背越野包，一套合体的米黄色运动装，让她在人群中格外引人注目。

经常健身运动的习惯，让她年过四十依然保持着窈窕的身姿和充沛的体力。

"靖琳书记早，看你这一身装备，是准备要大显身手了。"周泽明远远就看到了卢靖琳。

"泽明书记早，我今天不参赛，坐镇指挥，哈哈哈哈……你御驾亲征啊，带哪支队伍？"卢靖琳笑着说。

"我和华意公司的兄弟们组了一个队，队名叫什么呢？"周泽明问身边的华意公司董事长胡仲文。

"大鹏展翅队，希望我们华意公司如大鹏展翅，直冲云霄。"胡仲文说着，做了一个大鹏展翅的动作。

"这只大鹏好厉害，有'八马王子'周董带队，你们华意公司肯定鹏程万里。"卢靖琳被胡仲文夸张的动作逗得咯咯笑。

周泽明这两年连续参加了广马、上马、北马等八个马拉松，因此卢靖琳送了他一个雅号——"八马王子"。

"以我为中心，面向拱门，左边一到六队，右边七到十二队。"办公室主任兼总部工会主席黄子薇开始集合队伍。

八点整，十二支队伍踌躇满志，整装待发。黄子薇做了个手势，示意大家安静下来，大声说道："首先，请粤鹏集团董事长、党委书记周泽明做赛前动员讲话，大家热烈欢迎。"说完，向周泽明做了个OK的手势。

周泽明一个箭步跃上了正对队伍的一块大石头。这敏捷的身手，让前排的一众人啧啧惊叹。

"各路英雄豪杰，今天我们会师东湖，秣马厉兵，是要举办以'粤鹏集团，奋勇向前'为主题的环珠江毅行大赛。此举是为坚定职工'迎难而上，众志成城'的信心，展现积极、健康、向上的企业风貌。今天的毅行大赛设置了致敬先贤、全球祝福、幸福家庭、美丽新人、光影一刻、团队效率六项任务，每一项都在考验团队成员的协作力、决策力、行动力、审美力和领导力，是团队力真枪实弹的比拼，需要齐心协力来完成任务。希望大家通过这次徒步远行，体会坚忍不拔的毅力；通过行走过程中的互相帮助，弘扬团队的温暖真情；通过你追我赶的稳步前进，收获奋斗之后的喜悦；也希望通过这次毅行唤起大家重振辉煌的信心。"

周泽明说完，和大家一起鼓起掌来。

随后，粤鹏集团五位领导依次为各队队长授旗，由队长介绍自己的队名及口号，全体队员表明完成任务的决心。

8：30，一到六队向东出发，七到十二队向西出发，每队间隔五分钟出发，都要在中山大学南门打卡。

这些比赛规则都是卢靖琳和工会的小伙伴反复研讨磋商出来的。一次团建活动，既要有新意、不落俗套，又不能太新奇，要照顾大多数。在卢靖琳看来，内容新颖、意义彰显、形式丰富、趣味十足，这几点是一个团建活动设计的出发点和落脚点。

大鹏展翅队出发时间安排在8：40，这支队伍有男有女、有高有矮、有胖有瘦、有老有少，但看起来都很壮实。

华意公司组队的时候，报名的有四十多人。虽然说是鼓励全员参与，但是考虑到有12公里的路程，身体弱的人吃不消，所以做了一个筛选，把几个体力差的人安排做后勤保障服务。

周泽明和胡仲文大步流星走在队伍最前面。

"仲文，华意公司这几年发展得怎么样？"周泽明问。

"周董，实不相瞒，这几年我们过得很艰难。"

"艰难？以前也过过好日子吧？"

"外贸行业曾经有黄金十年，但是好日子一去不复返了。"胡仲文说。

"我看了你们这几年的报表，进出口总额基本稳定，出口业务利润却持续下滑，问题出在哪里呢？"周泽明嘴上问着，脚下丝毫没有放慢速度。

"几个方面的因素。第一，国内原材料、人工成本不断上涨，我们的产品没有优势；第二，欧美传统贸易市场萎缩，需求大幅下降，幸好这几年我们加大了对亚洲、拉美和非洲等市场的开发力度，贸易规模才算基本稳定；第三，产品没有竞争力，低价竞争，主要靠出口退税来维持；第四，人民币升值给我们带来很大影响。"胡仲文说着，加快了脚步。他虽然个子不矮，但是要跟上周泽明的步伐，还是略微有点吃力。

"你们？"周泽明一听胡仲文都在讲外部环境的问题，刚想说的话是——你们没有从内部，从自己身上找找原因吗？话到嘴边又咽下去了。

毕竟，今天是团建活动，大家都在兴头上，总是讲问题，讲批评的话，不仅起不到效果，反而让人反感，也会破坏整个团队的氛围。另外，整体宏观环境趋紧，他们这样苦苦支撑也真不容易。

"你们确实不容易。中国的纺织服装业总体来说附加值低，精品纺织品服装出口只占20%左右。中国服装出口到欧洲出厂价10欧元，在欧洲的商场却能卖到五十几欧元，我们实际上赚的是辛苦钱。如果再没有品牌，那代工生产只是赚取了8%左右的加工费，90%以上的利润掌握在国外品牌商、渠道商和零售商手中。"周泽明说。

周泽明报出的一系列数字让胡仲文颇感意外。

实际上，在今天和胡仲文交流之前，周泽明已经做过这方面的功课。

"周董对我们服装行业了解很全面，对于我们这样的外贸企业，现在是进退两难。我们的出口业务确实利润低，技术含量少，赚的是辛苦钱。我们也知道向上游延伸，创立品牌，加强研发和设计的重要性。但是现在企业利润这么少，资本积累不足，企业既没有资金也没有动力去做这些事情。越不去做这些事情，业务利润就越低，这就陷入了恶性循环。我们也不知道怎么去打破这个怪圈，现在只能苦苦支撑。"胡仲文仿佛猜到了周泽明想说什么，干脆竹筒倒豆子——一吐为快。

"你讲的情况，我都理解。我想问问你，纺织服装行业里面你觉得哪些公司做得好？"周泽明问。

"纺织服装行业里面，有两家是大家公认做得好的，一个是香港的利丰集团，一个是上海的金瑞集团。"

"这两个公司好在哪里？"

"利丰集团的供应链做得很有特色，它是从一家传统贸易商转型为供应链管理集团的典型代表。哈佛大学曾经把他们作为案例研究的对象。不过这两年股价缩水缩得也很厉害，他们的一些做法，我们觉得很难去模仿。"胡仲文说。

> **供应链管理（Supply Chain Management）**
>
> 供应链管理（Supply Chain Management，简称SCM）就是指在满足一定的客户服务水平的条件下，为了使整个供应链系统成本达到最小而把供应商、制造商、仓库、配送中心和渠道商等有效地组织在一起来进行产品制造、转运、分销及销售的管理方法。供应链管理包括计划、采购、制造、配送、退货五大基本内容。

"哪些比较难以模仿？"周泽明问。

"它的供应链管理是以客户为中心，在全球范围内配置资源。比如接到一个10万件夹克的订单，利丰就会找到日本大型拉链制造商YKK，向其在中国的工厂订购拉链，经过生产成本和运输成本的综合计算，生产最佳地是泰国。利丰交给泰国五个工厂同时生产。这样利丰通过制定客户供应链中的采购和生产流程，就能将从接到订单到产品出厂的时间从三个月缩短到五个星期。这种层面的运作水平，我们现在还只能是看看、听听。"胡仲文说。

"金瑞集团的特色呢？"

"金瑞集团听说在服装定制方面很有特色，是'互联网+'的成功案例。

具体情况不是太了解。"

"仲文，你联系一下，过了年，带上你们经营班子，我们一起去金瑞集团考察一趟。这个公司我以前也关注过，我想现场的参观体验和学习交流要比我们道听途说更有说服力吧。"

"那太好了，我有好几年没有去外面学习了，周董能带队，那我们肯定是大开眼界，受益匪浅。"

周泽明想，观念是行动的先导。思想上打通了，一通百通。而这种思想上的转变，不是靠自己嘴上说说就能完成的，关键是他们经营班子思想通道有没有打通？

说话间，一行人已经到了第一个打卡点：广州大剧院。

"领导，我们要在这里全队合影，然后把照片发到群里。"副队长是华意公司的一个小姑娘，虽然娇小，但是很尽责，一路上忙前顾后，指挥若定，让大鹏展翅队始终没有偏离方向，节奏也把握得好。

环珠江毅行大赛非常成功，大家中午聚餐的时候意犹未尽，一直在讨论途中的趣事。

果然，大鹏展翅队在周泽明的带领下，以团队任务分、团队制胜分、团队人气分三项总分之后捧得桂冠。

卢靖琳代表组织方颁奖。

回去的路上，卢靖琳收到了周泽明的微信：

"千里之行，始于足下。这次活动不仅展现了粤鹏集团昂扬向上的风貌，而且体现了广大职工众志成城、迎难而上的决心。同时也是我们新班子到任以后的新气象、新起点，意义非凡。你辛苦了。"

卢靖琳莞尔一笑，回了一句："分内之事，谢谢鼓励。我们一起努力。"

12 要做"听诊器"，不做"复印机"

"周董，这是'勇立潮头话担当、国企改革当先锋'活动方案。"党群部主任王婉飞将一份材料递给了周泽明。

"有没有征求过其他领导的意见？"周泽明问。

"其他领导都没意见，靖琳书记建议以合理化建议征集活动为载体。"王婉飞说。

"合理化建议征集？广泰集团是怎么要求的？"周泽明问。

"这个活动是省国资委党委统一部署的，广泰集团党委明确讨论三个方面内容：一是贯彻全国国有企业党的建设工作会议精神，坚持党的领导加强党的建设方面；二是进一步增强当好广东国企铁军的思想自觉和行动自觉方面；三是围绕广泰集团1234战略构想落地生根方面。"王婉飞答。

"这些主题比较宏大，组织不好的话，会流于形式。"周泽明说。

"我们也是这样想的，党群部接到这个通知以后，有点不知所措。如果就组织大家讨论这些主题，可能就是走个过场。再说粤鹏这两年经营状况不是太好，大家做什么都没劲。像这种讨论会，参与的积极性不高，可能就是来应付一下，我们也没有好的方法。"王婉飞说。

听王婉飞讲完，周泽明笑了一下。

他现在努力形成一个习惯，每次要指出问题或者批评别人的时候，先用微笑来给自己的话语开路，同时降低语调，调节表情，让自己的语言不那么冷酷，也让对方更容易接受。

"婉飞，如果上级公司的通知要求就是转发一下，照抄一下，应付一下，你们党群部的价值体现在哪里？到了年底你们考评总结的时候有多少亮点和成绩？"

周泽明依然是温和的笑容，王婉飞有点不好意思，也笑了。

"根据靖琳书记的意见，我们党群部讨论了一下，把合理化建议征集活动和大讨论活动结合起来，通过建议的征集、评选和实施，更加贴近粤鹏集团的实际，让这次活动真正能凝聚职工的智慧，助力公司攻坚克难。以后，我们党群部会端正态度，自动自发，努力成为贴近实际的'听诊器'，不做照搬照抄的'复印机'。"王婉飞的反应还算快，把后面的补救工作和以后的工作态度马上亮明了。

"合理化建议征集是一个好的载体，可以结合粤鹏集团和下属公司目前的难点问题，充分地讨论，并由此激发职工群众参与企业经营的积极性、创造性和主动性。"

⬥13 开放空间技术的中国实践

周泽明站起来走到窗口，看着窗外，像是自言自语，又像是在和王婉飞说："不过，怎么组织讨论？怎么把控主题质量？如果设计不好的话，依然会陷入空泛的讨论。"

周泽明想了一下，说："这样吧，第一场主题定为以案促改，从华策公司的案例反思风险管理。讨论放在总部，参加人员是总部全体员工和华策公司经营班子，由我来主导讨论，其他公司的经营班子列席。他们观摩完了以后，可以借鉴学习，也可以推陈出新。"

"太好了，周董来主导，他们肯定积极参与，这也会给其他子公司的研讨活动起到示范作用。"

王婉飞高兴得合不拢嘴，因为她知道一把手的亲自出马将会给这项活动注入强大动力。

"婉飞，你了解开放空间技术吗？"周泽明问。

"开放空间技术？听说过，是行动学习的一种方式，英文名是Open Space Technology，简称OST，是一种富有成效的动态会议模式，适合研讨、学习、培训，从西方传过来的，在外资企业里面用得多一些，我上周刚刚参加过广州市人力资源协会组织的一个培训。"王婉飞答道。

"不错，你说说看，开放空间技术为什么在外企里面用得多一些？"周泽明问。

> **开放空间技术（Open Space Technology）**
>
> 开放空间技术（Open Space Technology）是一种创新的会议形式，是由组织顾问哈里森·欧文在20世纪80年代中期发现的。开放空间技术，创造出一个相互讨论的平台，让与会人员勇敢地说出各自的想法，也倾听别人的意见，从而集思广益，解决冲突，达成共识，做出行动决策。

王婉飞略一思索，答道：

"开放空间技术适合于以下几种情况。

"一是参与者背景多元，例如职能多元、职位多元、文化多元，这样的好处是可以从不同角度产生灵感，而不会因为大家背景相同而无法激发出灵感。

"二是需要用创新有效的方式解决复杂的问题。开放空间技术的创始人哈里森·欧文曾用开放空间技术为巴以两国民间团体找到解决冲突的方法。

"三是在组织或团队里目前没有人知道明确的答案。例如紧急情况发生了，但大家都没有想怎么解决。如果已有答案只是需要行动，则不适合开放空间技术。

"四是需要整个团队一起参与找答案。开放空间技术强调的是开放，需要自由流动的环境。

"外企的文化氛围更强调平等、民主，成员更乐于分享，贡献自己的想法，所以应用得会多一些。"

听完王婉飞的回答，周泽明说道："一种技术是不是有效，文化氛围只是一方面，更重要的是看它应用的条件，这是第一；第二，如果技术应用的条件不具备，有两种方法：一种是改造技术，另一种是创造条件；第三，开放空间技术已经运用在中国社区治理的实践中，而不仅仅是外资企业。"

"社区治理？"王婉飞露出疑惑的神情。

"社区工作者在征集居民意见，召开议事协商会时，往往会遇到这样的情况：报名参加的人不多，来现场开会的人更少，来了现场以后又不认真，对上面做的决定不感兴趣。

"久而久之，最后的局面就变成了组织者和参与者都不愿意付出自己的真心，组织者觉得自己尽心尽力，参与者觉得自己有心无力。怎么办？

"后来，有人就尝试着利用开放空间技术来组织会议，结果组织者和参与者都感到满意。很快这个方法就在基层社区推广开来，特别是北京、杭州等地，他们社区工作者对这个技术做了改良，取得了意想不到的效果。"周泽明说。

"社区工作中遇到的参与者积极性不高这种情况和我们这里很相似啊，

那我们也可以尝试使用吧？"王婉飞问。

"我觉得能不能应用不在于单位的性质和类别，关键是要改进技术、创造条件。在引进这些技术的时候，街道社区就考虑过作为一个外来事物，开放空间怎么才能适应中国的社会人文环境。"周泽明说。

周泽明知道，这样启发式的谈话对于像王婉飞这样接受能力强、愿意尝试新鲜事物的年轻人是最好的教育引导方式。

同时，把王婉飞培养成为独当一面的行家里手，自己也会轻松不少。

"针对老旧小区中老年人较多、中国人在公开场合较为拘束、会议前期容易出现发言不踊跃、参与度不够等情况，社区工作者引入了热身环节，比如拍手歌、手指操等。这既活跃了气氛，也让居民放下了拘束和戒备。

"对于较为复杂、解决难度较大的议题呢，通过缩短议程、多次召开的形式，让每次开放空间聚焦具体话题、落到实处。这也是我几次参加我们小区议事协商会后发现的，他们真是下了不少功夫。"

周泽明一边说，王婉飞一边记。

"周董，您主导的这次讨论是不是就要应用开放空间技术？"王婉飞问。

"没错，居民社区都能用得好，我们怎么可能用不好？有句话叫高手在民间，千万别小看社区。我所在的麒麟社区在开放空间技术应用中所创造的舵手、鼓手、推手三个角色可以说是一大创新。"周泽明说。

"舵手、鼓手、推手？这个还真没听说过。"王婉飞露出一副好奇的神情。

"事前，社区发动党员收集议题，并邀请利益相关的、感兴趣的居民参与，让讨论能在一个有利于问题解决的方向上开展，这个角色叫作舵手。

"事中，党员干部带头发言，积极参与讨论，鼓励其他居民就讨论话题提出问题、发表看法、给出解法，这个角色叫作鼓手。

"还有一个角色叫作推手，意思是说社区干部从社工台上坐、居民台下听，转变为居民主导、社工协助居民完成讨论，社区干部成了话题的引导者、讨论的组织者、规则的守卫者。"

"我明白了，这是充分发挥基层党组织的作用。"王婉飞露出恍然大悟的神情。

"正确，这就是中国特色。你要当好我的助手。整个主题讨论，按照开放空间技术的理念设计一个方案，结合粤鹏集团的实际情况有所取舍，该突出的突出，该简化的简化，周五前将具体方案报给我。"周泽明说。

"好的，周董，我们党群部马上商讨落实，特别是做好舵手、鼓手、推手三个角色的设计。"王婉飞起身离去。

本章思考题

1. 如果你是粤鹏集团的纪委书记，半夜接到匿名恐吓电话，应该怎么处理？

2. 单一信托的产品结构是怎么样的？适合什么样的应用场景？

3. 面对危及企业生存的重大风险，如果你是公司一把手，应该从哪些方面入手，把职工群众拧成一股绳？

4. 面对下属子公司负责人对行业环境和业务模式的吐槽，如果你是集团一把手，怎么才能突破困局，走出一条健康发展之路？

本章知识点

4.1 担保

担保，是经济活动中，债权人为保障其债权实现，要求债务人向债权人提供担保的法律措施，该项债务是主法律关系，担保是从法律关系。

担保，包括人保、物保和金钱担保。

4.2 质押

质押是指债务人或者第三人将其动产或权利移交债权人占有，将该动产或权利作为债权的担保的法律行为。当债务人不履行债务时，债权人有权依照法律规定，以其占有的财产优先受偿。其中，债务人或第三人为出质人，债权人为质权人，移交的动产或权利为质物。

4.3 股权质押

股权质押（Pledge of Stock Rights）又称股权质权，是指出质人以其所拥有的股权作为质押标的物而设立的质押。

股权质押是权利质押的一种，以企业出资人的股权为标的。在中国，能作为股权质押的仅为股份公司股东的股票与有限责任公司股东的股份。

以依法可以转让的股票出质的，出质人与质权人应当订立书面合同。

以证券登记机构登记的股权出质的，质权自证券登记机构办理出质登记时设立。

以其他股权出质的，质权自工商行政管理部门办理出质登记时设立。

4.4 党支部纪检委员

2018年11月，中共中央印发《中国共产党支部工作条例（试行）》，要求各地区各部门认真遵照执行。此前，各基层党组织已在探索在党支部委员会中设置纪检委员。

《中国共产党支部工作条例（试行）》第二十条　党支部委员会设书记和组织委员、宣传委员、纪检委员等，必要时可以设1名副书记。

4.5　信托和单一信托

信托（Trust）是指委托人基于对受托人的信任，将其财产权委托给受托人，由受托人按委托人的意愿以自己的名义，为受益人的利益或特定目的，进行管理和处分的行为。信托业务是一种以信用为基础的法律行为，一般涉及三方面当事人，即投入信用的委托人，受信于人的受托人，以及受益于人的受益人。信托是一种理财方式，也是一种特殊的财产管理制度和法律行为，同时又是一种金融制度，与银行、保险、证券一起构成了现代金融体系。

单一信托，也叫作个别资金信托，是指信托公司接受单个委托人的资金委托，依据委托人确定的管理方式（指定用途），或由信托公司代为确定的管理方式（非指定用途），单独管理和运用货币资金的信托。

4.6　初步核实

初步核实是中国共产党纪检监察机构处置问题线索的一种方式。

《中国共产党纪律检查机关监督执纪工作规则》第三十二条规定，党委（党组）、纪委监委（纪检监察组）应当对具有可查性的涉嫌违纪或者职务违法、职务犯罪问题线索，扎实开展初步核实工作，收集客观性证据，确保真实性和准确性。

《中国共产党纪律检查机关监督执纪工作规则》第三十五条规定，初步核实工作结束后，核查组应当撰写初步核实情况报告，列明被核查人基本情况、反映的主要问题、办理依据以及初步核实结果、存在疑点、处理建议，由核查组全体人员签名备查。

4.7　审查调查

立案审查调查是中国共产党纪检监察机构处置问题线索的一种方式。

《中国共产党纪律检查机关监督执纪工作规则》第三十七条规定，纪检监察机关经过初步核实，对党员、干部以及监察对象涉嫌违纪或者职务违法、职务犯罪，需要追究纪律或者法律责任的，应当立案审查调查。

4.8 供应链管理

供应链管理（Supply Chain Management，简称SCM），是指在满足一定的客户服务水平的条件下，为了使整个供应链系统成本达到最小而把供应商、制造商、仓库、配送中心和渠道商等有效地组织在一起来进行产品制造、转运、分销及销售的管理方法。供应链管理包括计划、采购、制造、配送、退货五大基本内容。

4.9 开放空间技术

开放空间技术（Open Space Technology）是一种创新的会议形式，是组织顾问哈里森·欧文在20世纪80年代中期开发的。开放空间技术，创造出一个相互讨论的平台，让与会人员勇敢地说出各自的想法，也倾听别人的意见，从而集思广益，解决冲突，达成共识，做出行动决策。

第五章

步步为营

01 美食也是生产力

今天是元宵节，粤鹏集团的餐厅里洋溢着节日的气氛。窗明几净的大厅里挂上了五颜六色的灯。人们说说笑笑，排队就餐。

周泽明买好午餐以后，径直走到大厅里面的一个小包厢。卢靖琳、方亦舒、江伟军和陈勇胜已经在里面吃饭了。

这个小包厢是粤鹏集团领导中午就餐时常去的地方。

中午就餐时，领导们可以在轻松的氛围中交流一些工作上的事情，特别是一些需要通通气、打打招呼的，谈笑间就完成了；也可以谈论一些非工作的事情，放松一下紧张的工作节奏。这是以前粤鹏集团的惯例。

周泽明这一届新班子来了以后，和大家约定，早餐和每周五的午餐，大家都在大厅用餐，不进小包厢。

这样，如果职工群众想来和领导们说个事情，就可以有方便的渠道。同时，领导们也有机会了解职工的想法，听听职工的意见。

"周董，我们刚才在说，靖琳主席的工作很到位。工会组织了满意度调查，反馈了职工用餐的意见。食堂很快就改善了伙食。大家的幸福感很高。"说话的是粤鹏集团副总经理陈勇胜。

"现在粤鹏的午餐不仅价格实惠、味道可口，而且经常推陈出新。遇到节假日，还有元宵、粽子等时令食品。我看到小伙伴们经常在发朋友圈，引来一拨拨的赞。"方亦舒说。

"以前粤鹏集团的午餐确实是不怎么样的，点外卖的多，去外面吃的也多。最近我看到来这里吃午餐的人越来越多了。"江伟军说。

"美食也是生产力。一日三餐吃得美味、安心本来就是生活的意义。谢谢大家对我们工会工作的肯定。其实我们也就是做了一个满意度的调查，把大家的意见反馈给食堂。其实真正功不可没的是周董。"卢靖琳说。

"不敢当，我怎么敢抢你靖琳主席的功劳呢？"周泽明笑着说。

"你们不知道吧，在我们新班子没来之前，粤鹏食堂给了我们泽明书记一个下马威。"卢靖琳说着，笑了起来。

"还有这样的事？"众人的好奇心都来了。

卢靖琳就把周泽明微服私访，在食堂门口摔了一跤的事情完完整整地说了一遍。

当大家听到周泽明起身去摸消防箱摸到一手灰的时候，都忍不住笑了出来。

江伟军说："周董，我做个自我批评。以前是我失职，没管理好，餐厅搞得一塌糊涂，害得您还摔了一跤，向您道歉。"

周泽明笑了一下，说："这个不是哪一个人、两个人的问题，而是反映出以前我们粤鹏集团在思想上有滑坡，管理上有漏洞。"

卢靖琳接着说："泽明书记来了一个星期以后，就下大力气抓餐厅管理。不仅让我们工会征求职工的意见，提高了午餐费，而且对物业公司提出了明确的整改要求。所以，你看，现在不仅是我们饭菜可口，而且用餐环境也是面目一新。上个星期，我们工会又做了一个职工满意度测评，总体上比去年提高了8个百分点。"

"靖琳书记，照你这么说，我这一跤摔得也算物超所值了。"周泽明笑着说。

"何止物超所值？这一跤提醒我们：时刻注意，安全第一。幸亏你身手敏捷，屁股痛了一天就没事了。要是其他人反应慢一点的，摔个尾椎骨折或者腰椎间盘突出，那还要报工伤呢。"卢靖琳说。

"安全第一。"

"看来跑马拉松不仅增强体质，还能够增强安全系数。"

"教训深刻，安全第一，我们好了，你们慢用。"

江伟军和陈勇胜吃完出去了。

周泽明、卢靖琳和方亦舒继续用餐。

02 破除形式主义、官僚主义

"周董，听说下周三下午总部要开一个主题讨论会？"方亦舒问。

"对的，省国资委、广泰集团要求组织'勇立潮头话担当、国企改革当先锋'的大讨论活动。我想利用这个机会把我们粤鹏集团风险管理方面的问题深入讨论一下，集中大家的智慧，听听职工群众的意见，看看能不能形成共识。参加人员不光是总部人员，还有华策公司的经营班子。你们也都参加的吧？"周泽明问。

"参加的。周董你主持召开的会，都是有效率的。昨天一连开了五个会，开得我头昏脑胀的。特别是江总主持的经营分析会，一直开到晚上十点。我到家以后已经十一点了，再加上本来睡眠不好，今天一上午没精打采的。这样的事情不是一天两天了，这段时间都这样。我真忍不住了，吐个槽。"方亦舒无奈地说。

"怎么会这么晚？"周泽明问。

"开始得就晚，晚上7点开始，大家刚吃完饭就开会了。会上讨论的内容，没有提前发给我们。结果我们会上一边看，一边讨论；有的人看得不仔细，讲完了还要再'回锅'；有的人讲着讲着就跑题了，东拉西扯占用的时间多。"方亦舒一脸倦容。

"我来了粤鹏以后，发现这边会议确实多，好像什么事情都要通过会议来解决，以会议传达会议，以文件落实文件，以讲话重复讲话。会而不议，议而不决的现象也有。"卢靖琳说。

"开会是我们工作的一种重要方式。怎么开会，开什么样的会其实挺讲究的。我到一个单位去考察学习，看他们会议的细节，就能看出他们管理的水平。有的单位是不安排人带路，让客人一顿好找，白白耽误时间；有的是客人都到了，主人都还不齐，临时打电话去通知；有的是没准备桌签，到了以后，怎么也记不住对方名字。"方亦舒说。

"我到一个地方，会重点观察卫生间的情况。你看我们市一医院，流动人员那么多，无论什么时候走进卫生间都是干干净净的。空气流通、用品齐备，这说明管理得好。有的地方还没进去呢，远远地就闻到臭味。一进门，污水遍地，脚都没地方放。这就是差别。"卢靖琳也是有相同的感悟。

"你们说得有道理。过去，有一副对联很能说明问题。上联是'你开会我开会大家都开会'，下联是'你发文我发文大家都发文'，横批是'谁来落实'。这是基层群众对文山会海现象的辛辣讽刺。文山会海是形式主义、官僚主义的突出表现，也是困扰基层的老大难问题。靖琳书记，我建议纪委要把惩治文山会海，破除形式主义、官僚主义作为当前监督工作的重点。"周泽明说道。

"我以前在广泰集团办公室轮岗的时候，写过一篇高效会议管理的文章，是我的一点心得体会。我觉得可以和大家交流一下，特别是办公室主任。"卢靖琳说。

"开会这件事情，办公室是具体承办的。要提高会议质量，那还是要集团领导带头，总部各部门负责人转变观念，提高水平。"方亦舒说。

"靖琳，你给我们讲一课吧。集团领导、总部各部门负责人、各成员公司负责人和办公室主任都参加。讲完以后，我也讲一讲。我最近正想着办公室工作怎么改进完善。"周泽明说。

"好的，总部党支部和我说好，这个月的党课由我来上。本来我还在考虑选什么题目合适？现在看来这个主标题可以叫作'严守中央八项规定，摈弃官僚主义、形式主义'，副标题叫高效会议管理方法分享讲座。"卢靖琳说。

"你看我们靖琳书记党性觉悟就是不一样，这么快就和八项规定联系起来了，主标题和副标题也都取好了。"周泽明说。

"泽明书记，我这是抛砖引玉，先抛个砖，把你开放空间技术的玉引出来，哈哈哈哈。"卢靖琳笑道。

三人说笑着，走出了餐厅。

03 高效会议管理七步法

"会议是组织和团队中最常用的一种沟通方式，具体内容包括布置任务、履行程序、征求意见、商讨问题、管理项目、激发创意等。你们猜一猜一个中层管理者和一名高层管理者，每周在会议上花费的时间各是多少？"

卢靖琳站在粤鹏大楼2楼的大会议桌前，侃侃而谈，气定神闲。会议室里坐着60多号人。听说广泰集团十佳优秀内训师来上党课，从领导到员工报名都很积极。

卢靖琳相信，她在台上的举手投足、一颦一笑会影响整个会议的气氛。因此，她讲课从来都不照本宣科，而是写好提纲，现场发挥。这么做的前提是对讲课大纲的精心设计和反复演练。

她喜欢这种尽在掌控、胜券在握的感觉。

"从财务数字来讲，大多数组织直接花在开会上的费用，占行政预算的10%—15%，这还不包括以会议为名的其他开销。然而，面对花费了如此多精力和财力的组织沟通工作，大多数人却经常以'熬会'两个字来抱怨会议的烦冗和效率的低下。我想在座的各位都有过类似的体验吧？"

看到台下的人点头微笑，卢靖琳也笑了，接着说：

"尽管会议的类型多种多样，但万变不离其宗，掌握了其中的七个关键步骤，就可以开一个高效的会议[1]。

"实际上，掌握高效开会的技巧不仅可以提高我们工作的效率，更重要的是，它可以让我们少开会、开短会、开高效的会，把中央八项规定中改进工作作风、密切联系群众的精神落到实处，切实和文山会海的形式主义、官僚主义说拜拜。"

卢靖琳风趣的语言让整个会场的氛围很轻松。

"下面，请大家跟着我一起进入高效会议管理的七步之旅。"

第一步：定题

"定题是会议管理的起点，决定着会议要不要开、为什么开、怎么开三个关键点。首先，会议要不要开。组织中有很多沟通的方式，面谈、一对一、发邮件发微信、打电话、书面报告等。很多事情未必要通过会议的方式来进行沟通，特别是一些复杂的事情，往往是先通过一对一或小范围交流，征求意见更好；其次，要明确开会的目的，即为什么开会？通常情况下，宣贯会议是要传达精神，布置工作，明确要求；研讨会议是要围绕主题，征求意见，集思广益；总结会议是在阶段性工作完成后，回顾过去，总结成绩，分析不足，展望未来。说到底，开会是为了去解决共同问题的多向沟通。最后，会议怎么开，即开会的形式。

"哪位同学能告诉我，咱们粤鹏集团开过哪些不同形式的会？"卢靖琳问。

环顾一圈，没人举手。卢靖琳点了坐在角落里的华策公司办公室主任韩文杰的名。

韩文杰慢慢起身说道："我们粤鹏集团只开过一种类型的会，就是领导在上面讲，我们在下面记。领导讲得口干舌燥，我们听得昏昏欲睡。领导讲得辛苦，我们听得寂寞，然后，会就结束了。所以，我们今天来听卢书记的课，就是想学学怎么开会？"

韩文杰直白大胆的话，引发了会场一阵笑声。

卢靖琳忍住笑，说道："开会的辛苦，听会的也辛苦，这就是没搞明白为什么开会。会议的形式和会议目标是一一对应的。

---

[1] 高效会议管理七步法是本书作者原创，收录于本书附录1。

"从会议氛围来说，有标准正统的宣贯会议，有宽松活跃的研讨会议，有喜庆祥和的表彰会议，有鼓舞人心的启动会议。

"从会议地点来说，有在工作场所的会议，有在宾馆酒店的会议，有在集团总部的会议，有在下属分部的会议。

"从会议形式来说，有主题明确的专题会议，有多重内容的综合会议，有部门内部会议，有跨部门的会议。

"只有明确了要不要开会，以及为什么开会，会议的形式才能定下来，会议的主题才能明确，后续的一系列步骤才能得以展开。"

第二步：筹备

"明确了会议的主题之后，在筹备阶段要确定以下几个要项：什么时间开？哪些人参加？谁来主持？会议的议程是什么？准备工作有哪些？婉飞，请你说说筹备会议期间，要准备哪些事项？"

卢靖琳走到会议室中间，向正在记笔记的党群部主任王婉飞提出一个问题。

王婉飞略一思索，答道："时间、地点、人员、议程、注意事项。"

"好的。回答基本正确，但是少了一项。"卢靖琳说。

"少了一项？"王婉飞瞪大了眼睛，竖起了耳朵，想要听听自己少了哪一项。

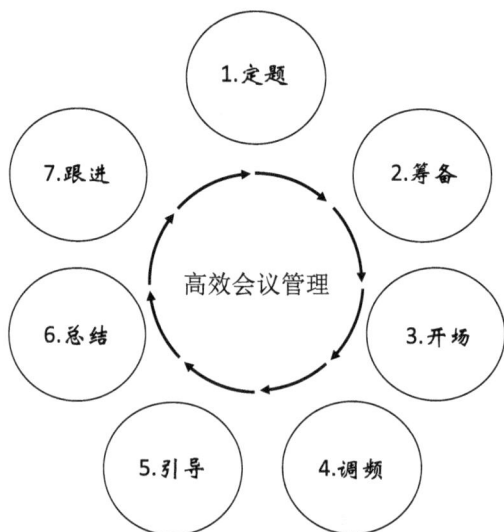

高效会议管理七步法

"第一，会议时间和地点。对于大多数的组织来说，一般以高层领导的时间安排为主。重要的会议应提前一周通知参会人员。在安排重要会议的时间时，要避开生产和经营的高峰期，这时候从中层到基层都在支援生产经营一线，很难抽出身来参加会议。重要会议也不宜安排在周末和节假日前夕，因为大多数人都安排好了假日行程和出行计划，难免有些心不在焉。这个时候很难沉下心来讨论有深度的问题。

"第二，参会人员。根据会议的主题和类型，来确定哪些人发言，哪些人出席，哪些人旁听，哪些人记录，哪些人如果不能参加可以有哪些人来代替或传达。

"第三，会议议程。在确定会议议程时，首先要与会议主办方和最高领导确认议程；其次要与各发言人提前确认时间和内容；最后，要估算好各项议程的时间和中场休息的时间。

"第四，注意事项。在这一节点，除了确认会议的设施设备正常运转，各项服务齐全之外，还要提前3—5天通知与会人员开会时间和地点，提醒各位参会者做好准备工作，熟悉其他发言人的材料。如果是正规性会议，还应当在着装方面明确要求。

"第五，谁来主持。这一点经常被忽略。会议主持人非常重要，是会议管理的关键角色。优秀的会议主持人能够调节气氛、把控进度、聚焦主题、掌控局面。这就要求主持人首先要具备较高的职位，其级别应比出席会议最高领导较低；其次要具备清晰的思路，流畅的表达和驾驭复杂局面的能力。"

听到这里，王婉飞恍然大悟，她想起来以前的会议方案，包括昨天给周泽明的大讨论活动方案中，确实没有明确主持人这一项内容。

04 开会？先调频

第三步：开场

"万事开头难。开场是一场会议的开头，非常关键。开场开得好不好，直接影响着后面会议的效果。

"子薇，你们办公室经常组织会议，请你和大家说说会议开场有什么注意事项？"卢靖琳走到会议室第一排，向黄子薇提问。

这个问题是有点压力的，言下之意是办公室在这方面最有经验，说出来的只能是精品。

黄子薇似乎胸有成竹，站起来说道："会议开场一般分为会议背景、会议目的、会议议程、会议人员和会议要求五个部分。主持人在开场时，应简明扼要地介绍召开本次会议的背景，会议要达到的预期目标，会议的议程安排，出席会议的领导、嘉宾以及参会人员的基本情况。"她从刚才前面的两个提问中，了解了卢靖琳互动提问的讲课风格，提前做了一些准备。

"回答完整，不错不错。在开场时，主持人要特别注意三个方面的细节：第一，精神面貌积极向上。主持人的状态影响着整个会场。因此，在开场之初，主持人就应以一种高昂、饱满、积极向上的精神面貌和端正、得体的姿态开好头，起好步。

"第二，声音语调清晰洪亮。主持人的声音语调应平和有力，清晰洪亮，能将声音传递到会议室的各个角落。这和高昂的精神面貌是密不可分的。有些会议为什么会让人感觉烦冗？其实大多数时候不是发言的内容不好，而是发言的声调如小河流水，没有节奏，令人昏昏欲睡。

"第三，沟通方式生动全面。在会议开场之时，主持人应以亲切、端庄的表情与参会人员保持目光的交流。有些公司开会的气氛很压抑、很严肃，让人不敢笑，整个脸都是紧绷的，从上到下都是这样。其实这完全没有必要，本来会议就是利用大家的时间来解决问题，为什么不快乐一点呢？

"如果是研讨会、培训会，可以在会前做个小游戏、讲个笑话等，进行破冰暖场。轻松而有效的会议是我们的目标。高效的会议充满笑声、热情和能量。"

卢靖琳时而互动提问，时而自问自答，一会儿强调重点，一会儿运用手势，一会儿在台上，一会儿在台下。全场的气氛都被她调动起来了。

第四步：调频

"德生，你召开一个年度财务工作会议，你在讲话过程中或者别人在发言过程中，你发现有两个人在窃窃私语、交头接耳；有些人在低着头捂着嘴打电话；有些人在摆弄手机，看微信，请问你应该怎么办？"

这一次，卢靖琳提问的是财务部经理赵德生。

"我会在合适时候提醒大家注意会场纪律。"赵德生的回答中规中矩。

"这样做会有一定效果，其实还有一个办法叫调频。"卢靖琳说。

"调频？"赵德生目不转睛地看着卢靖琳，等待下文。

"我刚才讲的这些现象可能单个发生，也可能同时发生，显然这些人都在自己的频道上，而没有在会场的主频道上。如果这时候，会议照常进行，发言者精心准备的发言内容多半是白讲。会议效果会大打折扣。

"这个时候就需要调频。其实开会一开始就要调频。让大家把注意力集中。除了开场之初，在半场之初，以及每位发言人之前，都应当花几分钟的时间调频，把所有人都调到会场的主频道来。调频的方式有很多种，常用的是提问。因为在大庭广众之下回答问题，每个人都会感受到压力，所以注意力会非常集中。

"这个问题最好是'题外之话'，如新闻、电影、时尚等，有一些趣味性。这个话题看起来与发言内容无关，但实际上说明一个现象或一个道理，并由此引申出发言的内容。这就要求主持人和发言人事先就要设计好，去除杂音，控制局面，成为全场的主频道。"

卢靖琳在情在理的一番话，赢得了与会者的赞同。

◇ 05 开会是门技术活儿

第五步：引导

"若飞，你在主持召开会议时，有没有遇到这样的情况：有些人发言不注意时间，讲了很多无关紧要的东西，大大超时；有些人还没听清楚，就反驳别人，或者两种观点针锋相对，争得不可开交，遇到这些情况你会怎么办？"卢靖琳向华策公司董事长梁若飞抛出问题。

"有的，遇到过这些情况，就是不知道怎么办，所以今天才来听您的课。"梁若飞迅速而幽默的回答又引得全场一片笑声。

卢靖琳也被逗笑了。

"主持人应当肩负起掌控全局的责任。第一，定好会议规则。比如互动讨论前，明确发言前要举手，并要得到主持人允许后才可发言，以免出现混乱；别人发言，不可打断；发言时间有所限制等等。

"第二，倡导有效沟通。特别是在研讨性会议中，主持人要提醒与会者在发表意见之前，自己已正确理解了别人的观点，以防止重复发言或曲解他人意思。

"第三，纠正跑偏主题。一些发言者由于思维发散，会将内容扩展开来，容易跑题。这时，主持人应果断巧妙地将话题引导回来。这就要求主持人既要照顾到发言者的'面子'——要有台阶下，又要确保会议的'里子'——内容不跑偏。"

讲到这里，卢靖琳停下来，喝了一口水。

这时候，坐在前排的财务部经理赵德生好像深有感触，和邻座的纪检监察室主任汤元兵小声地说："我们公司很多会议之所以低效，就在于调频和引导两个步骤没有做。"汤元兵点点头，说："特别是出现跑题的时候，不引导、不纠正，这个会议时间就大大拖延了。"

第六步：总结

站在旁边的卢靖琳听到了他们的谈话，说道："其实，每一步都很重要，环环相扣：相辅相成。比如第六步总结。如果没有前面有效的调频和果断的引导，很难到要总结会议成果的这一步。

"这一步也常常被忽略，其实总结是会议的收尾之笔、点睛之笔。这一部分有三块内容：第一，回顾总结。主持人应对会议进行回顾，总结会议所取得的成果。作为引导者，主持人要比其他人更注重对会议要点的记录，以便在总结阶段回顾梳理会议取得的进展。

"第二，领导点评。主持人应先请出席会议的最高领导进行点评发言或提出工作要求。领导首先应对会议的总体成效进行点评，对会议取得成绩进行肯定，对会议过程中存在的问题进行指导，并就会议主题，发表意见，或提出工作要求。

"第三，会议要求。在领导发言之后，主持人应对领导的发言要点进行概述，一方面简要复述领导的工作要求；另一方面，对下一步的工作进行部署和要求。"

"元兵，讲到这里，一场会议是不是就开完了？"看到汤元兵又在和赵德生小声讲话，卢靖琳就直接向汤元兵提问。

"没有，场面上的会议应该说开完了，后面还要跟进。"汤元兵反应还算快，马上回答了问题。

第七步：跟进

"会议结束以后，并没有完。还有最后一步——跟进，非常重要。首先，由会议记录员撰写会议纪要。会议纪要经主持人审定后，发送给全体参会人员，并抄送给相关人员。一般是由办公室负责对会议决议事项进行跟进、监督。

"我们可以看到，一个高效的会议管理，离不开定题、筹备、开场、调频、引导、总结、跟进七个步骤。每个步骤环环相扣、相辅相成。

"在第一步和第二步要做细致周密的策划和准备工作，在第三步、第四步、第五步和第六步，需要主持人有清晰的思路，具有亲和力和感染力的主持风格以及全面的把控能力。在第七步，需要做好会议的跟进和决议的落实工作。

"开会是门技术活儿。掌握了这七个关键节点，会议管理会变得轻松、有序、富有成效。我们就可以真正地告别文山会海，摒弃形式主义、官僚主义等不良作风，腾出更多的时间，深入调研，联系群众，解决问题，支援业务。我的分享到此结束，谢谢各位！"

卢靖琳讲完，全场响起热烈的掌声。

06 行动学习：先破冰，再游泳

周五下午两点。粤鹏大楼2楼大会议室。

平常听报告的会议桌被摆出了6个岛屿式小组，每组10个座位围成一圈。

周泽明一身白衣黑裤，手里拿着一个白板笔，站在会议室的前方靠近窗户的一侧，看着窗外。

参加会议的人按照桌签陆续入座。粤鹏集团的领导分别加入不同的组别。

周泽明的角色是主导官，他的职责是：

1. 在每个小组里设置一个促进官（facilitator）。

2. 把控会议节奏，尽量将每一个环节控制在计划时间内。

3. 用最简单明了的话语将会议主题内容阐述清楚。

"周董、江总，人员都到齐了。"王婉飞走过来分别和周泽明、江伟军轻声说道。

坐在前排中间的粤鹏集团总经理江伟军拿起话筒，转过身来向大家说道：

"同志们，今天我们在这里举办一个'勇立潮头话担当、国企改革当先锋'的大讨论活动，是要进一步贯彻落实全国国有企业党的建设工作会议精神，更好为做强做优做大国有企业贡献力量。

"今天讨论的主题是以案促改——从华策公司的案例反思风险管理。大家都知道华策公司当前出现了资金链紧张的危机，原来的负责人陈有中违规私自出境滞留香港，隐瞒大量坏账；财务部负责人私刻公章，伪造假账。

"这些违规违纪违法的反面案例给我们敲响了警钟，我们必须要以案促改，亡羊补牢。为什么要请华策和总部的同志一起参加呢？原因是问题出在华策，根子却在总部。

"今天，我们就通过这场大讨论来反思企业在风险管理方面的漏洞和问题，找出针对性的改进措施。下面，让我们用热烈的掌声请粤鹏集团董事长、党委书记周泽明为我们主持讨论。"

周泽明走到会议室正前方，微微一笑，朗声说道："各位同人，下午好，在今天的讨论之前，我先和大家做个心灵之约。第一，空杯心态，畅享旅程；第二，放下包袱，轻装上阵；第三，开启心扉，积极分享。"

会场上，前排的人员听得非常认真，目不转睛地看着周泽明。中间和后面有的人在看手机，有的人在看窗外。

周泽明知道调频的时候到了。

"今天我们的讨论采用一种开放空间技术。它有四个原则。

"第一，出席的人都是最适当的。

"第二，不管何时开始都是最适当的时间。

"第三，不管发生什么，都只能是当时发生的事。

"第四，结束的时候就结束了。

"这四句话什么含义呢？等会每组有一个促进官会具体说明。在今天讨论之前，我们先来做一个热身游戏。"

周泽明走到会场中央，说道：

"请大家起立，所有人围成一圈，并将左手掌心朝下，然后伸向左前方，右手则食指伸出，点在右侧人员伸出的左手掌心中，食指必须与掌心接触。下面我讲一个故事，如果大家听到'山'这个音，其他谐音都不算，用你的左手迅速地抓住左边那个人右手的食指；同时，自己的右手也要迅速地逃开，不要让别人抓住。好，现在开始了……"

这个抓手指的破冰小游戏，周泽明在十多年前做内训师时经常使用，屡试不爽。

果然，在第一次抓时，大家已经笑声一片，第三次抓完，全场的人都在笑着谈论本组谁反应快、谁反应慢、谁容易犯错了。整个会场一片欢乐的海洋。

周泽明看到破冰的氛围已经达到，就示意大家安静，宣布了一条纪律：

"请每组指定的促进官收齐本组人员手机，存入门口的停机坪。最先完成的前三组，各加15分、10分、5分。讲课过程中谁的手机铃声响起，讲课暂停，大家一起看他到前面做100个俯卧撑。"

"100个？"会议室里一阵骚动，大家赶紧把手机调成静音。有的人干脆关机。

对，100个。周泽明心里想，不狠一点儿，没有效果。

接下来，周泽明给6个组分别布置了6个题目：党的建设、法人治理、文化建设、财务管理、风险管理、组织管理。各组分别从这6个方面反思华策公司的问题。

30分钟以后，各组都进入了讨论的状态，每组一人充当记录员，在大白纸上用彩笔记下小组讨论的结果。

靠近门边的一组，总部贸易管理部经理孙世伟担任组长，在热烈地讨论着华策公司法人治理结构的问题：

"华策公司的法人治理结构不健全，监事和董事一直都空缺，董事长是集团的江总兼任，最后变成了陈有中一个人说了算。"

"华策公司只有简单的公司章程，其他董事会议事规则、监事会制度都是没有的，没有制度怎么发挥监督作用？"

"华策公司的董事会定位不清晰，一年也开不了一次，就算开了，感觉也就是念念报表，走走过场，怎么发挥决策把关的作用？这就让陈有中有了可乘之机。"

……

"你们讨论的时间还有五分钟，请记录员抓紧概括要点，记录在新闻墙上。"周泽明穿梭其中，答疑解惑，重点提醒记录员把控好时间。

靠近窗户的一组，总部财务部经理赵德生担任组长，在讨论华策公司的财务管理问题：

"华策公司的资金怎么操作的？总经理和财务经理一碰头，钱就出去了，一点制约机制都没有，制度成了摆设……"

"财务管理的岗位很关键，一旦出现道德风险，企业就出轨了。三年前，总部财务部就提出来要换掉付燕萍，陈有中找了很多理由，就是不同意。"

"这说明粤鹏集团总部没有权威，陈有中势力强大，也说明总部在这个事情上不够坚定。"

……

其他组分别在讨论各自的主题：

"华策公司不是没有制度，而是有了制度不去执行，那这个风险怎么控得了？"

"现有的大宗商品业务根本没进ERP系统，风险控制形同虚设，从流程上根本无法管控。"

"上梁不正下梁歪，一个公司领导思想不纯、作风不正，必然把整个公司风气都带坏了。"

"内部审计局限于常规审计，针对性审计力度不够，这次华策公司的坏账怎么会掩盖有三年，是怎么绕过财务年审这一关的？"

一个小时以后，小组发言开始了。

贸易管理部经理孙世伟率先举手，"我们小组讨论完毕。"

周泽明示意会场安静下来，一起听第一个小组的发言。

"我们小组是从治理结构的角度来反思华策公司的案例的。首先，从组织结构来说，华策公司就缺乏监督和制衡。华策公司有业务部门、财务部门、行政部门，却没有管理部门。公司每一笔业务由谁来审核？要不要审核？是业务部吗？业务部负责人审核自己的业务合适吗？是财务部吗？财务部对每一笔业务的操作模式都了解吗？还是分管领导？分管领导怎么审核自己分管的每一笔业务？"

孙世伟的问题，把大家问住了。

"我们小组认为，华策公司在组织结构上，缺少一个能对业务进行审核、监督的管理部门。由于没有这样一个部门，实际采购、运输、仓储和发货的业务过程均由业务部门完成，收付款、放货等业务环节无法得到有效监督和控制。它应该是一个部门，有明确的职能和定位，而不是某个岗位，或者是业务部、财务部其他部门来兼任。

"缺少了管理部门，在以业务为导向，效益最大化的理念支持下，业务部门天生就有做业务的冲动，业务审核能省则省，制度规定形同虚设。在这种情况下，在货物采购、付款、运输、仓储、发货、收款的业务链条中，多个关键不相容岗位没有得到有效分离。有的业务部门甚至同时掌管出入库的审批，这实际上是重大的内控管理问题。

"其次，公司的治理结构不健全，监事和董事一直都空缺，董事长是集团的江总兼任。在这种结构下，一些重大业务开展前的业务评审和信用评价就会变成走过场，有的甚至没有业务可行性研究报告，有的业务预付和赊销没有任何抵押和担保措施。组织结构上的失衡必然导致风险管理上的漏洞。"

孙世伟说完以后坐下了。众人还沉浸在他的话语中。

周泽明赞许地点了点头，"第一组不仅敢说敢讲，而且分析深刻，非常好。"

总部财务部经理赵德生第二个发言。

"我们小组主要从资金管理方面反思华策公司的问题。我想从事前、事中、事后三个阶段来谈风险把控。在事前审核中，业务审批部门对贸易客户的资质信用评价、担保抵押手续审核、合同评审和付款审批把关不严，流于形式。特别是财务部门没有深入了解业务，掌握的业务信息严重不足，像泉州华达这个业务，没有及时发现委托方和贸易方是同一控制人，最终没有发挥资金付款最后的防火墙作用。

"在事中审核中，问题很多。一是物流环节是业务部门自己完成的。滇西铜业和韶关金通这两个业务的运输商和仓储商的资质评价有问题。怎么评价的？如果是像纸面上写的那样，后面还会有问题吗？二是仓库库存没有得到有效监管。虽然理货员盘点了部分仓库，但仅仅取得仓库的盖章确认件，对于是否存在重复质押，是否能提取存货并不清楚。三是财务部门与业务部门之间、业务部门与客户之间账务核对不及时，一直没有向客户发出询证函，没有有效落实债权。四是对于资金流的跟踪方面，财务部门没有将资金流与具体合同匹配管理，资金流、实物流与票据流不一致，没有对业务回款的实质进行了解分析，这就识别不了潜在的风险。

"在事后审核中，由于业务部对业务认识不够，业务档案管理不规范，这就没有办法准确辨析业务风险点。百顺铜业、福州裕新、芜湖一立这几个业务风险事件爆发后，我们也组织过人员按照业务合同深入排查风险点，但由于前期基础资料严重缺失，从账面上无法准确计算出资金的风险敞口，这就导致一部分问题未能及时发现，对挽救风险资金造成了影响。

"我也同意刚才孙经理的观点，华策公司缺少一个管理部门。在管理方面，没有部门没有岗位对业务合同执行进行跟踪。这就导致在上一笔合同未结清的情况下，仍审批通过下一笔合同，业务规模不断扩大，资金占用不断增加。在财务方面，财务核算未能跟踪到每一笔合同，在业务部门不及时录入相关单据的情况下，业务资金的净占用反映滞后，付款时财务部门无法根据客户履约情况和占用规模及时进行监控，财务对业务周转节奏的把控不力。同时，华策公司财务部门一直未能形成系统的资金计划制定机制，缺乏资金计划的严肃性，只是简单地记录银行承兑汇票及银行贷款到期日，没有将解付压力向业务部门及时传导。"

赵德生的发言赢得了大家的掌声。

周泽明看到坐在财务小组的方亦舒似乎有话要说，就将话筒递给了她。

方亦舒站起来说道，"除了德生刚才讲的这几点以外，我觉得还有两点。第一是没有规范业务板块间资金调拨的管理制度。资金占用低的业务板块大量地向资金占用高的业务板块输出资金，使得有问题的业务不能及时显现出资金风险，业务规模得不到及时控制，最终形成大宗商品的系统风险，对整个公司的资金链安全造成致命打击。第二是公司资金资源大量投放到大宗商品贸易中，忽略了系统提升的辩证关系。行情好的时候，大宗商品业务大跃进式地发展，但在队伍建设、市场开发、渠道拓展、业务管理等方面远远滞后，没有配套提升，规模发展与自身能力不匹配，这就为日后风险事件的发生埋下隐患。"

……

◇ **07** 严肃的主题，生动的讨论

两个小时以后，一幅华策公司风险案例原因分析鱼骨图以及每个小组的

讨论记录纸依次挂在南边的"新闻墙"上。

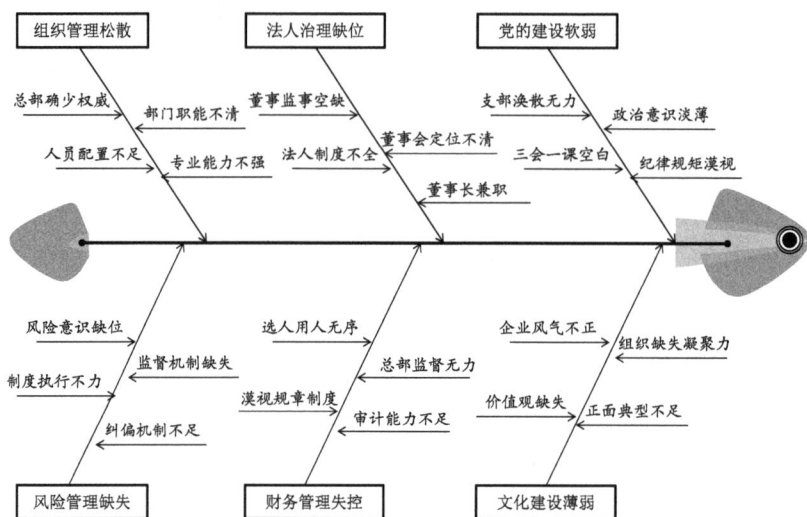

华策公司风险案例原因分析鱼骨图

鱼骨图（Fishbone Diagram）

鱼骨图是一种发现问题、分析原因的方法，也称为"因果图"。其特点是简洁实用、深入直观。鱼骨图的形状看上去像鱼骨，问题或缺陷（即后果）标在"鱼头"处。在鱼骨上长出鱼刺，上面按出现机会的多寡列出产生问题的可能原因，有助于说明各个原因是如何影响结果的。在实践中，经常与头脑风暴法结合使用，找出问题产生的原因或影响因素，并将它们与特性值一起，按相互关联性整理而成，因层次分明、条理清楚，并标出重要因素，也称作"特性要因图"。

这时候，周泽明宣布："在场的每一个人请到新闻墙这边来看看今天所有的讨论结果，若有需要可以在各议题的会议记录上加上自己的意见，或修正自己的看法，以便整理记录更完整。"

江伟军、卢靖琳、方亦舒和陈勇胜这些粤鹏集团的领导显得更加投入，认真倾听，深入研讨，专注观察。

因为他们知道，在这样的场合，每个人都是参与者，发言的权利都是一样的。如果自己不投入，说出来的话反而没有中层经理有水平，那当领导的脸面往哪里放？

其他人在这种群策群力氛围的影响下，也是使出浑身解数，为研讨成果贡献自己的力量，凸显自己的存在感和价值。

又过了一个多小时，针对每项问题短板的改进措施也已经出炉了。

周泽明往窗外一看，天色渐暗，不知不觉快6点了。

原因分析、改进举措、研讨记录几张大图挂满了整个南墙。大部分人已经回到座位，还有几个人站在"新闻墙"边在小声议论。他知道收尾的时刻到了。

周泽明走到会议室前方，拿起话筒，几个人也回到了座位上。

"同志们，今天的'勇立潮头话担当、国企改革当先锋'的大讨论活动马上要告一个段落了，我在这里分享几点体会，然后说一下我的意见。

"今天的大讨论活动给我的印象是十二个字：感受热情，释放能量，迎接挑战。

"首先，从大家认真投入的研讨、深刻细致的记录、全身心投入的状态，我能够感受到每个人那种为了企业健康发展，反思经验教训，做出积极贡献的蓬勃热情。大家这种从心底迸发出来像火山一样的热情让我对我们粤鹏集团充满了必胜的信心。

"其次，经过几轮研讨，可以很明显地看出，在原因分析和改进举措方面，大家把最重要的关键点列举出来，已形成初步的共识，这是大家集体智慧的结晶，是大家释放出来的助推粤鹏集团从落后走向先进、从风险走向健康的强大能量。

"最后，我们今天采用了一种创新方式来研讨，可以说是严肃的主题、生动的讨论。我们把'尊重人，相信每个人都能有所贡献'的理念，通过开放空间的形式展现出来，引发出建设性的思想和行为，形成一种增强回路、带动整个会场的气氛，爆发出惊人的创造力，这是我们接下来迎接挑战、完成任务的不竭动力。"

周泽明在台上讲话的时候，卢靖琳一边记笔记，一边在想，她和周泽明五年前一起参加的广泰集团行动学习培训班。周泽明平常这么忙，五年过去了，这个功力不仅没有减弱，反而越发厉害了，把这么一个看似枯燥的主题，讲得这么热火朝天，真的是佩服，自己要加油了。

卢靖琳不知道的是，周泽明为了今天的这个开放空间讨论，已经拉着妻子和女儿，在家里反复演练了两遍。

天才毕竟是少数，只要肯努力就是成功的孩子。

周泽明看了一下全场，说道："下面，我就接下来的工作提出三点意见。

"第一，征集建议，优化方案。今天的时间有限，我们只能对改进的举措进行初步的讨论，形成主要的方向和任务。接下来我们要继续完善，形成具体举措。请办公室牵头汇总整理好，梳理出主要的目标和任务，面向全体职工征求合理化建议。这些建议按照我们上次启动会上明确的要求进行征集，要求可操作、可落地。

"第二，明确任务，细化方案。根据大家提出的合理化建议，请办公室牵头明确总部各部门和华策公司的各项任务和目标。各单位对于各项任务和合理化建议举措进行充分的讨论，进一步细化完善，形成可操作的方案。

"第三，落实责任，有序推进。细化后的方案，要明确分管领导、责任人和时间期限，按照程序进行报批。各单位对各自任务要挂图作战，定期汇报。办公室负责跟进督办。将各项目任务完成的成效纳入年度考核评价指标。"

在回去的路上，周泽明接到了卢靖琳发来的微信："今天的开放空间成效斐然，找到了问题根源，集中了大家的智慧，明确了改进的方向，达成了共识，真不容易，向你学习！"

周泽明微微一笑，给她回了个龇牙的表情："谢谢支持，我这是抛砖引玉，期待你下次和我们分享世界咖啡的行动学习方法，一起品尝世界咖啡的芳香。"

"世界咖啡"会议模式（World Cafe）

"世界咖啡"（World Cafe）是一种行动学习的方法，主要精神就是"跨界"（Crossover）。不同专业背景、不同职务、不同部门的一群人，针对数个主题，发表各自的见解，互相意见碰撞，激发出意想不到的创新点子。世界咖啡深度会谈就是通过营造轻松愉悦的氛围，约定"异花授粉"的跨界交流机制，包容多元化背景，设置多轮次转换，聚焦问题、激荡智慧、改善心智、促发创新的会议形式。

08 他山之石，可以攻玉

"下个星期我要出趟远门。"吃完晚饭，周泽明一边整理餐桌，一边和正在辅导女儿功课的妻子说。

"去哪里啊？这才过完春节。"妻子问。

"先去上海，再去朝鲜。"

"朝鲜？那可不是一般人能去的地方。"

"对，光出入境手续我们就报批了一个多月，那边联系好了，只有这个时间合适。"

"还没说去干什么呢？"

"我们粤鹏集团下属的华意公司遇到了一个问题。他们一个业务部有一个欧洲的大客户本来一直都很稳定的，去年下半年将原本给华意的三分之一订单转移到了朝鲜。同时这个欧洲客户的另一个中国供应商，叫浙江名泰，也是华意公司的竞争对手，在位于中朝边境的丹东地区和朝鲜境内分别建立了生产加工渠道。这对华意公司的业务产生了很大的影响。"

"那你这次是去现场考察了？"

"没错，粤鹏下面有三家纺织服装公司，都面临同样的问题。我这次和他们一起去看看，了解一下真实情况，你们商务厅有没有这方面的信息？"

妻子陈佳欣在省商务厅电子商务处，平时很少在家里谈工作上的事情。想起来了两个人会交流几句。

"上次我听外经贸处的人说，他们已经在关注订单转移的事情，现在外贸企业在报进出口数据时，都要再报一个订单转移对出口带来的影响值。"陈佳欣说。

"这两年出口业务下滑，大家都在找原因。"周泽明说。

"现在经济发展急需增长动力，外贸这驾马车不能减速。从国家到省里都在出台支持性政策。"陈佳欣说。

"对，稳外贸就是稳经济。除了朝鲜，现在订单转移的大趋势是往东南亚地区。我们回来以后，东南亚要去重点考察一下。"周泽明说。

"去上海转机吗？"

"现在到朝鲜平壤的航班有三个地方：北京、沈阳和上海。我们去上海还有另外一个任务，去考察两家领先公司。"

"什么公司？"

"上海的金瑞集团和无锡的苏纺国际，听说过吗？"

"当然了，金瑞集团是中国'互联网+'行动百佳实践案例，它的协同制造很出彩；苏纺国际是服装代工业的巨头，它的纵向一体化很有特色。"

"金瑞集团怎么个出彩法？苏纺国际怎么有特色？"

"金瑞集团的特色就是C2M（顾客对工厂）大规模个性化定制模式，实现数据驱动的产业链协同生产。苏纺国际在供应链产品创新、快速反应能力方面独树一帜，近年来一直是国内市值最高的服装上市公司。"

"你都去考察过了？"

"没有，上个月，上海市商务委员会来我们这里考察，介绍过金瑞集团，他们通过全程数据驱动，传统生产线与信息化深度融合，实现了以流水线的生产模式制造个性化产品。"

"这是生产领域的创新，在外贸方面有没有亮点？"周泽明问。

"当然有了，他们金瑞集团建立了一个跨境电子商务公共服务平台，采用'境内关外'的监管模式，通过后台处理方式实现便捷通关和出口退税，不仅理顺了支付和结付汇的流程，而且降低了企业物流、财务等一系列经营成本。"

"这么说来，他们的跨境电子商务也是相当出彩？"

"这正是我们处所关注的。听说他们的数据共享能够提供电子商务通关、物流、数据交换、外贸协同等综合服务，实现进口货物分送集报、出口邮件和快件形成一般贸易报关单以及无纸化通关功能。"

"听起来这么厉害。我觉得你们电子商务处更应该去好好考察一下，要不然你们商务厅组个队，我们一起去？"周泽明问。

"我们一起去？女儿谁来管？其实我早就想去了。他们被商务部评为国家电子商务示范企业。这个名头可是实打实的。你先去探探路吧，回来以后好好分享一下。朝鲜天气比较冷，羽绒服要带上。"

"遵命。"

09 金瑞集团的竞争力

周三上午8：30。上海浦东机场候机大厅国际航站楼。

距离登机还有一个半小时。周泽明一行人前后排围坐在一起，回顾着这几天参观考察的情景。

每个人手里都拿着一个小笔记本。因为考察安排时间紧凑，同时飞往平壤的航班是中午登机，因此集中碰头的时间定在了机场。粤鹏集团考察组特意提前到达航站楼。

"先说说金瑞集团吧，昨天刚去过，趁热打铁。"周泽明说。

"我觉得金瑞集团不仅仅是生产制造和物流服务上的创新，它真正构建了一个新的商业生态，那就是让互联网透明、分享、共享的特质，真正为商业提供服务，为消费者提供服务。"华意公司董事长胡仲文说。

"老胡，你水平太高了，都上升到生态的高度了。我还是对他们的先进制造感兴趣。"华强公司董事长董成均说。

"他们哪里是工厂，简直就像一台由数据驱动的3D打印机。一方面，客户可以自主设计服装，真正实现了需求驱动生产；另一方面，员工在岗位上依照指令进行标准化生产，用在线工作取代了在岗工作，真正实现了客户个性化需求与规模化生产制造的无缝对接，可以说是人机一体化制造的典范。太震撼了！"

"他们也舍得投入。民营企业里很少有这样的，眼光这么长远，投巨资引进具有世界先进水平的3D量体仪可以说是大手笔，几秒钟的时间就能获取量体数据，为顾客现场量身定制专属西装，这才是基于个性化需求的定制。"华源公司董事长顾伟胜说道。

"我觉得金瑞集团的组织体系有特色：全员对应目标，目标对应全员，高效协同。在生产制造方面注入科技含量，创造利润空间，这实际上颠覆了传统的微笑曲线，重塑了制造业的源头价值。"胡仲文说道。

"看来大家收获很大啊，对于我们粤鹏集团的业务有什么启发？"一直听大家发言的周泽明提了一个问题。

"我觉得金瑞集团生产制造方面的创新我们是一时半会学不来的，触动我的是他们向死而生的勇气。"胡仲文说。

"向死而生？"大家看着胡仲文，静待下文。

"金瑞成立于1995年，一开始以接外贸代工订单开始，是一个典型的传统OEM代工厂，这和我们华意公司一样。

价值链（value chain）

价值链（value chain）的概念最早由哈佛大学商学院教授迈克尔·波特于1985年提出。

波特认为，"每一个企业都是在设计、生产、销售、发送和辅助其产品的过程中进行种种活动的集合体。所有这些活动可以用一个价值链来表明。"

企业的价值创造是通过一系列活动构成的，这些活动可分为基本活动和辅助活动两类，基本活动包括内部后勤、生产作业、外部后勤、市场和销售、服务等；而辅助活动则包括采购、技术开发、人力资源管理和企业基础设施等。这些互不相同但又相互关联的生产经营活动，构成了一个创造价值的动态过程，即价值链。

"1995年正是中国纺织服装业处于低谷徘徊的时候，他们当年面临的困境和我们现在是一样的，那就是长期处于价值链的最低端，收益少，议价能力差，生存十分被动，日子越来越不好过。但是，他们的领头人在参观完国外工业生产之后就敢于自我革命，在一片反对声浪下，开启了从成衣生产到个性化定制的转型之路。这种勇气、魄力和执着是最值得我们华意公司学习的。"胡仲文说。

"胡董讲得好！我也来讲一下。民营企业在初创时期，基本上都是个人资本投入的。大多数处于成长期的民营企业都是家族式治理系统，公开以后形成企业治理结构，这个系统主要由家族亲信组成，占据了财务、经营、销售、供应等部门的要害职位。但是金瑞集团在成长过程中，毅然决然地从根本上抛弃了家族式治理结构。

"首先，在集团公司内除董事长、副董事长是兄弟俩以外，其他重要岗位全部由社会招聘，竞争上岗；其次，明晰产权。金瑞集团十多年前改制组建了股份有限公司。近期又拿出10%的期股，转让给企业的主要骨干成员，将一大批优秀人才凝聚起来，为企业发展提供了人才保障。

"我在想，我们华源公司是一家混合所有制企业，我们也有股权，这是我们前些年企业高速发展的重要原因，现在能不能进一步深化股份制改革，充分释放机制改革的红利，把大家的干劲儿调动起来，把骨干人才凝聚起来呢？"华源公司董事长顾伟胜说。

周泽明听完胡仲文和顾伟胜的话以后，点了点头，将目光投向了华强公司董事长董成均。

"我的思考是从核心竞争力出发的。金瑞公司在发展过程中，最大限度地改正着自己存在的天生弱点，始终突出主业，培育企业核心竞争力。我们老是说纺织服装业走下坡路。你看看，从1995年就开始说了。那时候就已经出现严重的结构性过剩。但是金瑞集团不照样从一个结构性过剩的行业杀出一条血路，走上了企业持续发展的成功之路。"

核心竞争力（Core Competencies）

又称"核心（竞争）能力""核心竞争优势"，指的是组织具备的应对变革与激烈的外部竞争，并且取胜于竞争对手的能力的集合。

核心竞争力是企业竞争力中那些最基本的能使整个企业保持长期稳定的竞争优势、获得稳定超额利润的竞争力，是将技能资产和运作机制有机融合的企业自身组织能力，是企业推行内部管理性战略和外部交易性战略的结果。

在美国学者普拉哈拉德（C.K.Prahalad）和美国学者哈默（G.Hamel）看来，核心竞争力有三个特征。第一，核心竞争力有助于公司进入不同的市场，它应成为公司扩大经营的能力基础。第二，核心竞争力对创造公司最终产品和服务的顾客价值贡献巨大，它的贡献在于实现顾客最为关注的、核心的、根本的利益，而不仅仅是一些普通的、短期的好处。第三，公司的核心竞争力应该是难以被竞争对手所复制和模仿的。

"他们围绕主业先强后大，把企业做深、做透、做广，使企业成为一个符合行业特点的敏捷性组织，进而才能形成技术独家、商品独创的敏捷经营方式。我刚刚就在想，我们华强公司的核心能力是什么？怎么塑造？我有没有金瑞公司领头人那种破釜沉舟、背水一战的勇气？"董成均说。

敏捷性组织（Agile Organization）

敏捷性组织的概念是瑞克·道夫（美国理海大学）于1991年在《21世纪制造业企业战略》一文中首次提出。企业的敏捷性是有效管理与应用知识的能力。敏捷性组织就是指企业对于政策和市场环境的变化（如技术变革、需求变化等）能够迅速整合资源做出反应的企业组织。

"世伟，你说说看。"周泽明对站在旁边的贸易管理部经理孙世伟说。

"在他们的企业文化展馆里，我观察到一个细节。为了在流水线上传递个性化定制的信息，每张订单的细节要求一开始都被写在一张纸上进行流转。由于纸张容易磨损，后来换成了长布条。一两百个数据信息都被编成代码写在布条上，但手写代码有时不好辨认，常常影响生产效率和成衣品质。

"再后来，金瑞研发出存储订单信息的电子磁卡，搭建起流水线上的个性化定制平台，最终探索出了传统制造业与信息化技术融合的新模式。也就是说，并不是他们一开始就有完美的设计，而是在不断地探索，不断地改进，在发展过程中不断创新思变，这是他们最可贵的精神。"孙世伟说。

◇10 苏纺国际的生意经

看到大家对金瑞集团讨论差不多了，周泽明问："昨天去的金瑞集团是人机协同的标杆，那前天去的苏纺国际呢？有什么启发？"

"把一个点吃透，这就是苏纺国际的秘密。"胡仲文说。

"哪个点？"周泽明问。

"大家都说服装代工利润低、不赚钱，但是苏纺国际把代工这个点做到极致，不仅赚了钱，而且成为大赢家。"顾伟胜帮胡仲文说出了答案。

"苏纺国际的起步就是不一样，当时的负责人去日本参加面料技术培训。他在日本看到婴儿成衣对面料的要求远超行业标准，定价甚至超过成人的。回来以后，这家公司就决定从中高端婴儿成衣起步，瞄准出口日本。这个起点就决定了苏纺国际和一般的代工公司不一样，我觉得我们华强公司就缺少这种战略设计，只顾低头拉车，没有抬头看路，企业未来怎么走，怎么发展没有整体考虑过。"董成均说。

"战略设计决定企业道路，关键时刻左右企业发展。我关注的是关键时刻。2002年苏纺国际45天如期交付了30万件加急订单，一举拿下了与伊尚锦长期合作的机会。这一点我认为是苏纺国际成长路上的关键时刻。从此开始，苏纺国际不断承接日本中高端服装品牌的订单，较早地积累了精益化生产的经验，为后来拓展欧美大客户打下了坚实的基础。我们华意就缺少这样的关键时刻。"胡仲文说。

> **精益化生产（Lean Production）**
>
> 又称精良生产，其中"精"表示精良、精确、精美；"益"表示利益、效益等。精益化生产就是及时制造，消灭故障，消除一切浪费，向零缺陷、零库存进军。它是美国麻省理工学院在一项名为"国际汽车计划"的研究项目中提出来的。它们在做了大量的调查和对比后，认为日本丰田汽车公司的生产方式是最适用于现代制造企业的一种生产组织管理方式，称之为精益生产，以针对美国大量生产方式过于臃肿的弊病。精益生产综合了大量生产与单件生产方式的优点，力求在大量生产中实现多品种和高质量产品的低成本生产。

"机遇偏爱有准备的头脑。机遇没来，我们不用怨天尤人。机遇来了，我们准备好了吗？我觉得苏纺国际能够获得日本众多品牌商的青睐，与公司在发展初期就高度注重设备改造和技术投入密不可分。前天他们公司在介绍时，我记得2005年在港交所上市之前，苏纺国际投入技改的资金就达到年利润的60%以上，上市之后，每年研发投入约为年营收的2%，这些真金白银投下去，企业的科技实力可想而知。"顾伟胜说。

"我注意到，苏纺国际的研发能力很强，他们每年平均有22个系列专利会转化为产品，也就是每年可以推出600多件新产品。但是，他们的品牌经营不太成功。他们也曾经组建过国内零售团队，创建过休闲服饰的品牌，但是一直亏损，后来将这个品牌售出。这个给我的启发是，研发设计能力和品牌运营能力还是有相当差别的。"胡仲文说。

"世伟，对这个问题，你怎么看？"周泽明问孙世伟。

"我觉得生产制造和品牌经营是两套思路，生产制造钻研产销平衡、生产效率和品质管控，而需要的是消费者洞察、产品创新和营销能力。苏纺国际做品牌缺乏经验，转型自然艰难。相比较研发和设计，我觉得品牌运营是我们外贸公司的优势，因为我们了解客户，对市场的嗅觉能力强。"孙世伟说。

"成均，你刚才谈了金瑞集团的核心竞争力，你觉得苏纺国际的核心竞争力是什么？"周泽明问董成均。

"我觉得是专注于开发产品，制造高附加值的优质面料和服装，实现业务的快速增长和高利润率。"董成均说。

"如果从产业链来看，苏纺国际的核心能力可以分三段，前段是向上游延伸，在面料开发方面不断投入资金，提高技术研发和新产品开发能力；中段是提高生产制造的精细化管理水平，将面料织造、染整服务、印绣服务、裁剪与缝纫等生产工序合而为一；后段是锁定国内外服装龙头企业，甚至是建立专门工厂来服务，这三段又是相辅相成的，从而掌握了纺织服装产业链的核心环节。"顾伟胜看了一眼手上的小本子说。

⑪ 没有夕阳的产业，只有夕阳的企业

"你们几个都厉害，都是一套一套的，不错不错，我也来谈谈我的体会。十年前，我到浙江的宁波去出差，中午到一家快餐店吃饭。这家快餐店面积不大，但是干干净净的，生意火爆，排队的人很多，据说饭菜物美价廉。我是被他们的名字吸引过去的。这家店名叫'一口田'。"周泽明将目光投向了候机厅外，仿佛在回忆当年的情景。

"一口田？"其他人搞不懂正在讲参观考察"互联网+工厂"的体会，怎么突然说到了中式快餐上了。

"对，一口田，为什么取这个名字呢？有三重含义。第一，一口田旁边有神的保佑，是（福）。"

说着，周泽明用手指在空中比画。

"第二，'一口田'上面加个屋顶，表示有房有田，是（富）。

"第三，'一口田'长了脚，要你行动，要你进取，去得到那'一口田'就是（逼）。

　　"上班的人，周一早上不想去，还得去，因为生活所逼。一个在家不进厨房的人，留学在外，居然烧得一手好菜，因为环境所逼。一个登山者，跳过一条他平常不敢跳的深沟，因为野兽所逼。所幸世界上有（逼）这件事，我们才能超越自己，完成平常不能做得到的事。"

　　"这个文化理念真是不落俗套。"胡仲文说。

　　"有内涵，令人印象深刻。"顾伟胜说。

　　周泽明接着说："这家快餐虽然不算大，但是给我的印象很深，我一下子就记住了'一口田'这三个字。它的墙上还贴着一个宣传画，上面写的是：在一口田，千万不要做三等公民，即等下班，等工资，等退休。行动起来，逼一逼自己，你的能量超过你想象。

　　"刚才从各位的发言，我也有一个很深的体会，就是很多创新、很多成功其实是逼出来的。你不主动逼自己，那别人就会来逼你，行业会来淘汰你，你就要玩完。这就是仲文刚才说的，我们要向死而生，才能活。"

　　周泽明看了一眼电子屏，继续说。

　　"这两家企业的成功给了我这样的启示：哪怕是极度传统行业，只要企业足够优秀，也会有它的春天。最典型的就是苏纺国际，同样是做代工，产业链上利润最薄的环节，却保持了营收15%的年化增长。它是一家劳动密集型企业，却长期保持30%左右的毛利率和20%左右的净利率水平。

　　"从今天开始，以后我们不要再说纺织服装业是夕阳产业了，没有夕阳的产业，只有夕阳的企业。两家企业成功最根本的原因是踩准产业发展节奏，选择优质赛道，围绕核心客户和市场需求进行产业链布局，持之以恒地提升核心竞争力。

　　"对于我们外贸企业来说，必须要打造产业链上的核心竞争力，掌控关键环节，才能站稳脚跟，赢得生机。危机危机，危的另一面就是机。我们要思考的是怎么从危机中育新机，怎么从变局中开新局？金瑞集团和苏纺国际给了我们生动鲜活的例子。现在是该我们逼一逼自己的时候了。回去以后，你们和班子商量商量，下一步应该怎么办？只要是有利于企业长远健康发展的，粤鹏集团会给出实实在在的支持。"周泽明目光深邃，语气坚定。

10：10。高丽航空的图-204客机从上海浦东机场腾空而起，直飞朝鲜平壤。

⑫ 平壤的春天

春天的平壤繁花似锦、绿树成荫，到处都是婀娜多姿的垂柳，因此平壤又有"柳京"的别称。平壤是一个"花园城市"，城市绿化率多年来一直位居世界城市前列。

从平壤机场出来以后，周泽明一行人的眼睛一直没离开过车窗。他们仔细地打量着这块美丽的土地，眼光里充满了好奇。

"金日成广场在平壤市中心，大同江边。广场的正面与江相对的是一座东方式的建筑，叫人民大学习堂，相当于国家图书馆。两边是历史博物馆和美术博物馆。" 导游小金是专门承接中国旅游团的朝鲜人，地地道道的中国通。

"小金，那个就是建党纪念塔吧？"顾伟胜指着对面江上的三个塔问道。

"对，那就是我们朝鲜的建党纪念塔，朝鲜劳动党党旗上的标志由锤子、镰刀和毛笔构成。建党纪念塔的图案也由握有这三件工具的三个手臂所组成，代表工人、农民和知识分子。你们看中间那个塔是什么？"小金问。

"好像是一支笔。"顾伟胜说。

"没错，是一支笔，而且是在当中，这说明我们朝鲜对知识分子的重视。你们中国有一句话叫，科学技术是第一生产力。在朝鲜，我们把知识分子当成最宝贵的财富，特别是科学家和艺术家的地位很高，他们在平壤的房子很大，有汽车，终身享受公费医疗。"小金说起来很自豪。

周泽明一行人在平壤吃完午饭，就直奔平壤的东方茂经济开发区，那里有几家大型的服装加工厂。厂方一个负责宣传的小伙子接待了考察组。工厂占地面积不大，但是布局很规整。下午时分，厂区里工人不多，行色匆匆，一辆辆货车来来往往。

周泽明一行考察组走在路上，远远就听到"唰唰"的整齐一致的设备声响，工业化气息扑面而来。

一进入生产车间，让周泽明吃了一惊。原本他们以为朝鲜的服装加工厂和江浙地区的小工厂差不多，没想到映入眼帘的是宽阔整洁的场地、整齐先进的设备、动作娴熟的工人。如此大规模、高效率的加工场景在国内是很少见到的。

考察组验看了一部分加工的服装成品，从做工方面看绝不亚于中国国内水平，有的甚至略高于国内。

厂方的小伙子介绍，朝鲜开展服装加工贸易已经有二十多年的历史，加工种类以夹克、风衣、羽绒服等梭织服装为主，在加工流程、工艺控制、人员管理等方面已积累了相当的经验；同时，朝鲜服装加工企业设备配置比较齐全，工人素质高，能够吃苦耐劳，工人技术娴熟，成衣加工质量比较好，再加上加工成本低廉这一优势，服装加工贸易发展很快，承接了大量的服装加工业务。

当天下午，考察组接连看了两家工厂；第二天，考察组考察了东方盛经济开发区的两家工厂，规模都差不多，1000人左右。

晚上回到宾馆，周泽明把几个人召集起来商讨。

"四家工厂都考察过了，大家都谈谈吧，先说说朝鲜工厂的优势，每人讲一条。"周泽明说。

"四个工厂我都问过了，在不考虑其他费用的情况下，单件服装在这里的加工费比国内低30%—50%，这是他们最大的优势。"胡仲文说。

"这里的工人具有高度纪律性和吃苦耐劳精神，他们接受了比较系统的专业培训，技术娴熟，效率较高，加工质量较好，所以品质方面有保障。"孙世伟说。

"这四个工厂都使用日本进口的缝纫设备，而且裁剪、缝纫、整烫这些设备完整，有的甚至超过国内服装加工企业的水平。"顾伟胜说。

"这四个工厂的生产管理都是整齐划一、井然有序，有的生产管理水平甚至超过国内加工厂，如果合作的话，我们不需要派人来参与管理。"董成均说。

"四个优势，好的，再说说如果我们和这里的工厂合作有什么劣势吧。"周泽明说。

"这里工厂旺季订单交期普遍存在延期现象。造成的原因一是接单太多，同时因为存在外包现象，交期无法控制；二是由于韩国订单的加工费普遍较欧美订单高，因此安排韩国订单的优先程度会高于欧美订单。这样的话，欧美订单的交期就可能受影响。"董成均说。

"每个工厂的成品我都仔细看了一下，他们在服装的缝纫、做工方面做得较好，但是后道整理、检验、包装的场地都不大。如果合作的话，我们在保税仓库的整理费用会增加。"顾伟胜说。

"这里和国内的交通不能一站直达，还有其他的零星费用。这样的话，样品、成品和面辅料在这里的通关费用可能会增加。"胡仲文说。

"大家这么一分析，这里服装加工的特征就清晰了。他们的加工成本低，生产效率高，接的订单主要是做工复杂、加工费高的夹克、羽绒服等梭织类服装。T恤、衬衫、毛衣这些针织类服装我们这两天好像没看到过，对吗？"周泽明打开笔记本问道。

"没看到。"众人皆点头称是。

"这里的服装加工业虽然对国内的梭织类服装订单有分流影响，但由于政策的多变性，也存在一定的业务风险，国外企业转移订单的成本就会高。因此，一般欧美大客户不太会把大量订单放在这里。但是，一旦政策趋于稳定，这里将成为东亚地区梭织类服装生产加工的首选之地。对于我们来说，降低成本、提高工艺、增加含金量是我们提升自身实力的必然选择，也是和这里工厂合作的必要前提。"

"总体来说，我觉得朝鲜的经济非常有活力，也很有发展后劲，他们在加工流程、工艺控制、人员管理方面的经验，值得我们好好学习。下一步，我觉得可以和这里的工厂保持联系，互通有无，取长补短，一起探索在构建东亚地区服装产业链上，如何发挥各自的优势。当然，这只是我个人的想法，回去以后我们要向上级公司和省里相关部门汇报情况，听听他们的意见。"周泽明说。

"世伟，下个月我们考察完柬埔寨和缅甸以后，你们贸易管理部整理一份考察报告，我们几个公司一起坐下来商讨服装产业下一步怎么破局，'十四五'怎么发展。"周泽明向孙世伟说道。

⑬ 总部建设提上日程

周一上午9：30。粤鹏集团董事长周泽明办公室。

集团办公室主任黄子薇在向周泽明汇报工作。

"周董，上次大讨论的活动成效显著，合理化建议活动再掀高潮，截至目前，全集团围绕党的建设、法人治理、财务管理等六个方面提出了66条建议。"黄子薇递给周泽明一份报告。

"这些建议都经过相关部门初审评估了吗？"周泽明一边看，一边问。

"对，总部相关部门都评审过了。虽然建议有大有小，但都是言之有物、有的放矢。"

"这么说来，这些建议的质量都不错。如果能把这些建议落到实处，那我们粤鹏集团的管理水平要上一个台阶了。"

"这些建议，有一些是我们各个部门正在筹划的，比如说法人治理结构完善、子公司财务经理委派制、股权制深化改革；有一些是现有工作的改进，比如说加强总部建设，部门负责人竞聘上岗；还有一些是全新的建议。我觉得这些建议已经不仅限于风险管理领域了，而是涉及企业经营发展的方方面面。"黄子薇说。

"这个其实就是集中智慧、达成共识的过程。很多事情，本来是我们总部牵头要去做的，现在通过职工合理化建议的方式提出来，既完善了相关的方案，也形成了群策群力的氛围，职工的参与感更强，支持力度更大，我们的一些政策落实得就更彻底。全新的建议有多少？有没有让人一看就眼睛一亮的？"周泽明问。

"这三类建议各占1/3，全新的建议有22条，有几条我觉得特别好。"黄子薇说。

"你觉得特别好？说来听听。"周泽明把目光从报告转到了黄子薇身上，心里想，看看你的眼光怎么样。

"有一条是华策公司总经理何志云提的，是关于现在外贸业务人才的培养问题。他觉得现在外贸业务人才培养不容易，标准也没有，都是靠师傅带徒弟这样口口相传的方式，实际上不利于外贸业务人才梯队的建设。"黄子薇说。

"他的建议是什么？"周泽明问。

"他的建议是由粤鹏集团人力资源部牵头，制订外贸业务员队伍的人才培养体系，包括从招聘到培训到考核到使用的一整套体系。"

"这个建议好像也没有特别之处。"周泽明疑惑地说。

"这个建议是提出了外贸人才培养的紧迫性和重要性。我说的特别好的建议是人力资源部的陈华年，他也提出了加强外贸业务员队伍建设的建议。他提出要建立基于外贸业务员素质模型的人才培养体系，具体怎么做，都写出来了。"黄子薇说。

周泽明翻看手里的合理化建议报告，找到陈华年的那一篇，仔细看了起来。

过了一会儿，周泽明抬起头来说："整个建议方案很完整，他是不是以前做过这样的项目？"

"他是三年前来粤鹏公司的，上一家单位是一家管理咨询公司。"黄子薇说。

"工作表现怎么样？"

"应该还不错，去年公司的先进员工。"

"这样的人才我们要把他用起来。"周泽明说。

"这个小伙子我看挺活络的，是个想做事情的人，人力资源部看过这个建议也觉得不错，想让他来牵头做这个项目。"黄子薇说。

"其他还有什么好的建议？"周泽明问。

"法务审计部杨小婷提出一个建议，就是集团的大宗商品风险控制体系做好以后，通过培训课程开展定期轮训，让风险控制的流程和节点深入每个业务员心中，特别是新上岗的业务员。"黄子薇说。

"具体建议是什么？"周泽明问。

"把风险管理嵌入大宗商品的业务模式和流程中，开发出内训课程包，作为粤鹏集团的内训课程，从新上岗的业务员开始轮训，报告中第三个建议。"黄子薇说。

"想法很好，谁来落实？"周泽明看完杨小婷的建议以后问道。

"杨小婷说，她正在参加广泰集团的一个PCT项目内训师培训，这个项目要求每个学员开发一门课程，她就想以这个为课程主题，正好结合合理化建议活动，开发完了接下来实施，也是项目培训的要求。"

"PCT项目？"周泽明疑惑地看着黄子薇。

"PCT项目是Project for Course & Trainer的缩写，是一种内训师课程开发和师资培训的项目。这种培训项目以内训师培训为根，以课程开发为本，搭建基于企业战略落地的知识传承平台，包括职业讲师培养、系统课程开发以及一套完整的方法论和工具包。广泰集团组织的，孚嘉公司承办的，主导老师是内训师专家陈恭华，我去年参加培训开发了一个安全生产管理的课程包，效果很好。"黄子薇说。

"这种培训效果怎么个好法？"周泽明的视线从报告转向了黄子薇。

周泽明以前做过人力资源部经理，也主导过几个大型的行动学习项目，对市面上的各种培训模式十分熟悉。

黄子薇打开手里的报告，翻到杨小婷建议的这一页，说道："以往，许多企业在内训师队伍建设方面投入了大量的力量，但是效果不佳，主要原因就是热衷于内部讲师授课技能的培养，忽略了内部课程开发的重要性，培养了一批'有枪无弹'的讲手，对企业内训平台的整体构建意义不大。

"PCT的理念，是遵循师课同建的原则，在建立内部讲师体系的过程中，同步完成内部课程体系的开发，承担企业战略的推动任务。PCT和以往的TTT（Training the Trainer to Train）内训师培训项目最大的区别，是它课程开发的战略性、体系性和实用性。

"我们去年参加课程开发的时候，经常要封闭式培训三天，从早上搞到晚上。课程很生动，节奏很紧凑，效率也非常高，因为它有一个互动课程开发系统的软件，我们负责内容的开发编写，输入进去以后，平台自动生成ASK课程分析脑图、PPT手册、内容手册、案例手册、考核手册等。

"去年广泰集团开发了20门课程，反响很好，我们粤鹏集团今年只有一个名额。昨天婉飞和我说，准备通过内部报名的方式，选拔优秀人员参加培训。"黄子薇说。

周泽明听黄子薇这么一说，就大致了解了这个培训模式，说道："师课共建理念是好的，关键在于落地，如果课程开发出来，没有培训实施，那效果就要大打折扣。我觉得可以把这个师课共建的理念再延伸一步，叫师课训共建，把课程开发的轮训也纳入项目中。"

"周董，你的意思是既培养一批具有课程开发能力、熟练授课能力的内部讲师，又开发完成基于战略业务的课件包，还要完成开发课程的应知应会轮训，所以叫师课训共建项目？"黄子薇反应很快。

"你和婉飞说，就按照这三点要求组织报名，选拔人员，明确任务，让她先做一个方案。另外，杨小婷的建议有亮点吗？"周泽明问。

黄子薇一边记，一边答道："她的建议，是贸易管理部牵头先把大宗商品的业务流程和风险控制梳理出来。原来的流程已经不合时宜了，需要根据相关政策法规和风控体系重新梳理构建。"

"这件事情本来我们就要做，现在有她敢于承担任务，勇挑重担，那是最好。我们要给她以必要的支撑。这样吧，可以请贸易管理部牵头，召开一个大宗商品业务风险控制交流会，邀请华茂公司几个业务做得好的业务员来座谈交流，在这个基础上请法务审计部把大宗商品的业务和风险控制的主要流程梳理出来。这个事情请贸易管理部牵头，法务审计部配合。如果杨小婷选上了，就由她去做。"

"周董，我也有个建议。"黄子薇说。

周泽明抬起头来，呵呵一笑说道："你应当有建议，你们办公室沟通上下，联系内外，对公司的情况最了解，也最有发言权，你们提不出建议反而有问题了。"

"周董，我觉得粤鹏集团的总部建设比较薄弱，像这次华策公司出问题，总部财务部和人力资源部都已经明确提出人选，更换华策公司财务部经理，结果被陈有中挡了回去，换成了他的自己人，为他的违法违纪行为开了方便之门。这实际上反映了诸侯的势力太大，中央的权威不够；有的部门经理不敢管理，也不会管理，专业化程度不够，才会出现问题。"黄子薇说。

"哪个部门经理专业化程度不够？"周泽明说。

"举个具体例子，每年财务年报的审计，都是会计师事务所直接发询证函给银行，这两年会计师事务所偷懒省劲，把询证函发给华策公司，华策公司财务部人员才有了可乘之机。这种水平的会计师事务所的选择就是有问题的。这个事情也不是一年两年了，这种事务所怎么选择的？合作多久？服务质量如何？我们相关部门难道没有一点察觉吗？"黄子薇说。

"总部建设还有什么问题？"周泽明问。

"总部的一些职能需要明确，比如创新管理、战略管理、风险管理、法人治理、安全管理这些工作对上要承接，对下要指导，本身要加强自身专业化建设。比如说法务审计部，我觉得它的职能应该更宽广一些，增加风险控制、企业管理等职能，而不仅仅是法务和审计工作。"黄子薇说。

"具体建议是什么？"

"从国资国企改革的角度出发，面向五年战略规划，调整组织结构，优化部门职能，总部各部门负责人实行竞聘上岗，让想干事、会干事、干成事的人脱颖而出，激活粤鹏集团的人才潜力，加强总部建设，我写的具体建议是报告里的第六条。"

"总部建设是该提上日程了。你先排个方案出来。这些建议我先看看，有问题再找你。法人治理这方面，你们办公室先自我评估一下，下周可以请国企改革方面专业的老师来公司培训一次。这一块的东西大家都在摸索，边学习边实践。"

⑭ 总经理被控制了

"周董，江总被公安机关带走了。"周一上午，粤鹏集团办公室主任黄子薇急匆匆地走进周泽明的办公室。

"什么时候？"

"现在在查封江总的办公室。"

"没有通知单位吗？"

"五分钟前刚来的，要求相关人员保密。我也是刚听到动静出来看的，听说出示了警察证和拘留证。"

"是治安拘留还是刑事拘留？"

"不知道，我想第一时间先来向您汇报。"

"你现在马上去把具体情况了解清楚。"

半小时以后，黄子薇拿着笔记本回来了。卢靖琳也到了周泽明的办公室。

"周董，靖琳书记，来的是粤城区经侦大队的便衣，没穿警服。9：28到粤鹏大楼门口，要求保安不能走漏消息，出示证件以后，让大楼里的人带到19楼集团总部，再让19楼的前台带到江总办公室，出示证件以后，给江总戴上手铐直接带走，走之前，在江总办公室门上贴了粤城区经侦大队的封条。

"我刚才让法务审计部咨询了公司法律顾问。律师回答，公安机关会在24小时以内把拘留的原因和羁押的处所，通知被拘留人的家属或者所在单位。"黄子薇说。

"子薇，你把刚才的整个情况整理成一份书面材料，请法务审计部联系粤城经侦，看看什么时候能把拘留证给我们单位，越快越好。下午我和靖琳书记一起去广泰集团主要领导那里做个汇报。"周泽明说。

"子薇，请法务审计部同时向广泰集团法务部电话汇报，看看上级部门有什么指导意见。我这边也会和广泰集团纪委汇报。"卢靖琳说。

黄子薇走出办公室以后，周泽明和卢靖琳继续讨论着刚才发生的事情。

"从目前来看，公安机关已经掌握了江伟军涉嫌犯罪的部分证据，不然不会直接来抓人。"卢靖琳说。

"今天江伟军的被抓和昨天陈有中回来自首会不会有点关系？"周泽明看着卢靖琳问出了自己一直思考的问题。

"江伟军一直是华策公司的董事长、法人代表，又是粤鹏集团分管华策公司的领导。华策公司的这些重大业务与合同都是要让他签字的。华策公司出了这些事情，他再怎么说也无法置身事外。现在就不清楚，这里面有没有涉及他个人的利益。我们要等司法机关的消息。"卢靖琳说。

15 惩前毖后，治病救人

"对了，这两天事情太多，忘记问你了，陈有中这么一个难啃的硬骨头是怎么被你们纪委说动、愿意回来自首的？"周泽明问。

"这个要归功于上级纪委的指导。上次我在汇报陈有中的事情时，集团纪委书记陆天明就要求我们粤鹏集团纪委继续做陈有中的思想工作。这件事情也让我对纪检监察工作有了更深的认识。"卢靖琳深有感触。

"是吗？什么更深的认识？说来听听？"周泽明饶有兴趣。

"纪律检查工作以前在我心中是非常严肃、非常神圣的事情，有点像过去的一句话：有法可依，有法必依，执法必严，违法必究。在我以前的观念中，纪检工作就是要铁面无私，敢于斗争，是要做得罪人的事情，是要别人敬而远之的。"卢靖琳说。

"难道不是吗？"周泽明问。

"铁面无私，敢于斗争当然是纪检监察干部必备的素质，但这只是一方面，而不是全部。毛主席在延安整风时，就提出'惩前毖后，治病救人'八个字。以科学的态度来分析批判过去的坏东西，以便使后来的工作慎重些，做得好些。这就是'惩前毖后'的意思。"

"对待思想上的毛病和政治上的毛病，决不能采用鲁莽的态度，必须采用'治病救人'的态度，才是正确有效的方法。小平同志也讲过，纠正同志的错误是为了取得教训，改进工作，教育同志，也就是说，'惩前毖后，治病救人'，而不是为了把犯错误的同志'整死'。"卢靖琳说。

"你一张口就把领袖们的原话背出来了，看来的确是感悟很深啊。"周泽明说。

"党的十八届六中全会通过的《中国共产党党内监督条例》，将'坚持惩前毖后、治病救人，抓早抓小、防微杜渐'作为党内监督的原则完整地加以表述，从制度层面上丰富和拓展了'惩前毖后、治病救人'这一方针原有的精神内涵。

　　"我查了一下，纪检工作第一次提出坚持'惩前毖后，治病救人'的方针，是在十八届中央纪委六次全会上。王岐山同志在工作报告中指出，监督执纪问责，必须坚持'惩前毖后，治病救人'的方针。这其实是中央纪委对学习贯彻习近平总书记系列重要讲话精神的重要总结，是深化标本兼治、创新纪检工作的行动指南。"卢靖琳说。

　　"以前在我们党的建设中也有这样的表述，明确作为纪检监察的工作方针的确是近年才提出的。说到这里，我对党的十八大以来全面从严治党也有新的体会。"周泽明说。

　　"什么体会？"卢靖琳觉得周泽明的学习能力很强，很多纪检监察方面的政策和信息了解得不比自己少。

　　"让咬耳朵、扯袖子、红红脸、出出汗成为常态，党纪轻处分、组织调整成为大多数，重处分、重大职务调整的是少数，而严重违纪涉嫌违法立案审查的只能是极少数。这'四种形态'的提出和运用，我认为是管党治党的理念创新，也是思想认识的一次飞跃。它既不会让反腐败人心惶惶、草木皆兵，坚持了'惩前毖后，治病救人'的方针，又凸显了纪在法前、纪严于法的原则，突出了纪律与法律的界线，表明了我们党在保持自身纯洁性、先进性上是眼睛里揉不得'沙子'的。这种指导理念的飞跃，让全面从严治党能够进一步落到实处。"周泽明说。

　　"深有同感。四种形态最大亮点是尽可能多地挽救党员干部。人非圣贤，孰能无过？这些常态、大多数、少数、极少数类型的划分其实就是从总体上体现了我们党'治病救人'的方针。"卢靖琳说。

　　"从这个意义上说，纪检监察机构不仅是要得罪人，得罪的是严重违纪违法的人，而且更重要的工作是保护人、提醒人、挽救人，保护受到诬告陷害的人，提醒轻微违纪的人，挽救知错就改的人。"周泽明说。

　　"非常同意。我觉得我们纪检监察的干部最容易犯的错误，不是不敢铁面无私，而是'救人'意识不强，'治病'办法不多；重'查处'轻'治病'，重'惩戒'轻'教育'，一处了之、不闻不问，甚至一个处分定终身。这个在我们处理陈有中这件事情中就可以看出来。陈有中滞留香港不回，我们打了几个电话就没有后续动作了。一直要上级纪委来提醒，我们才继续做思想工作，这说明我对这个理念认识不深、理解不透。应该好好反省。"卢靖琳诚恳地说。

"靖琳同志，不必太自责。大家都是不断成长的，我也没有意识到这个问题，这下我们俩民主生活会有素材了。"周泽明笑着安慰卢靖琳。

"对于纪检监察工作中坚持'惩前毖后，治病救人'的方针，我的理解是，对于犯错误的同志不能'一棍子打死'或'置之死地而后快'，而应帮助其改

> **国有企业民主生活会**
>
> 国有企业民主生活会是国有企业党委委员以上领导干部开展批评与自我批评的组织生活制度，是党内政治生活的重要内容。民主生活会每年召开1次，一般安排在岁末年初。民主生活会的主题，一般由上级党组织统一确定。领导班子遇到重要或者普遍性问题，出现重大决策失误或者对突发事件处置失当，经纪律检查、巡视和审计发现重要问题，以及发生违纪违法案件等情况的，应当专门召开民主生活会，及时剖析整改。

正，改了就好。纪委作为党内专门监督机关，监督执纪必须注重'力度'与'温度'的有机结合。"卢靖琳说。

⟨16⟩ 硬度、力度、温度，一个都不能少

"'力度'与'温度'的有机结合，这个提法有新意。在陈有中这个事情上，你们是怎么做的？"周泽明回到了原来的话题。

"我们纪委开会商讨过，对陈有中个人情况进行了分析。他本人家庭条件不错，受过良好教育，非常重视亲情关系。每年节假日都要带着老婆、孩子到顺德老家去看望他老父亲，几十年来从未间断。这说明他是一个有情有义的人。

"纪委开会讨论以后，安排的是纪检室的黄敏尔和陈有中联系。黄敏尔

和陈有中是十多年的老同事，关系不错，以前经常一起出差。黄敏尔先是通过微信联系陈有中，动之以情，晓之以理，特别提醒他，脱离组织出走，6个月是一个界限，希望他能把握好，尽早回来。

"同时，我们要求华策公司党支部，把陈有中当成一名正常党员，该通知的通知，该学习的学习，将每一次党支部主题党日活动的视频录下来发给他，让他感觉组织没有抛弃他，而是一直在挽救他。我相信，他都看到了，但是没有反应，可能很纠结。

"后来，我们通过各种关系联系上他在美国的老婆和儿子。因为他老婆以前是市立医院骨科的医生，我正好认识他们科的主治医生，就找到了他老婆的联系电话。他儿子以前是广州三中毕业的，我们又找到他儿子当年的班主任，要了他儿子的联系电话。

"然后我们纪检室的同志分别给他老婆和儿子打电话，说明我们党的政策，说明这几年广州的发展态势，让他们去说服陈有中。他老婆和儿子都是受过高等教育的，我感觉他们俩其实是被我们说动了，答应去劝说陈有中。可是陈有中一直没有动静。

"上个月，我和汤元兵、黄敏尔专门去了一趟他顺德老家看望他老父亲。我们买了老人家最喜欢吃的糕点和烧鹅，找到了当地镇党委。因为我们不会讲顺德土话，所以请镇党委书记一起去他父亲家。我们讲一句，书记翻译一句。他父亲讲一句，书记再翻译给我们听。

"结果，他爸爸听了我们的来意，搞清楚事情的来龙去脉以后，现场给他打电话，把我们当时的情况在电话里给他讲了，问陈有中什么时候回来看他？这几句话一讲，陈有中当场就破防了，哽咽着说不出话。电话开的免提，我们在现场都能听到他抽泣的声音。他说在香港的日子不好过，每天担惊受怕的，吃也吃不香，睡也睡不着。他父亲就说，你看你做错了事，你们单位的人还这么客客气气地对你。你回来吧，我也活不了多长时间了，能见一面是一面。知错就改还是好孩子。这几句话一说，陈有中被真正打动了，说尽快回来。

"在我们回广州的路上，陈有中发来微信说，已经订好回广州的机票。前天回来以后，他给我打了一个电话，简单地说了一下这几个月的情况。然后就去派出所自首，争取从宽处理。"卢靖琳说。

"这个工作你们纪委做得不错。就像你刚才讲的那样，铁面无私、敢于斗争是纪检监察干部的必备素质，但不是全部素质，还需要情理贯通、春风化雨的思想工作。"

"纪委要把思想政治工作贯穿始终，做到监督执纪执法到哪里，深入细致的思想政治工作就做到哪里，达到教育人、改造人、挽救人的目的。我觉得四种形态提出来以后，对你们纪检干部的政策水平和工作能力提出了新的考验和挑战。纪委的责任不是轻了，而是更重了，执纪的力度不是小了，而是更大了。"周泽明说。

"我们纪委昨天刚开过会，对陈有中这个事情做了回顾反思，提出来以后要实现纪法情理的贯通融合，把思想政治工作摆到更加突出的位置，贯穿执纪执法全过程，重理重情、传道传情，让相关人员相信组织、依靠组织，对'回头是岸、回头有岸'有信心、抱希望。实现纪法约束有硬度、批评教育有力度、组织关怀有温度。硬度、力度、温度，一个都不能少。"

"刚才才说力度和温度相结合，现在又加了一个有硬度，你不能创新太快，不然我跟不上啊。"周泽明笑着说。

"创新不敢当。泽明书记，下个月粤鹏集团的党风廉政建设和反腐败工作会议，我想把警示教育也排到议程里面。付燕萍已被判刑，在判刑之前已经被华策公司党支部开除党籍。"卢靖琳说。

"付燕萍什么罪名？"

"滥用职权和伪造公司印章。"

"付燕萍真是可惜了。我觉得可以以她为例，警醒身边人，以案释纪、以案释法、以案促教、以案促改。另外，我觉得党风廉政建设的工作可以形式多样，不要总是一副古板、严肃的面孔，给人以千里之外的感觉。'春风化雨，润物无声'才是最高境界。"

"这个事情，昨天我们纪委会也讨论了，今年准备结合广泰集团警示教育月活动，通过举办党风廉政建设书画摄影比赛，组织参观廉政教育基地，开展党风廉政建设文化巡展等活动，采取喜闻乐见的方式，让党风廉政的思想在党员干部和职工群众中易于理解、乐于接受。"

"江伟军的事情，给我们也敲响了警钟，说明反腐败和党风廉政建设工作任重而道远，必须驰而不息、一刻不止。下周，我们会开一个风险控制机制建设交流会，你一起来参加吧，廉洁风险防控体系可是这个机制中的一个重要组成部分。"

本章思考题

1. 企业的核心竞争能力有哪几个特征？应当从哪几个方面入手打造？

2. 新经济时代，建设敏捷性组织的意义是什么？关键节点有哪些方面？

3. 涉嫌违规违纪人员潜逃海外，企业应当如何处置？

4. 总经理被公安机关突然带走，你如果是粤鹏集团董事长、党委书记应该怎么处置这一突发事件？

本章知识点

5.1 鱼骨图

鱼骨图（Fishbone Diagram）是一种发现问题、分析原因的方法，也称为"因果图"。其特点是简洁实用、深入直观。鱼骨图的形状看上去像鱼骨，问题或缺陷（即后果）标在"鱼头"处。在鱼骨上长出鱼刺，上面按出现机会的多寡列出产生问题的可能原因，有助于说明各个原因是如何影响结果的。在实践中，经常与头脑风暴法结合使用，找出问题产生的原因或影响因素，并将它们与特性值一起，按相互关联性整理而成，因层次分明、条理清楚，并标出重要因素，也称作"特性要因图"。

5.2 世界咖啡会议模式

"世界咖啡"（World Cafe）会议模式是一种行动学习的方法，主要精神就是"跨界"（Crossover）。不同专业背景、不同职务、不同部门的一群人，针对数个主题，发表各自的见解，互相意见碰撞，激发出意想不到的创新点子。世界咖啡深度会谈就是通过营造轻松愉悦的氛围，约定"异花授粉"的跨界交流机制，包容多元化背景，设置多轮次转换，聚焦问题、激荡智慧、改善心智、促发创新的会议形式。

5.3 价值链

价值链（Value Chain）的概念最早由哈佛大学商学院教授迈克尔·波特于1985年提出。

波特认为，"每一个企业都是在设计、生产、销售、发送和辅助其产品的过程中进行种种活动的集合体。所有这些活动可以用一个价值链来表明。"

企业的价值创造是通过一系列活动构成的，这些活动可分为基本活动和辅助活动两类，基本活动包括内部后勤、生产作业、外部后勤、市场和销售、服务等；而辅助活动则包括采购、技术开发、人力资源管理和企业基础设施等。这些互不相同但又相互关联的生产经营活动，构成了一个创造价值的动态过程，即价值链。

5.4　核心竞争力

核心竞争力（Core Competencies）又称"核心（竞争）能力""核心竞争优势"，指的是组织具备的应对变革与激烈的外部竞争，并且取胜于竞争对手的能力的集合。

核心竞争力是企业竞争力中那些最基本的能使整个企业保持长期稳定的竞争优势、获得稳定超额利润的竞争力，是将技能资产和运作机制有机融合的企业自身组织能力，是企业推行内部管理性战略和外部交易性战略的结果。

核心竞争力是一个企业（国家或者参与竞争的个体）能够长期获得竞争优势的能力。

在美国学者普拉哈拉德（C.K.Prahalad）和美国学者哈默（G.Hamel）看来，核心竞争力有三个特征。

第一，核心竞争力有助于公司进入不同的市场，它应成为公司扩大经营的能力基础。

第二，核心竞争力对创造公司最终产品和服务的顾客价值贡献巨大，它的贡献在于实现顾客最为关注的、核心的、根本的利益，而不仅仅是一些普通的、短期的好处。

第三，公司的核心竞争力应该是难以被竞争对手所复制和模仿的。

5.5　敏捷性组织

敏捷性组织（Agile Organization）的概念是瑞克·道夫（美国理海大学）于1991年在《21世纪制造业企业战略》一文中首次提出。企业的敏捷性是有效管理与应用知识的能力。敏捷性组织就是指企业对于政策和市场环境的变化（如技术变革、需求变化等）能够迅速整合资源做出反应的企业组织。

5.6 精益化生产

精益化生产（Lean Production）又称精良生产，其中"精"表示精良、精确、精美；"益"表示利益、效益等。精益化生产就是及时制造，消灭故障，消除一切浪费，向零缺陷、零库存进军。它是美国麻省理工学院在一项名为"国际汽车计划"的研究项目中提出来的。它们在做了大量的调查和对比后，认为日本丰田汽车公司的生产方式是最适用于现代制造企业的一种生产组织管理方式，称之为精益生产，以针对美国大量生产方式过于臃肿的弊病。精益生产综合了大量生产与单件生产方式的优点，力求在大量生产中实现多品种和高质量产品的低成本生产。

5.7 师课共建项目（PCT）

PCT是Project for Course & Trainer的缩写，是一种内训师课程开发和师资培训的项目。培训项目以师为根，以课为本，搭建基于企业战略落地的知识传承平台，包括职业讲师培养、系统课程开发以及完整的方法论和工具包等。

5.8 国有企业民主生活会

国有企业民主生活会是国有企业党委委员以上领导干部开展批评与自我批评的组织生活制度，是党内政治生活的重要内容。民主生活会每年召开1次，一般安排在岁末年初。民主生活会的主题，一般由上级党组织统一确定。领导班子遇到重要或者普遍性问题，出现重大决策失误或者对突发事件处置失当，经纪律检查、巡视和审计发现重要问题，以及发生违纪违法案件等情况的，应当专门召开民主生活会，及时剖析整改。

第六章

千锤百炼

01 国企改革，箭在弦上

周一早上7：30。周泽明像往常一样踏上粤鹏大楼门前的阶梯，远远地就看到一个身穿驼色大衣的女子从东侧走上来，身影很熟悉，但是没戴眼镜也看不清。走到跟前，才发现是粤鹏集团常务副总经理方亦舒。

"周董，早上好。"方亦舒先打招呼。

"亦舒你好，刚才我还在想这么早，这么熟悉的身影到底是谁呢？"周泽明笑了。

"我以前是踩着点才到公司。现在向你学习，把家搬到了公司附近，省去了路上奔波的一个小时，现在走走路就到了。"方亦舒说。

"这次去上海培训时间不短啊，收获怎么样？"说着，周泽明和方亦舒一同进了粤鹏大楼的大门，径直往电梯厅走去。

上个月，广东省国资委组织高级经理人研修班，重点是国有企业三年改革行动试点，其中一门课程是专门去上海、浙江开展国资国企考察交流。广泰集团组织部安排了方亦舒参加培训。

"受益匪浅。我昨天刚回来，您现在有空吗？我放下包，到您办公室来汇报一下。"方亦舒说。

十分钟后，方亦舒拿着笔记本和文件夹坐到了周泽明办公室的沙发上。

"上海目前地方国资总额已经超过25万亿元，高于广东。他们提出来要更好发挥国资国企稳增长、促发展的压舱石、稳定器作用，推动国资国企实现新跨越。我感觉他们的改革力度更大。"方亦舒说。

"上海是地方国资的重镇，一直走在改革开放的前沿，有许多值得我们学习的地方。你这次学习，哪些企业的做法让你印象深刻？"周泽明开门见山，直奔主题。

"在谈企业之前，我想先谈谈行业，谈谈对国企混改的认识。"方亦舒说。

听到这句话，周泽明眼睛一亮，"士别三日，当刮目相看。先看宏观，再看中观、微观。我洗耳恭听。"

方亦舒微微一笑，"不敢当。我也是现学现卖，加深印象。外贸行业的改革比较早，我们粤鹏集团和下属几家企业早就实现了混合所有制。2013年，党的十八届三中全会提出积极发展混合所有制经济。这是首次将混合所有制经济提升到基本经济制度重要实现形式的高度。我觉得我们要深化理解这一改革方向的重要含义。"

"的确。粤鹏集团当年股份制改革带来了一轮红利，推动了企业发展，也激发了职工的积极性。但是，现在也遇到了一些问题。你接着说。"周泽明说。

"现代产权理论是国企改革的理论基础。理论上，享有所有者权益的股东一方面以出资额为限承担公司未来经营风险，这是股东的责任；另一方面通过在股东大会上投票表决对公司发展重大事项进行最后裁决，这是股东的权利。因此，与其他利益相关者相比，责任和权利对称的股东不仅有动机而且有法律赋予和保障的权利来监督经理人。

"从确立建立现代企业制度方向开始，过去的几十年，在现代产权理论的指导下，围绕如何通过'资本社会化'，引入'股东'，以解决国企所面临的所有者缺位问题我们进行了不断的尝试。其中一个重要阶段是20世纪90年代开始的通过直接上市和股份制改造实现国有经济'资本社会化'。"方亦舒说。

"对的。这个阶段很重要。国企股份制改造直接推动了90年代初中国资本市场的建立。一部分经过重组资产优良的国有企业得以优先上市，建立了规范的公司治理构架。我在粤海东方的时候专门负责公司的上市筹备工作。除此之外，大部分的国企通过明确出资人职责和建立规范董事会制度，完成了'股份制改造'。我们粤鹏集团就是从那个时候开始进入黄金十年的。"周泽明说。

方亦舒点点头，说道，"没错，那是粤鹏集团的黄金十年，但是也埋下了风险的隐患。大部分国企虽然在形式上完成了股份制改造，但并没有从根本上真正解决国企长期以来面临的所有者缺位问题。股份制改造完成形成的国资'一股独大'，使外部分散股东无法实质参与公司治理，为国企形成内部人控制格局提供了制度温床。

"一方面，小股东和分散股东，其实也想监督企业的管理层，但是他们没有有效的方法和实现途径；另一方面， 股份制改造，让一些企业逐步形成了复杂的金字塔控股结构，延长了委托代理链条，进一步加剧了形成内部人控制格局的可能性。所以，作为国企改革初衷的所有者缺位问题并没有从根本上得到解决。"

"有道理。说到这里，我想起来中国建材集团前董事长宋志平说过的一句话。他说，过去搞股份制改革不太成功，是因为只解决了从市场募集资金的问题，并没有把市场机制真正引入企业，依然保留'国有控股'的帽子，按国有企业管理的老办法参照执行，企业没有焕发出应有的内在动力和市场活力[1]"。周泽明说。

"所以，我理解2013年新一轮国企改革的启动背景有两个。一方面，国企在股份制改革带来的改革红利消失后陷入新的发展困境，一些企业出现效

---

[1] 王彦龙：《国企改革之从股份制改造到所有制混合改革》，腾讯新闻，https://xw.qq.com/cmsid/20200731A0B43U00，2020-07-31。

益下滑；另一方面，市场导向的经济转型进入新阶段后，公众对国资继续依靠垄断经营和高额补贴维持不公平竞争表示不满。从这两个背景出发，新一轮国企改革是以引入盈利动机明确和具有专业经营管理能力背景的战略投资者实现所有制的混合为典型特征的。"方亦舒说。

"引入盈利动机明确和具有专业经营管理能力背景的战略投资者。"周泽明一字一句地重复着，"引入以后，就能解决那两个问题了吗？"

"只有通过引入盈利动机明确和具有专业经营管理能力的战略投资者，使所有者'上位'，才能使国企从根本上改善治理结构，转换经营机制。同时包容和接纳民营资本也有助于平抑公众对国资垄断经营和不公平竞争的不满，促进经济发展，营造社会和谐。"方亦舒说。

"也就是说，通过新一轮国企改革，参与混改的民资也能够分享改革带来的红利，同时，进一步促进市场在资源配置中发挥基础性作用。"周泽明似有所悟。

"对的。这些新引入的战略投资者一方面与国资共同承担企业未来经营的风险，另一方面可以借助股东会和董事会等治理平台，利用法律赋予和保障的权利来监督经理人，使公司治理的权威重新回归到股东，实现国企向现代企业制度的转化。同时，职工持股计划也可以同步推行，实现分权控制。"方亦舒说。

"这说明对混合所有制经济的认识和实践，有一个不断深化的过程，不是一蹴而就的。不错不错，有没有现实的案例？"周泽明问。

"有的。等会说到微观层面就会讲。"方亦舒粲然一笑。

"你说的这个'引入盈利动机明确和具有专业经营管理能力的战略投资者'，其实对我们粤鹏集团的混改也有借鉴意义，值得进一步思考，不错。你接着说。"周泽明说。

"周董，在去参加培训之前，我一直有个困惑，就是国有企业干部的角色定位问题。一方面，国有企业中党管干部是选人用人的根本准则。另一方面，市场经济的基本规律又要求国有企业遵从市场法则，国有企业领导人需要履行企业家的角色和定位。以往我们简单地将党政官员和企业家角色叠加在国有企业领导人身上，但这往往产生矛盾和冲突。比如说，干部的选拔任用到底是采用组织委任制还是市场聘任制？

> **组织委任制和市场聘任制**
>
> 是国有企业选人用人的两种方式。组织委任制，即由党组织或主管部门以组织任命的形式直接指定下属干部的任用制度；市场聘任制，即用人单位通过市场化人才选聘的方式以合同形式聘用人员的一种任用制度，合同上规定双方的责任、权利、义务和期限。

"这一次去了以后，第一节课就是学习《关于深化国有企业改革的指导意见》，其中第三章完善现代企业制度中第九条专门讲了建立国有企业领导人员分类分层管理制度。听了以后，我觉得找到感觉了。"方亦舒说。

周泽明停下手里的笔，说道："国务院国资委、财政部和发展改革委对国有企业功能界定与分类有明确的指导意见，下一步如果干部管理能实现从'集中统一管理'转向'分层分类管理'，必将大大推进国有企业改革的进程，激发人才的活力，促进治理结构的完善。"

> **国有企业分为商业类和公益类（国资发研究〔2015〕170号）**
>
> 商业类国有企业以增强国有经济活力、放大国有资本功能、实现国有资产保值增值为主要目标，按照市场化要求实行商业化运作，依法独立自主开展生产经营活动，实现优胜劣汰、有序进退。其中，主业处于关系国家安全、国民经济命脉的重要行业和关键领域、主要承担重大专项任务的商业类国有企业，要以保障国家安全和国民经济运行为目标，重点发展前瞻性战略性产业，实现经济效益、社会效益与安全效益的有机统一。
>
> 公益类国有企业以保障民生、服务社会、提供公共产品和服务为主要目标，必要的产品或服务价格可以由政府调控；要积极引入市场机制，不断提高公共服务效率和能力。
>
> 商业类国有企业和公益类国有企业作为独立的市场主体，经营机制必须适应市场经济要求；作为社会主义市场经济条件下的国有企业，必须自觉服务国家战略，主动履行社会责任。

方亦舒点点头："以国有领导人员分类分层改革为突破口，对领导人员实施科学化、精细化、差异化的分类分层管理，是国有企业分类改革、分类发展的必然选择，也是发展混合所有制经济的内在需求。这将极大地调动各类、各层级领导人员的积极性。我们这一期学员都对这个话题很感兴趣，讨论得很热烈。

"公益类国有企业以保障民生、服务社会、提供公共产品和服务为主要目标，这类企业多采取国有独资所有制形式。对公益性国有企业领导人员，可参照党政领导干部实行委派制，以组织任命为主，采用上级组织部门选拔任命的方式。干部的选用、晋升和交流都可以按照行政方法和渠道。

"关系国家安全、国民经济命脉的重要行业和关键领域、主要承担重大任务的商业类国有企业，要保持国有资本控股地位，通过支持非国有资本参股和实行股权多元化实现公司治理机制的完善。这类国有企业既要贯彻国家的产业政策，追求社会目标，又要提高效率，追求利润目标。他们的干部选拔任用，应当由上级组织按股权比例选派出资人代表，推荐经营者。同时，企业要建立职业经理人职业资格认证和准入制度。"

"你说的这种方式，广泰集团已经在三家公司试点推行了。我想重点听听竞争类国有企业的分类分层管理，以及你对我们粤鹏集团分类分层管理干部的思考。"周泽明说。

"对于主业处于充分竞争领域的商业类国有企业，原则上都要实行公司制股份制改革。这类企业，上级单位一般不直接任命领导人员，而是采用聘任制。即企业通过经理人才市场招聘经营者，由董事会激励与约束经理层团队。公司基于岗位相应的经营目标要求，为经理层团队提供具有市场竞争力的薪酬，通过股权激励的方式使得国有企业领导人真正成为企业的'合伙人'，激励经营者追求公司的长期利益。

"方向是这样，我觉得改革可以分步推进，不宜一刀切。对于我们粤鹏集团，实施选人用人方式分类分层管理应当考虑以下基本要素：一是企业属性。我们下属子公司都属于竞争类国企，在这一点上方向是明确的。二是产权层级。国有企业纵向层级较多，我们粤鹏集团下面有子公司、孙公司，每一层级都是一个独立的法人实体，都有一定的人事管理权限，我们进行改革，要形成层级权限明确、管理链条流畅、权力运行规范的分层管理体系。

"三是治理模式。在现代企业制度下，股东大会、董事会和经理层依据法律和公司章程分别行使选人用人权。企业要健全公司治理结构，形成协调运转、权责对等的分类分层管理体制。四是岗位特征。领导人员的岗位特征不同，也决定了其管理方式的不同。如党群系统干部和董事、经营管理层成员的岗位职责不同，需要实施差异化的选聘和管理方式。"

周泽明边听，边点头："企业属性，产权层级，治理模式，岗位特征。

不错不错，政策吃透了，方向就清楚了。在具体操作方面，上海有没有先进经验？"

"我们这一期课程的主题就是市场化改革，重点考察交流了三家企业：沪江物产、浦兴银行和浙商资产，这三家企业各有特色。沪江物产集团是上海市属国有企业，2015年公司实现整体上市。到目前为止，沪江物产共市场化选聘15人。其中，集团经营班子成员2人、总部部门副职负责人1人、子公司经营班子成员12人。可以看出，这个力度在子公司层面是不小的。

"他们市场化选聘职业经理人有三个特点：一是选聘程序规范化。党委会与董事会各司其职。党委会负责把好方案关、标准关和程序关；董事会依法行使人选的聘用、考核、管理及解聘等权利。二是考察环节人性化。这个考察程序不是千篇一律，而是根据岗位要求和候选人的履历特征，按照一人一策的方式，与考察对象和相关人员进行谈话。同时，公司结合第三方背景调查，对考察对象综合分析研判。"方亦舒说。

周泽明点点头，说道："对于市场化选聘的高级经理人是要这么做。一方面，体现公司对高级人才的尊重；另一方面，可以根据岗位要求和候选人的经历有针对性地考察甄选。这样，再加上第三方的背景调查用来佐证，考察更准确。"

方亦舒接着说道："我也是相同的感觉。三是人员管理契约化。考察通过以后，公司与职业经理人签订《考核目标责任书》《聘用合同书》《劳动合同书》和《薪酬考核管理办法》，实现身份市场化、管理契约化、激励多样化。"方亦舒看着笔记本说。

"沪江物产是充分竞争类国企？"周泽明问。

"是的，上海在两年前就着手推动市场竞争类、金融服务类企业集团基本实现整体上市或核心业务资产上市，提升国有资产证券化水

国有资产证券化

国有资产证券化是实现国有企业改革的重要途径，指把缺乏流动性的经营性国有资产变成能够在金融市场买卖的证券的行为。国有资产证券化最理想的形式是把经营性国有资产变成上市公司的股票。国有资产证券化有利于国有资产在行业之间自由转移，灵活调整国有资产结构或分布格局，有利于国有资产保值增值和融资，便于资产在国有单位与民间主体之间的流动。除了股票以外，国有资产证券化的主要形式还有债券。

平。"方亦舒说。

"另一家是浦兴银行，是上海一家股份制商业银行，2016年在香港上市。他们的市场化经营更彻底，除党委书记、董事长和专职党委副书记以外，全部实行职业经理人模式。他们市场化选聘职业经理人的特点有三个。一是招聘形式多样。采取从银监局获取人才信息、优秀人员人脉关系网辐射、猎头定向挖掘、重点地区布局引人等方式。总体来说，这种多样化的方式，不拘一格，针对性强，效果明显。

"二是薪酬竞争力强。他们在制定职业经理人制度的同时，配套改革了薪酬制度，与市场挂钩，并且在同行业中保持中上水平。三是建立了合理的退出机制。经营不善者按照绩效考评制度予以免职，任期未到期但年龄偏大的管理者也可自愿提前退出。"方亦舒说。

"金融企业市场化程度更高一些，我们粤鹏集团对标沪江物产更有可比性。"周泽明说。

"沪江物产也是商贸流通型企业，有大宗商品贸易、进出口贸易、供应链金融业务。作为一家充分竞争类的国企，他们近三年营业收入、利润、净资产的复合增长率达到了15%，确实很厉害。这次学习给我一个深刻的体会，就是国企改革如箭在弦上，蓄势待发。上海和广东已经明确提出国有企业改革的方向是混合所有制。像我们粤鹏集团这样已经实行混合所有制的企业必须进一步深化改革，才能增强发展的内生动力。"方亦舒说。

◇ 02 浙商资产：增强国有经济的五个力

"重点来了，就想听听你说我们怎么改革呢？还有，你刚才提到了去考察三家企业，还有一家呢？"周泽明问。

方亦舒笑了笑，从文件夹里拿出了一份装饰精美的宣传册，递给了周泽明。

"重点都是在后头，也是这次我去学习体会最深的地方。这是浙商资产的公司介绍，他们是一家省属国企，地方金融资产管理公司，又叫地方版

AMC，这几年持续推进国企改革，在治理效能、结构效率和业务效益等方面取得了显著进展，同时混合所有制改革、职业经理人制度、服务商平台，轻资产业务、产融型模式等一批项目不断深化，是我们这次考察学习的重头戏。"

资产管理公司（AMC）

AMC（Asset Management Companies）即资产管理公司。中国四大AMC是指四大资产管理机构，分别是中国华融资产管理公司、中国信达资产管理公司、中国东方资产管理公司、中国长城资产管理公司。四大AMC是国务院在借鉴国际经验的基础上成立的以解决不良资产为目的的金融性公司，也是在资本市场上运作的投资银行类公司。四大资产管理公司可收购国有银行不良贷款、管理和处置因收购不良贷款形成的资产。2013年，银监会发布《关于地方资产管理公司开展金融企业不良资产批量收购处置业务资质认可条件等有关问题的通知》，允许各省设立或授权一家地方AMC，参与本省范围内金融企业不良资产批量收购和处置业务。地方版AMC由此登场，从事区域性不良资产一级市场。2014年7月，银监会批复了首批可在本省（市）范围内开展金融不良资产批量收购业务的地方AMC：江苏资产管理有限公司、浙江省浙商资产管理有限公司、上海国有资产经营有限公司、安徽国厚金融资产管理有限公司和广东粤财资产管理有限公司。

"地方版AMC？是不是国内第一批的那五家？"周泽明问。

"没错，上海、广东、江苏、安徽和浙江各一家，浙江的就是浙商资产。2013年，浙江省的很多企业陷入了联保联贷链的泥沼，银行业的不良资产加速暴露。浙江省相关部门决定设立浙商资产公司，来化解区域金融风险。所以，这家公司从成立之初，就肩负着'化解区域风险、服务实体经济'的使命。这些年来，浙商资产总计为两百多家实体企业提供帮扶服务，涉及金额有一千多亿，稳定了十万多人的就业。我觉得这就是国有企业的担当。"方亦舒说。

"这个社会效益够显著的，他们的经济效益呢？"周泽明问。

"总资产和净资产分别比成立之初增加了二十几倍和十几倍，经营业绩和职工收入连年攀升，刚刚入选国务院国企改革20家双百行动企业名单。"方亦舒说。

周泽明放下正在翻看的公司宣传册，看了一眼方亦舒，开始在笔记本上记了起来。他知道接下来方亦舒要讲的都是满满的干货。

"我觉得浙商资产之所以能够实现高质量发展，最重要的原因是在国有经济的五个力方面做出辨识度，也就是围绕增强国有经济的竞争力、创新力、控制力、影响力和抗风险能力，把国企改革的精神贯彻落实好。培训班给我们安排了他们公司董事长和我们这一期的学员座谈交流，收获很大，启发很深。

　　"他们认为，国企改革的灵魂就是市场化。这也是企业可持续发展的核心密码。这是浙商资产的理念，也是我参观学习以后的感受。"方亦舒说。

　　"这个公司这么厉害？你这么快就被同化了？"周泽明笑言。

　　"这个市场化不是嘴上说说的，是他们在市场中真刀真枪干出来的。"方亦舒也笑了。

　　"他们董事长温文尔雅，侃侃而谈，很多观点、理念让我茅塞顿开，有几句话我记下了。他是这么说的，国企改革的市场化是党的领导下具备价值标准和判断，注入文化灵魂的市场化，完全不同于以盈利为基本要义的商业化。国有企业的市场化，既要保证资源按需配置，又要避免无序发展。在市场化过程中融入党建工作，其实就是为了研究和解决企业如何正确市场化的问题，市场化做不好，企业肯定走不远。"

　　"浙商资产的市场化改革表现在哪些方面？"周泽明问。

　　"职业经理人制度、混合所有制改革、服务商平台，用他们的话来说，就是用市场化因子激活高质量发展的发动机。

　　"市场化改革和创新的目的是培育核心竞争力。在这方面浙商资产推出业务模块创新、管理模型创新、商业模式创新，用经营模式创新来持续塑造企业的核心竞争力。"方亦舒说。

　　"你说的这些创新能不能举个例子？"周泽明单刀直入。

　　"他们对创新提出了一个独到的观点：培养生态。就是以业务模块创新培育技术能力，通过培育全面处置能力和获取途径，不断做业务增量，形成以不良资产处置为主干，以创新业务模块为枝干的大榕树形态。还有一个是业务塑形，针对各种非标业务，摸索规律，探索路径，尽可能让创新业务实现最少要素投入，最小风险承担，最大效益产出。业务塑形的目的其实就是让复杂的业务实行流程化操作，变成常规业务，然后批量化运营。"方亦

> ### 国企混改
>
> 国企混改，全称为国有企业混合所有制改革，是指按照完善治理、强化激励、突出主业、提高效率的总要求，以市场机制为原则，通过在国有独资及国有控股企业引入集体资本、非公有资本、外资等各类资本，促进国有企业转换经营机制，放大国有资本功能，提高国有资本配置和运行效率，实现各种所有制资本取长补短、相互促进、共同发展，使企业真正成为独立的市场主体，在市场竞争中不断释放活力，增强核心竞争力。国有资本、集体资本、非公有资本等交叉持股、相互融合的混合所有制经济，是基本经济制度的重要实现形式。

舒说。

"我们业务管理的短板之一其实就是业务塑形。业务创新必然会遇到各种各样的情况，关键是怎么让这些非标准化的业务实行流程化操作、批量化运营。"周泽明喃喃自语。

"除了这些，令我印象最深刻的是他们的混合所有制改革。他们的混改真正注入了市场基因，现在已经完成了两轮引战增资，注册资本提升到70.97亿元，比成立之初增长了6倍。"

"短短几年的时间，这个效果这么显著？"周泽明问。

"他们的观点是混改不能为了改而改，而是宜改则改，目的是积聚更多市场主体，为了一个共同的战略目标，形成更为壮大的资本实力，更为安全的资本链，发挥各个市场主体的优势，实现互利共赢。"方亦舒说。

听到这里，周泽明问道："我们粤鹏集团也是混合所有制，下一步也面临着深化改革的任务，你能不能具体说说他们是怎么进行混改的？"

"周董，我们想到一起去了。座谈交流会后，我找个机会和他们部门负责人又谈了一个多小时，了解了一些信息。"方亦舒说。

"冰雪聪明。那个负责人应该是个帅哥吧，还加了微信了吧？"周泽明笑言。

"那当然。"方亦舒也笑了。

"他们的混改遵循'立足增量、不动存量'的原则，采取增资扩股方式，在引进战略投资人的同时完成员工持股。在地方AMC中，同时实施混改和员工持股的，浙商资产是第一家。通过这次混改，浙商资产可以说是一石四鸟，实现了引资本、引资源、引治理、引制度四个方面的乘数效应。"方亦舒看着笔记本一字一句地说。

"一石四鸟？这么厉害？"周泽明笑了一下。

"第一，混改引资本，改善了财务结构。不良资产处置周期存在一定的不确定性，资产管理行业普遍具有高负债经营的特点。业务规模扩张得越快，公司资本补充的压力就越大。最近一次的增资扩股，他们引入资金超过20亿元，大大改善了负债结构，缓解了压力，公司整体实力得到稳步提升。这是最主要的方面。

"第二，混改引资源，助力公司产业协同。公司先后两轮增资引入的战略投资者都是优势互补，理念一致的实力型企业。比如第一轮增资，分别引入了A股上市公司财通证券和H股上市公司远东宏信。财通的入股，有利于加强双方在资产证券化、企业并购重组、债转股、资本运作等领域的协同合作；远东宏信的入股，有利于提升浙商资产在机械设备、船舶、房地产等特定领域的资产经营和处置能力。"方亦舒说。

"这可以说是生态圈建设，合作双方可以充分利用所处领域的竞争优势，发挥产业协同作用，促进双方的业务更上一层楼。"周泽明若有所思。

"第三，混改引治理，助力公司完善治理结构。一轮混改完成后，通过公司《章程》调整，赋予了小股东和派驻董事一票否决权；二轮混改完成后，把大股东董事会席位减少到三分之二以下，让小股东派员担任董事和专门委员会主任委员等职务。这样既提高了小股东和派驻董事的积极性，又完善了董事会决策体系。

"第四，混改引制度，助力公司防控运营风险。在混改过程中，战略合作者先进的管理制度被充分引进。这样，公司就可以结合自身业务的特性，在内控、风险管理等方面进一步优化制度流程，完善制度，丰富实践。这其实就是利用战略投资者的优势补齐自己的短板，实现双赢。

"这个一石四鸟不是虚的吧？通过混改实现引资本、引资源、引治理、引制度四重效应，可以说是地方国企混合所有制改革的标杆。"方亦舒说。

"成功一定有方法。浙商资产的增强五个力，以及混合所有制改革的成功经验值得我们好好深入学习，消化吸收。你看看什么时间合适，请办公室组织一下，给我们粤鹏集团中高层管理者上一堂转训课，分享你的学习收获。另外，结合这次考察学习，你对粤鹏集团的改革发展有什么建议？"周泽明问。

"我觉得国资国企改革的出发点和落脚点是做强做优做大国有企业，实现国有经济高质量发展。对于我们粤鹏集团，最大的问题是小而散，华策和华茂虽然以前有过辉煌的历史、专业的团队。但是近几年他们的业务过于庞杂，什么都做，风险自然就难控制了。另外，几家公司资源分散，没有形成合力，没有发挥资源协同作用。华意、华强、华源三家公司业务重叠性高，注册资本都不算多。他们虽然都有稳定的供货企业，但是没有延伸到研发和设计领域，控制力不强。所以，我觉得我们粤鹏集团第一步就是要练好内功，优化国资布局，聚焦主责主业。"

"这是国资国企改革的大方向，具体建议是什么呢？"周泽明问。

"上接天线。党的十九大首次提出'高质量发展'表述，表明中国经济由高速增长阶段转向高质量发展阶段。什么是高质量发展？十九大报告中明确提出了'建立健全绿色低碳循环发展的经济体系'，这为新时代高质量发展指明了方向，同时也提出了一个非常重要的时代课题。

"高质量发展根本在于经济的活力、创新力和竞争力。而经济发展的活力、创新力和竞争力都与绿色发展紧密相连，密不可分。离开绿色发展，经济发展便丧失了活水源头；离开绿色发展，经济发展的创新力和竞争力也就失去了根基和依托。

"我觉得我们作为国有企业，首先要围绕国家和省委的重大战略扛起责任担当，把国家所需和企业所长有机结合起来。省委、省政府提出要建立外贸强省，在进口业务方面，明确提出重点进口战略性新兴产业、传统产业技术改造、节能减排和低碳经济、高新技术和高附加值产业急需的先进技术和关键设备；要引进一批有利于促进技术进步和产业升级的重大工业项目。这应该是我们粤鹏集团优化产业布局的方向。我们在这方面也是有优势的。高污染、高能耗、低附加值的业务不能再做了。

"下接地气。我们华策和华茂两家公司本来就是在技术改造进口方面有优势的。我们原来是省内规模最大的专业进口商，也是省内最早从事进口代理业务的专业外贸公司。特别是我们培养了一支业务精湛、经验丰富的外贸人才队伍。这是我们最宝贵的财富。这些年来，我们为国家机关、科研院所、上市公司等单位进口先进设备和技术，形成了口碑，在国内外客户中享有美誉。这都是我们以往的优势，我建议要合而为一，聚焦主责，回归主业。"

"上接天线，下接地气。聚焦主责，回归主业。这是第一步，第二步呢？"周泽明问。

"这是进口业务的第一步。出口业务的第一步，我的建议是瞄准绿色环保纺织服装产业，加快服装业务整合步伐，加紧构建研发、设计力量，为开拓海外供应渠道打好基础。现有的三家企业，可以考虑合并成为一家，壮大实力，形成合力。

"种下梧桐树，引来金凤凰。第二步是适时引入具有高匹配度、高认同感、高协同性的战略投资者。以混合所有制改革为突破口，通过引战增资不断优化股权结构，实现引资本、引制度、引治理、引资源的目标，进一步增强经营管理水平和市场竞争能力。浙商资产的混改给我们提供了可以借鉴的成功范例。"

方亦舒说到这里，停了下来。

"第三步呢？"周泽明问。

"第三步没想过，我就想着把第一步、第二步先走稳了，我们粤鹏集团就变强、变优了。这只是我的一点儿感想，大局还要周董你来掌控。"方亦舒笑言。

"看得出来，你这次培训学习收获很大，也做了一些思考。粤鹏集团需要你这样敢想敢做、敢做敢当的人。实际上，粤鹏集团混合所有制的深化改革，要把产业布局调整、产业集中度提升、加强公司内部治理，以及防范化解风险隐患这几个事情合起来推进。

"省委、省政府提出要不断增强国有经济的竞争力、创新力、控制力、影响力和抗风险能力。这其中，增强竞争力是放在第一位的。我们粤鹏集团是竞争性国有企业，我们和民营企业、外资企业在市场经济中是平等的主体。我们的核心竞争力从哪里来？只有向市场化改革要压力、要活力、要动力。昨天广泰集团已经开过动员会了，要在全集团开展职业经理人选聘改革试点，为全面推行经理层成员任期制和契约化管理打好基础。

"我想我们粤鹏集团要趁这次改革的东风，把改革创新的几个事情做细做深，切切实实提高我们粤鹏集团的核心竞争力和抗风险能力。粤鹏集团人力资源部提出了岗位管理、薪酬管理和绩效管理三项制度的改革目标，你来牵头制订一个实施方案怎么样？上接天线，下接地气，把市场化改革的思想融入其中。"周泽明说完看着方亦舒。

"我来试试看吧，尽我所能，最后还要请你来把关。"方亦舒说。

"那当然，什么事情最后都要算到我头上，谁让我是第一责任人呢。"周泽明说着，笑了。

当天晚上，粤鹏集团召开党委会，宣布了广泰集团党委的决定：由常务副总经理方亦舒主持粤鹏集团的日常经营工作。

03 藏龙卧虎之地

"中国的国有企业改革从1978年开始，已近40年。这四十多年间虽然有过曲折，但始终围绕着一个根本目的不动摇——搞活国有企业。要使国有企业真正成为市场主体，就必须理顺产权关系，赋予企业真正的法人财产权，让企业在此基础上真正按照市场机制运作。"

周五下午两点，粤鹏大楼2楼大会议室。

中山大学博士生导师张晓波教授应邀来"粤鹏大讲堂"讲授国有企业法人治理的专题讲座。

粤鹏集团中高层经理和总部职工一百多人济济一堂，周泽明带领粤鹏集团领导班子坐在第一排，一边听讲一边记笔记。

听完"粤鹏大讲堂"的讲座要进行现场考试，考试成绩在前10%的奖励一张100元的购书卡。

这是粤鹏集团人力资源部新制定的规则，考卷由人力资源部在讲座前根据内容先出好，讲座完毕现场考试。

这样做的目的是提高培训讲座的效果。这个规则一出来，每个来参加讲座的人都打起了十二分的精神。认真听讲，考得好有小奖品，是一回事；不认真听讲，考得不好，分数排名在后面，那是更要紧的事，可就丢脸了。

"国有企业的改革并不是一帆风顺的，而是在实践中不断探索、不断尝试的，首先是扩大企业自主权，然后是两步利改税和推行企业承包制。这些举措在当时的历史阶段都起到了一定的积极作用。但是，这些措施说到底都是一种治标不治本的改革，没有真正实现政企分开，也不可能使企业真正成为自负盈亏的市场主体。在随后的市场经济浪潮中，国有企业经受着日益激烈的竞争考验。到20世纪90年代初，国有企业已经出现大量亏损，国企改革陷入了进退维谷的境地。

"一直到了1993年11月，党的十四届三中全会决定了国有企业改革方向，建立现代企业制度。这标志着国有企业改革由过去在既有制度框架下利益关系的局部调整，转向全面系统的构建全新的企业制度。从这个时候开始，国有企业改革的方向就再也没有偏离过。但是，我们在改革中也遇到过问题。哪位同学来讲一讲我们遇到过什么样的问题？"

张晓波教授一看就不是那种照本宣科、讲得让人昏昏欲睡的老师。

靠近后面的一个小伙子举起了手，周泽明回头一看，又是华策公司业务三部的那个人，那天已经记住他的名字了，叫王志良。

"整个20世纪80年代，在国有企业向生产经营性单位转变的过程中，都说要加强国有企业党的建设，但实际上被削弱了。党建让位于经营。只有三项根本原则保留了下来，就是党委集体领导、厂长行政指挥、职工民主管理。

"1993年以后，随着社会主义市场经济体制的建立，国有企业进入转换经营机制的新时期。进入新时期，有了新发展，也遇到了新问题。

"一个方面是企业家和决策者在责权利上的不对等。上级机构每年签合同，都是和总经理签，党委书记不签订合同，不承担责任；但是企业决定投不投资的时候，就得经过党委会。党委会不同意就不能投，这样就可能把机会丢失了，那么这个责任到底算谁的？另一个方面的问题是新三会与老三会的矛盾。由于权力边界关系没有厘清，主体职能定位不够清晰，企业党组织发挥政治核心作用一定程度上受到影响。

"这一阶段我们遇到的问题就是现代企业制度和党的建设很难融合，我们面临鱼和熊掌不能兼得的困境。"

王志良的回答让张晓波教授吃了一惊。他向坐在第一排的周泽明说道："周董，你们粤鹏集团看来是藏龙卧虎啊，这个回答比我带的研究生还要专业。"

"张教授，我上次讲党课的时候，已经被他的回答惊艳到了。"周泽明笑答。

"谢谢张教授的认可和领导的鼓励，我就是配合老师讲课而已，班门弄斧了。"说完，王志良坐下了。

"刚才这个小伙子讲得很好。1978年以后，我们党对国有企业的领导从大包大揽中走出来，但党对国有企业怎么领导？没有人说得清楚。20世纪80年代初期提出党委只管大的政治问题、原则问题。80年代末期提出企业党组织要起政治核心作用。但是，这个政治核心如何发挥作用？效果怎么样？有一句话能够说明问题：党是政治领导核心，离开了组织领导和思想领导，那个核心就是空的。①"

"企业内部领导体制改革是国企改革的一个重要组成部分。改革之前，党政不分、政企不分的一元化企业领导制，严重束缚了企业活力。1983年，首次明确企业法人地位。厂长经理作为企业法人代表。党的十二届三中全会提出要实行厂长经理责任制。1988年4月企业法规定，国有企业实行厂长（经理）负责制。此后，企业由实行党委领导下的厂长经理负责制，改为实行厂长经理负责制。"

张晓波教授讲到这里的时候，周泽明转头和卢靖琳悄声地说："我记得以前有一种报纸叫《厂长经理日报》，当时很火爆，应该就是那个时代的产物。"

卢靖琳压低声音说："是的，现在应该改过名了。企业改制以后，叫厂长的不多了。"

"厂长经理负责制在初期发挥过作用，但是到后来越来越不适应市场需要。这实际上是我们国企改革遇到的一个现实问题。刚才那个小伙子，你能再具体讲讲吗？"张晓波向着王志良的方向问道。

王志良慢腾腾地站了起来，想了一下说道："这一块了解得不多，我想

---

① 《十三大以来重要文献选编》（中），人民出版社1991年版，第583页。

党委领导下的厂长经理负责制，改为实行厂长经理负责制，是不是意味着党组织的作用和党的领导的削弱？还请张教授指点。"

张晓波心里想，还好你还有不了解的东西，不然，我都不知道怎么往下面讲。以后的备课要准备得更充分一点。

王志良心里想，我就是知道了，也不能再讲出来了，不然，你怎么往下面讲。点到为止，我只是配合你讲课，不能再出风头了。

心里这样想着，张晓波说道："党组织如何在企业里发挥作用，实际上我们一直在探索。就像你刚才讲的我们有三项原则坚持了下来，就是党委集体领导、厂长行政指挥、职工民主管理。厂长经理负责制是国企改革中的突破性事件，相对于党委领导下的厂长经理负责制，它是厂长经理作为企业的主要负责人和法人代表，对企业的全部经济活动负全责的企业领导制度。在改革初期具有重要意义。

"但是随着国有企业改革方向被明确为建立现代企业制度以后，厂长经理负责制已经无法满足现代企业制度的新需要，主要体现在厂长的授权过于集中，决策权与执行权合一，缺乏必要的制衡机制，往往是一个人说了算，风险太大。国有独资或国有控股企业要转变为现代公司制企业，就必须要在公司制的框架下建立现代法人治理结构。

"在现代法人治理结构下，国有企业面临的一个现实问题就是新老三会的关系处理和权利协调。现代企业制度要求建立以董事会为经营决策中心的法人治理结构，但计划经济体制下的一整套企业治理机制依然存在，造成了新的治理结构与原有的治理结构并存，形成了国企内部实际存在并行的两套领导体系。

"党委会、职代会、工会，这'老三会'的存在是由我们党作为执政党的领导方式、国有企业所承担的政治社会责任所决定的。作为国有企业传统企业制度的精粹，'老三会'有助于国有企业政治效益和社会效益的实现。作为现代公司治理结构的主体框架，股东会、董事会、监事会，这'新三会'是着眼于提高国有企业运作效率、实现各方权力制衡而设立的。它的良性运作有助于保障国有企业的经济效益，实现国有资产保值增值。

"但是，这'老三会'，特别是党委会和党委书记究竟在法人治理结构中处于什么样的位置？没有人说得清楚。在这种背景下，'老三会'的职能萎缩，话语权削弱，客观上影响了党委会政治核心职能的发挥。同时，企业家责权利不对等的情况也自然出现了。

"现代企业制度的要求是明确的。从那时候起，我们就知道要按照这个方向去建立。为什么一直成效不明显呢？除了刚才那位同学讲的现代企业制度和党的建设很难融合，我刚才讲的'新三会'和'老三会'之间的关系冲突，以及企业家责权利不对等的问题，我们还遇到了什么问题？"张晓波将目光投向了前排。

"我觉得是对现代企业制度的理解不够充分。"卢靖琳迎着张晓波的目光说道。

"怎么个理解不够充分？请这位卢总来给我们分享一下。"张晓波看了一眼卢靖琳桌上的桌签说道。

卢靖琳站起来，说道："张教授刚才讲的公司制的改革，让我想起了我大学毕业的时候，很多企业进行公司制改革。我们那里的华北矿务局改成公司以后，名称变为华北矿业集团公司。原来的局长改为董事长、总经理。现在回想起来，那时很多企业的董事长和总经理都是一个人兼任的。这在当时的情况下，是一种普遍现象。但是按照现代企业制度的要求，董事长和总经理是两个不同类型的人员，应当是相互监督、相互制约的，一个人来一肩挑这两个职务，就说明对法人治理结构的要义理解得不完全、不充分。很多企业表面上已经是公司制了，实际上可能还是内部人控制。各种各样的问题都会出现。"

张晓波边听，边点头，说道："卢总说得很好。在现代企业制度试点推进的过程中，我们对现代企业制度的理解也有一个过程，公司法人治理结构不完善的问题比较突出。很多企业从一开始就没有真正严格遵循制度规则，而是采取了各种变通的做法来回避矛盾，当时很多企业的董事会和经理层是一套人马两块牌子，董事长、总经理一肩挑的现象很普遍。本应相互监督、相互制约的两个层级人员配置却高度重合。股东大会、董事会、监事会形同虚设。董事长、总经理依然由行政任命，职业经理人队伍难以形成，确实是一些企业对现代企业制度的理解不够充分。

"好在公司制改革在实质上使国家对企业的无限责任变为有限责任，公司治理的初步框架已经建立起来了。由于新的治理结构和机制难以在短时间内发挥作用，因此当时政府对企业的监管采取了稽查特派员制度的办法。在稽查特派员制度取得实效的同时，国家继续推进国有企业监督的制度化和法制化的工作。1999年底以法律形式明确了在国有独资公司建立监事会。

"在党组织的领导作用方面，从20世纪90年代开始，我们就在探索这个政治核心怎么落地，比如参与企业重大问题的决策，领导企业的思想政治工作，领导支持群团组织，发挥党支部的战斗堡垒作用，等等。1999年，中央《关于国有企业改革和发展若干重大问题的决定》提出"双向进入、交叉任职"的国有企业领导体制，从制度层面进行创新，确保了企业党组织在现代企业治理结构中真正发挥作用。在各地的实践中，央企和地方国企对党的建设和党的领导如何融入公司治理体系进行了不同方式的探索和实践，取得了一定的成效，但也出现了一些问题。什么问题呢？总书记一语中的——国有企业党的领导和党的建设工作存在弱化、淡化、虚化、边缘化问题。

"2016年10月，全国国有企业党的建设工作会议召开。习近平总书记指出，坚持党对国有企业的领导是重大政治原则，必须一以贯之；建立现代企业制度是国有企业改革的方向，也必须一以贯之。要加强和改进公司法人治理机制，把加强党的领导和完善公司治理统一起来，建设中国特色现代国有企业制度。这为国有企业深化改革指明了方向，回答了理论和实践中的重大问题。今天，我们就来谈谈怎么把这两者结合起来。"

张晓波说完，将外套脱了，放在椅背上。

还没进入今天的主题内容，他已经微微出汗了。

04 法人治理结构的核心

卢靖琳、王志良的回答让张晓波教授打起了十足的精神。现在大学教授到企业里讲课，和二十年前完全不一样。

二十年前，大学教授在企业里讲经营管理的课程，可以自由发挥，讲少一点、讲错一点，都没有关系。因为那个时候的企业人员听不出来。老师一讲麦肯锡、通用电气、摩托罗拉这些世界500强的公司，下面的人都是怀着崇敬的心去听的。因为，谁也不知道这些企业到底是怎么经营管理的。

这二十年来，一批企业经营管理者进入高校学习MBA/EMBA课程，同时一批受过系统商科教育的学生进入企业领域，从总体上提高了中国企业管理的水平。另外，随着科学技术的发展，人们可以从越来越多的渠道学习了解企业的经营模式和管理方法。

因此，大学教授没有一些硬通货，是镇不住场面，不敢到企业里面讲课的。

"现代企业制度的灵魂是法人治理结构，而法人治理结构设计的核心是国有企业董事会建设。董事会建设首先需要把建章立制这个出发点、基础点找到位，做扎实。"张晓波说着，在白板上写了四行字。

> 修订两个规章
> 制定三项规则
> 形成六项办法
> 设计一个指引

"国有企业在董事会建设领域需要建立的制度规范，可以分成四个层次，十二项制度规则，总结成四句话：修订两个规章，制定三项规则，形成六项办法，设计一个指引。今天我们这个讲座是问题导向。首先，我想请大家谈谈每个公司在董事会运行过程中遇到的困惑和问题。"

讲到这里，张晓波又把目光投向全场。

"我来说一下。"周泽明应声望去，是华意公司董事长胡仲文。

"以前我们公司董事会开得不多，一年两三次。现在要求重大事项要党支部前置讨论。同一事项，党支部讨论完，还要经营班子讨论，再上董事会，相同的内容要开三次。请问老师，为了节省时间，我们三个会一起开，做三份会议记录是不是可以？"胡仲文问的问题其实也是其他子公司要问的问题。

他问完以后，几个子公司董事长都在点头。

"这个问题问得好。这种现象不仅在子公司层面存在，在公司党委会、董事会的定位方面也存在同样的困惑。这就涉及今天的第一句话：修订两个规章。公司章程是每个公司成立时都必须具备的。根据《国有企业公司章程制定管理办法》，公司章程的相关内容需要按规范进行修订。特别是一些核心内容和条款需要细化完善，比如刚才这位同学提到的三个会同时开行不行？我的回答是肯定不行。因为三个会的定位是不一样的，权责不一样，参加的人员也不一样。

"首先，你这个公司章程里面对董事会的定位不清晰。董事会的职责是什么？定战略、做决策、防风险。党委会或者党支部会的职责是什么？把方向、管大局、保落实。经营班子呢？日常生产经营管理。其次，你们这个治理结构缺少'三重一大'决策制度。什么样的事情才上党委会？重大经营管理事项、重要干部任免、重大项目投资、大额资金使用，这叫作'三重一大'事项，这些事情需要上党委会集体讨论研究决策。

> ### "三重一大"事项
>
> 最早源于1996年第十四届中央纪委第六次全会公报，对党员领导干部在政治纪律方面提出的四条要求的第二条纪律要求：认真贯彻民主集中制原则，凡属重大决策、重要干部任免、重要项目安排和大额度资金的使用，必须经集体讨论做出决定。

"所以，第一句话，修订两个规章。一是修订完善公司章程，明确党的建设进章程，明确董事会的职责，明确董事会的结构、职权和授权，明确董事会议事规则。二是修订完善'三重一大'决策制度，厘清权责边界，调整优化总经理办公会、党委会、董事会等治理主体集体研究决策的程序，保证党对企业的领导落实落地。

"下面提问题继续。"张晓波喝了一口水，等着问题。

粤鹏集团办公室主任黄子薇觉得是她发言的时候了。本来公司治理的职能就落在了集团办公室。前面两轮发言都是子公司抢去了风头。她再不出声，会影响办公室的专业形象。

"张教授，我们董事会在决策时经常遇到一些议题，一方面在董事会会议上讨论激烈，决策压力大；另一方面发起部门和会签部门在完成现有流程后，仍然觉得讨论不够充分。请问这个问题应该怎么解决？"黄子薇说。

"你们有没有专门委员会？怎么运行的？"张晓波问。

"我们有战略委员会和薪酬委员会，主要是领导和部门经理在会前看一下上会材料。"黄子薇答。

"这个就是我接下来要讲的制定三项规则：董事会议事规则、专门委员会议事规则和董事会秘书工作原则。首先，董事会会议是一个集体决策的会议。开好董事会，提升会议效果和决策科学性，需要明确的责权、流程、方法等规则设计。这部分内容，要通过董事会议事规则来明确。这个图就把董事会怎么发起、怎么召开、怎么表态、怎么决策讲清楚了，每个公司都应该有这张图。特别是我们作为混合所有制企业，行使部分股东会职权的重大事项，要提前向上级公司请示或报告；如果是你们广泰集团召开董事会，那要提前向省国资委请示或报告；研究企业改制、薪酬福利等关系职工切身重大利益的事项，要听取工会和职工的意见建议；审议和决定公司重大问题，要提前向公司党委和监事会通报。这些规定动作，一个都不能少。"张晓波指着投影上的董事会议事流程图说。

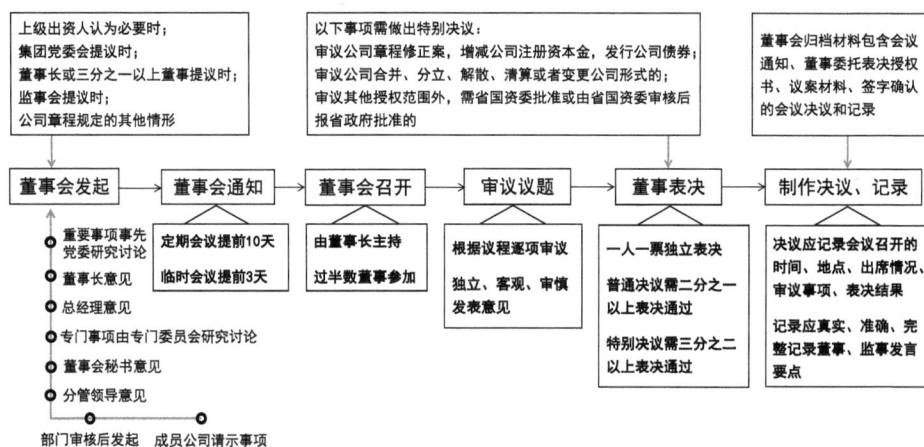

董事会议事流程图

"其次，制定专门委员会议事规则。企业根据需要设置战略与投资、风险管理、薪酬与考核等董事会专门委员会，作为董事会的决策咨询支持机构。这个专门委员会的成员不能仅仅是领导和部门经理，还要有这些领域的专家。特别是要发挥外部董事的作用。这些专门委员会的管理和议事流程，需要制定相关的议事规则。你刚才讲的讨论激烈，决策压力大，我想其中一个原因是专门委员会的作用没有充分发挥。

　　"再次，制定董事会秘书工作规则。董事会秘书这个角色很关键。如果是上市公司，他实际上是公司与证券交易所的指定联络人。即使不是上市公司，董事会秘书对于董事会的运行也起到重要的联络协调作用。因此，有必要制定专门的工作规则。

　　"除了以上制度、规则、文件外，还有必要制定一些管理办法。第一，董事会授权管理办法。向上和国有股东的授权体系相衔接，明确本企业董事会拥有的职权；内部结合董事会给董事长的授权，向下进一步对经理层和总经理开展授权。这个办法一般会将授权清单作为附件。第二，外派董监事管理办法。这个办法主要是用来对于本企业管理和派出的董事、监事履职进行考核。这样形成一个多层衔接的体系。还有三项就是董事会对经理层成员选聘、考核、薪酬管理办法。现在，国务院国资委要求通过任期制与契约化的管理方式推动市场化干部机制改革，逐步实行职业经理人制度。这些都需要明确的制度规定。

　　"最后，建议设计一个指引手册，用来帮助企业各位董事成员，有效地开展董事工作的指南性、支撑性文件。企业董事们拿到这个手册以后，就知道是什么、为什么、怎么做。"

　　张晓波教授讲完以后，提问踊跃。互动问答持续近一个小时。

　　本期"粤鹏大讲堂"测试出来的成绩的前三名分别是：王志良、黄子薇、卢靖琳。

05 圆桌分享会：风险控制大家谈

"沙龙"

"沙龙"一词最早源于意大利语单词"Salotto"，是法语Salon一字的译音，原指法国上层人物住宅中的豪华会客厅。现代沙龙延伸到会议方面，主要指规模较小、议题简要、非正式化的，以讨论为主题的会议，一般备有酒水糖茶。

周五下午，阳光明媚，惠风和畅。粤鹏大楼顶楼的露天茶吧稍加布置就成了一个小型沙龙。粤鹏集团工会年初就联合党群部策划了一个活动，名为"鲲鹏展翅·圆桌分享会"。

靠近天台的一面布置了一个小的平台，粤鹏集团董事长周泽明、常务副总经理方亦舒、纪委书记卢靖琳、华茂公司董事长孟海洋、华茂公司总经理高雪松坐在台上轻声交流。一台录像机架在了会场中间。

台下是粤鹏集团和子公司的职工，40多人。办公室主任黄子薇坐在一侧客串主持人。她今天一身职业套装，略施淡妆，显得格外干练。

两点整。黄子薇拿起话筒说道："各位下午好，粤鹏集团工会和党群部联合举办的'鲲鹏展翅·圆桌分享会'现在开始。这项活动以党史学习、业务交流、管理提升为主要内容，每月一次邀请粤鹏集团的领导、各领域各岗位的能手、外部专家做主题分享。"

"之所以叫圆桌分享会，就是营造开放、平等、分享的氛围，为大家提供一个对话交流、经验分享的渠道。欢迎大家自告奋勇，踊跃报名，主动分享。年底我们会有小小的奖励。今天是第一期，我们的主题是风险控制大家谈。台上的几位领导大家都熟悉。首先请粤鹏集团常务副总经理方总给我们分享一下她对风险管理的认识。

"方总，听说您这次的华东之行收获颇丰，对风险管理您是如何理解的？对于我们粤鹏集团又有哪些意义？"

黄子薇将话筒递给了方亦舒。

"风险管理，自古有之。扁鹊见蔡桓公的故事大家都听说过，说明了小病不医，大病不治，防患于未然的重要性。绝大多数风险都不是一夜之间转化为危机的。很多管理者对初露苗头的小问题往往视而不见，掉以轻心，等到问题大到收拾不了的时候，就悔之莫及。因此，如何在危机刚刚萌芽时发现风险、防范风险、规避风险是风险控制最重要的课题。

"关于扁鹊治病，还有一个三兄弟的故事，和我们风险控制也是一样的道理。我看大家刚刚午休好，还没进入状态，我们来破个冰，互动一下，哪位同学能分享一下？"

方亦舒说完，看着台下的观众。

她这么一问，大家伙儿都打起精神来，眼光虽然不敢和方亦舒接触，但也不敢掉以轻心，就怕让自己回答，自己又答不上来。

黄子薇有点自责，本来讲座的暖场应该由她这个主持人来完成的。这个环节她事先没有设计好。现在方总来破冰了。这是她的失职。

黄子薇掏出手机，迅速地搜到了扁鹊三兄弟的故事，以电光石火的速度默记下来故事梗概。

方亦舒用目光扫了一遍全场，没有人应答，正想着怎么收场。

忽然，她眼睛一亮，看到王志良在观众席的一侧。

"志良，你饱读诗书，能否和我们分享这个历史小故事？"

"我只记得前面几句，后面几句记不得了。对着手机念可以吗？"王志良笑言。

"当然可以。"总算有人接盘了，方亦舒心里想。

"魏文王问扁鹊，你们家兄弟三人，都精于医术，到底哪一位最好呢？扁鹊答：我的大哥医术最好，二哥次之，我最差。文王再问：那么为什么你最出名呢？扁鹊答道：我大哥治病，是治病于病情发作之前的时候。由于一般人不知道他能事先铲除病因，反而觉得他的治疗没有明显效果。所以他的名气无法传出去，只有我们家人才知道。我二哥治病，是治病于病情初起的时候。老百姓认为他能治轻微的小病，治不了大病，所以他的名气只能在我们乡里流传。而我扁鹊治病，是治病于病情已经严重的时候。一般人看到我在经脉上穿针放血，在皮肤上敷药，用麻药让人昏迷，做的都是些大手术，自然以为我的医术高明。因此，我的名气响遍全国。

"我觉得这个故事和风险管理有相通之处。对于任何疾病，如果想要取得最好的治疗效果，要尽早发现病症，找到原因，对症下药。如果等到病入膏肓，就算神医在世也无能为力了。因此对于防范风险和危机处理来说，最好的应对方略就是事前发现，事前控制；次之，则是事中控制，过程控制；最不济就是像扁鹊那样应急处置，重在止损。"

王志良一气呵成。

"志良讲得特别好。风险控制和危机管理其实是两个相互联系的概念。风险是指潜在的危险，可能是已知的，也可能是未知的。危机，是已经发生的危险，是指迫在眉睫或者是活生生的负面突发事件。扁鹊大哥医治的都是风险，在还没有形成重症之前，就把它消除掉。扁鹊医治的都是危机，都是必须动刀子，做手术的，一不小心就会有生命危险。

"绝大部分的危机都会经历从风险显现、风险发生、风险扩大，到危机来临、危机爆发、危机升级，再到危机平息这样一个过程。正是由于这个过程的存在，我们可以对危机进行有效防范和及时管理。从风险到危机是一个问题发生发展的过程，从风险到危机也是一个从量变到质变的过程。

"企业经营始终与风险相伴。企业能否可持续发展，很重要的一点就是看能否处理好细节，能否做到精细化管理，将风险控制在一定水平、一定范围内。今天的主题对于粤鹏集团又有着特别的意义。我们前面出现的各种问题，实际上绝大部分都是在风险控制上出的问题。在这一点上，我们集团上下要痛定思痛，总结教训，亡羊补牢，以案促改，期待大家的精彩分享。"

方亦舒看到台下的观众都在望向自己。

她知道，调频调好了。

黄子薇微微一笑，说道："方总刚才从扁鹊三兄弟的故事说起，给我们生动形象地比喻了风险控制的机理，以小见大，以古喻今，一下子就让我们进入了状态。下面，我来介绍第一个主讲人，华茂公司董事长孟海洋。他是做大宗商品业务的。我们都知道大宗商品风险高发，但是孟董以前做业务的时候，不仅没有出过风险，而且年年都是公司第一名，连续三年是我们粤鹏集团的先进标兵。

"今天，我们就来听听他独步天下的武林秘籍。孟董，你觉得做业务有哪几个关键点，你是怎么把风险牢牢控住的？"

06 战略管理风险：资源与定位不匹配

孟海洋拿起话筒说道："谢谢黄主任的热情鼓励，独步天下有点夸张了。我谈不上有什么武林秘籍。这些年做业务，有一些心得体会和经验教训，愿意拿出来和大家分享一下，希望能够抛砖引玉，把我们粤鹏集团的风控机制建设好。

"首先，自爆家丑。我们华茂本来以为风控体系做得还不错，没想到也有马失前蹄的时候。去年我们就遇到了一个骗子，1000多万美元的货被卖掉了。幸亏周董和广泰集团大力支持，我们才侥幸逃过一难，教训深刻啊。"

这时，周泽明拿起话筒说道："海洋，这个风险事例你可以先给大家讲讲，发现风险，果断止损是风控体系的一个重要环节。"

"好的，周董。这个业务是我们总经理高雪松具体负责的，请他介绍一下吧。"

高雪松和孟海洋年龄相仿，是一起做业务的搭档。高雪松戴着眼镜，一副文质彬彬的样子。

他接过孟海洋递过来的话筒说道："我们华茂公司主要是做铁矿石、焦炭、木材等大宗商品的进出口贸易，一直很稳健。但这几年国家的政策调整对我们影响很大。

"公司原来经营的这些品种大多属于高污染、高能耗、低附加值的产品，而国家越来越不鼓励这些产品出口，出口退税额一降再降，甚至还加收15％的关税，这对公司经营影响巨大。农产品领域是国家鼓励进口的，也是国内短缺的，所以公司经过研究，决定逐步改变经营结构。去年年初经过一家上市公司介绍，我们找到朗华科力。朗华科力一直在做进口大豆油的业务，规模很大，口碑很好。两家一拍即合，商定由朗华科力委托华茂进口大豆油。

"大宗货物的海外进口一般使用远期信用证支付方式，就是由为买方开具信用证明的当地银行先对卖方货款进行支付或承兑；而后，买方付款给开证银行，再提单取货。而朗华科力本身的信用证额度是有限的，所以按照双方签订的《委托进口合同》，由华茂公司向银行申请信用证。朗华科力需要在开证前将相当于进出口总额10%的开证保证金汇入我们华茂公司账户，华茂公司收到保证金后五个工作日内开出信用证；同时华茂向朗华科力收取进口货物总价的1%作为代理费。这个代理费包括了我们付给银行的各种费用。

"这样一来，他们朗华科力得到了自己需要的信用证额度，而我们华茂公司可以坐收10%的保证金和1%的代理费。双方约定的违约金为货款总额的30%。我们是第一次做大宗农产品，8000吨的大豆油到港后存放到哪里？我们一下子还没有头绪。于是朗华科力向我们介绍了青岛的盛海嘉益，并约定仓储费用由朗华科力承担。就这样，我们与盛海嘉益签订了仓储协议。

"我们是第一次做这个业务，非常谨慎。这两家公司我们都做了详尽的尽职调查。朗华科力是永州市江北区重点扶持的骨干企业，这几年发展很快，在业界口碑很好。盛海嘉益我自己去青岛实地考察过，他们厂区有四十多个大大小小的储油罐，总的储油量有15万吨左右，这个规模在业内数一数二。

"在合同方面，我们请律师把华茂公司与朗华科力和盛海嘉益的两份合同来来回回修改了十几次，把各种可能出现的问题和后续措施都考虑到了。另外，我们在青岛聘用了一个人员，派驻在盛海嘉益厂区看管储油罐。就这样，业务一直开展得都很顺利。后来，业务上了轨道以后，从成本的角度考虑，我们将这个专职人员换成了兼职人员。

"但是，去年6月信用证到期后，朗华科力一直不打款。我们发了很多函以后，朗华科力才50万、60万地打过来一点点。我们已经将货款垫付于开证银行，他们不打款，就要我们再垫付资金。这时候，我们觉得不对劲。业务部的同志提出来，即使朗华科力付不了款，华茂可以通过卖油来回收货款，因为货权还在我们手里。这时候，朗华科力的刘总，他们的法定代表人一再打电话过来，要求我们不要提油变卖，说一定会还款，并提出每个星期打过来100万。而盛海嘉益的人对我们说，愿意为朗华科力担保还钱，那意思就是说你们不要来提油了。

"但是我们华茂公司的风险控制是很严的，这种大额应收货款不能一拖再拖。后来我们拿提单到青岛要求提油变卖。到了青岛之后才知道，盛海嘉益已经没多少油了，而且遇到很多同样来提油的企业。大家一交流，才发现都被骗了。后来，我们向广州中院提起诉讼。这时候我们才知道，朗华科力和盛海嘉益其实是一个老板，属于同一个控制人，叫范勇。

"再后来，我们才知道，北京、浙江、广东等地提出资产冻结和查封要求的公司有20多家。盛海嘉益名下的所有资产早已经被各家法院查封了十多次，几家法院轮流查封的盛海嘉益资产总额已达3亿多元，而这两个公司的老板范勇早就不知去向。

"也就是说，就算我们华茂公司官司打赢了，也拿不到钱。那段时间急啊，天天都睡不好觉。"

高雪松语速很快，但很清晰地说了事情概况。

一时间，没人说话，大伙儿还沉浸在这个故事中。

"高总，听说你们这笔1000多万美元的损失后来连本带利都拿回来了，给我们介绍一下怎么做的？"黄子薇打破了沉默。

高雪松刚想回答，方亦舒拿起话筒说话了："雪松，你先别说。先请大家讨论一下，这个案例在风险管理方面有哪些问题？"

方亦舒说完，周泽明和卢靖琳都赞许地点了点头。

坐在第一排的华意公司董事长胡仲文问道："高总，你们华茂后来继续做农产品了吗？"

高雪松答道："在食用油上遭遇这么大的案子，光打官司、讨债我们就折腾了半年。后来，我们考虑还是暂缓进入这一领域吧。"

胡仲文说道："我来说几句，讲得不对的地方，请孟董、高总别往心里去。

"听了高总的介绍，我觉得有两个方面的环节是需要关注的，也是值得我们华意公司反思的。第一，战略风险。企业的战略风险有四种：战略环境风险、战略资源风险、战略定位风险以及战略执行风险。如果将企业比喻成在大海中航行的船只，那么海浪和风向就是企业的战略环境，船只的大小、水手的多少和经验是战略资源；航线的确定，就好比战略定位，而如何及时调整风帆朝着确定目标前行，就是战略执行。

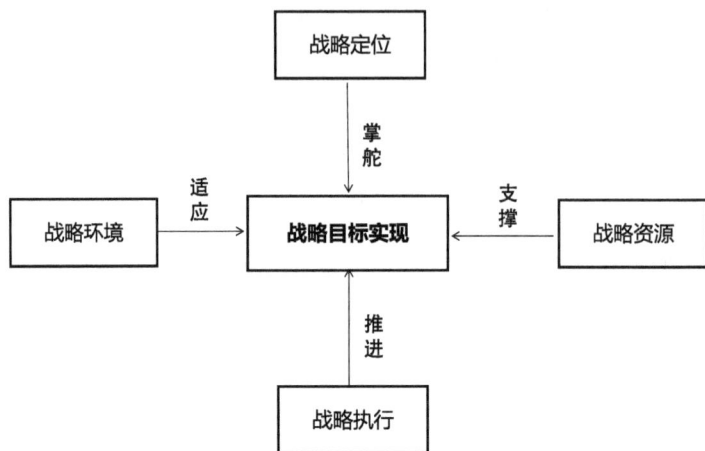

```
            ┌──────────┐
            │  战略定位  │
            └──────────┘
                 │
                掌舵
                 ↓
┌────────┐  适应  ┌──────────┐  支撑  ┌────────┐
│ 战略环境 │ ───→ │ 战略目标实现 │ ←─── │ 战略资源 │
└────────┘       └──────────┘       └────────┘
                 ↑
                推进
                 │
            ┌──────────┐
            │  战略执行  │
            └──────────┘
```

战略风险的构成因素

　　"华茂以前做大宗原材料是熟门熟路，但是农产品的特性不一样。我为什么了解得这么清楚？因为我亲家就是做农产品的，我们经常在一起交流。我国大豆油主要从阿根廷、巴西和美国这三个地方进口，进口港主要有青岛港、张家港和黄埔港等几个主要的港口。为什么是这几个港口？因为需要有配套的企业。一些大型的大豆油加工企业，比如恒丰粮油、龙威粮油基本都分布在这些港口的周边地区，这样大豆油到港以后能很快进行加工、精炼，快速周转。大部分贸易企业都没有专门的储存仓库，通常租用油脂企业或仓储企业的储油罐。而聚集在这些港口的大豆油加工、仓储企业以外资和民营企业为主。

　　"我觉得华茂公司战略转型，改变经营结构，首先要考虑的是有没有这方面的资源，与你的定位能不能匹配？如果没有，那肯定出问题。进口食用油，储存罐是一个很重要的环节。这个食用油储存罐和一般的大宗商品还不一样。一般的商品可以随时清点核销。储油罐这么大这么高一个罐，到底用了多少？还剩多少？怎么清点？怎么核销？

　　"另外既然要做大豆油，自己有没有分销渠道？如果买家不要货了，我手里这批货该怎么处理？据我所知，一些大的生产食用油的企业，都有自己的专用储油罐。这些都是这项业务的战略资源。如果没有储油罐，我觉得可以把规模降低，租用别人的罐也可以，这样可以把风险降到一定的水平。华贸公司第一单就上了8000吨，我觉得有点冒险。

"第二是运营风险。刚才高总提到了在仓库管理方面，聘用了一个专职人员，派驻在盛海嘉益厂区看管储油罐。这说明华茂公司也认为储油罐的看管是重要环节。一开始我猜这个仓管员也是严格按照规定执行的。但是后来，专职人员换成兼职人员就有问题了。你想想看，每天检查一次和十天半个月才检查一次，能一样吗？人员兼职容易出现漏洞，让不法分子有可乘之机。在业界还有一种情况也普遍，就是仓管人员和不法分子内外勾结。专职和兼职的责任心肯定不一样。

"我和亲家经常交流，所以了解了食用油的一些情况。刚才听高总这么一讲，技痒难忍，所以胡乱点评了几句。请孟董和高总不要介意。我姓胡，你们就当我胡说吧。"

胡仲文说完，大家都笑了。

孟海洋说："胡董，你分析得太精准了。看来我们还不是马失前蹄那么简单，要从战略风险管控方面深挖问题根源，对症下药，补齐短板。我们华茂公司到时候请你当战略顾问，你别嫌钱少啊。"

坐在一侧的卢靖琳说："我来补充一点。刚才雪松提到华茂公司在业务开展以前，做了尽职调查。可是两家公司都属于同一个实际控制人，这么重要的事情为什么没有调查出来？如果了解了这个情况，那这个业务决策就要慎重得多。那究竟是尽职调查的流程有问题，还是尽职调查的执行环节有问题呢？这应当也属于运营风险。"

07 组织架构风险：失去制衡的空架子

这时候，周泽明拿起话筒说道："仲文和靖琳刚才讲得都很好。华茂公司的这个事情让我想起十多年前的中航油事件。那时候，我还在中山大学管理学院读书。当时这个中航油亏损事件可以说是震惊全球，后续我一直在关注，所以印象比较深。

"中航油集团是国内航空燃油领域绝对的巨头。为了发展航油进出口贸易，确保航油供应并降低进口成本，中航油集团在1993年开设了中航油（新加坡）股份有限公司。当时，这个公司时机把握得准，牢牢把住了国内进口航油供给的命脉，2001年底在新加坡上市，并且市值一路高涨。但是，上市以后不到三年的工夫，中航油就因巨额亏损导致严重危机，最终申请了破产保护。那么，到底发生了什么，导致中航油这么快翻船呢？

"简单来说，那就是公司错判市场，做期权交易亏了；复杂来说，那就是公司不断用一个个更大的错误弥补上一个错误，直到无法弥补。这些错误的发生，可以说是成也萧何败也萧何。1997年，陈久霖被任命为中航油（新加坡）公司的总经理。正是这位北大科班出身，英语熟练并且具有诗人气质的总经理，带领中航油（新加坡）股份有限公司成功实现IPO。到了2003年10月底，公司市值已相当高，折合人民币40多亿元。

"但是2003年也成为中航油（新加坡）公司的转折点，主要是因为公司在2003年下半年开始交易石油期权。最初交易数量较小，只有200万桶石油，中航油在交易中还有所盈利。2004年第一季度国际市场油价攀升，进行违规操作卖出看涨期权的中航油（新加坡）公司潜亏580万美元。但中航油（新加坡）公司并未及时止损离场，而是决定延期交割合同，并且期望油价能回跌。然而，后面油价持续走高。陈久霖决定豪赌一把，准备延后到2005年和2006年交割，同时增加交易量。但是，市场不是赌场。到了2004年12月初，已经亏损5.54亿美元的中航油（新加坡）公司，再也撑不住了，向新加坡法庭申请破产保护令。

"中航油（新加坡）公司是有风控机制的。但在管理层的授意下，这个机制被架空了，权力失去制衡。公司在每个阶段都无法采取果断有效的止损策略，只能一边延期一边卖更多期权，期望收回期权费，亏损自然越来越大。后来中航油（新加坡）公司的总经理陈久霖，是事件的主要责任人之一，长期进行投机违规操作，被当地司法机构指控。这个事件最后给公司、给国家带来了极大的损失。"

周泽明说完，看着卢靖琳，说道："靖琳书记，我们都是同时代的人，这个事情你还有印象吧？"

卢靖琳说道："这个事情我有印象，当时我们在学校还专门组织了案例讨论。现在听你这么一讲，那些点点滴滴又记起来了。"

"首先，风险意识非常重要。不要为了高利润就贸然去做投机交易，市场不是赌场，千万不要抱侥幸心理，不然损失只会越来越大。

"其次，保持内部风险控制架构的独立性非常重要。中航油（新加坡）公司在新加坡上市，应该有规范的治理结构。但是这些治理结构一旦不按制度落实，就成了中看不中用的花架子。那些风险极大的交易以及违规操作其实是总经理陈久霖默认并主导的。公司内部分层报告机制完全失效，甚至母公司都被瞒了下来。公司决策缺乏监督，组织架构失去制衡，是中航油（新加坡）公司巨额损失的重要原因。

"最后，信息披露和外部监管也非常重要。一直到申请破产保护前两个月，投资者才知道这个巨额损失的存在，甚至监管部门才知道这个巨额损失的存在。而如果信息按规定披露，投机刚开始就被发现，这个事件就会改写了。

"这是我的一点体会，泽明书记的认识可能会更深刻。"

周泽明微微一笑，说道："回顾中航油事件，有两点值得深思。第一，制度的落实执行问题。中航油（新加坡）公司曾经聘请四大会计师事务所之一的安永会计师事务所，为其编制风险管理手册，设有专门的风险控制人员和软件监控系统，规定了严格的预警和止损制度。按规定，每个交易员的亏损额达到50万美元的时候就必须强制平仓。如果严格执行这一规定，在2004年第一季度账面亏损达到580万美元的时候，交易就会结束，也就不会有后来的巨额损失。

"有了制度不去执行，这个制度又有什么用？这和我们几个子公司出的风险事件如出一辙。我相信华茂公司对于存货管理也是有一套制度的。在做大豆油这个事情的时候，一开始也是检查的。刚才雪松不是说了嘛，青岛当地聘请了一个专职人员看管储油罐。后来呢？兼职人员在落实制度、执行制度方面肯定出了问题。所以说，一分部署，九分落实。还是在制度的落实落地方面有问题。十多年前是这个问题，十多年后还是这个问题。

　　"第二，组织的监督制衡问题。2002年10月，中航油集团向新加坡子公司派出了党委书记和财务总监。但奇怪的是，党委书记在任职两年内一直不知道公司正进行场外石油的期权投机交易。而财务总监的任命更是奇怪。集团派出的财务总监，新加坡公司根本就不接受。他们找了个理由，说财务总监的英语水平不高，两次更换中航油集团派出的财务负责人。新加坡公司到最后也没有用集团公司派出的财务总监，而是从当地雇用了一个新加坡人。这不就是我们华策公司的翻版吗？从组织架构体系上来说，是缺乏制衡、失去监督。从党的建设来说，是党的领导弱化、淡化、虚化和边缘化。

　　"事实上，也正是中航油、中储棉、国储铜等企业一连串危机事件的相继爆发，监管当局才更加充分地认识到加强内部控制和风险管理建设对我国企业，尤其是上市公司的重要性。2006年6月，国务院国资委发布了《中央企业全面风险管理指引》。这是我国第一个全面风险管理的指导性文件。此后，从中央企业、上市公司到非上市公司、地方国企都开始把内部控制和风险管理的工作做起来了。

　　"再回到华茂公司的这个案例。如果华茂公司的董事会里有仲文这样的外部董事，那么在讨论企业的'三重一大'事项时，特别是在讨论企业的战略问题时，情况就不一样。像仲文这样的外部董事能够提出专业的、独立的意见，恐怕华茂公司就会少走一些弯路，多一份谨慎，绕过这个陷阱。我觉得这是企业治理结构上的不足，也是组织架构体系上的风险。"

　　周泽明说完，众人皆点头赞同。

08 企业文化风险：风险控制停在表面

　　"刚才泽明书记和靖琳书记的分析都很深刻，这是帮我们找问题、找短板，非常感谢。我自己也来谈一点体会。"华茂公司董事长孟海洋说。

　　"出了这个事情，我也在反思，到底在哪些方面出了问题？以前我自己做的业务，确实风控把得牢牢的。即使业务出现一些小问题，那也能及时处置，化解风险。这也是这么多年来，我的大宗商品业务始终在公司名列前茅的原因。但是，我觉得我担任了华茂公司负责人以后，没有把自己的这种风险管理思想变成一种人人关注风险、人人把控风险的企业文化。我们华茂公司有风险控制的规章制度。但是，如果这个制度没有变成每个职工入脑入心的自发意识，这种风险控制也只是停留在表面。

"刚才靖琳书记提的观点很好。为什么尽职调查没有发现两家公司实际上是同一个老板呢？如果按照尽职调查的一二三四来做，那就是规定动作。但是，除了规定动作还有自选动作。我的目标是完成尽职调查这项任务呢，还是要对这项业务背后的潜在风险穷尽所有方法？目标不一样，付出的努力不一样，得到的结果也不一样。我觉得这就是企业文化的风险。这方面方总给我讲过杜邦的例子，我深有感触。请方总先和我们分享一下吧，我讲得没有她讲得生动。"

方亦舒拿起话筒说道："海洋的这种自省精神值得肯定。前事不忘，后事之师。我们今天分享会的意义就在于总结经验，汲取教训，重新出发。出了事情以后，海洋挺自责的，我和他讲了杜邦的风险管理之道，从企业文化的角度找原因。风险意识就是要年年讲、月月讲、天天讲、时时讲，变成一种集体无意识，那就成功了，不能嫌烦。

"两百多年前，杜邦是一家以生产火药起家的小家族公司。一百多年前，杜邦看到了市场上一些技术的产生和变化，就将业务重心转向了全球的化学制品、材料和能源。我们每天的衣食住行其实都在和杜邦的产品打交道。杜邦的客户大都是生产、制造业企业，而且他们公司有一个理念，就是钱要用在产品研发和技术革新方面。所以我们在市面上很少看到杜邦的广告。

"杜邦从成立到现在有两百多年了。大家去看看寿命有两百多年的企业有几个？美国中小企业平均寿命不到7年，大企业平均寿命不足40年。在中国，中小企业的平均寿命是两年半，集团企业的平均寿命是七到八年。

"二百年来，杜邦就像一个市场中的潜水者，自如地游走于各个海域，但却一直没有浮出水面。这家公司基业长青的秘密是什么？答案可能是多种多样的。但是如果去问他们管理层这个问题，无论是谁，在什么场合，得到的都会是同一个答案：第一就是核心价值观念。就从这方面，我们都能看出杜邦文化理念的一致性。

"杜邦是生产制造业，他们的风险管理主要关注的是安全。1800年，当杜邦准备在美国特拉华州建立第一个生产车间的时候，创始人就坚持要把车间建到白兰地河边。在厂房的设计上，三边都是两层的、非常坚固的砖墙，而朝着河边一面是非常薄的、轻型的墙，薄薄的屋顶也向河的方向倾斜。因为，这样的结构，一旦出现事故，引起房屋倒塌的话，不会伤害工人的生命。

"1815年，以生产黑色火药为主的杜邦公司出现了第一次人员伤亡事故。当时，杜邦还是一个小公司。事故发生以后，杜邦的创始人做出了一个惊人的举动：把全家搬到了工厂区。这位创始人想以此告诉员工：他要负起这个责任，而且要保证员工的安全。这一举动，让员工对自己的安全保障充满了信心。

"我去过特拉华州的杜邦酒店。现在依然可以在大厅中见到一幅描绘公司起源的油画：一辆卡车满载炸药，在路上蜿蜒行驶，路人见之，面露惊恐之色。尽管两百年内杜邦公司发生了很大的变化，但是公司文化中的风险管理意识一直没有改变。

"当时，美国没有《劳工法》，工会的作用也没有被承认。也就是说，当杜邦的创始人将自己的全家搬进工厂的时候，并没有受到任何法律的驱动，而完全是出自一种'要对员工安全负责'的理念和精神。也就是这种精神，让杜邦在事故频发、濒临破产的生死关头，又重新'活'了过来。

"当然，杜邦并没有让这种精神随着创始人的离去而离去，而是用制度的形式将它传承了下来。这种思想不仅传承下来了，而且变成了全体职工的一种思想自觉和行动自觉。这就是文化的力量。我们粤鹏集团哪一天能把风险管理的意识融入我们的言行举止里面，开会讲风险，总结讲风险，做事讲风险，那我们的风险会大大降低。"

方亦舒讲完，卢靖琳拿起了话筒。

"亦舒总讲的这个杜邦文化，我也有切实的感受，非常认同。去年，省国资委组织的一个培训班，其中一站就是杜邦深圳公司。当时，为了验证杜邦的文化，我们这个小组分别在餐厅、门岗和厂区，找了几个员工，问他们安全管理的问题。他们无一例外地都能将杜邦对有关安全的规定流利地背诵出来。因为知道并遵守这些规定，是决定他们能否在杜邦工作下去的重要因素。

"杜邦公司一直有这样一种观点：风险管理是一个能增加企业盈利性并降低收益波动性的战略工具。整个公司将安全视为企业的先进文化，确定了一切事故都是可以避免的安全理念。现在杜邦员工在工作场所比在家里安全10倍。这种文化真正是把风险控制做到位了，值得我们好好学习。"

听到这里，华茂公司董事长孟海洋苦笑了一下，说道："风险管理是一个增加企业盈利性、降低收益波动性的战略工具。如果早点有这个觉悟，我们就不会为了省那每个月几千块钱的工资，把专职人员换成兼职人员。这是因小失大的现实版本。六七千万的货款差点血本无归。我对这句话现在有刻骨铭心的体会。"

看到这个话题讨论得差不多了，黄子薇说话了。

"高总，听说你们这笔1000多万美元的损失后来连本带利都拿回来了，到底是怎么起死回生的？"

高雪松接过黄子薇递来的话筒，说道：

"当时，到了青岛盛海嘉益发现没油以后，我们和其他企业都在想办法找他们的老板范勇。因为，按照当时的说法，如果找到这个老板协商谈判，让他还钱，我们还能挽回一些损失。如果走司法途径，他可能已经将资产转移了，我们一分钱都拿不到。

"这时候，周董刚来粤鹏。他听说我们这个事情以后，让我们马上整理证据报案。证据都在的，我们就以合同诈骗罪向粤城经侦报案。公安部门用了一个星期就把失踪了一个月的范勇抓起来了。其实，这一步也挺险的。范勇在两天前拿到了签证。如果不报案的话，他就已经逃到境外了。当时，经侦大队查到郎华科力和盛海嘉益确实已经没有可执行的财产了。

"幸亏我们通过广泰集团的介绍，保持和粤城经侦的紧密沟通，不断地想办法。后来，粤城经侦通过侦查发现这个范勇在香港还有一家公司。这家公司还有1个亿的资产。这有可能是范勇转移资产的公司。

"粤城经侦的钟大队长，我们都叫他钟大。钟大真厉害，善于做思想工作，他到看守所里找这个范勇谈，给他讲清楚利害关系。我猜猜看，就是讲如果他能给企业挽回一点损失，他的罪责也会轻一点。最后，范勇写了个书面委托书，用香港这个公司的资产偿还债务。最后，我们收回了7000多万的债权。"高雪松说。

黄子薇看到卢靖琳好像有话想说，就将另一只话筒递给了卢靖琳。

"刚才雪松讲的这个案例，其实就是告诉我们，一旦出现风险，特别是对方涉嫌违法犯罪的，必须马上控人、控物、控赃。有明确证据的，只要达到立案标准，就马上报案。这种诈骗犯既然能在几个省同时诈骗，说明是流动作案的。受损失的，肯定不只是我们广州的企业。哪个地方控制住了嫌疑人，哪个地方就掌握了主动权。我觉得泽明书记的指导很及时啊。"卢靖琳说。

"靖琳书记说得很好，全国受骗的客户有30多家，但是只有我们华茂和广州的另一家公司收回了债权。要不然，我们即使官司赢了，也是颗粒无收了。"高雪松说。

⬡ 09 尽职调查：领导牵线不代表领导背书

"从时间维度上，风控体系可以分为事前、事中、事后三个阶段。刚才高总讲的这个案例，可以说是事后发现风险，损失已经形成了。我们应该采取的举措就是整理证据，立即报案，而不能抱着侥幸心理去和骗子谈判来讨债。那如果是事前阶段，我们又应该怎么做呢？孟董刚才讲了，他自己在风险控制方面是慎之又慎，业务才会越做越大，越做越稳健，前几年一直蝉联公司榜首。下面请孟总和我们分享一下吧。"黄子薇把话筒递给了孟海洋。

"事前阶段要做评估，这个大家都知道，规模特别大的业务要做详尽的尽职调查。但是我始终认为，对人的评估是第一位的，甚至是要优先于尽职调查。就像刚才高总讲的，盛海嘉益和朗华科力他都去实地考察过了，看起来规模这么大，这么正规，最后不还是一个陷阱？

"我做一个新业务，首先要和对方吃顿饭聊一聊。吃饭嘛，小酒一喝，人就放松了。我一聊，十有八九就知道这个人靠不靠谱，就知道能不能和他做生意。我先说个业务没做的例子。"

孟海洋刚才去了趟洗手间，调整了心情，一扫刚才的自责状态。

"三年前广泰集团一个领导介绍了一个业务，叫晨光科技，做光电材料的，让我们代理进口。我当时还是业务三部的经理。领导介绍的业务，我们肯定要重视的。很多人都去考察过的，包括广泰集团投资部的王总、粤鹏集团的江总。他们都去晨光科技现场看过的。

"晨光科技的工厂在江门。我们到了地方一看，工厂规模不小，看起来也很正规。吃饭的时候，我就问他们老板：老婆在哪里上班？小孩在哪里读书？这个老板说他老婆不上班，在家里打打麻将，小孩送到国外去读书了。我就问他营业执照上的法定代表人是谁？这个老板说是他老婆。

"当时，我就觉得奇怪了。因为两天下来，出面接待我们的都是这个老板和他同学，他老婆面儿我们都没有见过。为什么他自己不担任法人代表呢？如果是夫妻店，老婆很厉害，很能干，那老婆来当法人代表也很正常。但是，几天下来，他老婆从来没露过面，说明没有参与到公司经营里去。回来以后，我就让人去查这个老板的信息。结果一查，我们发现这个老板被判过刑，蹲过监狱，罪名是抽逃注册资本罪。法律规定，判过刑的人员，是不能做法人代表的。你是经济犯罪，那说明品质有问题；你又不是因为喝醉酒打了人判过刑，那又好一点。不和坐过牢的人交易，我就这个原则。

"还有一点，就是他企业刚办起来，没有现金流。我做大宗商品的，很看重现金流。没现金流他可以想办法，但是我觉得人品最重要。就这两点，我在班子会上提出来这个业务不适合。当时粤鹏集团领导会上听了以后也觉得有道理，说尊重华茂公司业务部门的意见。结果，今年这个晨光科技出事了，很快要破产了，好几个兄弟公司牵涉进去了。"

孟海洋讲得生动，大伙儿听得入了迷。

这时，卢靖琳拿起了话筒。

"这个晨光科技后来去了广海、粤庆、金鹿三个兄弟公司。他们都投资了，为什么？因为是领导介绍的业务，他们就去做了，结果今年全部被套牢了。

"其实领导介绍的业务，你更要看清楚，你要对领导负责。领导牵线不代表领导背书。对于业务你要有自己独立的判断，该做调查的做调查，该做分析的做分析。不是说我做了这个业务就是拍领导马屁，不做这个业务好像就对不起领导，不是的。企业是讲效益的，不合适你可以不做啊。海洋这个精神难能可贵。"

"谢谢靖琳书记。前段时间，我遇到了广海公司的朱建。他也是做大宗商品业务的，我俩关系很好的。他跟我说他很郁闷，说因为纳米陶瓷业务出险了，他被扣了钱。这个纳米陶瓷业务也是领导介绍给他的。

"我就劝他，不要郁闷了。我说，说实在的，领导介绍的业务，你做了，赚了钱，拿奖金的是你，又不是领导。反过来，这个业务你做亏了，你不能怪别人。如果领导把纳米陶瓷业务介绍到我这里，我肯定也不做。

"我跟朱建说，其他的项目我看不懂，因为我没有调研过。但是你们投资的这个纳米陶瓷项目在日本，从一开始就是错误的。日本是一个利率很低的国家。你们投这么高的成本进去，12%；日本又是一个纳米陶瓷很发达的国家，研究得很透彻。凭什么你们这个项目能在日本做？这个在设计上就是有问题。你说你在罗马尼亚做，我看不懂，搞不清。日本我很清楚的，我经常去，他们现在的利率其实是负的，你们给这个项目12%的资金成本。这个弄不好就是空手套白狼，忽悠你们领导的。果然，不出我所料，最后出事情了。"孟海洋说。

"广海公司的董事长就是因为纳米陶瓷这个项目被抓了，现在被判了10年。一方面这个项目本身有问题；另一方面，他有个人利益在里面。这说明我们做业务一定要不唯书、不唯上、不唯实。如果是围着领导转，那就弄不清业务经营的正确方向了。"卢靖琳说。

10 年化收益18%的项目？不是骗子！

坐在中间的周泽明发言了："我觉得不仅是进出口贸易要审慎地评估交易对象，实际上所有的投资项目都应该以考察人为先决条件。我也举个例子，以前我在粤海湾做财务部经理的时候，考察过一个房地产项目。

"这个项目广泰集团的领导都去看过了，都说不能做。为什么？因为项目在一个内陆的县城，安徽萧县，给我们的回报是18%。去考察的人一听这么高的利率，肯定有问题。但是哪里有问题，他们也说不上来。领导派我去考察。到地方以后，我和老板两口子吃了顿饭。我问得很细的。两个孩子，儿子北大读研究生，女儿刚考入浙大。你说说看，老板如果是吃喝嫖赌，坑蒙拐骗，能培养出这样的子女？夫人在哪里上班，萧县梅村中学化学老师。老实本分的一个人。你说这个人如果整天花天酒地的，能不露出马脚吗？这其实就是一个老实本分的乡镇企业家。

"当然，这些只是一个方面。很多方面一综合，我就觉得这个人靠谱。然后，项目的抵押物又很充足。这时候也要讲程序的。然后再来分析这个房地产项目为什么在当地有前景，这个就是专业上的事了。我考察以后回来说，这个项目可以做的。我心里很有底的。风险很小，收益很高，而且几乎是没问题的。

"这个项目后来领导也是认可的。18%的资金回报率，6000万元的投资，在这个项目上我们赚了很多钱。回过头来看，如果把前面对人的考察拿掉了。后面做得再好，都是表面上的文章。他如果给你做了个局，你不是照样陷进去了吗？"

周泽明讲完，高雪松接过了话筒。

"我也来分享一个有先见之明的案例。这个业务也是上面领导介绍的。是做中医药提取物的原料进口。委托我们做业务的这家公司在上海，母公司在香港上市，听起来是不是很正规，很靠谱，对吧？

"这家公司投资的一家工厂在重庆，而供货的是香港的一家公司。他们说起来，这个中成药在国际上需求很大。现在公司刚刚起步，要先把原料从香港进口过来，到重庆加工。这个进口的量非常大，想让我们代理进口。

"我跟公司领导探讨这个业务能不能做，商量以后，我们就达成一致：如果要做，业务上的几个风险点要控牢。第一，我们要去考察。看看他们的工厂到底怎么样，是不是像他说的那样，天花乱坠的。第二，我们要去调查。香港的这家供货公司的背景到底怎么样？他有没有这个实力做这么大的业务？

"他们工厂在重庆下面的一个县里面。工厂规模不大，虽然有东西在生产，但是生产线就一套。我在他们仓库里面没有看到很多货，就堆了几个罐，说是要出口的。当时我们就觉得这个生产的量，跟他进口的量不匹配。他说他们还在建厂初期，其他地方还要再建工厂。但这个东西你现在就是那么大的产量，你说你备货也好，库存也好，跟你现在的这个产能是不匹配的。这是第一个疑点。

"回来以后我们做了两方面调查。一是通过国内的一个中介机构，花了钱去调查企业背景；二是通过我们香港有业务的两个客户去了解这家香港供货公司的情况。香港有很多是虚拟公司，门口挂个牌子，其实大楼里面连办公室都没有。

"结果你猜怎么样？第一，调查发现香港的这家供货公司注册的股东，跟委托我们进货的上海这家公司的老板有亲戚关系；第二，我们香港的两个客户到现场一看，果然这个供货商是家虚拟公司，就挂了一个牌子在楼底下。楼里面连一个办公室都没有，地址门牌都是假的。

"我和领导一合计，从这几个点来看，都有问题，这个业务出险的概率比较大，那我宁可不做。后来这个业务我们就没做。"

◇11 出差吃泡面，我心里踏实

"周董的这个案例再一次印证了这个道理，任何投资项目或者是业务，人的品质是第一位的，也是我们在事前阶段要着重考察的。高总的案例告诉我们，事前的风险评估要从几个方面同时进行，多角度地开展尽职调查，而且不能只停留在书面。那么，在事中阶段，如果发现了风险怎么办？孟总有没有这样的案例？"黄子薇问。

孟海洋点点头，说道："有的。这些年做业务，合作伙伴破产的、倒闭的、跑路的、诈骗的都经历过。你说的这个事中发现风险的，也有。"

"两年前，我们给河南一家民营企业代理进口一批英国康迪斯发动机。项目总额3000万元，第一批货2000万元。货到了以后就放在海关仓库。他们带款提货。

"和这家公司前面合作都挺好的。过段时间我都会去他们工厂看看。我这个人有个习惯，不喜欢排场。我跟他们老板说，我去的时候，千万不要你们派人来接。你们就找个司机来就行了，没司机我自己打个车过来。你们食堂饭帮我弄一个，不用弄得山珍海味，喝得昏天黑地的，结果厂里什么情况没看清楚。

"有一次，当时华茂的姜董事长跟我一起去厂里考察。晚上九点到厂里，接到我们以后司机就回去了。我们晚饭都没吃，买了两碗泡面。姜董觉得很奇怪。他说，我们过来考察，他们厂家怎么都不来接待我们？我说这样好，我心里踏实。

"每次司机来接我，我都和司机聊，问司机工作几年了？工资是不是正常发？对工厂感觉怎么样？其实司机是最接地气的人，什么话都敢说。我就顺便好问了。你说如果他老板来接，套话弄得很大，其实真正的信息未必告诉你。司机都说实话的。我问他你们工厂情况怎么样？他说，工资都按时发，收入也蛮高的，在这里工作四五年了。这是一些侧面信息，说明工厂正常运行。反过来，如果老板每天胡搞，说明他心里不安，怕你来检查。老板现在不怕你来检查。他又无所谓的。他就安心做事情。

"我前面跟他们说得很明白。他们一开始暗示我有回扣。我说你不要暗示我，只要你按合同履约，第一，公司会给我奖励，收入很高的，不差的；第二，公司还给我升职，多好呢。你就按时履约，你按时履约就是对我最大的支持。另外想给我什么，你想都不要想。我也安心。

"有的人也许会问，你孟海洋是不是虚伪？其实，不是虚伪，我说的是大实话。我那时候大宗商品做得好，一年1000多万元的利润。连续两年，我都是公司第一名。收入怎么会少呢？我说你给我10万、20万，不解决问题；给我100万、200万你又不舍得。我直说的，你没必要给。"

孟海洋诙谐直白的语言，引得台下观众爆发出阵阵笑声。

"海洋这个理念真的好。不讲排场，不图虚名，不收回扣，深入实际，了解实情。怪不得每年业务第一名。如果粤鹏集团所有业务员都有这样的理念，我们的风险会大大降低。"卢靖琳说完，也笑了。

"谢谢靖琳书记。"

孟海洋向卢靖琳点头致意，接着说道，"有一次，我到工厂的时候都快中午了。老板忙，我也没要他接待。老板派了一个财务部的小伙子小崔陪我去工厂食堂吃饭。进了食堂，我在公告栏里忽然发现厂长换人了。我就问小崔，上一次我来的时候，你们厂长还是姓李的呢，怎么三个月不到，就换成姓王的了？

"小崔说，那个李厂长辞职了，家里有事情，回山东了。我一听总觉得哪里不对劲。小崔说的这个厂长辞职的原因总觉得有些勉强，心里就打了一个问号。吃完饭，我给河南工商银行的一个朋友打了电话，请他多关注这个工厂的情况。同时，逢年过节，我让人给这个财务部小崔寄点土特产。

"一个月以后，河南工行的这个朋友告诉我，这个工厂的一笔大合同出现履约风险，现在资金链很紧张。我一听这个消息，立即打电话回公司，马上停止后续1000万元的设备进口。这时候我马上找到财务部小崔了解合同履约情况。

"小崔说：'我们现在确实遇到了一些困难。不过，对于孟总你们这样的国企，我们很重视。你们很认真，每次来看得很仔细。我们把你们合同履约的优先级排到和银行一样。只要有钱，肯定付款。'我说，那好。如果你们不能履约了，请你马上通知我。说完，我又给小崔塞了一张购物卡。

"回来以后，我让人马上给海关和仓库各发一个函。以前委托方有授权通知书，仓库就可以放货。现在不行了，我怕他们伪造授权通知书。现在必须要有华茂的公章加上授权通知书，仓库才能放货。回到公司以后，我请法务部立即起草好诉讼文本。一旦出现合同不履约，要求法院判决这些货物由华茂处置。

"两个月以后，我们的收款收了1800万元，还有200万元余款，这时候，小崔给我打电话了，说现在是真没钱了，可能履约会出现问题。这时候怎么办？必须马上处置货物，这些前面都准备好的。我马上联系苏州华美达公司。华美达也是识货的，一看是康迪斯发动机，就知道华茂出现问题了，他们当场提出按货物价值打九折，180万元。真够狠，一开口就砍了我们20万元。九折就九折，赶紧变现。最后，这个业务没有亏，代理费有100多万元，相当于少赚了20万元的代理费。"

孟海洋讲完，台上台下不由自主地鼓起掌来。

⑫ 开局决定全局

这时，黄子薇看到高雪松正在看自己，知道他想说话，就把话筒递给了他。

"刚才，孟董讲了风控事中阶段怎么止损的例子，其实，我认为，开局决定全局，牵一发而动全身。事中的风控措施其实是和事前紧密关联的。

"比如说你做这个商品，首先我们要判断这个商品市场行情波动会不会很大？如果波动大，委托方的保证金的比例应该是多少？因为大宗原材料进口，他不可能给你很多保证金。他的金额大，给你保证金多了，那他的财务成本高了，他找你做的意义就不大。他找你做就是为了要杠杆，就是用最少的保证金做最大的生意，利用你国企的额度。

"那你就要判断，他这点保证金能不能覆盖我的风险？如果说市场波动非常大，他才给5%的保证金，那涨上去以后他吃大肉对不对？你就喝点汤赚点代理费。相当于他用5%的杠杆，可以赚大钱。跌下去5%，他就不要货了。他会说'我先不卖，这些货你先给我放着，等价格涨了再卖'。

"这个保证金就那么一点，对他来说没什么关系。但对你来说，你本身这个货物也不是那么好处理，尤其是行情下跌的时候，你想处理又很难。你是抛还是不抛？割还是不割？你如果有侥幸心理，想等价格涨上去了，客户会来拿的。万一不涨呢？因为很多行业是大周期，可能三年四年，甚至五年十年都不涨，对不对？这个成本越来越高。你怎么办？

"虽然事中我们也有一些规避风险的手段，包括让客户追加保证金什么的。但其实你仔细深究一下，如果这个行情真的波动非常大，你要他追加保证金，他不会的。这个又不像期货平仓那么容易。比如说我是期货，跌到这个线，我马上在市场上砍仓就砍掉了。比如说跌到10%，我收了你10%的保证金，我砍仓就砍掉了。现货不是这样的，现货跌到10%，不是说10%啊，你可能打对折都没人要。况且你这个盘子那么大，没人来接你的盘怎么办？"

高雪松说完，孟海洋接着说了。

"高总讲的我同意。我始终觉得做大宗商品的业务，规模控制是第一位的。因为你做100万元的生意，出风险的概率只有1%。你做一个亿的规模，可能有50%会出问题。就像我们这个大豆油的业务，如果一开始把规模降下来，即使出问题，损失也会小很多。等到我们有了战略性资源，分销渠道都建立好了，规模再上去，风险也就可控了。知和行还是有距离的。经过这一次教训，我们认识得更深刻了。

"有的客户跟你做业务，前面一单两单都是好的。客户可能一开始并不是想来骗你的。他前面是想着和你好好做生意。他无非是想利用杠杆，多赚点钱。但是到了后面出问题了，他控制不了了，他要赖账了。而那个时候，你规模已经相当大了，你已经陷进去了，你已经脱不开身了。这个时候你来做风险控制，包括追加保证金也好，及时止损砍仓也好，实际操作就比较难。

"如果规模不大，就100万元的损失，那我公司能够承担，而且就100万元好变现嘛。我找几个客户就变现掉了。你现在比如说几千万上亿价值的货，你要人家来接盘，怎么接？

"对于业务规模，公司一般会设定审批权限，比如说100万元以上的业务要公司领导审批。但是，对于想钻空子的人来说，他可以先弄个90万元，后面再弄个80万元。就不用审批了。这样单项看起来没问题，但是累计起来这个规模相当大。对于业务员来讲，如果他缺乏责任心，业务能做就做了，那就造成风险漏洞，你一点儿办法都没有。所以，还是人最关键。"

孟海洋说完，方亦舒拿起了话筒。

"刚才海洋说的是制度漏洞的问题。人当然是关键，但是我们不能把风险的管控建立在人性的善恶之上。企业经营，归根结底必须要靠制度来管理。这里面涉及制度的改进完善和部门的职能定位。第一，对于业务部门来说，做业务，拿奖金是天然的动机。那么，对于想钻空子、违反规定、造成损失的业务员有没有相应的约束条款和惩罚制度呢？如果有，落实了吗？执行了吗？

"就像前面讲的，明明中航油规定了严格的预警和止损制度，但是不去执行，那就是破窗效应，窟窿会越来越大。我觉得可以尝试项目配资机制，就像金融行业的跟投一样。业务赚了，自己也赚；业务出险了，自己也赔。业务盈亏和个人利益紧密捆绑。

"第二，风险控制部门的职能定位就是要评估风险，把控风险，抑制住业务部门不合规的业务冲动，并且要对制度的执行做经常性的评估和改进。风控部门的人必须要耿直，必须要有担当，必须要有强烈的责任心，敢于当黑脸包公。不能说没办法，还是有办法的。

"企业能否健康持续发展，很重要的一点，就是看能否处理好细节，能否做到精细化管理。实际上企业的生存和发展就是在管理问题的过程中实现的。风险管理，更多地注重预防管理；而危机管理，更多地体现结果管理。结果管理属于问题发生后的事后纠错，以解决实际问题为主线。问题发生到哪里就解决到哪里，虽然是亡羊补牢，也不得不为，否则事态扩大，损失会加大。预防管理，属于问题发生前的事前调查。事前规划、执行落实、考评回顾、改进提高等这些过程控制，属于未雨绸缪，防患未然。这两种管理都需要用制度来落实、来保障。"

"方总讲得有道理。还是有办法的。一方面，从细节抓起，从制度的落实执行和改进完善抓起。另一方面，从文化和思想着手，通过潜移默化、喜闻乐见的方式把风险管理意识植入每个人心中，形成自动自发的行为自觉。光靠人性是靠不住的。"孟海洋说。

"孟总，你刚才讲的业务审批钻空子的情况，能不能通过健全制度来解决？比如规定同类业务拆开签合同，绕过审批。但是，举个例子，如果规定同类业务，累加不能超过多少；同时，公司在财务部设置一个监督检查的职能，对业务审批情况进行检查和抽查；风控部门加强业务风险的闭环评估和整体把控。这样是不是就可以把漏洞堵上了？也就是刚才方总讲的，对制度的落实执行做持续的改进完善。内控体系健全了，从业人员的责任心和整体素质提高了，那我的风险是不是就可以降到一定的水平，换句话说，叫可测可控可承受。"黄子薇问。

⑬ 没有定力，再好的风控体系也是白搭

听了黄子薇的问题，孟海洋微微一笑，说道："可测可控可承受，黄主任总结得很到位。这是我们风险控制的目标方向，通过不断的优化完善，实现风险控制与业务经营的相当平衡。不过这里有个前提，你要有定力。没有定力，再好的风控体系也是白搭。

"比如说在行业景气的时候，别人都在大胆地做业务。你风险控制得很严，你的业务就上不去，因为胆子大的人多的是。这个业务保证金一般是10%，但人家5%都做，你做不做？你不做，别人做。

"前面风控做得很好，不做，到后面受不了了。这个行情这么好，别人都在赚大钱。领导说别人都几千万的规模，你们就做这么一点。那好，我们也做。那你要做的时候，刚好是这个行业拐点，一下子就套牢了，一头就栽进去了。一个行业在往上走的时候，什么都没问题，客户也没问题。他忙着赚钱笑哈哈的，他没必要来坑你。

"他要坑你，往往是在行业不景气的时候。哎呀，我这下不行了，我这把赌输了。那好吧，我就输个10%，剩下90%你们去承担吧。如果你风控不到位的话，你就拿了10%的保证金，90%的损失全部都由你来承担。你奈人家何？你打官司，官司打赢了又怎么样？他资产老早转移了。你拿不到钱，只能干瞪眼。"孟海洋说。

"这就是说风控体系很重要，但是定力更重要。前面做得好，后面没把持住，就会一头栽进去。那么，请问孟总，对于行业不景气的时候想金蝉脱壳的老板，我们事前就没有办法了吗？"黄子薇问。

"也有方法。"说话的是高雪松。

"我们做业务的时候，如果觉得风险难把握，就会让老板跟他老婆一起担保，承担无限责任；或者让他们把不动产抵押过来，覆盖业务的风险。否则，他是有限责任公司，公司一破产，他自己就逃脱了。"

高雪松说完，台上几位嘉宾均点头表示赞同。

黄子薇看了看表，时间差不多了。她坐直了身子，说道："只要风控的意识在心中，方法还是有的。刚才我们从风险控制的事前、事中、事后三个阶段分别讨论了具体的案例。我们谈到了人品是第一位；谈到了战略管理风险、组织架构风险和企业文化风险；谈到了要如何控制规模，如何落实制度。今天真的是收获满满，意犹未尽。最后，请大家用热烈的掌声欢迎周董为我们今天的'鲲鹏展翅·圆桌分享会'点评指导。"

周泽明拿起话筒，说道："刚才，几位谈得都很好。'鲲鹏展翅·圆桌分享会'的第一期很成功。希望你们继续办好，办出实效。我今天也是收获不少，受益匪浅。今天以风险控制为主题，很有意义。因为大家知道，我们粤鹏集团的几家公司都出过风险。

"其实一家企业突然辉煌的例子真不少，一个企业抓住一个机会，赚了一笔大钱，并不太难。但是，企业辉煌以后能不能继续辉煌？能不能健康长久地活下来？这个真不容易。因为市场永远在波动，风险一直都有。很多企业就是倒在黎明前，在最黑暗的时候撑不住了。可能过了半年一个月他就能翻身了，但是他撑不住了。

"企业活着最重要。因为企业未来还会有风险。我的理解是风险防控意识就像安全一样，要年年讲、月月讲、天天讲、不要怕烦，绷紧这根弦。如果企业全员都有这个意识，都能从思想上、行动上控制风险，严格遵守制度，那我们企业的整体风险就会大大降低。

"优秀的管理者既不能做蔡桓公，也不能满足于成为扁鹊三兄弟之一，而必须成为扁鹊三兄弟的合体。我们要具备远见和洞察力，能够将问题消灭在萌芽状态；我们要有强烈的风险防范意识，建立健全完善的风险防范体系，坚持不懈地进行风险管理培训；我们要掌握全面的风险管理技能，临危不乱；同时，我们要具备责任感、正义感和同理心，让企业走上健康发展、持续发展的道路。

"另外，我想经验分享是一种好的方式，但是还不够。我刚才一直在想，我们要从经验分享升级到复盘总结。通过复盘，系统梳理总结自己摔过的跟头，吃过的苦头，触过的霉头，同时从别人，特别是身边人亲身经历过的失败教训中总结经验，汲取教训。我们要认认真真，不给自己留任何情面地把这个事搞清楚，避免我们再犯同样的错误。这样我们才能找到规律，校验方向，不断成长。请在座的各位董事长、总经理回去以后建立定期复盘总结的文化和机制，请贸易管理部牵头建立集团层面的复盘总结机制，拿出计划，排出方案，明确责任，形成流程，把风险控制的基因植入每一个粤鹏人心中，不断充实完善我们的风控体系。"

⟨14⟩ 房产变现进入快车道

周三下午，华策公司会议室。

周泽明和党群部主任王婉飞正在和华策公司董事长梁若飞、总经理何志云交流谈话。

粤鹏集团新班子到任以后，周泽明就和班子约定，每月选一天到下属子公司或者总部各部门调研，和企业负责人、支部委员、业务骨干面对面谈话交流。

这样，除了日常的沟通交流，在不影响总部各部门和子公司工作的情况下，班子成员可以走出办公室，了解情况，倾听心声，支援业务。

"周董，经过大家的共同努力，华策的存量房产变现金额已达到1.4亿元，昨天刚刚到账6000万元，有一个项目还在走程序。"梁若飞说。

"进展很快啊，说明你们班子战斗力很强，具体措施说一说。"周泽明心情不错。

"何总具体在牵头这个事情，请志云先说说吧。"梁若飞道。

何志云翻开笔记本，看了一眼说道："感谢泽明书记和上级党委的大力支持，我们存量房产销售目前取得了阶段性成果，主要是采取了这么几个举措。

"首先，党员带头攻关。我们成立了五个房产销售攻关项目，支部委员担任队长，三人一个小组，党员担任组长，利用周末和晚上的时间，深入五个写字楼里面走访调研，了解市场需求和客户特性。

"其次，职工群策群力。我们把集团的大讨论活动的合理化建议部分做深做实，鼓励全体职工围绕存量房产销售出谋划策。对于采纳的金点子，取得实际效果以后给予表彰和奖励。大家提建议非常踊跃，有的人点子很准。我们粤都大厦的房子就是采纳了王志良的建议找到客户的。

"最后，锁定目标重点。经过实地调研，我们发现除了中介以及个人关系以外，现在的物业公司是一个很重要的渠道。因为他们对现有客户的信息最了解，接触得也最多。这些客户如果业务扩张了，要扩大办公面积，肯定首选同一座楼的。

"这方面物业最了解情况。物业也有动力转租为售。最好是现有的客户买房，这样他们管得也安心。我们就把物业公司作为重点沟通目标，争取他们的支持。广厦、云和、嘉里三个写字楼都是通过物业找到潜在客户的。"

"这是个好办法，物业一方面了解客户需求，另一方面跟客户一直打交道，他们来介绍房子，比我们卖房子的自己说更有说服力。从开始准备卖房，到房产成交，要按照国有资产交易程序一项一项走流程。这里面有立项、评估、审批、挂牌、公示等一系列手续。你们半年不到，五套房都处理掉了，速度怎么会这么快？"周泽明不解地问。

听了周泽明的问题，梁若飞说话了。

"周董，你也知道现在华策这个情况，我们是和时间赛跑。业务没资金，就没有流水，没有流水，企业积累慢，我们就始终处于危机之中。

"一方面，我们和信托公司密切联系，该付的付，该解的解，该还的还，确保不出现业务断流和资金空档；另一方面，我们整个公司都发动起来了，为盘活资金各尽其力，争分夺秒；同时，我们也想了很多办法，八仙过海各显神通，当然这也是合理化建议的成果。以前，我们评估好了房子，挂到产权交易所，结果没人来拍。云和的房子前面好不容易找到客户了，可是他后来没来竞拍，那我们白挂了，前面所有的工作都白做了。

"后来，我们公司钱海东提出来，先按照比房子评估价的价格高5%，去找客户，找到客户谈好价格以后，在挂牌之前让客户交定金。"梁若飞说。

"挂牌之前让客户交定金？客户愿意吗？"周泽明问。

"这里面，就是刚才讲的关键点。我们是通过物业去做工作。物业其实是想我们尽快卖掉房子的。很多人对国有企业房产交易的流程不了解，物业也不太了解，但是他可以帮我们说话呀。

"嘉里这个房产，物业公司帮我们找到客户以后，客户一开始不想付定金。物业公司就跟客户说，他们是国有企业，他们不会乱来的，这个你放心。同时你要了解，他们这个房产交易是要到省里的产权交易所挂牌的。你不付定金，他们没办法走流程啊。

"云和这个房产找到的客户就是云和大厦三楼的一家公司。当时，客户有点犹豫，迟迟不付定金。云和的物业公司就和客户说，他们是国有企业，价格高了，他们个人又没有好处；价格低了，他们上级公司不会批准。他们实际上是按照上级公司的要求，处理富余房产盘活资金才卖的，要不然也不会拿出来卖。客户一听，有道理，第二天就付定金了。

"广厦这个房产位置有点低，而且走廊上有个消防栓，直接对着大门。要买房子的老板很讲究风水，专门找了风水师来看。风水师看过以后说，这个消防栓冲着大门，会把财气都冲掉的。客户一听，不愿意了。我们听说以后，马上和物业公司紧急协商。然后，我们给这个老板说，消防栓的位置是建筑设计的要求，确实不能动，但是门可以重新开。只要不是承重墙，门可以开在你想开的任何位置。这下客户满意了，爽爽快快地付了定金。"

梁若飞满面春风，一改几个月前的悲壮之情。

⑮ 古井集团：党建经营一盘棋

"不错不错，你们发挥党支部的战斗堡垒作用，带动职工群众啃下了资产盘活这个硬骨头。存量房产盘活了，你们华策走出困局就有希望了。党建做实了就是生产力。有困难，大家一起上。党员冲到前面，你党支部书记要冲到最前面。能够将党建和经营融合在一起，说明你们党支部有思路、有方法、有魄力。"周泽明说。

"泽明书记，我们华策前段时间一直在反思。针对上次开放空间找出的一些问题，召开组织生活会，开展批评和自我批评，接受职工群众提出的意见。

> **组织生活会**
>
> 组织生活会是党支部或党小组以交流思想，总结交流经验，开展批评与自我批评为中心内容的组织活动制度。党支部或党小组要按照会前组织学习、深入谈心谈话、广泛征求意见，会上认真查摆问题、开展批评和自我批评、明确整改方向，会后列出整改措施、逐一整改落实的步骤，开好组织生活会。党支部每年至少召开1次组织生活会。党员领导干部要以普通党员身份参加所在党支部组织生活会。

"除了制度体系方面的原因，大家普遍反映党员身份意识不够强，党组织在生产经营中的引领作用不突出，党建和经营还是两张皮。面对这些问题，我们一开始也是束手无策。说到这里，泽明书记，我要给您和班子提个意见。"

梁若飞说到这里，停了下来。

周泽明拧开笔帽，翻开笔记本的新一页，说道："说吧，我们今天来，就是要听听大家的意见，特别是你们班子和骨干员工的意见。"

"我到了华策公司以后，一直忙着各种各样的事情，对于已有的问题，确实也没有什么好办法。俗话说，不识庐山真面目，只缘身在此山中。我觉得这是因为思路不够开阔，视野不够宏大所导致的。上次周董您带队到上海、江苏，以及出国去朝鲜考察交流，效果就很明显。胡仲文、顾伟胜他们回来以后都给我说，这个身临其境的感受和思想观念的碰撞绝对不是网上看看、书上瞧瞧能比的。

"他们回来以后，召开班子会、座谈会、研讨会，乒乒乓乓都开始干起来了。我们华策呢，面临的问题最严重。为什么上次去考察交流没带我们华策公司去呢？为什么不给我们这种学习交流的机会呢？建议粤鹏集团定期安排我们这些班子成员对标行业标杆，深入考察学习，让我们更好地开阔思路，解决问题，推动发展。"梁若飞说。

"这个意见好。我们班子会考虑的。确实，对于一些复杂问题，走出去，请进来，开阔视野，转换环境，碰撞思维，会起到意想不到的效果。从干部的成长来说，这种方式也是需要的。上次主要是考察学习纺织服装行业，所以就没有安排你们华策公司参加。也请你理解。"周泽明说。

"不理解现在也理解了。好在我们自己找到了党建经营一盘棋的企业标杆了。"梁若飞笑着看了看何志云。

何志云点了点头，微微一笑。

"是吗？哪里的企业？说来听听，让我也学习一下。"周泽明饶有兴趣。

"安徽的古井集团。周董听说过吧？"

"听过，喝过。喝古井，看春晚，过大年，中国八大名酒排名靠前。你们怎么跑那么远？"

"说远也不远。比朝鲜近多了，和江苏、上海差不多。"

梁若飞说完，和何志云一起笑了。

周泽明和王婉飞也笑了。

"志云是安徽人。当时，面对党建经营怎么搞这个难题，我就和他商量：有没有这方面做得好的企业，我们去考察学习一下，开拓一下思路。志云说他有个同学在古井集团。古井做得有特色，是全国第一家建成党建企业文化馆的企业。而且，他们先后获得全国先进基层党组织、全国企业党建工作先进单位、全国企业文化示范基地等称号。"梁若飞说。

"这么多国家级的荣誉？党建听起来是不错，效益怎么样？企业党建工作做得好不好最终是要用企业改革发展的成果来检验的。"周泽明说。

"还不错，他们营业收入连续三年超百亿，始终保持安徽酒业龙头地位。"何志云说。

"那真不容易。这么大规模的企业，不进则退。企业能够站稳脚跟，屹立不倒，他们肯定有他们的独门秘籍。"周泽明说。

"我和志云是4月去古井的。他们的文化建设工作亮点很多，给我们印象最深的是五小工作法、四个引领、三个贴近。其中'三个贴近'推动党建经营'两张皮'向'一盘棋'转变，是我们这一次考察学习的重点内容。有一些内容我记下来了，记不下来的我拍了一些照片。"

梁若飞说着，在手机里快速地查找图片。

"五小工作法和四个引领是什么？有什么特色？"周泽明问。

何志云说："我来说吧。参观了以后，我们还专门写了一个考察报告，回来和班子里的同志一起探讨交流。

"企业遇到问题，业务遇到阻力，职工出现思想波动，这是工作中经常遇到的问题。所谓'五小思政工作法'，就是讲清小道理、解决小问题、开展小活动、做好小事情、讴歌小人物。他们通过'五小思政工作法'广泛开展各类宣讲，引导员工积极传播正能量。正向的文化树立起来了，负面的东西就没有市场了。

"这个给我们的启发就是思想工作不能只讲大道理，还要从小处着手，从小事做起，切切实实地解决职工的实际问题。像我们这次的存量房产销售合理化建议活动，就采纳了这个思路，建议不论大小，管用就行。哪怕是一个小点子，也会起到意想不到的效果。

"以前房产挂牌以后，客户不来履约导致流拍。钱海东说了一句话，能不能在挂牌之前让客户交定金，我们和物业一起做客户的工作。就这一句话，起到了事半功倍的效果。客户定金交来以后，我们马上表彰奖励了钱海东。"

"讲清小道理、解决小问题、开展小活动、做好小事情、讴歌小人物。你们还真会活学活用。"周泽明说。

"这个五小活动的出发点是：思想引领坚定理想信念。为此，古井一直把思想政治工作者队伍建设放在重中之重。现在他们有政工任职资格人员、思想领航员、宣讲师、文化师等从事思政工作的人员200多人。在他们党建企业文化馆，给我们讲解的小姑娘就是公司的兼职宣讲师。她平时工作是酒质检验，任务来了，就变成宣讲师。"

"思想领航员、宣讲师、文化师。不错不错，有这支队伍和没这支队伍，那完全不一样。使命在肩，职责到岗。"周泽明说着，若有所思。

"四个引领是指：政治引领夯实发展根基、思想引领坚定理想信念、文化引领打造精神高地、战略引领积聚发展动能。政治引领是指确立党建立企、党建兴企、党建稳企的工作宗旨。古井集团认为，抓好党建是本职，不抓党建是失职，抓不好党建是不称职。这就进一步夯实了党建工作地位，为企业发展打下了坚实的政治基础。"何志云说。

听到这里，周泽明转头对王婉飞说："我们粤鹏集团经常说企业党建怎么怎么重要，但是好像没有从经营理念上进行设计和表述吧？"

王婉飞点点头说是的。

"婉飞，你记一下，怎么以党建工作为引领建立企业文化，要在五年规划的起草中明确。我们要从顶层设计明确党建的工作地位，让党建工作说得出，做得好，叫得响，擦得亮，从根本上解决企业党建弱化、淡化、虚化、边缘化的问题。"周泽明一边说，一边在笔记本上标记。

⑯ 党建做实了就是生产力

何志云喝了一口水，继续说："三贴近三注重指的是贴近职工群众，注重解决事关职工群众利益的问题；贴近工作实际，注重解决基层党建工作创新不够的问题；贴近企业发展，注重解决党建与企业管理结合不紧密的问题。"

"这几个都是关键点，具体说说你们觉得有特色的地方。"周泽明说。

"我和若飞去看了以后，发现他们这个三贴近都是有具体的承载形式。比如贴近职工群众，就是通过开展五日活动，架起密切联系群众、激发群众活力的桥梁。五日是指在主题党日，围绕为群众办实事，开展一月一片一实践活动；在升旗日，所有子公司线下线上同步举行升旗仪式，全体党员重温入党誓词，全体员工重温员工誓词，树立理想信念；在高管接待日，面对面接待员工来访，形成问题清单，确保事事有着落、件件有回音；在基层工作日，安排中高级管理人员到基层一线，与员工一起劳动；在觉省日，修炼自我革命品格，复盘提高总结。"

"觉省日怎么个自我革命？"周泽明问。

"每季度第一个月的7号，党员、管理人员对标合格党员标准，结合工作实际，从小事、实事着手，将上季度工作中存在的问题、失误等在觉省日晒出来。觉醒日体现的是敢于直面问题、勇于修正错误。这些晒出来的问题，我和志云都看了，确实是贴近工作和经营实际的，都有具体事例和改进措施。"

"人非圣贤，孰能无过？过而能改，善莫大焉。我觉得他们这个频率把握得好，一个季度一次晒出来。当然，这也是需要勇气的。"周泽明说。

"第二个贴近，是贴近工作实际，着重解决基层党建工作创新不够的问题。一是围绕如何推动党建与业务深度融合，定期组织评选好经验、好做法和特色案例。这些评选突出创新性、实效性，编订成册，推广学习。二是建立党员先锋队伍。激励党员在生产经营一线开展销售推进、课题攻关、工艺优化等重点工作，发挥先锋模范作用。三是树先进典型。支部月度评选三星级党员、基层党委季度评选四星级党员、集团党委年度评选五星级党员。

"回来以后我们重点学了第二条，将存量房产销售项目命名为党员攻关项目。五个小组挂牌作战，项目进度表就挂在走廊上，大家都能看得到，每天更新。晚上项目组经常挑灯夜战，商讨行动方案。这一次，党员切切实实发挥了先锋模范作用。"何志云感慨地说。

"怎么解决基层党建工作创新不够的问题？我觉得还是要从群众中来，到群众中去。从生产经营一线挖掘生动鲜活的例子；总部职能部门要搭好舞台，树好标杆，组好队伍，建好机制。"周泽明听了以后，似有所得。

"第三个贴近是指贴近企业发展，注重解决党建与企业管理结合不紧密的问题。这个主要是通过'五融合'工作法，从目标、组织、职责、制度和执行五个层面，将党建工作和生产经营深入融合。各单位负责人实行'一岗双责'，将党建和业务工作同谋划、同部署、同推进、同考核。我们觉得这是重点的重点。我的简单汇报就到这里。若飞书记的感悟比我深，回来以后的创造性转化也是他主导的。"何志云说。

"这个一岗双责和四同步有特色，值得学习。"周泽明反应很快。

梁若飞看到何志云的汇报告一段落，就接着说道："我们也觉得有特色。平常我们理解的一岗双责是指一个单位的领导干部应当对这个单位的业务工作和党风廉政建设负双重责任。而古井则把党风廉政责任扩展为党建工作责任。虽然，平常我们也是这样做的。但是从一岗双责这四个字把抓党建这个工作明确为一种责任，从语言上就把'两张皮'拧成'一股绳'了。"

"党建工作的主体责任，内在地包含了党风廉政建设的责任，这样就更明确了。"一旁的王婉飞忍不住也插了一句话。

"在绩效考评中，他们古井集团运用'党建+发展'双百分考核。党建考核100分，发展考核100分。这个也厉害的。考核就是指挥棒，直接和每个负责人的薪酬奖金挂钩，有效解决了重业务、轻党建的问题。"梁若飞说。

"不错不错，以往我们的绩效考评，都是党建工作占一定比重，不超过30%。他们更彻底，将党建和业务直接上升到两个100分，同谋划、同部署、同推进、同考核，这是真正的融合发展了。看来你们去学习，是取到真经了，从这次房产销售就可以看得出来。

"婉飞，你把今天我们来华策调研的内容，整理一份书面材料，给班子成员每人发一份。找个时间，我们讨论一下。有些内容，我们要立竿见影；有些内容，我们要从长计议；有些内容，我们要优化完善。不能听了心动，看了激动，回去以后一动不动。"周泽明转头对王婉飞说。

梁若飞继续说道："不看不比较，不学不知道。回来以后，我们华策公司新班子进行充分的商讨，下决心要加强党建工作，选配纪检委员，建立政治宣传员队伍，以存量房产销售为突破口，以目标融合、制度融合、执行融合、组织融合为方向，把党建工作和业务工作结合起来。"

"政治宣传很重要，深入联系群众同样重要，要向他们古井集团学习，贴近职工群众，解决职工群众的实际问题。上次华策职工集体到广泰集团反映意见这个事情，我们粤鹏集团有责任，你们党支部有没有责任？反思过没有？说明深入群众不够，服务群众不实。基础不牢，地动山摇。虽然是上一届党支部的问题，但是你们要引以为戒。"周泽明说。

"泽明书记，新一届支委成立以后，我们就这个问题专门召开组织生活会，进行了反思和讨论。现在，我们通过几个方面贴近职工群众。

"一是亮出牌子，干出样子。党员亮出牌子，做出承诺，困难任务冲在前，干出样子。我们认为，让党员关键时刻看得见，站得出，靠得住，是群众相信组织最基本的路径，这样职工群众才愿意和我们真心交流。"梁若飞说。

"这个我进门的时候看到了，每个人的承诺明明白白的。要让大家看得见。真党员、假党员，困难面前，一试便知。"周泽明说。

"二是随时接访，定期回访。职工群众有什么样的意见和诉求，随时可以找公司的经营班子，提出意见，反映诉求。我们做好记录和接待。能回答的现场回答，不能回答或者不具备条件的，支委会集体会商。对于职工群众反映的问题，不论能不能解决，我们都会安排定期回访，听取意见。

"三是培养帮助，结对互助。加大双培养力度，把业务骨干培养成党员，把党员培养成业务骨干，把职工群众中信得过、站得稳、干得好、看得远的人吸引到党组织来，加强党组织的战斗力。同时，支部委员与重点人员一对一结对互助。

"我结对的就是上次去广泰集团反映意见的钱海东。他这段时间思想进步很快，你看都快退休的人了，现在还积极要求入党。上个星期他刚刚提交了入党申请书。"梁若飞说。

⑰ 风险控制的三道防线

"这么一个爱憎分明、敢作敢当的老同志是我们的宝贵财富啊。他能够积极向党组织靠拢，说明你们的工作做得好，对他产生了吸引力。刚才你说到选配纪检委员，现在怎么样？有没有发挥作用？"周泽明问。

"作用很明显。相当于在我们一线设置了一道风险防火墙。我们纪检委员选配的是法务管理部经理廖明辉。"

"这个廖明辉就是那个新引进的人才吗？说到风险防控，你们现在具体怎么做的？"

"周董，上次您主持的开放空间讨论会，效果太明显了。不仅华策公司的班子统一了意见，各业务部门也都达成了共识。公司开展相关工作顺畅多了。我正准备向您汇报呢。"

梁若飞说着，把笔记本翻到了前面两页。这时候，何志云将手里的一份资料递给了梁若飞。梁若飞看了一眼，说道，"华策公司的风险防控体系主要是从组织架构调整、风险防控文化建立，资金管控流程优化三个方面开展的。

"在组织架构调整方面，我们新设了一个法务管理部，作为业务管理部门，同时承担法务工作。之所以叫法务管理部，不叫业务管理部，是想强调制度规范的刚性。这个部门两个人，负责人就是我们刚引进的廖明辉。他懂业务又懂法务，原来在汕头一家民企工作，这两年因为小孩的原因一直想要回广州来。他是我们花了不少时间才物色到的。

"法务管理部的职责是对业务的全流程进行监督和管理，重点做好与财务部和业务部的协调管理，特别是加强库存管理，实现商品的保管、销售和回款的职责分离。同时，加强回款与合同执行的管理，每笔业务回款必须认领到每笔业务合同，实现合同付款与收款的闭环管理。财务部门每月编制应收、预付和存货三项资产表，法务管理部针对逾期资产情况向业务部门下达督办通知书，业务部门收到督办通知书后核实清收。如果发生重大风险，应及时上报法务管理部采取法律手段对逾期资产清收。"

"不错。在其位，谋其政。有这个部门和没这个部门完全不一样。"周泽明点头说道。

"在风险防控文化建立方面，第一，是以上次开放空间的讨论会为样板，定期举办风险防控培训讨论会，加强风险防控意识,培养自觉按照制度办事、按照法律办事的习惯。第二，我们要求财务部门要深入业务之中。财务人员要了解、服务和监督业务运作，加强对应收、预付和存货三项资产的管理，保证财务数据与业务数据一致。判断结算方式是否合理，业务是否盈利，辨别业务操作过程中风险点，不断提升资金风险辨别能力。第三，我们特别强调管理部门敦促业务部门用业务手段去解决问题，而不是直接用财务手段去解决业务中存在的问题，否则只会延缓业务问题爆发，不能根本解决问题，而且会造成法律风险。业务问题积累到一定程度后，必然爆发风险事件，这点在以往的业务开展中教训深刻。

"在资金管控流程优化上，我们主要做了两个方面的工作。一是狠抓资金管理基础制度的梳理和修订，对不适应业务资金管控的相关制度进行全面修订；二是通过穿行测试，找到企业资金内控的薄弱环节，不断完善和优化资金管控流程。比如在付款流程方面，建立完整的客户信用管控体系，杜绝没有信用评价额度或超信用额度的付款行为；每笔付款必须由财务系统打印付款单，并且付款单修改必须经过审批，没有审批修改的付款单无效；付款审批流程必须逐级审批，而且审批意见不能流于形式，杜绝越级审批。

"另外，在资金计划制订、业务资金拆借、资金资源配置方面我们也都有具体的举措。"

"前事不忘，后事之师。希望你们在风险防控方面做实做细，做出样板。你接着说这个纪检委员怎么发挥作用的。"周泽明说。

"廖明辉担任纪检委员以后，出了很多新主意。靖琳书记和汤元兵主任经常找他交流，帮助他丰富纪检方面的知识。现在新项目和超过100万美元的业务，都要纪检委员签字。"梁若飞说。

"分拆业务怎么办？"

"责任主要在部门经理。每个月法务管理部会抽查各部门业务合规情况。同时我们修订了员工奖惩办法，一旦发现故意分拆业务，绕开审批的，立即停止业务，并对部门经理和业务员都进行处罚。"

"纪检委员签字？相当于你们华策的风控部门？"周泽明问。

"我们认为，业务部门是第一道防线。业务员应该严格按照公司制度流程对业务筛选、研判，识别风险。部门经理要把控业务的关键节点，预判可能发生的各种问题，拟订应对措施。

"管理部门是第二道防线。管理部门包括法务管理部和财务部，对全业务的流程节点按照相关制度进行监督、评估和管理。

"纪检委员是第三道防线。他作为监督的再监督岗位，对业务流程关键节点，以及相关人员的履职尽责进行全面监督，促进公司各岗位相关人员守住规矩底线，不碰纪律红线。

"从这个意义上说，纪检委员不完全是风控部门。当然，如果他本身就对业务很熟悉，那就可以对业务制度和风控措施提出更有针对性的意见，帮助管理部门加强监督。这样就在防火线上又增加了一道防火墙。这也是我们让法务管理部经理担任纪检委员的原因。"梁若飞答。

"上面千根线，下面一条针。纪检委员要协助党支部书记落实党风廉政建设和反腐败工作，政治素质是第一位的；同时，他又不能影响业务，还要进行风险把控、廉洁教育。这个任务和责任都是重的。希望你们好好配合，充分发挥作用。"周泽明说。

"好的，泽明书记。上个月，靖琳书记到我们这里来调研，提出了党支部开展党风廉政建设一刻钟的建议，让我们先探索试点。我们已经开展两期了，效果还不错。"

"党风廉政建设怎么个一刻钟？"周泽明问。

"党支部每次开会之前先开展15分钟的党风廉政教育学习，主题明确，内容不限，形式可以多样。靖琳书记的想法是，廉洁从业就像安全生产一样，要年年讲、月月讲、天天讲，不要怕烦。内容要不断创新，要结合实际。"梁若飞答。

"好家伙，又来一个年年讲、月月讲、天天讲，不要怕烦。"周泽明笑了一下，想起了圆桌分享会上自己讲的，"风险防控意识就像安全一样，要年年讲、月月讲、天天讲、不要怕烦"。

"想法是好的，关键是内容怎么创新。要是千篇一律、照本宣科，那就失去了意义，变成了走过场。"周泽明说。

"靖琳书记说就是受了您的启发，业务经营要绷紧风险防控这根弦，党员干部也要绷紧廉洁自律这根弦。我们华策党支部受两位领导的启发，把这两个结合起来。"

"这一阶段的重点就是以案说法、以案说纪，以国有企业人员违法乱纪典型案例研讨为主题，组织大家讨论学习。特别是以我们华策公司的陈有中、杨林、付燕萍三个人的案例为重点。因为他们都是我们身边的人，所以对大家触动很大，效果明显。"梁若飞说。

"好的，若飞，你们把党建工作贯穿到业务经营中，切切实实地发挥了党支部的战斗堡垒作用。现在存量房产基本上都盘活了，你们公司的经营局面会大大改观。下一步你们要思考一下，未来的路怎么走？你们提出来以后，我们粤鹏集团也会有指导性意见。"周泽明边说，边合起了笔记本。

"泽明书记，我们现在也在考虑下一个五年规划。我觉得我们在服务省委、省政府构建现代产业体系方面可以有所作为，而且应该有所作为。

"一方面，广东一直坚持发展以制造业为主体的实体经济，集中打造电子信息、绿色石化、汽车、智能家电、机器人等制造业产业集群。这方面规模以上的工业企业数量，我们广东是全国第一。

"另一方面，广东大力发展新兴产业，加快培育壮大新一代信息技术、高端装备制造、绿色低碳、生物医药、海洋经济等战略性新兴产业集群，大力推动绿色低碳循环发展，狠抓节能减排。这些都是高质量发展的创新做法和务实举措。我们在服务这些产业体系方面是有优势的。

"我的初步想法是：一个方面我们要聚焦核心优势，就是传统产业技术改造升级和科教文卫先进设备的进口；另一个方面我们要服务粤港澳大湾区建设和广东省外贸强省建设，锚定战略性新兴产业、低碳经济产业、高新技术和高附加值产业，进口急需的先进技术和稀缺资源性产品。"梁若飞说。

"若飞，这两个方面都要兼顾到。左手要盘活资产，化解风险；右手要明确方向，持续发展。两手都要抓，两手都要硬。"周泽明说。

"一是明确业务方向。以高质量发展为指引，服务全省产业发展大局，围绕主业，深入产业链上下游布局；停止高污染、高能耗、低附加值的大宗商品贸易业务；坚决制止融资性贸易业务。

"二是加强业务管控。围绕主业，聚焦专业化，选择能对公司未来战略产业或者现有行业有明显协同、促进、支撑作用的业务，建立风险底线思维，做好业务风控的闭环管理。

"另外，业务的转型切忌一蹴而就。注意把握好节奏和进度，处理好发展和稳定的关系。"

"好的，周董，我们完成五年规划的初稿后向您专题汇报。"梁若飞说。

本章思考题

1. 企业改革的市场化等同于商业化吗？
2. 法人治理结构的核心是什么？出发点和基础点是什么？
3. 企业战略风险的构成要素有哪些？
4. 如何解决组织架构失去制衡，决策缺少监督的风险？
5. 风险控制在事前、事中和事后三阶段的要点是什么？
6. 你所在公司风险控制建立了几道防线？关键点有哪些？

本章知识点

6.1 组织委任制和市场聘任制

组织委任制和市场聘任制是国有企业选人用人的两种方式。组织委任制,即由党组织或主管部门以组织任命的形式直接指定下属干部的任用制度;市场聘任制,即用人单位通过市场化人才选聘的方式以合同形式聘用人员的一种任用制度,合同上规定双方的责任、权利、义务和期限。

6.2 国有企业的分类和界定

国有企业分为商业类和公益类。

商业类国有企业以增强国有经济活力、放大国有资本功能、实现国有资产保值增值为主要目标,按照市场化要求实行商业化运作,依法独立自主开展生产经营活动,实现优胜劣汰、有序进退。其中,主业处于关系国家安全、国民经济命脉的重要行业和关键领域、主要承担重大专项任务的商业类国有企业,要以保障国家安全和国民经济运行为目标,重点发展前瞻性、战略性产业,实现经济效益、社会效益与安全效益的有机统一。

公益类国有企业以保障民生、服务社会、提供公共产品和服务为主要目标,必要的产品或服务价格可以由政府调控;要积极引入市场机制,不断提高公共服务效率和能力。

商业类国有企业和公益类国有企业作为独立的市场主体,经营机制必须适应市场经济要求;作为社会主义市场经济条件下的国有企业,必须自觉服务国家战略,主动履行社会责任。

6.3 国有资产证券化

国有资产证券化是实现国有企业改革的重要途径,指把缺乏流动性的经营性国有资产变成能够在金融市场买卖的证券的行为。国有资产证券化最理想的形式是把经营性国有资产变成上市公司的股票。国有资产证券化有利于国有资产在行业之间自由转移，灵活调整国有资产结构或分布格局，有利于国有资产保值增值和融资，便于资产在国有单位与民间主体之间的流动。除了股票以外，国有资产证券化的主要形式还有债券。

6.4　国企混改

国企混改，全称为国有企业混合所有制改革，是指按照完善治理、强化激励、突出主业、提高效率的总要求，以市场机制为原则，通过在国有独资及国有控股企业引入集体资本、非公有资本、外资等各类资本，促进国有企业转换经营机制，放大国有资本功能，提高国有资本配置和运行效率，实现各种所有制资本取长补短、相互促进、共同发展，使企业真正成为独立的市场主体，在市场竞争中不断释放活力，增强核心竞争力。国有资本、集体资本、非公有资本等交叉持股、相互融合的混合所有制经济，是基本经济制度的重要实现形式。

国企混改的主要方式有以下几种：

开放式改制重组。采取资产剥离、人员分流及债务重组等多种手段，重新组合业务、资产以及债务等要素，优化业务和资源配置。

PPP模式。政府与社会资本合作模式，通过投资补助、担保补贴、贷款贴息等政策，优先支持引入社会资本投资参与基础设施和公共服务领域等国家重点工程项目。

引入战略投资者。战略投资者一般是指国内外专业的行业或财务投资者，拥有丰富的投资经验以及整合经验，其加入不仅可以带来外部资源，产生协同效应，还可以对国企的运营效率和成本收益形成倒逼效应，提升企业经营活力和经营效益。

员工持股。通过混改开展员工持股计划，打破以往国企员工薪资的天花板，充分激发员工创造力和积极性，鼓励员工与企业共创共享。

运作上市。整体上市或核心资产上市既是混合所有制最重要的实现形式之一，也与混改目标高度一致。通过上市引入非公有资本，优化股权结构，健全财务、风险管理制度，完善公司治理机制，推动国企经营市场化发展。

6.5 "三重一大"事项

"三重一大"最早源于1996年第十四届中央纪委第六次全会公报，对党员领导干部在政治纪律方面提出的四条要求的第二条纪律要求：认真贯彻民主集中制原则，凡属重大决策、重要干部任免、重要项目安排和大额度资金的使用，必须经集体讨论做出决定。

2010年6月5日，中共中央办公厅、国务院办公厅印发《关于进一步推进国有企业贯彻落实"三重一大"决策制度的意见》（以下简称《意见》），就进一步推进国有企业贯彻落实"三重一大"决策制度提出具体明确的意见。

"三重一大"事项的主要范围包括：

1. 重大决策事项

重大决策事项，是指依照法律法规和党内法规规定应当由股东大会（股东会）、董事会、未设董事会的经理班子、职工代表大会和党委（党组）决定的事项。主要包括企业贯彻执行党和国家的路线方针政策、法律法规和上级重要决定的重大措施，企业发展战略、破产、改制、兼并重组、资产调整、产权转让、对外投资、利益调配、机构调整等方面的重大决策，企业党的建设和安全稳定的重大决策，以及其他重大决策事项。

2. 重要人事任免事项

重要人事任免事项，是指企业直接管理的领导人员以及其他经营管理人员的职务调整事项。主要包括企业中层以上经营管理人员和下属企业、单位领导班子成员的任免、聘用、解除聘用和后备人选的确定，向控股和参股企业委派股东代表，推荐董事会、监事会成员和经理、财务负责人，以及其他重要人事任免事项。

3. 重大项目安排事项

重大项目安排事项，是指对企业资产规模、资本结构、盈利能力以及生产装备、技术状况等产生重要影响的项目的设立和安排。主要包括年度投资计划，融资、担保项目，期权、期货等金融衍生业务，重要设备和技术引进，采购大宗物资和购买服务，重大工程建设项目，以及其他重大项目安排事项。

4. 大额资金运作事项

大额度资金运作事项，是指超过由企业或者履行国有资产出资人职责的机构所规定的企业领导人员有权调动、使用的资金限额的资金调动和使用。主要包括年度预算内大额度资金调动和使用，超预算的资金调动和使用，对外大额捐赠、赞助，以及其他大额度资金运作事项。

6.6 组织生活会

组织生活会是党支部或党小组以交流思想，总结交流经验，开展批评与自我批评为中心内容的组织活动制度。党支部或党小组要按照会前组织学习、深入谈心谈话、广泛征求意见，会上认真查摆问题、开展批评和自我批评、明确整改方向，会后列出整改措施、逐一整改落实的步骤，开好组织生活会。党支部每年至少召开1次组织生活会。党员领导干部要以普通党员身份参加所在党支部组织生活会。

6.7 AMC和地方版AMC

AMC（Asset Management Companies）即资产管理公司。凡是主要从事此类业务的机构或组织都可以称为资产管理公司。中国四大AMC是指四大资产管理机构，分别是中国华融资产管理公司、中国信达资产管理公司、中国东方资产管理公司、中国长城资产管理公司。四大AMC是国务院在借鉴国际经验的基础上成立的以解决不良资产为目的的金融性公司，也是在资本市场上运作的投资银行类公司。四大资产管理公司可收购国有银行不良贷款、管理和处置因收购不良贷款形成的资产。

2013年，银监会发布《关于地方资产管理公司开展金融企业不良资产批量收购处置业务资质认可条件等有关问题的通知》，允许各省设立或授权一家地方AMC，参与本省范围内金融企业不良资产批量收购和处置业务。地方版AMC由此闪亮登场，从事区域性不良资产一级市场。

2014年7月，银监会批复了首批可在本省（市）范围内开展金融不良资产批量收购业务的地方AMC，5个省市一马当先，分别是江苏资产管理有限公司、浙江省浙商资产管理有限公司、上海国有资产经营有限公司、安徽国厚金融资产管理有限公司和广东粤财资产管理有限公司。

6.8　高质量发展

（1）2017年，中国共产党第十九次全国代表大会首次提出"高质量发展"表述，表明中国经济由高速增长阶段转向高质量发展阶段。党的十九大报告中提出的"建立健全绿色低碳循环发展的经济体系"为新时代下高质量发展指明了方向，同时也提出了一个极为重要的时代课题。高质量发展根本在于经济的活力、创新力和竞争力。而经济发展的活力、创新力和竞争力都与绿色发展紧密相连，密不可分。离开绿色发展，经济发展便丧失了活水源头失去了活力；离开绿色发展，经济发展的创新力和竞争力也就失去了根基和依托。绿色发展是我国从速度经济转向高质量发展的重要标志。

——王克：《牢记绿色发展使命 推动经济高质量发展》，人民论坛网，http://www.rmlt.com.cn/2019/0920/557345.shtml，2019-09-20。

（2）高质量的发展需要高质量的指导思想，习近平新时代中国特色社会主义思想之所以具有强烈的时代气息和高质量。其中一个关键原因在于这一思想是完全基于中国发展实践的。经济发展要持续健康是高质量发展的前提和基础。社会民生要有持续明显的改善是高质量发展的内在要求。生态文明建设要提供更多优质生态产品以满足人民日益增长的优美生态环境需要是高质量发展的时代主题。宏观调控要更加强调政策的连续性、稳定性与协同性是高质量发展的实现手段。供给侧结构性改革要不断拓展和深化是高质量发展的动力支撑。防范化解重大金融风险要重点突出、内外并举是高质量发展必备的金融环境。高质量发展的本质是旨在解决不平衡不充分发展问题、提高人民生活品质、促进社会公平正义的发展，归根结底就是让老百姓过上更好的日子，这同样离不开社会资本和社会力量的共同参与。

——易昌良：《中国高质量发展指数报告》，研究出版社2020年版。

（3）高质量发展的内涵包括经济发展高质量，改革开放高质量，城乡建设高质量，生态环境高质量，人民生活高质量。

高质量发展在经济总量上应表现为产品和劳务的增加，以及经济总量与规模的蓬勃发展，在经济结构的优化和改进上表现为技术结构、产业结构、收入分配结构、消费结构以及人口结构等经济结构的变化。

高质量发展下的对内改革要求我们进一步深化改革进程，首先应以产权制度改革和产权关系调整为核心和主线；其次应促进政府战略的多元主体进行体制创新，以政府政策改革为突破口，创造出联动效应，带动更大范围内的改革与突破；最后应遵循制度变迁的规律，汲取过往的经验，循序渐进地进行改革。高质量发展下的对外开放，要求我们继续坚持"引进来"和"走出去"并重，扩大与各国的双向投资与贸易往来，共建更加开放的世界经济体，通过共同打造互联互通的人文环境与物理条件，扩大全球的有效需求，为全球经济的复苏做出贡献。

高质量城乡建设的核心就是促进农村经济的发展，通过帮助农民增收、加大城乡互动，逐步改善城乡二元经济结构。

生态环境的高质量要求人类在利用和改造自然，以保障自身生存与发展的同时，尽量削减对自然环境破坏和污染所产生的危害人类生存的各种负反馈效应。

人民生活高质量突出的是百姓的获得感、生活的幸福感、尊严度等多维度的提升，是物质水平和精神水平全方位的高质量。

——任保平等：《新时代中国经济高质量发展研究》，人民出版社2020年版。

6.9 主题党日活动

主题党日活动是指党支部每月相对固定1天按照确定的主题开展活动，组织党员集中学习、过组织生活、进行民主议事和志愿服务等，是党支部政治建设和组织建设的重要形式。

"党日"一词，最早出现在1936年9月中国工农红军第十五军团政治部的《关于党支部工作的总结》，文中明确："每个星期日及星期三的党日用来上党课召开党的会议等。"

2017年3月，中共中央办公厅印发《关于推进"两学一做"学习教育常态化制度化的意见》明确，推广党支部主题党日，组织党员在主题党日开展

"三会一课"、交纳党费、参加服务群众等活动。

　　2018年10月颁布的《中国共产党支部工作条例（试行）》规定，党支部每月相对固定1天开展主题党日，组织党员集中学习、过组织生活、进行民主议事和志愿服务等；主题党日开展前，党支部应当认真研究确定主题和内容；开展后，应当抓好议定事项的组织落实。

第七章

逐浪前行

01 进国企就是混吃养老吗？NO！

粤鹏集团总部部门负责人的岗位竞聘是面向公司内外的。

周泽明的想法是，通过内部选拔和外部选聘相结合的方式，适当引进市场化人才，激活粤鹏集团的人才选用育留体系，这一想法得到了班子成员的认同。

毕竟，国有企业做强做优做大，需要一批高素质专业化干部人才的支撑。

明确以实绩实干论英雄的用人导向，是竞争性国企不断增强核心竞争优势的必然选择。

粤鹏集团调整后的总部架构分为办公室（法人治理部）、党群工作部、人力资源部、企业管理部、纪律检查室（审计部）、财务管理部六个部门。

通过这样的调整，粤鹏集团整合了法务管理、经营管理、战略管理、风险管理的职能，突出了企业管理部的定位，加强了法人治理的组织保障。

这样一来，总部各部门功能更加完备，职能更为清晰，对岗位的专业化水平要求更高。为了加强总部建设，粤鹏集团专门制订了一系列的岗位竞聘、绩效考核和薪酬体系方案。

"靖琳书记，这是明天下午企业管理部经理和人力资源部经理岗位复试的材料，时间是下午两点。"王婉飞将一份资料放到了卢靖琳办公桌上。

"婉飞，这次竞聘报名的人有多少？有没有比较突出的？"卢靖琳拿起桌上的资料，边看边问。

"靖琳书记，企业管理部经理应聘报名15人，经过筛选和初试，进入复试5人，内部1人、外部4人。人力资源部经理应聘报名20人，经过筛选和初试，进入复试7人，内部1人、外部6人。所有人员均是985高校毕业的研究生，都比较优秀。"王婉飞说。

"看来粤鹏集团的吸引力还不错啊，我记得以前不管是去人才市场现场招聘还是网络招聘，国有企业的简历投递都不多，这几年变化这么快啊？"卢靖琳问。

王婉飞笑了一下，说道："靖琳书记，现在网络上有句话：'妹子们，在地铁上看到刷学习强国的小伙子就嫁了吧。一来是党员，靠谱；二来有正经单位，更靠谱。'现在国有企业的地位直线上升。"

卢靖琳放下手里的资料说道："再往前二十年，国有企业可是不招人待见。我刚参加工作的时候，正好遇到国有企业股份制改革。那是1997年前后。当时有一句话，经常被提到，'大中型国有企业普遍不景气'。"

"确实，效益不好，机构臃肿，缺少活力，是那个年代大部分国有企业的通病。工厂里的报纸和喇叭整天都在播报国有企业富余职工下岗、再就业的事情，要求做好人员安置工作。"

"我当时就在想，我还没上岗呢，不会就让我下岗了吧？"卢靖琳一瞬间好像回到了过去。

"靖琳书记也是因为这个原因去考的研究生吧？"王婉飞问。

"没错，企业不景气，我们也想另谋出路。当时考研是一种转换人生赛道的方式。等我研究生毕业的时候，国有企业有了好转，但还是不太景气。当时最热门的单位是三资企业：外商独资、中外合资、中外合作企业。"

"那时候，对国企依然有很大的偏见。'进国企就是混吃等死''国企适合养老''国企关系很复杂'这些言论在网上铺天盖地。"

"我记得当时找工作，听说谁拿到了GE、IBM、惠普的offer，那就是师弟师妹眼中的大神，顶礼膜拜啊；其次是联想、华为、海尔等股份制企业成为热门选择；再后来是阿里、腾讯、百度、京东等一批互联网企业逐渐崛起。"卢靖琳说。

"我毕业的时候，央企也很有吸引力。央企比地方国企改革的步伐更快，效益显现得更早。国有企业真正焕发出活力我觉得是党的十八大以后。经过前一轮的关停并转和改革重组，国有企业向关系国计民生的领域不断集中。"王婉飞说。

"对的，像我们粤鹏集团这种竞争性领域的国有企业，通过市场竞争的摸爬滚打，总体实力节节攀升。特别是党中央提出全面从严治党的方针以后，国有企业的面貌焕然一新。这个我深有体会。"卢靖琳说。

"从我们粤鹏集团就可以看得出来，我以前在粤秀公司工作的时候，白天上班，晚上还要应酬，陪吃饭、陪喝茶、陪唱歌。来的人也是络绎不绝，政府机构、税务局、银行、行业协会、客户，还有上级单位，有时候一天要赶两三场。一个星期有三四个晚上要喝得头昏脑涨的，第二天干活儿都没精神。"

"中央八项规定实施以来，公司的三公经费大幅下降。乱七八糟的饭局没有了，真正解放了我们。下了班就回家，也有时间带娃了，看看书，追追剧。工作是工作，家庭是家庭。多好呀。员工对幸福生活的追求也是我们的工作目标呀。"卢靖琳说。

"我也是喜欢工作和生活相平衡的生活。最近，我们粤鹏集团提出，把提升员工的幸福感作为党建工作的落脚点，引导员工在担当奋斗中体验幸福感，在敬业爱岗中追求幸福生活，激发员工的主观能动性。我觉得真是说到我们心里去了。我特别认同。"王婉飞深有感触。

"我想这一次我们社会招聘能够广纳人才，吸引这么多优秀的人才来应聘，也是因为对这些理念的认同。这一次我们把工会的幸福季系列活动照片，作为招聘海报的重点内容推出，收到了热烈的反响。这也是靖琳书记您来了以后带给公司的变化，带给我们职工群众的福利，是我们吸引优秀人才目光的招牌亮点。"王婉飞动情地说。

"这个功劳可不能归功于我个人，要感谢公司党委的领导和上级工会的支持，还有大家伙的一起努力。婉飞，这次总部部门调整以后，你们党群部的定位更清楚了，担子也更重了，希望你们和纪检室相互配合，协同作战，把粤鹏集团的党风廉政建设工作做出特色来。"

"好的，靖琳书记。"王婉飞起身告辞。

02 无领导小组讨论

粤鹏集团社会招聘的复试安排在2楼大会议室。

企业管理部经理的面试结束完，已经快下午四点了。应聘人力资源部经理的五个人还在隔壁的办公室里等待。

大会议室里，靠南边一排是评委席，坐着粤鹏集团的4位领导、1位外部专家和广泰集团组织部的1位主管。

靠北边间隔放着五张桌子和椅子，呈扇形摆放，桌子上依次摆放着桌签：刘庆元、陈飞羽、赵丹丹、江一倩、王楠。

这样的布置，可以让所有评委清楚直观地看到面试者的反应和表情。

四点整，王婉飞面向评委说道："各位领导，桌上是人力资源部经理岗位应聘者的材料。经过筛选和初试，入围复试的五人都是985高校毕业的研究生，都有超过三年担任大中型企业人力资源部负责人的经历。今天的面试采用无领导小组讨论。"

无领导小组讨论（Leaderless Group Discussion）

无领导小组讨论是一种采用情景模拟的方式对考生进行集体面试的考察方式，考官可以通过考生在给定情景下的应对危机、处理紧急事件以及与他人合作的状况来判断该考生是否符合岗位需要。无领导小组讨论是评价中心技术中经常使用的一种测评技术，通过一定数目的考生组成一组（6—9人），进行一小时左右的与工作有关问题的讨论，讨论过程中不指定谁是领导，也不指定受测者应坐的位置，让受测者自行安排组织，评价来观测考生的组织协调能力、口头表达能力、辩论的说服能力等各方面的能力和素质是否达到拟任岗位的要求，以及自信程度、进取心、情绪稳定性、反应灵活等个性特点是否符合拟任岗位的团体气氛，由此来综合评价考生之间的差别。

"面试开始以后，每人做一个简短的自我介绍。然后进入无领导小组讨论。时间是60分钟。60分钟以后，请各位领导评分。面试的流程就是这样，各位领导有问题吗？没有问题，我们现在开始面试。"

"婉飞，打完分以后，如果有问题要问的，可以现场提问吗？"卢靖琳问。

"可以提问的，靖琳书记。"王婉飞答。

实际上卢靖琳问的这个问题很关键。周泽明心里想，如果没有互动交流，这个无领导小组讨论就变成了一个纯粹的专业测试。

而这种专业测试如果不和传统面试结合在一起，测试的效果会受到影响。当然，如果这些提问再讲究一些，形成半结构化面试的类型题目，可能效果会更好。但现在也只能这样了。

五个应聘者鱼贯而入。他们进来以后，都是先向着评委席微笑、鞠躬，再入座。

看得出来，这几个人套路都很足，久经考验。

最东边的，靠近门口的，身穿黑色风衣的一个女性引起了周泽明的注意。

她叫王楠，入座以后将风衣挂在了椅背上，露出一件白色毛衫，颈上扎了一条别致的丝巾，看起来知性又美丽。

王楠是周泽明省委党校中青班上一个同学推荐过来的。

这个同学说，在朋友圈里看到了粤鹏集团的招聘公告。刚好他在中山大学的一个优秀的小师妹想要找工作，特别想进入国企。于是他就把这个小师妹推荐给了周泽明。周泽明答复说按照流程应聘，他会关注的。

同学推荐的事，周泽明没有和任何人说起。因为他觉得，现在凭实力干活儿。如果王楠足够优秀，她进入复试，在同等条件下会优先考虑的；如果王楠不够优秀，她进入不了复试，或者复试以后明显不如别人，那也不用他来帮忙。

在自我介绍中，每个人把时间都把控在三分钟，重点是介绍自己做了哪些项目。

听起来，各有亮点。

王楠的亮点是人力资源各模块都历练过，业绩不凡。而且她曾经被央企中远集团外派到顺德分公司做了三年的人力资源部经理。

穿棕色呢裙的江一倩在省属国企工作过，了解国有企业的文化；

白衬衣扎领带的陈飞羽，在知名民营企业工作过；

穿酒红色毛衣的赵丹丹，在外资企业工作过；

穿西服套装的刘庆元是中山大学管理学院毕业的，科班出身。

每个人各有所长。

应聘者在看面试题目的时候，评委们也在看题目。

粤鹏集团社会招聘无领导小组讨论面试考题

一、材料内容

刘晶晶大学里的专业是计算机与软件开发，毕业以后从事的是软件编程工作。工作两年以后，刘晶晶觉得自己更适合人力资源管理工作。就应聘到了一家公司从人力资源专员做起。转行三个月以后，刘晶晶发现人力资源工作没有外表看起来那么光鲜，她遇到了下面一系列的问题。

1. 公司人力资源部让她去推进绩效管理体系时，她发现一些业务部门对于绩效考核指标不认可，提出来的理由听听也有道理，指标分解不下去，她又没办法交差。刘晶晶觉得好像夹在了中间，左右为难。

2. 来了三个月以后，刘晶晶发现她组织的公文写作培训，来参加的人很少，但是前面需求调研，对这方面的培训需求很大。而同部门陈一丹组织的EXCEL技巧培训却很成功。

3. 公司提出来"人力资源部，向前走一步"，要求人力资源及时响应业务部门的需求。但是几乎每天刘晶晶都会接到关于用人方面的投诉或要求，业务部门理直气壮，"招聘是你们人力资源部的事情"。等到刘晶晶把人找来了，有的部门又提出各种各样的要求，或者推翻之前的想法，平白增加很多重复劳动。有一次接到一个业务员的电话："小刘，你帮我们招来的那个人人品绝对好，面试的时候看着蛮灵光，但是做起生意来太笨，我已经无法容忍了。要不这样，退到你们人力资源部，你们爱让他干吗就干吗，反正我是不要了。"刘晶晶感觉自己时刻在招聘，但业务部门始终对招来的人不满意，她的工作状态却已经从精挑细选沦落为疲于应付。

刘晶晶遇到了职业生涯中的困惑，她准备来职业生涯发展中心寻求帮助。你们是职业发展中心的咨询顾问。

二、问题与要求

1. 准备阶段。请准备发言提纲，时间5分钟。
2. 讨论阶段。时间60分钟。经过讨论，小组必须达成一致意见。
3. 总结阶段。推选一位代表进行总结，时间15分钟。

03 看不见的刀光剑影

这个无领导小组讨论的题目是粤鹏集团聘请外部公司开发的，周泽明亲自把的关。

网上流行的无领导小组讨论题目大多数是虚拟场景，考察的是表达能力、合作能力、领导能力等，离实际工作很远，而周泽明将人力资源的实际场景与评价中心的技术相结合，通过场景化设计更能够考察出应聘者的真实专业能力。

"准备阶段结束。下面进入讨论阶段，时间60分钟。"王婉飞的主要工作是控制整场面试的节奏。

"我先来说一下我的观点吧。"穿酒红色毛衣的赵丹丹首先开口。她看了一眼大家，是想征询大家的意见。

"不好意思，这位同学，题目上要求我们要达成一致意见。时间是有限的，我建议首先把规则定一下，分出发言的时间、讨论的时间和归纳的时间，做到心中有数，大家觉得呢？"说话的是扎领带的陈飞羽。

陈飞羽的建议得到了其他人的赞同。

陈飞羽对规则的设定和时间的把控，让评委们眼前一亮。

王楠欲言又止。

"我建议按照顺时针，每个人发言两分钟，这样我们用去10分钟。自由讨论40分钟，留下10分钟，做总结梳理。我来计时。大家觉得如何？"

说话的是穿西服套装的刘庆元。

前面两个说话的人都给评委们留下了不错的印象。

王楠却迟迟没有发声，一会儿在纸上写写，一会儿停下来看看。

周泽明不禁为她暗暗着急。

第一个发言的是刘庆元。

"人力资源岗位需要专业的知识储备和专门的技能水平。从题目中看出，刘晶晶大学里学的是计算机与软件开发，毕业后从事的是软件编程工作。她对于人力资源各模块的知识是缺乏的，技能是没有的，做绩效管理不懂体系设计，做培训管理不会需求分析，做人才招聘不了解人岗匹配，必然会遇到各种各样的问题。

"我的建议是刘晶晶要先去读个人力资源的专业，加强专业技能和知识的学习。我的发言完毕。"

刘庆元言简意赅地从专业能力方面进行了分析，这符合他的特点。他是中山大学人力资源管理研究生毕业。

陈飞羽站了起来，他是顺时针第二个。

"人力资源岗位确实需要专业的知识储备。但是，人力资源岗位更需要适合的特质和坚忍的意志。俗话说，女怕嫁错郎，男怕入错行。

"对于财务岗位，我们需要细致、审慎的态度和仔细认真的性格。一个做事大大咧咧、马马虎虎的人是做不好财务工作的。

"对于销售岗位，我们需要的是敢闯敢冲的勇气、百折不挠的决心。一个畏手畏脚、瞻前顾后的人是做不好销售工作的。

"对于软件开发，我们需要的是对客户需求的深入了解，久久为功的坚定执着。一个朝秦暮楚、不甘寂寞的人是做不好软件开发的。

"对于人力资源，我们需要的是对公司政策的透彻把握，和与业务伙伴的深入交流。一个不会沟通，没有定力的人是做不好人力资源工作的。

"刘晶晶学了四年的计算机与软件开发，毕业后只做了两年的编程设计，却要转行。她做了三个月的人力资源工作，就感到困惑。这说明她对自己的性格并不了解，对自己适合什么岗位没有做过分析。我建议她首先来做个MBTI职业性格测试。

"现在网上有很多MBTI测试，但是测试的效度……"

"不好意思，飞羽同学，两分钟时间到。"

陈飞羽开场的一句"但是"以及后面侃侃而谈的风度，似乎盖过了刘庆元。

所以当手机秒表显示1分59秒时，刘庆元毫不犹豫地叫停了陈飞羽滔滔不绝的发言。

"我是赵丹丹。我的观点是要从人力资源部的组织支持方面找原因。绩效管理体系是公司战略管理的重要组成部分。单单靠人力资源部是不足以推动它落地生根的。

"绩效管理体系涵盖战略指标分解、经营目标评估、实现目标纠偏、达成目标奖惩，这样一个牵涉到方方面面的绩效管理体系。业务部门有不同意见是正常的。

"问题的关键是公司的组织导向是什么？不能让一个小姑娘来应对业务部老总的意见吧？人力资源部的一个专员在推进这个事情的时候，是需要人力资源部整个部门，以及公司战略委员会的强有力支撑。

"另外，新人是需要指导的，刘晶晶以前没有从事过人力资源工作，所以才会出现这样那样的问题。人力资源部本身就是培养人、发展人、激励人的。出了问题，应该事先有上岗培训，事中有过程指导，事后有总结反馈。这样新人才能不断进步、不断成长。再说，谁不是从新人过来的？

"所以我的建议是寻求组织内部的支持和帮助，尽快帮助她成长。"

赵丹丹声情并茂的一席话，赢得了大家的认可。

"我叫江一倩，我觉得刘晶晶到了一个新公司以后，还没有适应公司的文化。遇到这些问题也是正常的。公司制度能够看得见。公司文化是看不见、摸不着的，需要用心去感受。

"作为一个新人，首先就要了解这个公司方方面面的显规则和潜规则。显规则就是公司的明文规定、正式的流程和程序，这些是需要不折不扣遵守的。这里潜规则不是贬义，而是约定俗成的一些习惯。比如业务部门对于绩效考核指标不认可，是对指标本身不认可，还是对来分解指标的人不认可？抑或两者都不认可？

"如果是对刘晶晶认可，而只是对指标不认可，这还可以继续沟通。如果是对刘晶晶做事情的方式方法本身就不认可，那推进这个事可以说是难上加难。

"还有组织培训的事情，为什么同事组织的培训很成功，而刘晶晶组织的公文写作培训却没人来参加？是不是刘晶晶在融入组织、取得信任方面本身就做得不够好？

"当然，这不一定是培训参加人数少的主要原因。但很可能是其中的一个原因。

"我的建议是刘晶晶要自我反省，在融入公司方面做出更多努力。先做人，再做事。人际关系通畅了，问题也会迎刃而解。"

江一倩从文化融入方面分析了原因，也让大家点头称赞。

04 HRD的六脉神剑：把握六个方面的平衡

周泽明向坐在旁边的卢靖琳看了一眼，眼神中带着问询，意思是问，"怎么样？"

卢靖琳赞许地点了点头，似乎在说，"各有千秋，旗鼓相当"。

然后，她在面试题目第三段上打了问号，指给周泽明看。

周泽明一看，马上就明白了。

到目前为止，四个应聘者主要是对面试题目的前两段难题——绩效管理和培训管理点评，而第三段招聘管理难题却没人点评过。

这份面试材料的第三段是最难的，也是实际工作中经常会碰到的。

一方面是发言时间有两分钟的限制；另一方面是对于这样棘手的难题，怎么干净利落地回答确实不容易。

所以，前面4个人都刻意回避了。

其他评委也都注意到了这个问题，把目光都投向了王楠的方向。

王楠笑了一下，开始发言。

"大家的发言很精彩，受教了。我的观点是做人力资源工作要找准自己的定位，需把握好几个方面的平衡。

平衡之一：业务理解与专业支持

"我们中国人是最讲究中庸智慧的。什么是中庸？不偏不倚。从材料里面看，刘晶晶之所以会遇到这样的招聘难题，是因为她没有处理好业务理解与专业支持之间的关系。

"作为业务部门的战略伙伴，人力资源的工作要做出成效，除了要练好刚才刘庆元同学所说的HR专业的内功，还要修炼公司业务的外功。换言之，人力资源工作者对核心业务要有透彻深入的理解，形成每个单元的人力资源解决方案。

"人力资源如果不懂业务，就会像刘晶晶一样，永远是站在后面，被动地听从业务部门的人事任务分配，永远是慢一拍的后勤支持部门，难以发挥业务伙伴的作用。

"因此，人力资源工作者需要深入一线，重心前移，参与业务部门的会议，保持与业务部门的沟通交流，掌握公司业务发展的动向。

"了解业务并不是深陷其中，就事论事。人力资源工作者需要从具体的业务中跳出来，抽丝剥茧，由表及里，层层剖析，前瞻性地预测业务发展对人力资源的需求，在此基础上，从规划、配置、培训、管理、激励各个模块入手，提供专业化的支持和系统化的解决方案。

"在绩效管理和培训管理中，除了刚才各位的分析以外，刘晶晶应该是没有处理好目标刚性与方法柔性、工作理性与生活感性的关系。我的建议是让她联系我，我和她讲讲人力资源工作者要把握的六种平衡关系。我的发言完毕。"

王楠抑扬顿挫的话语让大家感觉意犹未尽。

"发言时间完毕。下面进入自由讨论时间。"王婉飞的声音再度响起。

经过刚才的发言阶段，每个人都表达过自己的观点，有的还点评了别人的观点。

这些观点各不相同，又各有道理。所以进入自由讨论阶段以后，一开始大家都不知道还要讨论什么。再坚持自己的观点显得有点啰唆，去评价别人的观点也不适合。

"听了王楠同学的观点，我觉得是从哲学层面上分析一个人力资源新人遇到的问题。因为时间限制，刚才只讲了招聘管理中要处理的关系。我建议先请王楠同学继续把绩效管理和培训管理要把握的平衡说一下，大家意下如何？"

说话的是赵丹丹，刚才她第一个讲话，被打断了。所以这一次她把握主动，提出建议，同时注意了措辞。

"同意。""同意。""好的。""赞成。"

无领导小组讨论不仅是考察表达能力、反应能力，实际也在考察领导能力、合作能力和团队精神。

所以，对于合情合理的建议，大家必然会赞同，而不会轻易否定。

周泽明知道，对王楠的真正考验开始了。

"谢谢大家的鼓励。那我就先谈谈我的看法。"

王楠莞尔一笑。

看到这个招牌式的表情，周泽明也轻松了。

他知道这是有底气的笑容。

众人的目光再度聚焦在王楠身上。

平衡之二：目标刚性与方法柔性

"对于刘晶晶在绩效管理中遇到的难题，因为没有更多的已知条件，所以刚才各位的分析都有道理。我想从目标刚性与方法柔性的平衡关系来谈谈我的理解。

"作为一名人力资源工作者，往往承担着年度战略目标分解、绩效管理体系推进、组织架构设计调整、核心人员配置优化等'刚性'的目标和任务。

"这些'刚性'的目标和任务是组织发展之需、战略推进之要，是公司决策层确定下来，需要不折不扣地完成的。

"然而，在开展这些工作之时，不能用'刚性'的方法，而是要用'柔性'的方法和策略来实施。'柔性'就是要有适应不同情况的能力，以及坚强、韧性，忍受变化带来的负面影响的能力。

"对于人力资源工作者来说，80%的时间是在沟通。这就需要具备与不同类型的人沟通交流的能力。见什么人说什么话，到什么山上唱什么歌。通过合适的地点、时间和方式将组织意图和工作任务与相关部门沟通交流，听取意见、阐释政策、答疑解惑，以取得他们对工作的理解和对目标的支持。

"目标是坚定的，方法是灵活的，策略是多样的。这种平衡，我的理解是刚柔并济，在人力资源管理中坚持目标方向的'刚性'不动摇，同时在过程中体现出'耐心、灵活、敏捷、韧性'等柔性特征。"

王楠在讲的时候，全场的人都在认真地听。

王婉飞叫停了正准备去给评委杯子里添水的服务员。让她过一会儿再去。

平衡之三：工作理性与生活感性

"刚才江一倩同学讲得很好。一个新人来到一家新公司，首先要做的是融入组织，取得信任。这就要把握工作理性与生活感性的平衡。

"人力资源工作正在从'事务管理'向'战略支持'的角色转变。一方面，我们人力资源工作者需要更多地参与到公司战略规划和执行的工作中

目标刚性	←刚柔并济→	方法柔性
工作理性	←情理交融→	生活感性
业务理解	←内外兼修→	专业支持
靠前服务	←松紧有度→	有效管控
按部就班	←奇正相生→	开拓创新
战略规划	←顶天立地→	落地执行

HRD的六脉神剑——工作中需要把握的六个平衡关系

来，不仅需要全局意识和战略眼光，而且需要具备较强的逻辑分析和理性思考的能力。分析问题不仅要客观，还需要具备系统化地解决问题的能力。另一方面，我们的工作需要与不同部门、不同层级、不同岗位、不同类型的人建立广泛真实的联系。

"怎么样赢得员工的信赖？如何赢得同事的信任？员工的真实想法和发展需求是什么？

"这就需要我们人力资源工作者呈现出乐于参加团队活动、兴趣多样、感情丰富、胸怀开放等感性的人格特征。我们以更具亲和力和同理心的表达方式，满足员工的情感需求，才能赢得员工的信赖，达到求才、留才，以及激励人才的效果。

"工作要严谨，生活要随和。人力资源工作者需要在严谨、理性的工作之余，充分展现自己平易近人、开放随和的性格特征。和什么样的人都能交朋友，都能谈得来；多参加不同类型的非正式群体活动；在工作中加入更多情感的、互动的元素。这样，能很快走入员工的心中。

"我想刘晶晶如果能在这些方面多下点功夫，下次组织活动肯定能吸引更多的人气。"

王楠讲得很精彩。

几个小伙伴已经开始记笔记了。

这一次即使面试不成功，也是增长见识的好机会。

06 兵马未动，粮草先行

平衡之四：靠前服务与有效管控

"俗话说，兵马未动，粮草先行。在集团化运营的公司里，业务单元和业务部门如同行军打仗的野战军，承担着开拓市场、披荆斩棘、冲锋陷阵的重任，人力资源如同后勤保障部，必须做好支撑和服务工作，绝不能让在前线奋勇杀敌的将士们缺衣少粮、挨饿受冻。

"这就需要我们人力资源工作者靠前服务，深入业务，前瞻性地洞察业务模式的变化，及时分析带来的影响，提供专业化的支持服务。

"当然，不同阶段的重点也不一样。

"在业务拓展的培育期和成长期，对于业务部门的需求，要人给人，要费用给费用，要政策给政策，给予业务部门充分的支持。在做好靠前服务的同时，我们需要在组织架构设计、关键岗位配置、任职资格管理、薪酬总额管理等方面进行有效的管控，帮助业务单元选聘到合适的人才，增强组织核心能力，降低劳动用工风险。

"在成熟期和衰退期，我们更需要对业务单元和业务部门的人员编制、劳动用工、工资总额等关键工作要项进行测算分析，严格把关，规避风险，实现人力资源与业务发展相匹配的动态平衡。

"我把这个关系叫作把握靠前服务与有效管控的平衡。如果刘晶晶理解了这种关系，她在做绩效管理宣贯培训时，就会更清楚人力资源部门的定位，也更有智慧去把握同业务部门之间的关系。"

平衡之五：按部就班与开拓创新

"企业的人力资源管理涵盖人力资源规划、招聘与配置、培训与开发、绩效管理、薪酬福利管理、劳动关系管理等六大模块。这些内容非常宽泛，事务性工作非常多而且琐碎。大到员工的劳动关系纠纷，小到每个月每个员工绩效工资的核算发放，都需要人力资源工作者扎扎实实、仔仔细细地完成处理。

"任何一个点上处理不好，就会影响到整个面上的问题。我以前就遇到过这样的事情。薪酬专员因为不仔细，把销售人员的工资少算了100多元。就这一件小事马上就会招来质疑：人力资源部连工资都算不清楚，还能有什么用？

"因此，人力资源工作者的首要工作是保持人力资源基本职能按部就班地正常运行。招聘配置及时有效，培训发展有条不紊，绩效管理循序渐进，薪酬发放正常按时，劳动关系和谐稳定。同时，做好上情下达，下情上报，沟通内外，协调左右等基础工作。

"在做好人力资源管理基本面工作的同时，我们必须要开拓创新，勇于探索，不走寻常路。

"从大的方面来说，人力资源负责人要在参与战略制定、引导变革的过程中提升企业效益，使现有的人力资源增值；从小的方面来说，我们要在每个模块的每个环节上深挖下去，总结、完善、再总结、再完善，持之以恒地建构体系，优化流程，提升效率。

"材料中刘晶晶遇到的招聘难题，实际上就是工作中常遇到的新情况、新问题。这个时候，如果还是按照老一套的方法来处理肯定就不行了。只能开动脑筋，独辟蹊径。比如说，通过激励体系和考核体系的调整，鼓励业务部门主动参与到招聘面试中来。给业务主管进行必要的培训和支持，鼓励他们主动吸引合适的人才，等等。

"这个关系我把它叫作把握按部就班与开拓创新的平衡。"

平衡之六：战略规划与落地执行

"第六个方面的关系，我把它叫作顶天立地——战略规划与落地执行之间的平衡。企业战略规划能否得到有效实施，关键看人力资源规划的水平。人力资源规划是企业战略规划中不可或缺的重要组成部分，是企业人力资源管理工作的出发点。

"而所有的战略规划都有一个特点：如果找不到切入点和落脚点，如果不能持续地完善修订，规划规划，只能是纸上画画、墙上挂挂。

"为了避免这种现象发生，这就需要人力资源工作者把握好上得厅堂、下得厨房的平衡。

"既要前瞻性地根据公司内外部环境的变化，刻画达成战略目标所需的组织核心能力，明确规划目标，制订人才获取模式、人才培养程序、人才管理策略等具体的举措方法；又要务实地将战略规划与日常工作紧密结合起来，将战略目标分解至年度重点工作和月度绩效目标，并督导绩效计划的落地实施运行。

"在此基础上，建立人力资源战略规划的动态调整和优化完善机制。确保规划根据公司战略的发展和内外环境的变化及时调整完善，实现规划的系统性、协调性、可执行性与持续发展的有机统一。

"这个关系其实在企业中是最容易被忽视的。人力资源部门往往会陷入具体的操作性事务中，而没有从公司全局的高度深入战略规划、实施、评估和滚动执行的闭环流程中。这和一个企业人力资源部门的定位有关。"

……

最后的总结发言，其余四个人一致推选王楠做总结。王楠以材料中的三个难题入手，总结了人力资源工作者需要把握的关系。实际上，这些关系也是她自己工作经验的总结、日常思考的结果。[①]

她的总结为无领导小组讨论画上了一个完整的句号，也为她自己的表现加了分。

随后，评委们就各自关心的问题，与五个应聘者现场进行了交流。

07 出人意料的选择

面试结束的时候，已经是晚上六点多了。

王婉飞一边让罗小美和郭飞抓紧统计面试分数，一边送走了外部专家和广泰集团的主管。

周泽明和卢靖琳留在了会议室。

"靖琳，今天的面试你觉得怎么样？应聘者中你最看好哪一位？"周

---

① 《HRD的六脉神剑——工作中需要把握的六个平衡关系》是本书作者原创，收录于本书附录2。

泽明问。

"泽明书记，今天的无领导小组讨论试题很有针对性，效果很好。测试能够从一个侧面反映出应聘者的表达能力、思维能力、合作能力和领导能力。五个应聘者都比较优秀。表现突出的是穿白色毛衫的王楠。"卢靖琳说。

"王楠不仅有扎实的工作经验，而且善于总结、勤于思考，这很难得。其他几个人也很优秀。王楠一开始没有发言，我还以为她说不出来。结果反而是后来居上。"

"其实她是我一个党校中青班同学的小师妹。我没有和她见过面，也没有和王婉飞说过，就是想让她真刀真枪地来试试。没想到，她表现得还真不错。"周泽明欣慰地说。

"关系户？有个事情我正想……"卢靖琳欲言又止。

这时候，王婉飞拿着一张纸进来了。

"周董、靖琳书记，面试分数出来了。"说着，她递给了周泽明后转身离去。

周泽明拿过来一看，说道："果然王楠是分数第一。"

他好像想起了什么，"靖琳，你刚才想说什么。王楠虽然是关系户，我可没打过招呼呀。她是凭着实力来面试的。这你都看到了。"

卢靖琳笑了。

她是想用笑容来缓解一下语气，以减少可能带来的冲击。

"泽明书记，王楠刚才在面试中的表现我们大家都看到了。从专业经验、表达能力、思考能力方面来说，她是明显超过其他人的。她的分数应该是第一。我也喜欢这样的人。"

"我刚才请你留一会儿，是想说一个事情。我刚才在翻看这五个人的简历时，发现有两个人不是党员，其中一个是王楠。"

说完，卢靖琳平静地看着周泽明。

"不是党员？"周泽明拿起桌上的材料，翻到王楠的简历，仔细一看，果然如此。

"泽明书记，我也是下午刚发现。党管干部是组织工作的基本原则。如果人力资源部经理不是党员，她连干部的档案都看不了。"

周泽明刚才觅得良才的欣喜表情已渐渐褪去，代之以冷静平和。

"靖琳，你提醒得很及时。我会让婉飞再核实一下。"

两天以后，粤鹏集团召开党委会，审议通过了人力资源部提交的社会招聘市场化人才的报告。

人力资源部经理的录取名单是无领导小组讨论面试成绩的第二名，赵丹丹。

08 规划规划，不是墙上挂挂

周三下午2：00。粤鹏集团党委书记周泽明办公室。

企业管理部经理郑恺南正在汇报五年规划的草稿。

"有没有征求过广泰集团战略部的意见？"周泽明问。

"我们已经将集团战略部的意见整合到战略规划的文稿中了。粤鹏集团的总体思路是一个引领，二轮驱动，三驾马车，简称一二三发展思路。"郑恺南说。

"一个引领，二轮驱动，三驾马车，总结得不错，具体说说。"

"一个引领，是以党建引领企业高质量发展。以习近平新时代中国特色社会主义思想为引领，加强党对国有企业的全面领导，站稳政治立场，坚持全面从严治党促发展的基本原则，加强基层党组织建设，推进党建工作与企业高质量发展深度融合。"

"这个党建引领里面有没有具体的举措？"周泽明问。

"有的。这里是PPT版本，这样一看就清楚了。党建引领包括政治建设、组织建设、纪律建设、干部建设、党风廉政建设、党支部建设六个方面的具体举措。"

"两轮驱动是哪两轮？"

"一个是管理提升，一个是风险控制。

"从今年开始，我们计划连续三年围绕战略目标，开展管理提升年工作。总部各部门和各子公司根据管理提升年的要求，围绕中心工作，梳理工作短板，制定制度措施。这个工作要求期初有计划，期中有评估，期末有评比。我们想通过连续三年的管理提升活动，把粤鹏集团的管理水平上一个台阶。

"风险控制是永恒的主题。只要企业有经营活动，风险就始终伴随。我们把它作为一个车轮，就是让全员树立起风险控制的意识，逐步建立并不断完善公司的风险控制体系，把经营风险控制在合适的水平，确保企业健康持续发展。"

"我们粤鹏集团虽然说暂时走出了困境，化解了历史风险，但是要吸取教训，总结经验。风险控制和管理提升两项工作要常抓不懈，相关促进。"周泽明说。

"是的。这两项工作我们认为如鸟之两翼，车之两轮。

"内外贸并举、技工贸融合、国际化布局是三驾马车。

"内外贸并举是顺应行业趋势，助推自身转型和履行国企责任担当的必然要求。钢贸业务的定位是为产业链上下游提供工程配送、原料配送、产品加工、产品代理、物流仓储配套、金融解决等一系列服务。

"在内贸方面，一方面我们计划与国内宝武、河钢、首钢、沙钢等世界500强钢厂和各大中型钢厂建立战略合作关系；另一方面布局谋篇珠三角、长三角、环渤海等沿海区域，放眼中部、西北、东北等国内市场，在上海、宁波、沈阳、西安、成都等重点枢纽城市设立钢材子公司。在此基础上，计划建立新加坡、马来西亚等海外子公司平台，拓展东南亚、欧美等国际市场。

"在外贸方面，聚焦核心优势，做深做强传统产业技术改造升级和科教文卫先进设备的进口；服务粤港澳大湾区建设和广东省外贸强省建设，锚定战略性新兴产业、低碳经济产业、高新技术和高附加值产业，进口急需的先进技术和稀缺资源性产品。"郑恺南说。

周泽明点点头，说道："这两年，钢贸行业的大环境不断向好，钢材价格一路上扬。华能公司一路拼杀，走出困境不容易。这两年为粤鹏集团的稳定发展贡献很大。华能公司董事长王启龙是个很有想法的人。你要好好地和他沟通交流。"

"王董对华能公司未来的发展思路很清晰：三稳、三引、三降。第一步，稳业务、稳队伍、稳人心，让企业走上健康发展的道路；第二步，引资源、引资本、引制度，引进上下游的战略投资者，建立产销联合体；第三步，降杠杆、降风险、降信贷，扩充公司资本金，增加公司实力。"郑恺南说。

"当前国际贸易环境面临新的考验，我们要充分利用国内这个大市场，积极稳妥开展内贸业务。从中央到省里会不断推出新的支持政策。你们企业管理部要加强这方面的政策研究和情报分析。新招聘的战略管理岗位有没有到位？"周泽明问。

"考察已经结束了，人力资源部说下周一可以来报到。"

"战略管理是企业的方向盘，你们企业管理部要结合绩效管理、预算管理形成一个有机联通的体系。"

"好的。技工贸融合是指科技、工业、贸易相融合的发展模式。其中'技'是利用新技术、新工艺、新材料的研发和投入，提高产品质量数量。利用科学管理、创新思维来优化商业模式；'工'指的是支撑内外贸业务的各类生产型工业企业和样板工厂，可以自建工厂，也可以合作建厂；'贸'指的是进出口业务和内贸业务。"

"纺织服装板块的研发、设计怎么落地？"

"这个我和三家公司董事长初步沟通了一下。初步的方案是三家公司共同出资，设立一个科研中心，设在我们企业管理部里面。这个科研中心和我们企业管理部的战略研究、行业分析相配套。"

"科研中心只做科研吗？怎么为企业生产服务？"周泽明问。

"这个科研中心又包含了三个分中心。第一，打样中心。采用内部市场化的手段运营，提高对客户需求的响应速度。第二，研发中心。研判面料发展趋势，设计绿色环保的新产品。第三，检测中心。与国际领先的检验机构合作，联手打造高效、权威的第三方检测平台，为珠三角地区的企业就近提供产品检测、人员培训等服务，帮助外贸企业跨越国际市场的绿色质量壁垒。"

"这个科研中心，首先是要满足下属三家企业的需求，然后可以对外部经营。那就不是一个虚拟的科研中心，而是一个独立的法人单位。具体的方式你们再商讨。"周泽明说。

"我们企业管理部在和三家公司讨论的时候，也觉得可能公司化运营方式比较合适。"郑恺南说。

"这就是在抓产业链的关键环节。他们三家公司准备怎么出资？"周泽明问。

"他们说上次和您去外面考察以后，触动很大。回来以后，经营班子一讨论，都形成了一致意见，下决心要提高核心竞争力。三家公司都说减持部分上市公司股票，盘活资金，用来加强发展后劲。

"贸易指的是聚焦发展高质量的进出口贸易，更好地服务于我省科技强省战略。围绕新技术、新科技、新设备的三新经济，重点把机电进口业务做精做实。围绕创模式、拓链条、强资本的三重定位，聚焦重要产品，把大宗商品进口业务做深做实。"郑恺南说。

"进口业务要围绕国家扩大进口发展的政策，聚焦高端制造业和高新技术产业，把机电进口、技术改造等已有优势发挥好，拓宽延伸产业链条。在这方面，你们企业管理部要发挥好政策研究、行业分析的优势，积极主动地和华策、华茂公司互动交流，提供指导和支持。"周泽明说。

"好的，周董。国际化布局是利用海外市场和资源，推进海外市场开拓，统筹海外资源保障。主要举措是在欧洲、北美等主要目标市场设立分支机构，准确收集全球市场信息和快速响应客户需求；通过战略合作和产业投资并购准确锁定当地资源，并促进产品销售；同时通过国际市场信息收集反馈，为国内贸易提供产业销售和品牌服务的支撑。"

"五年规划的经营目标是什么？"周泽明问。

"根据测算，按照这样的发展思路，五年规划期末，'粤鹏集团'将实现内贸外贸两大板块，营业收入80亿元，利润总额3亿元。简称803目标。这其中主要的利润贡献是华能公司。现在是钢贸行业的正周期，去年一年华能公司就贡献了四分之一。当然，我们也测算了钢贸行业逆周期情况下钢贸板块的经营情况。总体测算下来，是803目标。最后，我们还要征求广泰集团的意见。"郑恺南说。

"钢铁行业虽然有正周期、逆周期，但是我们可以通过加强行业研究、夯实基础能力、提高管理水平，把经营风险和收益波动控制在合理的水平。你刚才讲的三稳三引三降里面，降杠杆是关键。你们要及时跟进，紧密沟通，坚守安全发展的底线。"周泽明说。

"明白，坚持稳中求进，统筹发展和安全。"郑恺南说。

"好的，恺南，你来的时间不长，适应得很快，工作卓有成效。通过对上一个五年规划的中期评估和修订，可以从方方面面了解情况、熟悉人员。你们这个规划文稿我看过，总体上我是同意的。"周泽明说。

"我提出三点意见，第一，你这个战略规划里面，我感觉要加上一块重要的内容，就是创新。企业面临的环境千变万化，我们依靠不断创新，才找到了化解风险的有效手段。未来，我们依然要依靠不断创新，才能走上持续发展的道路。

"国有企业，特别是像我们粤鹏这样的竞争性国企要做大做强，只有靠不断的改革创新。创新需要在组织保障、职能定位、运行规则、激励机制方面定下目标，拿出举措。"

周泽明说的时候，郑恺南已经打开笔记本开始记了。

"第二，就是加强供应链竞争力方面的内容。立足国家战略和外贸趋势，研究制订供应链创新和应用的内容，带动产业上下游扩链、聚链、补链、强链，打造柔性更强、韧性更强的供应链体系，为外贸板块平稳高效运转提供保障。

"什么是扩链？就是立足产业链的核心环节，扩充关键部位，在做强产业、布局创新、配置资金、部署服务方面下硬功夫。就像刚才讲的服装板块，向上我们扩充到研发设计领域，向下我们延展到生产制造领域；钢贸板块，我们通过深度合作和引进战略投资者，建立产销联合体。

"什么是聚链？就是逐步在非核心业务、非关键环节收缩，聚焦于产业链的核心位置。比如说刚才讲的机电进口业务做精做实，大宗业务做深做实。积聚力量，集中资源，重点突破。

"什么是补链？就是围绕产业链的关键环节补短补软补缺，支持上下游企业加强技术合作、协同发展，像刚才讲的建立研发中心、设计中心、检测中心。

"什么是强链？就是立足我们的已有优势，强化新技术攻关，推动产业链的关键环节强上加强，构筑竞争壁垒。

"第三，在表述方面，以党建为引领，创新作为企业发展的核心。两轮驱动可以改成两翼腾飞，四个链条作为驱动。概括起来就是一个引领、一个核心、两翼腾飞、三驾马车、四链驱动。这只是我个人的思考，你们企业管理部再讨论一下，一些内容可以进一步细化、完善。

"另外，这个战略规划再征求一下班子成员和总部各部门、各子公司的意见，充分听取他们的想法，要让这个战略成为我们粤鹏集团的共识。"

一个月以后，粤鹏集团五年战略规划中期评估报告和修订稿，经党委会前置研究后，报董事会审议通过。

"一一二三四"和"803"正式成为粤鹏集团发展思路和战略目标。

◇09 PCT项目：没有一瓶水，怎么倒给别人半瓶？

"周董，广泰集团组织的师课共建项目这个月就要收官了。我们粤鹏集团杨小婷的课程验收评估会安排在下周五下午3：00，粤鹏2楼大会议室。集团组织部的主管李东成和这个项目的总教练会来参加现场评估。您有时间来现场指导吗？"

中午吃饭时，粤鹏集团人力资源部经理赵丹丹坐在了周泽明和方亦舒的旁边。

"什么是师课共建项目？"方亦舒问。

"师课共建项目是指对参加培训的学员进行授课技巧和课程开发成果的同期共建。所以又叫PCT项目，就是Project for Course & Trainer的缩写。"赵丹丹说。

"以前内训师培训叫TTT，现在换了个名称叫PCT，是不是可以这么理解？"方亦舒不解地问。

"PCT和TTT的共同点是都有内训师培训。不同点是PCT把内训师培训出来以后，同步把项目课程包开发出来。我们粤鹏集团在此基础上再加上一个实战培训验收。可以说，PCT的含义比TTT更丰富。"赵丹丹答。

"杨小婷开发的什么课程？"方亦舒问。

"大宗业务新人岗前技能培训。主要内容是对大宗业务流程各个节点如何管控风险。广泰集团给我们一个PCT项目名额，我们公司就选派她参加的。

"这个课程听起来是很实用的。如果课程开发得好的话，我觉得可以作为新员工上岗、老员工转岗的必备考试。"方亦舒对周泽明说。

"为了开发这个课程，杨小婷把这几年公司发生的风险案例都梳理了一遍，现在她这方面的知识最丰富。"周泽明说。

"教学相长，自己没有一瓶水，怎么倒给别人半瓶？周董，我们周五可以去看看。如果效果不错的话，明年我们向广泰集团看看能不能申请增加名额。我们多派两个人参加这个PCT项目，把纺织服装业务的新人培训课程也开发出来。"方亦舒说。

"好的，今年先看看效果怎么样。"周泽明说。

"谢谢两位领导支持。"赵丹丹赶紧表示感谢。

她知道两位领导联袂出席课程评估会，无疑将会加大人力资源培训工作的分量。

周五下午3：00，粤鹏大楼2楼大会议室。

杨小婷在台上一侧已准备就绪。

台下第一排中间坐着周泽明和方亦舒。两边各三名评委，分别是广泰集团组织部培训主管李东成、孚嘉咨询公司总经理蔡瑛、企业管理部经理郑恺南、华策公司董事长梁若飞、华茂公司董事长孟海洋、人力资源部经理赵丹丹。

二至六排是华策、华茂和总部的员工。

"各位同学，大家好，欢迎来到大宗业务岗前技能培训的现场。我是杨小婷。今天的课程内容分成两部分。第一部分给出的是一个目标、一个定位。这个目标和定位告诉我们应该朝着什么方向去努力；第二部分是岗位技能梳理，让大家能够在工作中有所借鉴，活学活用。下面我先来讲讲这个第一部分——业务人员的素养与能力塑造。"杨小婷拿着一支笔，开讲了。

"第一条，理解企业诉求。广泰集团作为省国资委直属的国有企业，肩负着国有资本保值增值的使命和义务。广泰集团下属又有近20家非常优秀的企业集团和上市公司。每年以广泰为平台，各成员公司都会吸收像你们一样的优秀毕业生进入公司，为经营发展输送新鲜血液。你们将带来新的视角，创造新的价值。

"请大家时刻牢记，我们肩负着国有资产保值增值的重大责任。所以，不论各位原来在学校是如何的出色，希望到了新平台能摆正自己的位置，调整好心态。即使自己是千里马，如果没有伯乐的赏识，你仍然不能建功立业。当然企业也需要你们这些新生力量的加盟才能实现变革创新，不断壮大。大家都是朝着一个共同的目标在努力，这个诉求是一致的。"

⑩ 知己知彼，百战不殆

尽管下面坐的是领导，杨小婷丝毫没有怯场，完全把台下的人当成了刚进公司的新员工。

周泽明和方亦舒小声地说："自信满满，底气十足，一个讲师最基本的要求达到了。"

"来这里听我课的，今后将立足大宗贸易业务岗位，还有一些可能已经从事了一段时间的助手工作，也希望能够独立开展业务。所谓知己知彼，百战不殆。要从事这个行业当然要从了解它的行业特点入手。

"后面那位穿花格子衬衣的同学，请配合我一下，告诉大家什么是大宗商品，有什么特点？"

杨小婷看着第二排听得入神的一个员工，伸手做了一个请的动作。

这个员工是华策公司业务三部的虞伟。他没有准备，左右看了一下，确定杨小婷说的是他，才慢慢地站了起来。

不过，很快他就说话了："大宗商品，英文叫作Bulk Stock，是指大批量买卖的物质商品。结合我现在做的大宗贸易，我觉得有两个特点：

"第一，单位价值较高。大宗商品交易基本上按照吨来计价，比如钢材要3000—5000元/吨；煤炭最近一直在下跌，也有400—500元/吨；铝1.4万元/吨；铜5万元/吨……我们对接的主要为实体生产型企业，根据企业的生产计划，一般一个订单在几十吨到几万吨不等，订单金额有少则百万元，更有上亿元的。

"第二，可变现性强。大宗商品大多数是原材料，需求稳定，具有较强的变现能力。举个例子，假使我手上有40000吨煤，原来打算这个礼拜供给华能电力，但是由于对方的船期延误或者采购计划改变，导致我手上的煤不能按原计划销售。怎么办？完全没有关系，我可以马上卖给其他电厂、水泥厂、皮革厂……只要是在生产环节需要用电或用气的，就需要煤炭。所以按计划销售绝对没有问题，存在的只是一个价格波动的问题。"说完，虞伟坐了下去。

杨小婷肯定地点了点头："这个同学很善于总结。这么快就把大宗商品的两个特点概括出来了，非常棒。除了价值高、可变现以外，大宗商品还有两个特点。

"一是具有金融属性。需求的减弱使得供求关系发生变化，材料波动使企业的利润受到冲击。所以，这时候在期货市场进行对冲，就能充分体现出大宗商品的金融属性。投资者出于对宏观经济持续增长的担忧，促使其抛售持有的股票和商品资产。而有现货背景的商品交易者，会依据自身现货贸易状况，决定商品期货的交易方向和头寸大小。所以，当我们考察交易商品的价格变化时，要更多地运用到'金融思维'。

"二是受外部经济影响较大。比如说国家出台环保政策治理污染，这个政策能对大宗商品起到什么样的影响？

"举个例子。2015年以前为什么铁矿石进口的价格年年攀升？因为房地产市场的销售情况乐观，钢厂的产量也比较大，对上游铁矿石的需求不断攀升，导致国内钢厂联盟在和必拓、力拓、淡水河谷等这些铁矿石巨头每年谈判中，均处于不利的地位。但是这几年随着房产、环保等政策的出台，钢厂为保持盈亏平衡点，采取了限产的措施，直接缩减对铁矿石的需求，所以大家现在已很少在媒体上看到三大矿业巨头涨价的消息了。"

"会运用提问、设问的方式和学员进行互动交流，这样课程就不会沉闷。"方亦舒小声地和周泽明说。

......

"好，各组的观点我都知道了，说得都挺不错，但是还不够条理和系统。我来给你们总结归纳一下。大家先看左边这张图，是新人上岗必备技能。中间是核心能力，边上是专业技能。

"你们也许要问了，核心能力和必备技能到底有什么区别？我告诉大家，核心能力是外贸业务员通用的、基层的素质模型。专业技能是针对我们大宗业务商品所需的技能知识。我们先来看右边这个素质模型图。

"这个图是咱们粤鹏集团去年委托重庆大学冯明教授团队专门开发的外贸业务员素质模型。你们看，它的底座是三项基础能力：学习能力、灵活变通能力和沟通能力，这些外显能力是外贸业务员的通用基本功。

"这个模型的外层是两项专业技能：供应链管理技能、市场开拓与维护技能，这两项技能是外贸业务员需要具备的核心技能。模型中层的双赢意识、服务意识、风险意识和专业意识，既可以在工作中学习和积累，又可以后天培养和学习，影响着外层工作技能的发挥。模型里层的五项素质——诚信、成就欲、责任心、坚韧性、严谨，是区分绩优者和绩效一般者的最基本素质，也是外显能力、技能和意识的驱动因素。"杨小婷指着屏幕上的图说。

杨小婷正要往下讲，忽然看到第二排一个小姑娘在举手。

"杨老师，我是华茂公司的郑亚丽。我想问一下，这个素质模型图看起来很完美，在实际工作中有什么价值，怎么落地啊？"

"很好的问题，"杨小婷微微一笑。

"为了提高素质模型的可操作性，课题开发组从外贸业务员的访谈录音中提炼出每项指标的具体含义，细化了指标对应的具体行为描述，萃取了70个正反面案例，并按照每个案例的主体属性维度编订了素质模型指标库。大家看这张图。"杨小婷将外贸业务员素质模型指标库的图片调了出来。

"公司的财富依赖于员工所具备的胜任公司发展需要的能力，公司核心竞争力的形成来自对员工胜任能力尤其是那些具有专业技术和能力的员工能力的管理。很多老板抱怨员工队伍不能跟上企业高速成长的步伐，其实是员工的能力没有达到要求。

"建立这样一套素质模型，可以识别适合公司发展战略的人员，衡量相应层级或岗位上的人员能力有没有达到公司关键岗位的要求，能不能为实现公司的战略目标和可持续发展发挥支撑和促进作用。具体地说，通过建立素质模型，可以将包括公司人员的招聘选拔、薪酬管理、绩效考核、培训、人员晋升与发展等在内的各项工作有机地结合起来，最终形成一个对公司发展具有战略意义的强大的人力资源系统。

"我们今天的培训就是这个素质模型应用的场景之一。它告诉我们外贸业务员做业务成功的关键因素和核心技能，同时，用具体的正反面事例提醒我们如何提升这些核心能力。大家回去以后，仔细研读体会今天发的小册子。今天我们的重点是大宗业务商品新人上岗技能，要成为这方面的行家里手还要具备一定的专业技能，总共有六项。

"一要懂企业运营。这一听怎么是个管理学的范畴，有点像MBA课程，其实没有这么复杂。往细里说就是从企业的盈利模式、管理结构、内控制度、产品竞争力、可替代性等方面判断分析，得出是否可以进行合作开展业务。

"二要懂财务分析。在座的各位在大学里应该会涉及一些会计学原理的课程，应该也看过三张会计报表。它们能够反映企业一定时期内的经营成果，这对于不了解此行业或者刚接触某个合作企业的你们来说，是最好的途径。

"三要懂产业链知识。不管以后你们接触到哪种产品，都需要了解产品的原料构成比以及成本结构、生产周期、影响产品产量价格波动的因素、下游甚至延伸到终端的行业情况。如果这个行业外部环境不乐观，那在开展时就要考虑价格剧烈波动的可能，加大风险防范手段。

......

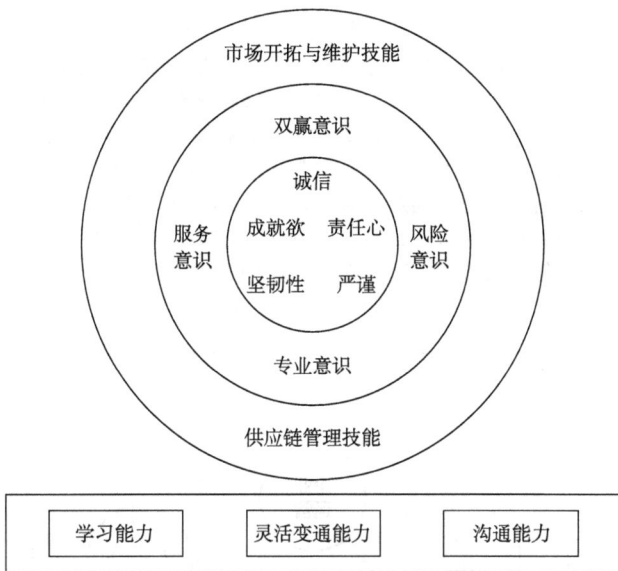

外贸业务员素质模型图

"从这里可以看出，掌握好这些不仅达到了岗位能力的要求，更具备了一个复合型人才的标准。我们要把业务的范畴扩大化，不要老拿小商小贩简单买卖的观点来定位自己。

外贸业务员素质模型指标库

市场开拓与维护技能指标定义、行为描述与正反案例（部分）	
指标定义	指对市场机会的识别和敏感性，挖掘商机，通过各种方式建立维护与客户关系的技能。具体包括：①市场敏感性：洞察市场变化和需求的能力；②商机挖掘：有效识别、评价、把握商业机会，并跟进和响应客户需求的能力；③关系建立与维护：与客户建立信任并维持良好关系的能力。
行为描述	【行为描述1】能够在迅速变化的市场中，抓住有用的信息，能够洞察较隐蔽的市场机会。 【行为描述2】善于经营自己的人脉关系，通过各种社会关系拓展新业务。 【行为描述3】善于与客户建立非正式关系，善于取得客户的信任。

	市场开拓与维护技能指标定义、行为描述与正反案例（部分）
正面案例	【案例3-1】"在上届交易会上，有位客户参观了我们的展位，觉得我们的产品很好、很全，就把待采购产品拿出来问我们是否可以做并让我们报价，经理接过客户的产品后就仔细查看工艺及核算价格。我在旁边仔细观察了这位客户，觉得他是真心想做生意，不像某些客户只是走马观花。于是我就问此客户，我们有类似的产品，是否有兴趣看下。客户觉得OK，于是我就找出产品给客户看，客户看过后觉得可以，就让我们报价。同时经理也核算出了价格，客户觉得很满意，与我们交换了名片。交易会后，客户来了一个小单，虽然订单金额很小，不过从小单中可以让客户看到我们的诚意、我们对产品的了解以及服务态度，我们希望可以和客户长期合作。"
反面案例	……

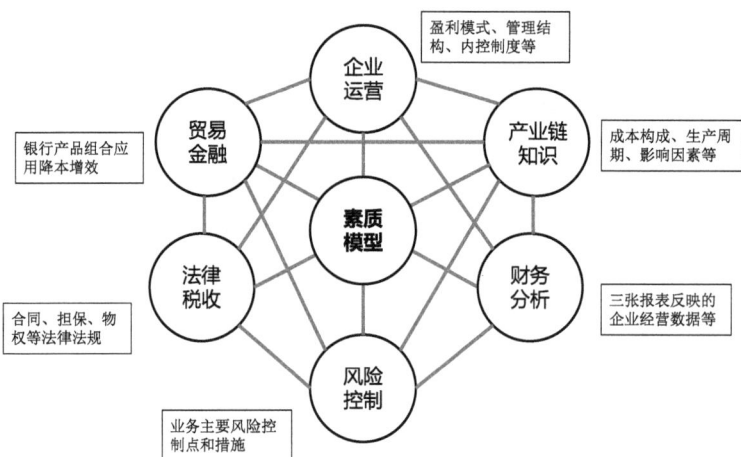

大宗业务新人上岗必备专业技能模型图

"我们是新发展阶段懂管理、财务、金融、法律等多个行业知识，又具备业务开拓能力的职场主力。这样的人对企业的价值不言而喻，这是你们今后努力的方向。即使更换更好的平台也能提升自己的职场竞争力。"

一个小时过去了，杨小婷在讲大宗业务员必备的能力素质。周泽明和方亦舒洗手间都没去上，完全被杨小婷声情并茂的课程所吸引。

11 风险控制事前预防七步法

"刚才几个同学说得都很好，现在很多企业都强调全面风险管理。什么是全面？第一，全方位。每个与业务相关的部门，都能够适时地参与到业务风险的管控中。第二，全阶段。从业务发展的各个阶段进行管控，如事前预防、事中监督、事后控制等。还是刚才的例子，我们来看看该如何做到事前预防。请看大屏幕。

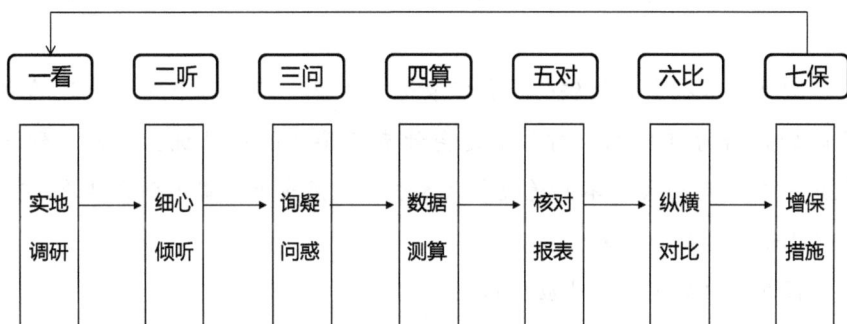

一看	二听	三问	四算	五对	六比	七保
实地调研	细心倾听	询疑问惑	数据测算	核对报表	纵横对比	增保措施

大宗商品风险控制事前预防七步法

"一看，就是说我们什么事情都要去调查。毛主席都说没有调查就没有发言权。不管是什么合作伙伴，合作前必须亲自去现场进行考察。从看的过程中，你会发现企业的生产是否正常，员工人数是否合理，管理是否规范，等等。有的人从饭点到了有多少员工在用餐、员工宿舍外面挂着多少换洗的衣服，都可以判断企业经营状况是否正常。这个时候有没有感觉自己像个特工，哈哈哈，腹黑的一群人啊，这些都是最直观的第一手信息……"

"腹黑是什么意思？"台下周泽明小声地问方亦舒。

"腹黑应该来源于日本动漫，原意为表里不一、口蜜腹剑。她用在这里应该是萌的意思。"方亦舒说。

"晕了，这些二次元的词语真的不懂。"周泽明自嘲了一下。

"二听，就是听听老板找我们做合作的动机。他对企业发展、规划方面的一个展望，他自己企业的盈利点或者模式是什么？从他的谈吐、举止上对个人的修养、价值观取向做个基本的判断，等等。当然，这个都是需要经过一段时间的磨炼才能达到的。前段时间，我们粤鹏集团的圆桌分享会上，几个老总分享的案例，很精彩。大家可以看看那天的录像视频，里面有非常生动的事例。这里就是先给到大家一个思考的方法。

"三问，就是把发现的疑惑面对面地问清楚。用问问题的方式消除自己的顾虑，找到问题的症结。当然，最主要的一点，就是一定要面对面交流，看到对方第一手的反应情况。因为面对面的交流与发邮件、微信、短信这些个交流方式不同，可以从对方的肢体动作、言语感觉、眼神判断出你想要的信息。

"四算，根据客户提供的财务报表进行推算。用推算来判断他说的和账面反映的是否存在出入。对于不是会计专业毕业的人来说，可能看到这几张表就一个头两个大，不知道该怎么入手。这里我教大家几个简单的方法。

"比如看资产负债表。

"钱在客户那里，就是应收账款。

"钱压在商品里就是存货。

"钱投到外面的子公司就是长期股权投资。

"钱用在设备、厂房里就是固定资产。

"钱用于研发并有成果，就是无形资产。

"钱花出去了，但超过一个会计年度摊销就是长期待摊费用。

"钱是借来的，就是短期借款、长期借款。

"钱是占用供应商的，就是应付账款。

"钱是占用内部职工的，就是应付职工薪酬。

"钱是投入的，就是实收资本、资本公积。

"钱是赚来的，就是盈余公积、未分配利润。

"再比如看利润表。

"营业收入是通过销售活动，在资产负债表中增加的那些现金和应收账款。

"营业成本就是通过销售活动，从资产表中转走的那些存货。

"还有三项费用就是发生的各种销售人员工资、运输费、广告费、管理部门费用以及外部借钱发生的利息费用。

"现金流量表主要看三块内容。

"经营活动产生的现金流，可以理解为你的日常工资收入和支出，千载难逢的个税返还和过年过节收到的额外红包都算在这里。

"投资活动现金流，可以理解为买股票、基金、债券支付的现金或者分红、收到的利息、卖掉股票等收回的钱和收益。

"融资活动现金流，可以理解为别人给你投资的钱或者偿还借款支付的本息、利润分配等支出。

"大家看，这样报表是不是也比较简单易懂，知道了那些科目反映什么情况，我们就可以根据自己想要了解的内容进行测算了，比如推算企业的毛利、经营周期、净利、短期偿债能力、负债比例等。"

方亦舒侧耳向周泽明说道："你有没有觉得本来枯燥无味的财务概念从她嘴里说出来简单易懂、深入浅出。这个小姑娘有点厉害的。"

周泽明微笑着点头："同感。"

"五对，经营数据比对。通过上面一系列方法，我们可以得出一个对合作方的框架性理解。在此基础上，通过每个关键环节数据的比对，来验证你想法的真实性和可靠性。如果存在大的出入，那就要找出问题所在，进一步论证。

"六比，纵横对比分析。所有资料都了解得差不多后，我们可以找行业中有代表性的企业进行纵横对比分析。这里有个小技巧，就是多看看行业研究报告。这对你们快速进入这个行业大有好处。要记住别人家的分析师最好用哦~~因为他们上知天文，下知地理，不用成本，也不用休息。想要就要，随取随用，特别方便哦。

"七保，梳理增保措施。这个保是为了最大限度减少自己出现损失概率而采取的一些措施。这些措施包括了担保、保证、抵押、质押或者针对应收账款的国内信用保险。只要能够想到的，保证自己资金安全的措施都要把它梳理一下，然后找到一个最可行的方案。

"总之记住：敬业与勤勉是贯穿始终的就对了。"

课程持续了两个半小时。此时，杨小婷已经脸色微红，额头上沁出点点汗珠，但依然精神抖擞。

结束的时候，全场响起热烈的掌声。

赵丹丹请广泰集团的培训主管李东成讲话。

"今天杨小婷老师的授课非常精彩，我都没时间去看手机，漏了两个电话。我注意到来听课的人，开始这么多，现在还这么多。特别是泽明书记和方总莅临现场，全程参与，对我们这个工作给予了最重要的支持。这说明大家觉得在这里听课，两个字，值得。

"看来小婷老师在PCT项目上付出心血和汗水开发的课程是有价值的，也是有吸引力的，希望能对粤鹏集团的经营管理工作和人才培养工作有所帮助。效果好不好，要听听领导是怎么评价的，我建议请泽明书记给我们今天的课程点评指导。"

周泽明接过话筒，说道："非常感谢广泰集团组织部和孚嘉咨询公司对我们粤鹏集团的支持和帮助。我今天和方总本来想听一会儿就走的，没想到杨小婷的课程真正吸引了我们。"

"大宗商品贸易是我们的主营业务，以前这个领域风险频发，企业遭受损失，相关人员受到处理。我们在这方面是有惨痛教训的。所以，风险控制是我们经营管理的重中之重，是我们一直要念好的经、绷紧的弦。

"小婷开发的这个课程非常有意义。它从大宗业务新人上岗的技能素质出发，设计了丰富的实战案例，并且总结了事前预防14字口诀、事中监督六原则、事后控制三步骤等一系列的方法和技能。这个课程能让上岗的新人快速地抓住业务流程的关键环节，做好风险控制的关键步骤，具有很强的操作性和实效性。

"这说明我们广泰集团组织部组织的师课共建项目成效显著。刚才，我和方总在商量，如果明年广泰集团还有这个PCT项目，请集团组织部多给我们几个名额。我们会多派几个优秀的骨干去学习，拿出各个业务的岗前技能培训方案，来提升我们公司人才队伍的专业水平。

　　"这里，我给小婷也提个要求。现在看这样一套课程是完整了。但随着业务的发展，还会有新的情况、新的风险发生。希望你能对课程不断完善，持续改进，更好地为我们粤鹏集团的业务经营服务。"

　　"会的，谢谢各位领导的鼓励。"杨小婷在台上使劲地点了点头。一抹微笑浮现在脸上。那是开心的、幸福的笑容。

12 我见青山多妩媚

　　五年以后的一个深冬。

　　周日上午。广州西关老街，一座座散发着岭南建筑文化特色的骑楼临街而立，吸引着游客们的目光。

　　早上还是寒风凛冽，睡醒觉的太阳冲破云层，不一会儿就驱走了薄雾和阴霾，给大地披上了一层金装。

　　恩宁路永庆坊路口，临街的LED大屏幕里正在播放CCTV-5的体育新闻。

　　"在北京冬奥会落幕后，浙江杭州市民通过各种方式，感受亚运氛围，迎接杭州亚运会倒计时200天。迎面跑来的是西湖乐跑团，他们在浙大老戈的带领下，以杭州女子马拉松形象大使棋暖为领跑，迈着整齐的步伐，构成了西湖边最有活力的一道风景线……"

　　"人美景美！"

　　"形象大使更美！"

　　"活力满满的队伍！"

　　"杭州加油！"

　　路口的游客看着墙上朝气蓬勃的场景，情不自禁地发出加油声。

　　周泽明坐在一家小店的门口，微闭着双眼，抑制住内心的小激动，享受着冬日里久违的暖阳。

听到"棋暖"两个字，他转过头来，向大屏幕看去。

水墨如烟的西子湖畔，一个身材高挑的姑娘正在接受电视台记者的采访。

"我们这里有浙大飞鹰会、大华跑团、安踏中国、乐马会、lululemon……每个周六早上我们都在西湖边挥洒汗水，迎接朝阳。在杭州亚运会倒计时200天之际，我们用一马当先，万马奔腾的精神为亚运盛会加油助威……"

笑容在周泽明的脸上浮现开来，"加油，棋暖！"

说完，他站起身来向永庆坊的路口望去。

周泽明本科毕业于安徽理工大学，那是一所规模不大、实力不小、特色显著的学校，坐落在风景秀丽的淮河岸边。

大学期间，周泽明是个活动积极分子，组织文学社，举办舞蹈扫盲班，参加演讲比赛、大学生辩论赛，并屡获名次，也算是当年的风云人物。

周泽明有一个低一级的小师妹，模样十分俊俏，是浙江老乡，对他很是景仰。两人彼此都有好感，但一直都以师兄妹相称。这个可爱的小师妹给周泽明的大学时光留下了难以忘怀的美好回忆。

周泽明毕业以后，先在杭州工作了两年，然后考取了浙江大学的研究生。小师妹陈越眉先是留在安徽理工大学当辅导员，后来考取了浙江大学的研究生。这样两人又在杭州相聚了。虽然是不同的校区、不同的专业，但是，联系也算紧密。

后来，周泽明考上了中山大学的博士研究生，小师妹一年以后毕业，留在了杭州的一所高校——浙江大学城市学院。

再后来，两人失去了联系，就没有了后来。

十多年来，周泽明断断续续在打听小师妹的下落。

三天前，周泽明中山大学留校任教的同学陆晋元，打来电话说在参加中山大学举办的一个研讨会时，遇到了一个从杭州高校过来参会的女老师。两人一交流，发现都认识周泽明。周泽明一听名字，分明就是失联多年的小师妹。研讨会周六下午结束，小师妹周日下午返程。这让周泽明激动了半天。

带小师妹去哪里玩好呢？想来想去，小师妹是那种爱好文化传统的品位之人，而广州西关是了解老广州最有代表性的地方，非此地莫属。打定主意后，周泽明又约了陆晋元中午一起在老字号广州酒家吃饭。

"师兄。"一声呼唤，让周泽明猛然发现眼前突然出现了一位笑意盈盈、气质优雅的女子。

双目相遇，周泽明的心怦怦怦地快速跳动起来。

我见青山多妩媚，料青山见我应如是。

小师妹也是百感交集，嘴边带着笑，眼角噙着泪。

二十多年过去了，师妹依然容颜俏丽，风采依旧。一件酒红色的修身呢子外套给沉闷的冬天带来了喜庆和活力，一条紧身牛仔裤搭配上过膝长靴，尽显干净利落。这颜值和气场真的很强大。

两人沿着青石板路的巷道慢慢走去，一边诉说着这二十多年生活的点点滴滴，一边浏览着老广州城的风土人情。

"食在广州，味在西关。传统的老茶楼大多开在这里的西关老街。等会儿我们到了永庆坊，那里是岭南建筑的集大成者。各种老房子绵延不断，几乎是100多年前广州西关的翻版。"周泽明当起了解说员。

"晚清开埠时，这里的恩宁路是南粤的经济核心区域，侨民从南洋带来了骑楼建筑。这些骑楼最早由张之洞主张修建，最终形成了广州市最长和最完整的骑楼街。久负盛名的广州十三行就在这里。可以说，这里是最具有广州特色的地方。

"师兄，我很喜欢这里。你看买菜的买菜，修车的修车，晒被子的晒被子，还有一只花猫在阳光下打盹儿。在这里搭个桌子，沏一壶茶，我能消磨一个下午。这就是老广们的日常吧。"

"还有这个肯德基。虽然是洋品牌，但是你看它青砖为墙，黑金饰匾，再搭配岭南花砖和满洲窗，尽显岭南特色，一点都不违和。岭南风情与现代元素在这里完美混搭。"陈越眉兴致勃勃，不时驻足拍照。

"这里以前不是这样的。那时候两旁开店的少得可怜。上午人还多一些，大多数是来喝早茶的。到了下午和晚上，那简直是门可罗雀。没人来住，老屋塌的塌、破的破。有段时间这里被列为要拆迁户。"周泽明说。

"真的吗？这么有文化的地方被拆了真可惜。后来是怎么保存下来的？"

陈越眉好奇地问。

"其实，如何平衡历史文化和经济活力的关系，是每个城市历史老街商业化过程中不可避免的问题。我的理解就是五个字——老瓶装新酒。老瓶就是保留岭南古风的外在特色。该补的补，该换的换，补齐基础设施的短板，让居民住得舒服，游客玩得安心。新酒就是保持老城整体风貌，引入创意餐饮、特色零售等多样化的业态。这样既有老西关的乡土文化，也能容纳当下人群的消费风尚。"

周泽明指着前面一家店铺说："你看，那个喜茶，年轻人很喜欢，但是它没有采用现代派的风格来表现，而是结合骑楼建筑，突出了岭南文化的特色。这才是广州人最真实的生活表现，也是外地人了解广州的最好起点。"

"师兄，你刚才不是说你是做外贸行业的吗？怎么对这个商业街区也深有研究？师兄还真是博学多才啊。"陈越眉笑问。

周泽明哈哈一笑："哪里是深有研究。我就喜欢乱溜达、瞎琢磨。其实万事万物都是相通的。大家都是做企业的，不都是要讲产品、定位、市场、客户吗？更何况我还做过几个房地产项目。"

"师兄，你刚才说以前这里晚上没什么人，现在又靠什么吸引游客？"陈越眉问。

"这个和定位有关系。以前这里的特色叫作'朝叹'，就是喝早茶，也叫'叹早茶'。'叹'在广州方言里有品味、欣赏的意思。一家老小相聚而坐，一盅清茶，几样点心，拉拉家常，这是老广生活的一部分。所以，要想深入了解广州，一定要喝一次正宗的粤式早茶。但是喝完早茶以后，后面就没节目了。一到晚上，这里就黑灯瞎火的。怎么办呢？商业模式就由原来的'朝叹'设计成'朝叹晚蒲'。'蒲'在粤语里是玩的意思。引进的商家就有人气美食、酒吧酒馆、创意书店等。这样晚上也有的逛，有的吃，有的玩。

两人从沙面步行街到上下九再到永庆坊，一路走到了文昌南路。一转弯儿，一座古色古香的三层小楼映入眼帘，"广州酒家"四个大字赫然在目。

门口一个面容清秀的儒雅男子正是周泽明的同学——中山大学的教授陆晋元。

⑬ 男儿当丽春

广州酒家老店，也是总店，位于文昌南路与下九路的交界处。这个店创建于1935年，有"食在广州第一家"的称誉，名气最大，排队的人也最多。

除了一般老店大都有的古董花窗、雕梁画栋，广州酒家最有特色的景致是一楼的中庭。光线充沛的大天窗，三层楼高的细叶榕，映衬日光的水池，让食客仿佛置身于鸟语花香的天然世界。在老茶客们看来，榕树下、水池旁的桌子，显然是心水（喜欢的）宝位，凭栏饮茶、吃吃点心，在日光下看看报纸，实在是惬意不过的生活。

三人进门以后，在服务员的指引下，径直上了三楼的一间包厢。

一进门，陈越眉就看见洁白餐布上摆着一大一小两瓶酒。大的上面有"塔牌本酒"四个大字，小的是自己再熟悉不过的丽春黄酒。

十多年前，陈越眉在浙江大学读书时，经常和师兄周泽明出去"FB"吃饭。当时的学生党都把偶尔一次出去改善伙食，大快朵颐叫作"腐败"，简称"FB"。陈越眉喜欢喝黄酒，特别是喜欢自己家乡用鉴湖水酿造的丽春黄酒，加了枸杞和龙眼肉，入口甘醇，回味悠长。

两人经常周末在小饭馆里大块吃肉，小杯品酒，指点江山，激扬文字，留下了很多美好的回忆。

时隔二十多年，师兄还能记得自己的喜好。陈越眉破防了，眼眶湿润，一股暖流涌入心间。

落座以后，周泽明点了"一品天香""麻皮乳猪""三色龙虾""白玉罗汉""广州文昌鸡""百花酿鸭掌"等名菜和"娥姐粉果""蟹肉灌汤饺""沙湾原奶挞"等名点。

"泽明，你的小师妹远道而来。你用什么酒来招待她，这个我好像没见过。"陆晋元拿起大的本酒端详。

周泽明哈哈一笑，说："当然是好酒。"

陈越眉微微一笑说道："陆教授，我和师兄是浙江老乡。我们那里盛产绍兴黄酒，以前主要出口东南亚和日本。这几年喝黄酒的人越来越多，国内市场越来越大。这一款塔牌本酒是最好的黄酒。它在日本很火，又被叫作'黄酒中的茅台'，价格不菲。"

"黄酒中的茅台？这么神奇？"陆晋元将信将疑。

"陆教授，看你神清气爽，中气十足。平常很注意保养吧？我来考考你，养生的最高境界是什么？"陈越眉问。

"养生的最高境界应该是顺应自然，天人合一，遵循天地四时的规律，开展适度运动，调配合宜食疗，以滋养调理周身，达到治未病而延年的目的。"陆晋元答。

"这么专业的回答。兄弟，好长时间不见，你都成养生专家了。"周泽明打趣道。

"这一款塔牌本酒的酿造就是天人合一的产物。它只在冬天用手工酿制，而且在酿制过程中不添加任何东西。当年生产出来的酒是原色的，所以叫本酒，而后储存在陶罐里，一年 365 天天天呼吸，数年之后才会变得色、香、味俱全。同时，也就是因为坚持只在冬天里手工酿造，所以，它的产量比不过机械化生产的酒。正因为要求高，周期长，所以产量少，价格高。"陈越眉如数家珍。

听了陈越眉的话，刚放下酒瓶的陆晋元，又拿起来仔细打量。

周泽明给两人泡好茶以后，说道："越眉老师讲了一冬一酿的价值，这叫天有时。除此之外，要酿成美酒，还有三个方面的因素。

"一个是地有气。西湖龙井为什么天下驰名？因为只有在西湖龙井村特定区域采摘的茶叶，才能叫西湖龙井。离开了那个区域，土壤、气温、环境和品种都不一样了，只能叫杭州龙井、浙江龙井。同样地，黄酒全国各地都有，为什么绍兴黄酒独具特色？那是和绍兴的鉴湖有关系。鉴湖水一年四季都有，只有冬天的水营养最丰富。用冬天的鉴湖水酿出的酒才算得上是好酒。"

"这么多讲究？天有时，地有气。还有两个因素是什么？"陆晋元饶有兴趣。

"第三，材有美。上品的绍兴酒要用蜡白的圆润糯米来酿酒。这种糯米质地软，煮成米饭以后，十里飘香。第四，工有巧。每一坛酒都是酿酒师傅技艺、人品、素养和性格的真实反映。这就好比一幅书法，字如其人，境由心造。

"在这个世界上，多数最美的物品都是用极简单的工具用手艺制造的。手心相连，心意相通。手工酿造的背后是心的联结。"周泽明说着，打开酒瓶给两人斟酒，琥珀色的酒液细细的流入杯子，浓郁的酒香顿时扑面而来。

陆晋元端起酒杯，闭上眼睛，用鼻子深深地吸了一口气。

"天有时，地有气，材有美，工有巧，嗯，总结得真好。好酒！"

周泽明哈哈一笑，说道："这可不是谁总结的。这句话来自中国古时最早的一本设计著作《考工记》。后面还有一句呢，合此四者然后可以为良。来，为良人好酒干一杯。"

说话间，菜肴和点心已经上了桌，色、香、味、形、皿俱佳。

小师妹陈越眉本就是吃货一个，看着这么丰盛鲜美的佳肴，心里乐开了花。

"晋元，你们中山大学举办什么研讨会，把我这如花似玉的小师妹都吸引过来了？"周泽明问陆晋元。

"面向高质量发展的组织领导力与可持续发展论坛。你这个小师妹可是真厉害。在分论坛上既是发言人，又客串了主持人，收获了一拨粉丝。"陆晋元笑着说。

"陆教授过奖了，我哪里能比得上您。"陈越眉说。

三人开动筷子，边说边吃，品尝着老字号的粤菜美食。

陈越眉斟满了一杯酒，举杯来敬周泽明。

"师兄，我来敬你。感谢盛情款待，今天收获颇丰。不瞒你说，我真是打酱油的，我在学校工作快十五年了，去年才评上副教授。我觉得自己挺想得开的。感兴趣的课题就去报一个；不感兴趣的，就以教学为主，所以这么多年，可以说是不求上进、随遇而安。"

"越眉，我提议我们先敬一下陆教授。若不是他，我们失散多年的师兄妹怎么会在这里久别重逢。"

"好主意。"

周泽明和陈越眉一起向陆晋元举杯敬酒。

"两位客气了，一个是我同窗好友，一个是学术新星，本来不想打扰你们师兄妹相会的，泽明和我也是一年多没见了，我正好也想请教泽明一些事情，所以就冒昧打扰了。

　　"昨天，我和陈越眉教授交流过。陈教授其实是一位非常有实力、有思想的老师。前几年国内的学术风气，说心里话我也看不惯，但是要养家糊口，有些时候也没办法。但是陈教授不一样，敢说敢作，敢作敢当，实在是女中豪杰，佩服佩服。我敬你一杯。"陆晋元举杯来。

　　"你说的学术风气是什么？"周泽明当年在中山大学做了三年的学问，对于高校的科研学术情况并不陌生。

　　"其实，也不是前两年了。从20世纪80年代以来，在我国社会科学研究领域就出现了要与国际接轨的现象。当然，社会科学研究需要有世界眼光，需要把握学术前沿。这是必需的，也是应该的。但是学术研究如果以能够参加多少国际研讨会为荣，在国外杂志上发表多少文章为最高标准；一个专业，一所学校如果以国际排名多少作为重要建设目标，那就走过头了。"陆晋元说。

　　"那要看这些刊物的水平和取向如何。"周泽明说。

　　"我特别认同陆教授的观点。一些老师申报课题或者是发表文章大量使用西方学术名词、概念和分析模型；有的字句模仿西式语言，中文夹着英文，打着翻译腔；有的以西方理论观点为准绳；有的学校年终考评以西方学术评价体系为主；有的学校要求要有海外进修经历才能晋升职称。我最看不惯这种崇洋、媚洋的心态，所以我前几年没申报过课题。当然，也就错过了评职称的黄金时间，但我一点也不觉得可惜。"陈越眉说。

　　"西方的社科理论在研究方法方面的确有值得我们学习、借鉴之处。但是，借鉴不是照单全收、照抄照搬。如果没有自己的学术立场，为了与国际接轨而接轨，为了发表文章而发表，那就可能走入误区，甚至是被不怀好意的人利用。"陆晋元说。

　　"两位的观点我是十分认同的。我想起了前几年国有企业改革，就有奇奇怪怪的声音，什么'国有企业应该全部私有化'，'国有企业应该全部从竞争性领域退出'。其实这些观点最早出自西方经济学者，后来被国内的一些学者、教授所鼓吹。他们没有做过调研，也没有分析中国的具体实际，真是害人不浅。这些声音曾经喧嚣一时，搞得我们国企的干部职工人心惶惶。我来敬两位铮铮铁骨的勇士。先干为敬。来，男儿当丽春。"周泽明举起酒杯，一饮而尽。

"男儿当丽春？什么意思啊？我记得在哪里看到过这句话，一直不清楚什么意思，是不是就是这个丽春酒？"陆晋元指着桌上的丽春酒问道。

"就是这个丽春酒。这个广告怎么样，过目不忘吧？我也是看了第一眼就记住了。丽春是一种春意盎然、万物复苏的自然景观，是美好春天的意思。而春天是播种的最好时光，人们在此时充满着对未来的憧憬，好男儿就应该像丽春一样，阳光灿烂，不管前面是崎岖险道还是阳光大道，都要勇往直前、毫不退缩。这个丽春酒添加了枸杞子和龙眼肉等中药材，有养身保健的功效，所以说叫男儿当丽春。刚才这么一说，我和你们一样，成为豪气干云的男儿了。"

陈越眉哈哈一笑，和陆晋元一起一饮而尽。

⑭ "后知后觉"要好过"不知不觉"

"这个是什么粥啊？这么多好料，味道真够赞。"陈越眉舀了一勺粥，细细品味。

"艇仔粥，是这里的必点菜。还有这个虾饺皇，你看每个都是十二道褶，不多不少。它这个饺皮是半透明的，能看得见里面的虾仁，吃完接着说。小心别烫到嘴。"周泽明给小师妹夹了一个虾饺。

"谢谢师兄，这个虾饺又嫩又鲜，真像一个艺术品，光是看看我就觉得很满足。我接着说哈，我觉得真正的转变是从2016年开始的。习近平总书记在哲学社会科学工作座谈会上提出，要增强文化软实力，提高我国在国际上的话语权，巩固马克思主义在意识形态领域的指导地位。这个讲话为构建中国特色学术话语体系指明着力点。从那以后，国内的教育界、学术界开始反思以往的'言毕称希腊'现象。越来越多的人开始呼吁要完成中国学术话语体系的当代建构。"陈越眉说。

"在这方面，我最佩服北大林毅夫教授。"陆晋元说。

"林毅夫教授？我在浙大听过他的一次讲座，我是他的铁杆粉丝。"陈越眉说。

"那次讲座是我们俩一起去听的，我到浙江大学玉泉校区来专门帮你占的座位。不记得啦？"周泽明笑问。

陈越眉羞红了脸，笑而不语。

> ### 新结构经济学
>
> 新结构经济学是经济学家林毅夫提出的"以新古典经济学的方法来研究一个经济体中经济结构的决定因素和其变迁"。林毅夫在旧结构主义和新自由主义的诸多洞见的基础上，提出了一个使发展中国家获得可持续增长、消除贫困，并缩小与发达国家收入差距的理论框架。

"为什么国际上隔几年就会出现一次'中国崩溃论'？为什么同样进行改革，其他国家出现了经济崩溃和危机？四十年来，中国经济维持稳定和快速发展的秘密是什么？这些问题如果照搬西方的理论体系是解释不通的。林毅夫教授的思考和实践始终根植于中国经济发展的现实土壤，持之以恒地总结适合中国国情的新结构经济学。"陆晋元说。

"新结构经济学也同样适用于发展中国家吧？"陈越眉问。

"对的，如果一个理论的应用范围太小，那也不能称之为理论。林毅夫教授在中国经济体制改革理论方面不懈探索，成果丰硕。他参与了农村改革、国企改革、金融体制改革等一系列重要的改革政策制定。改革开放四十周年时，他获得'改革先锋'称号。我觉得是实至名归。与热衷于套用西方理论的学者不同，他一直在研究发展中国家的经济结构和体制改革，扎根于中国的实践中去进行理论创新。"陆晋元说。

"我还记得当年他在浙大邵科馆讲座的风采，谦谦君子，温润如玉。主持人卫龙宝教授介绍他的学术研究有个特点，四个字，我一直记忆犹新，就是'一以贯之'。用林毅夫教授自己的话来说，就是1988年以后，他写的东西到现在基本都是一致的。为什么这么有底气？我觉得就是刚才陆教授讲的，他没有人云亦云，而是独辟蹊径，扎实地做中国的实证研究。"周泽明说。

"林毅夫教授这样的学者可以说是先知先觉，像我们只能说是后知后觉，但是总好过那些不知不觉的人吧。"陈越眉哈哈一笑。

"来，为我们这些后知后觉的人干杯。"三个酒杯碰到了一起。

陆晋元喝完以后，脸有些微红，说道："其实林毅夫教授也曾走过弯路。他从北大经济学系毕业后去芝加哥大学攻读经济学博士。当时他和其他许多学者一样，都试图以西方主流理论的观点来观察、解释中国的经济社会现象。但是，1988年发生的两件事，颠覆了他的想法。"

"颠覆？冲击这么大？"陈越眉的面孔也已是白里透红。

"1988年，中国出现了高通货膨胀。按照西方经济学理论，解决的办法是提高利率，资金的成本增加了，不好的项目由于投资回报率低，自然会被淘汰掉。这样不仅减少了总需求，通货膨胀率会降下来，而且也有利于资源有效配置。然而，中国政府却没有按照西方教科书的观点，而是采用了一种特殊的方法——治理整顿。也就是说，中央政府依靠行政手段，砍掉了很多投资项目，把通货膨胀压了下来。

"后来他才明白，原来当时中国有很多资本密集型的国营企业。如果提高利率，那这些国营企业很可能都要亏损倒闭，那就会产生社会稳定问题；如果给予补贴，财政赤字增加，那就要靠货币增发来补财政不足，结果又会推高通货膨胀。当时有许多资本密集的大型国营企业必须有补贴才能生存，同时又不能让它们倒闭。这种情况下，不提高利率，以'治理整顿'的行政手段来治通货膨胀反而更有效。"陆晋元说。

"这就是中国特色，不唯书，不唯上，只唯实。"周泽明说。

"印度也有特色。也是在1988年，林毅夫应邀到印度参加一个国际会议，被安排与印度国家计委座谈。他觉得奇怪，印度怎么也有国家计划委员会？原来，'二战'以后，印度和中国一样为了在一穷二白的条件下，优先发展资本密集的重工业，需要由政府直接动员资源，按计划调度配置资源。因此，设立国家计委也就有其必要性了。

"这两个国家的举措，让林毅夫茅塞顿开。其实，任何理论都有其前提条件，西方的理论以西方发达国家的情况为或明或暗的条件，简单照搬，必定会闹出笑话。他的新结构经济学的形成也就是从这一年开始。

"从林毅夫教授身上，我看到了一个真正做学问人的勇气、坚韧和智慧。中国需要一个有批判和反省能力的、拒绝盲从的知识界，也需要一批不尚空谈、实干兴邦的企业家。我们大家一起努力。"

陆晋元说完，三人又干了一杯酒。

⟨15⟩ 破除国有企业改革的困境

一个中式服装的服务生端着一盘红绿白黄粉五色相间的一朵"大花"上来了。

"四宝炒牛奶，你们的菜上齐了，请慢用。"

"多谢。"

周泽明把"大花"放到了陈越眉面前。

"师妹，这个炒牛奶产自顺德的凤城，后来传到广州以后成为一道经典菜。四宝指的是火腿粒、鸡肝、榄仁和虾仁，牛奶用的是顺德水牛奶。这道菜最考验的是师傅掌握火候的功夫。你看，炒出来的牛奶嫩滑得像豆腐花一样，不会结块，也不会锅焦。"

"我感觉这里每一道菜都像一个艺术品。我这个吃货太幸福了，谢谢你师兄，我来敬你。"陈越眉说完，端起酒杯一饮而尽。

"每一次相遇都是久别重逢。师妹，欢迎你常来常往。"周泽明也是一饮而尽。

"晋元，你刚才说林毅夫教授在国有企业改革方面也做出了积极的贡献。能不能具体谈谈。让我也学习一下，找找解决现有问题的灵感。"周泽明说。

"泽明，你太谦虚了。国有企业改革你是实干家。本来今天我要来听听你的经验分享的。怎么变成我主讲了？不过也好，我先抛砖引玉，给你铺垫一下。"陆晋元笑着说道。

"改革开放之初，放权让利式的改革方案实施以后，国有企业生产效率提高了，但利润率却降低了。受西方主流理论的影响，大部分学者认为，国有企业改革中，产权改革是最关键和最重要的。他们把希望寄托于明晰产权的机制改革。但是，好多企业产权责任变化后仍然在竞争中死掉了。一些经济学家认为私有化是一种快速而有效的解决方法，大力鼓吹国退民进。"

"晋元，你讲的这个事情让我想起了2004年前后，关于国进民退的争论。当时风靡一时的郎顾之争我还有印象。郎咸平在浙大的那场讲座，师妹也是我和你一起去的。"周泽明说道。

听师兄这么一说，陈越眉的脸更红了，像桃花一样。

陆晋元微微一笑，接着说："郎顾之争是2004年的事情。这个根源还要再往前看十年。改革开放之初，受计划经济体制的整体束缚，国企改革没有取得突破性进展，后来转向建立现代企业制度。但事实证明，要想把数以十万计的国有企业，每个都搞好是不可能的。大量的在一般竞争性行业从事生产经营的国有中小企业，竞争力十分低下。甚至没有国家补贴，它们根本无法生存。在这种情况下，1995年9月，党的十四届五中全会提出了国有企业抓大放小的改革思路。

"在抓大方面，国家主要抓了1000家国有大企业的资金落实和企业集团试点工作。一些企业集团进行了公司制改制，通过收购、兼并、置换划转等方式扩张规模；通过加强战略研究和技术创新，增强了市场竞争力。在放小方面，各地采取改组、联合、兼并、股份合作租赁、承包经营和出售等多种形式，把小企业直接推向市场。抓大放小的本质是建立一种淘汰机制，淘汰规模小、效率低、缺乏竞争力的中小企业，使国有资产的分布从小企业向大企业集中。"

周泽明说道："在放小的过程中，最容易出现国有资产流失。抓大很明确，但是放小，怎么放，哪些该放，放到什么程度其实并不清晰。一不小心就容易走向私有化。这也是老百姓所痛恨的。"

陈越眉点点头，说道："股份制改制是放小的一种方式。我想起了1998年前后的事情。公司制改制其实最重要的是法人治理结构的设计。一些工厂在不具备条件、不理解公司制要义、不转换机制的情况下盲目开展股份制改革，要求职工掏出钱来入股。职工们并不理解也不买账。当时有一个顺口溜很形象，叫作'掏票子，翻牌子，再改还是那几个熊孩子'。"

陆晋元说道："1998年到2000年是国有企业三年脱困改革攻坚阶段。三年脱困，表面上看是解决国有企业亏损的短期困难，实际上是解决国有经济发展中的深层次问题。很多国有企业的亏损是历史原因和体制原因造成的，这些企业实现经营机制转换后有可能焕发出新的活力，成为在市场上有竞争力的微观主体。到2000年底，抓大放小取得了明显的成效。

"但是在抓大放小取得很大成效的同时，由于相关的体制机制尚未建立，让少数人钻了空子。这些人利用改革中饱私囊，败坏了改革的声誉。由于在改制程序、产权交易、资产评估等一系列方面都存在不规范行为，国有资产出现了一定程度的流失。这些现象受到了各方面的批评，中央对此也十分重视。郎顾之争就发生在这一时期。"

听到这里，周泽明放下筷子，喝了一口茶，悠悠地说道："当时，郎咸平在浙大的演讲，可以说是盛况空前，座无虚席。他的观点我到现在还记忆犹新。第一，在法治环境和相关机制还没有建立的情况下，政府不应过早地退出，否则就是无原则的国进民退，国有资产被所谓的股份制改革所利用，造成流失；第二，国企改革的方向是大力发展职业经理人制度，做得好的加薪，做得不好的下课；第三，股份制发挥效果，有两个前提，一个是要有良心即信托责任，另一个是要有法治。"

陆晋元接着说："事实证明，无原则的国退民进只能导致国有资产大量流失。苏联和东欧私有化以后的失败事实也证明了这一点。国有企业改革必须从消除不对等竞争条件入手，创造公平的竞争环境，形成能够反映企业经营绩效的充分信息指标。通过市场经济的外部压力，迫使企业逐步形成有效的内部治理结构，消除责、权、利不对等现象，这才是国有企业的出路。因此，林毅夫提出，产权保护很重要，但私有化并不能解决国有企业的问题。解决国企问题症结的关键在于培养企业的自生能力。

"从那以后，包括MBO在内的一系列产权机制改革的方案都被叫停了。这在很大程度上也是因为政府看到了国退民进的乱象。刚刚成立的国资委，所做的一项十分重要也十分紧迫的工作，就是推进和规范国有企业改制。

"其实一些资本主义国家的国有企业也发展得不错。比如法国雷诺汽车公司收购日本日产。雷诺是一家国有企业，日产是一家私有企业。为什么雷诺可以收购日产？为什么雷诺作为一个国有企业能搞好？国有企业的问题是企业产权的问题吗？同样都在资金密集的汽车产业，为什么国有企业管理得好，而私有企业管理得不好？

> **MBO**
>
> MBO（Management Buy-Outs）即"管理者收购"的缩写。经济学者给MBO的定义是，目标公司的管理者与经理层利用所融资本对公司股份的购买，以实现对公司所有权结构、控制权结构和资产结构的改变，实现管理者以所有者和经营者合一的身份主导重组公司，进而获得产权预期收益的一种收购行为。由于管理层收购在激励内部人员积极性、降低代理成本、改善企业经营状况等方面起到了积极的作用，因而它成为20世纪七八十年代流行于欧美国家的一种企业收购方式。

"可见，产权核心论并没有抓住问题的本质。林毅夫否定了私有制是企业成功的充分必要条件。他认为如果经济中存在着充分的信息和公平的竞争，任何一种企业制度都应该是有效率的。如果不存在竞争，则任何所有制形式的企业制度都可能是没有效率的。这一点上，泽明你在粤鹏集团这几年的努力可以充分说明。"陆晋元说。

"我同意你的观点。现在的市场环境越来越公平。我们是一家国有企业，而且是一家竞争性行业的国有企业。按照一些经济学家的理论，国有企业应该退出竞争性行业，否则就会倒下。但是，我们不但没有倒下，没有退出，反而顽强地生存着。这是因为我们完全是按市场经济的规则在与民营企业、外资企业同台竞技。"周泽明说。

"师兄，你真厉害，我们都是玩虚的，你是实实在在干出来的。我敬你，向你学习。"陈越眉说完，又干了一杯酒。

16 讲好国企故事，提高文化主导权

"师妹，你太谦虚了。刚才晋元说到你是女中豪杰，敢作敢当。你还没介绍你的大作呢。"周泽明说。

"大作真谈不上。我就是对党史党建感兴趣，有感而发写点文章。"陈越眉莞尔一笑。

"党史党建？那也是我的兴趣啊。师妹你这个兴趣从何而来？"周泽明眼睛亮了。

"二十多年前，我在考研的过程中，在家中翻到了一本书，名字叫《中国共产党的七十年》，是历史学家胡绳主编的。这本书通俗易懂又逻辑严谨，由此给我打开了一个了解党史的窗口。从那以后，我就乐此不疲。党的十八大以后，随着我们党领导力的不断加强，反腐败取得压倒性胜利，经济发展日新月异，社会生活各个方面欣欣向荣。我重点关注中国共产党的组织领导力课题。这次来参加研讨会写的文章就是这方面的。"陈越眉说。

"陈教授的文章干货很多，纵横上下，横贯东西，观点鲜明，逻辑严密，我很佩服。我敬陈教授一杯。"陆晋元说完，端起酒杯干了。

周泽明听了以后，用钦佩的眼神看着小师妹。

"陆教授过奖了。我这篇文章的观点是中国共产党从创建到现在，近百年的历史中，之所以能够不断走向胜利，不断取得胜利，组织优势是最基础、最具体的优势。组织领导力是中国共产党领导力的重要组成部分。昨天我和陆教授交流，陆教授从国际话语权的角度审视组织领导力，给我以新的启发。不过，感觉好像还没讲完。"陈越眉说。

"晋元，先说说你这个国际话语权吧，完整地谈谈，让我师妹再吃个点心准备一下。"周泽明把一盘金黄透明的马蹄粉端到了陈越眉面前。

"师兄，我已经撑了。心有余而肚不足，回去要好好减肥了。不过，还可以来一勺。"陈越眉用调羹挖了一勺到碗里，细细品尝，"清甜爽滑，还有马蹄的清香。"

陆晋元喝了一口茶，清了清嗓子，说道："我们党一开始人数不多，力量也不大。西方社会是怎么了解我们党和红军，还有二万五千里长征的？这个昨天没说。陈教授先考考你。"陆晋元问陈越眉。

"最早关注中国共产党的西方人应该是瑞士籍英国人勃沙特，他以口述形式完成了一本书，叫《神灵之手》，这是第一部由外国人记录并讲述中国工农红军长征的书籍。"陈越眉说。

"第一个介绍中国共产党和红军的书籍不是埃德加·斯诺的《红星照耀中国》吗？"周泽明疑惑地问。

"勃沙特的这本《神灵之手》要比人们熟知的《红星照耀中国》还要早了一年多。我记得，前几年长征胜利八十周年的时候，有一部电影就叫《勃沙特的长征》，不知道师兄和陆教授有没有看过，这部电影讲述的就是这位瑞士籍英国人勃沙特的长征之路，从一个外国人的角度向世人展示了当年红军的艰难历程和顽强精神，在杭州首映时就好评如潮。"陈越眉说。

"没看过。没文化，真可怕。"周泽明自嘲地笑了笑。

陆晋元也跟着笑了笑，说道："陈教授说得没错。勃沙特小时候就对中国充满了好奇和向往。1922年，他25岁的时候受到英国基督教会的委派来中国传教。从此之后，勃沙特就在贵州一带传教。1934年，他被红军俘虏。不过，红军对他礼遇有加。勃沙特对红军的第一印象是装备极差，但士气高昂，最使他印象深刻的是红军不贪财，这与国民党大大小小的贪官污吏形成了鲜明对比。勃沙特跟随红军走了一年多的长征路。在朝夕相处中，红军给他留下了极为深刻的印象。后来他就写了那本书。

"再后来，就是我们大家都知道的美国记者埃德加·斯诺。1937年，他在英国出版的《红星照耀中国》，介绍了中国共产党领导的革命。西方人开始从一个角度了解中国共产党、中国革命。

"新中国成立前后，美国政界学术界一直在反思'为什么会失去中国'。哈佛大学教授费正清认为，不理解中国共产党与中国共产主义，是美国对华政策接连失败的重要原因，是失去中国的根源。他指出，中国共产党滚雪球式的迅猛发展是一个巨大的组织奇迹。中国老百姓喜欢这个党。近年来，随着中国经济的快速发展。西方一些学者高度评价中国模式和中国道路。美国学者福山甚至修改了他自己提出的历史终结论，认为中国模式是西方模式的一种可能性替代。这些都反映了西方在关注我们党、研究我们党。"陆晋元说。

"这个只是一方面吧，另一方面对我们党的误判和偏见也一直都有。"周泽明说。

"没错。多年来，西方反复出现的崩溃论、威胁论一直有市场。我觉得一方面我们要敢于斗争，积极批判西方各种错误论调，引导国际社会客观看待中国共产党、中国特色社会主义；另一方面要讲好中国故事，争取话语主导权。像这次陈教授发表的这篇文章其实就是从组织学的角度剖析中国共产党成功的原因。"陆晋元说。

陆晋元说完，周泽明想了一下，说道："晋元，你刚才讲的讲好中国故事，争取话语主导权，也给我一个启发。我们粤鹏集团作为一家国有企业，在宣传工作方面不能扭扭捏捏，要讲好国企故事，提高文化主导权。"

陆晋元和陈越眉一听，不约而同地竖起大拇指，给周泽明点了个赞。

⟨17⟩ 以星星之微光，引燃广阔之人心

三人酒足饭饱，虽是红光满面，但兴致却丝毫不减，让服务生撤了餐具，换了茶具，泡上一壶清茶。

"解码我们党成功的角度有很多，政治建设、思想建设、纪律建设等，我是从组织建设的角度来分析中国共产党组织领导力的构成的。"陈越眉说。

"领导力的研究从个体向组织转变是这十多年来的趋势。我也一直在关注。"周泽明说。

"政党组织最早出现在英国。最初的政党主要是掌握政权和监督政府，与普通大众并无紧密关系。他们的活动也局限于议会和政府内部。直到现代选举制度确立以及普选权的扩大，才出现了大众性的政党。1640年，英国议会就实行君主制还是共和制的问题，形成了宫廷党和民权党两大派系。"陆

晋元说。

"中国第一个政党是孙中山创建的兴中会，这个大家都知道。从那以后，政党组织是风起云涌、前赴后继。民国时期一共有312个政党先后登上历史舞台。但历史最终选择了中国共产党。原因何在？"

"组织是政党力量得以产生的关键载体，组织力是检验政党感召力和战斗力的主要标准。中国共产党之所以能在众多政党组织中脱颖而出，成为组织中国社会的基本政治力量，主要在于其组织建设力和组织领导力。"

陈越眉不疾不徐地说着，一副胸有成竹的样子。

周泽明看着知性又美丽的小师妹侃侃而谈，满心的欢喜。

"清朝末年，中国社会的低组织化已成为共识。为了改变'四万万中国人一盘散沙'的社会状态，进而从基层寻求组织社会的力量，近代先进人物提出了一系列国家治理的组织化设想。从1894年成立兴中会开始，历经中国同盟会、国民党、中华革命党等组织改造的尝试，孙中山屡屡碰壁，始终找不到好的方法。"陈越眉说。

"一直到1917年俄国十月革命胜利，孙中山才清醒地认识到，并不是每个政党都能组织社会。只有有主义、有纪律、有领袖的政党，才能成为组织社会的核心力量。从此国民党确立了以俄为师的建党方针，并按照列宁式政党的模式，重新改组国民党。但是历史之所以没有选择中国国民党，原因有很多，其中一个重要原因是它改造得不够彻底。

"中国共产党为什么能够成功？它是彻底而又创造性地运用了列宁式建党原则，建立了一个无产阶级政党。我们党组织领导力的要素构成我认为有几个方面。

"从政治功能维度看，党的组织力体现在把强烈的使命感和责任感转化为强大的组织动员力……

"从组织体系维度看，党的组织力主要体现在从上到下、从内到外构建起的严密的组织体系上……

"从组织制度维度看，党的组织力突出体现在作为根本组织制度和领导制度的民主集中制，以及一整套系统严密的组织运行制度……

"从组织纪律维度看，党的组织力始终体现在全面从严治党、依规治党，用严明的纪律规范党的组织行为上……

"使命崇高、组织严密、纪律严明、干部担当、原则清晰。这些方面构成了我们党的组织力，并进一步地形成了组织领导力。这就是我这篇文章的主要观点。请两位大咖不吝赐教。"陈越眉说。

周泽明喝了一口茶，说道："师妹，你这个观点我有切身的体会。拿我们公司为例，四年前，粤鹏集团是一家风险频发、危机四伏的企业，到现在风险化解，走出困境，走上持续发展的道路。我认为不是哪一个人或者几个人有能力，而是企业的党组织发挥了重要作用。怎么发挥作用的？用九个字来概括：把方向、管大局、保落实。这是我们党在国有企业组织领导力的具体体现。"

陆晋元点了点头，说道："泽明，你的观点我非常认同。你跟我们不一样，我们是搞理论的，你是搞实践的。实践需要理论的指导，理论更需要实践的检验。你刚才说的粤鹏集团逆风飞扬的事情，我觉得可以再细化、再具体化一点。把方向、管大局、保落实是对所有国有企业党组织都通用的。具体在粤鹏集团是怎么体现的？这也是我今天来专门想请教你的地方。"

听陆晋元这么一说，周泽明若有所思："这个是真的，我还没有考虑过。"

"泽明，今年我申报了一个课题，是新发展格局下基层党组织领导力的作用机制与效能分析，其中一个子课题是国有企业党组织领导力。你这几天抽空先梳理一下。你看什么时间方便，我让我的研究生专程到粤鹏集团来拜访你，做一个半结构化的访谈。借这个机会，我们也把你们粤鹏集团作为国有企业领导力提升的一个典型案例，提高你们的知名度，你看怎么样？在这里，我以茶代酒，表示感谢。"

陆晋元提壶先给周泽明倒了大半杯茶，然后给自己的杯子添茶以后，双手举杯来敬周泽明。

"晋元，你太客气了。能够为你的课题提供力所能及的帮助，我很高兴。宣传我们粤鹏集团就不必了。人怕出名猪怕壮。我们也没做出什么大成绩，就是一个小公司起死回生而已。这样吧，让你的研究生们下周的后半周联系我吧，我和他们交流一下。"周泽明举起茶杯回敬陆晋元。

"师兄，你还是像从前那样豪爽、干练。以后说不定还要来麻烦你，请教你。我也以茶代酒，敬你。"陈越眉绯红的面孔像个红苹果，举杯来敬周泽明。

"师妹，哪里的话，至少一年来一次广州，到我们公司来调研，给我们公司员工讲讲你做党建方面的研究成果。你刚才侃侃而谈的神情，让我又想起了当初那个敢爱敢恨、敢作敢当的小姑娘。真为你高兴。"周泽明说。

"说实在的，我写文章不是为了评职称、评教授。我是发自内心地感受到这种研究课题的意义和价值。做这种研究，我觉得很快乐，也很充实。"陈越眉动情地说。

"陈教授，我觉得你活得很通透、很简单，也很幸福。你这样的老师不盲从、不屈从、不放弃，独立思考，敢作敢当，我很佩服，向你学习。"陆晋元感慨地说。

"不敢当。在我们浙江大学城市学院商学院，有一位老师，叫杨海锋。在他居住的小区里，他义务举办传统文化诵读班——生生学堂。十多年来，风雨无阻。他有实力，开设的公共选修课口碑极佳，曾经被评为最受喜爱的老师，获得过教学基本功比赛一等奖。他当过系副主任，但是当了一年就坚决辞掉了。他很清楚自己要什么。他从来不去写论文、评职称，二十年来他一直保持着讲师身份并怡然自得。他思考最多，而且最感兴趣的就是人的成长。

"杨老师组织的生生学堂很有意义。自从有了这个生生学堂，小区里的孩子们有地方玩了——读经典，看天文，做游戏。家长们都说，幸福指数提高了。他是为理想而活，确实是活得很通透、很简单，也很幸福。用他的话说，是以星星之微光，引燃广阔之人心。

"我觉得，不论是写论文，评职称；还是办学堂，做公益，都是一种生活的方式。不论是辛辛苦苦闯市场，还是平平凡凡做服务，都是一种价值的体现。只要付出自己的努力，遵从自己的内心，用力地生活着，都是简单的，值得的，幸福的。"

陈越眉发自肺腑的话语，让她多了一份赤诚的美。

"以星星之微光，引燃广阔之人心。说得好，这也是我作为一名教师的快乐……"

三人相谈甚欢，一屋茶香。

18　青春同学会：心怀"国之大者"

青春同学会是粤鹏集团团委主办的面向青年职工的分享交流平台。每一期主办方会邀请公司领导、创业元老、专业人才和先进人物等，与青年员工分享时政新闻、战略发展、奋斗经历、职业成长等热点话题。青春同学会形式活泼，氛围轻松，在互动交流中解答成长路上的疑惑和困扰，深受粤鹏集团青年人的欢迎。

这一期的主题是：心怀"国之大者"，推动产业转型。公司团委书记王婉飞在拟订方案、征求意见时提出，把中央、省委的政策学习和增强政治能力结合起来，进一步增强青年职工的战略理解和执行能力。周泽明认为可行，并且亲自定了这个主题。

下午三点，粤鹏集团2楼大会议室。三十多名青年职工围着U形会议桌济济一堂。现场一片年轻的面孔，洋溢着青春的气息。讲座采用钉钉直播的方式，还有三十余人线上参会。这一期的主讲人是粤鹏集团总经理、党委副书记方亦舒和企业管理部经理郑恺南。

"同学们，粤鹏集团第五期青春同学会上线了。今天的主题是：心怀'国之大者'，推动产业转型。习近平总书记对青年干部提出过明确要求，面对复杂形势和艰巨任务，年轻干部要提高政治能力、调查研究能力、科学决策能力、改革攻坚能力、应急处突能力、群众工作能力和抓落实能力。

"很显然，在年轻干部需要提高的各种能力中，政治能力是第一位的。这个政治能力和'国之大者'有什么关系，和我们公司的战略发展、产业转型又有什么关系？今天我们邀请到了集团总经理、党委副书记方亦舒和集团企业管理部经理郑恺南来和我们互动交流。大家热烈欢迎。"

经过几年的锻炼，王婉飞主持这类活动已经驾轻就熟。

方亦舒拿起话筒说道："同学们，下午好。和你们在一起，让我又找到了'指点江山，激扬文字，粪土当年万户侯'的感觉。真好！说起'政治'，每个人都不陌生。在大学里有政治课，考研要考政治课，入党要看政治表现，学习要提高政治意识，提拔要考察政治能力，请大家先谈谈，什么是政治？"

方亦舒一眼望过去，大多数人都将视线转到了别处，只有党群部的罗小美和郭飞迎着她的目光。第一个发言还是有点压力的，今天的话题也有点严肃。

她正琢磨着让谁发言合适呢？坐在对面的人力资源部的陈华年举起了手："方总，我来说一下，抛砖引玉。"

"我的理解，政治就是党和国家的大政方针，是最重要的事。讲政治，首先就是要和党中央保持一致。懂政治，就是要对党和国家的大政方针理解透彻。会政治，就是时常将自己的行为与党和国家的大政方针对标对表。"

"华年，你这个政治领悟力够强的。我问什么是政治，你连讲政治、懂政治和会政治都说出来了。一键三连啊，不错不错。其他同学的观点呢？"方亦舒问。

"方总，我有个问题，政治是党和国家的大政方针，这听起来是对的。但是大政方针有很多，我们有时间和精力一个个的都吃透弄通吗？"说话的是罗小美。

坐在陈华年旁边的郭飞，举了一下手。得到方亦舒的点头示意后，他说道："我刚才查了一下，政治是这么定义的：'上层建筑领域中各种权力主体维护自身利益的特定行为以及由此结成的特定关系。'这个定义太拗口。我记得毛主席说过，所谓政治，就是把拥护我们的人搞得多多的，把反对我们的人搞得少少的。到底什么是政治，可能有很多理解。"

等郭飞说完，王婉飞说话了："来参加讲座之前，我也查了一下。政治这个词来自希腊语，最早指城邦中的公民参与统治、管理各种公共生活行为的总和。在亚里士多德那里，政治主要指国家权力。"

"中国古代将'政'与'治'分开使用。'政'主要指国家的权力、制度、秩序和法令；'治'则主要指管理和教化人民。这与西方和古希腊的'政治'含义不完全相同。民国初年，英文的'Politics'传入中国时，孙中山认为应该用'政治'来对译。政就是众人之事，治就是管理。管理众人之事，就是政治。这一说法在当时的中国非常具有影响力。"

"大家都谈得很好，我来谈谈我的理解吧。"方亦舒说。

"不同的时代和环境对于政治的定义不同，人们的理解也不同。我觉得在今天的中国，政治就是统帅，是灵魂，是大局。凡是属于根本性、原则性、方向性的问题，都是政治；凡是关系到这些方面的事务，都要上升到政治的高度。那小美同学又会问了，哪些是根本性、原则性、方向性的问题呢？大政方针有很多啊。到底应该怎么讲政治呢？好了，那让我们看看总书记提到的'国之大者'。"

"总书记第一次提到国之大者是什么时候？"方亦舒问。

大家都将目光投向方亦舒。

"2020年4月，秦岭，站在海拔1700米的月亮垭，总书记讲了一段意味深长的话：秦岭和合南北、泽被天下，是我国重要的生态安全屏障，是天然空调，是黄河、长江流域的重要水源涵养地，是我国的'中央水塔'，是南北分界线，是生物基因库，也是中华民族的祖脉、中华文化的重要象征。

"鉴于秦岭别墅违建的教训，总书记指出，从今往后，在陕西为官，首先要了解这段历史、这个教训，警钟长鸣，明白自己的职责，履行好自己的职责，当好秦岭生态的卫士，切勿重蹈覆辙。"

方亦舒一直都是一个坚定的生态保护者，对这件事情深有感触。这几句话她早已烂熟于心。

"总书记特别强调，各级党委和领导干部要自觉讲政治，对国之大者一定要心中有数，要时刻关注党中央在关心什么、强调什么，深刻领会什么是党和国家最重要的利益、什么是最需要坚定维护的立场。[1]

"重点来了。我们可以不用管政治的概念到底是什么，但是各级党委和领导干部自觉讲政治，就要怎么样？对国之大者———一定要心中有数。

"2020年5月，总书记在看望参加全国政协十三届三次会议的经济界委员时强调，一分部署，九分落实。各地区各部门各方面对国之大者要心中有数，强化责任担当，不折不扣抓好中共中央决策部署和政策措施落实[2]。

---

[1] 《"陕西要有勇立潮头、争当时代弄潮儿的志向和气魄"——习近平总书记陕西考察纪实》，《光明日报》，2020年04月25日，第1版。

[2] 《习近平在看望参加政协会议的经济界委员时强调：坚持用全面辩证长远眼光分析经济形势 努力在危机中育新机于变局中开新局》，《人民日报》，2020年05月24日，第1版。

"2020年10月，总书记在中央党校中青年干部培训班开班式上，明确要求干部特别是年轻干部要提高包括政治能力等在内的七种能力。总书记特别强调：领导干部想问题、做决策，一定要对国之大者心中有数，多打大算盘、算大账，少打小算盘、算小账，善于把地区和部门的工作融入党和国家事业大棋局，做到既为一域争光，更为全局添彩①。

"2021年4月，总书记在广西考察时深情地说，让人民生活幸福是'国之大者'。全面推进乡村振兴的深度、广度、难度都不亚于脱贫攻坚，决不能有任何喘口气、歇歇脚的想法，要在新起点上接续奋斗，推动全体人民共同富裕取得更为明显的实质性进展。②

"频频强调'国之大者'，充分体现了总书记对领导干部大局观、讲政治、抓落实的高标准和严要求。"

讲到这里，方亦舒停了下来，喝了一口水，她也是在给同学们消化的时间。

"方总，我觉得增强政治意识，提高政治能力的一个重要途径，就是心怀'国之大者'，时刻关注党中央在关心什么、强调什么，深刻领会什么是党和国家最重要的利益、什么是最需要坚定维护的立场，多打大算盘，多谋大棋局，多讲大战略，多出大智慧，并且用行动去落实。" 王婉飞反应很快，从倾听模式马上切换到发言模式。

⑲ 服务双循环，助力碳中和

坐在方亦舒旁边的郑恺南，拿起了话筒。

"以前我对这个问题没有深入思考过。方总这么一说，有醍醐灌顶的感

---

① 《习近平在中央党校（国家行政学院）中青年干部培训班开班式上发表重要讲话》，中国政府网，载http://www.gov.cn/xinwen/2020-10/10/content_5550258.htm，2020-10-10。
② 《习近平：让人民生活幸福是"国之大者"》，载https://baijiahao.baidu.com/s?id=1698184075341448361&wfr=spider&for=pc，2021-04-27。

觉。我来谈谈我的学习体会。

"我们国有企业的国之大者，就是不断提高把握新发展阶段、贯彻新发展理念、构建新发展格局的战略眼光、政治能力和专业水平，奋力推进高质量发展。对于我们商贸流通类企业，既要深刻领悟，又要找准定位。总书记对广东提出了在构建新发展格局这个主战场中选准自己定位的重要要求，提出了打造新发展格局战略支点的努力方向。省政府印发了培育发展战略性支柱产业集群和新兴产业集群的意见，这些为我们粤鹏集团的战略规划提供了根本遵循——把国家所需、广东所能、粤鹏所长有机结合起来。

"前段时间，中央提出推进经济社会发展全面绿色转型十个方面31项重点任务，明确了碳达峰碳中和工作的路线图和施工图。'双碳'目标的提出，展示了我国为应对全球气候变化做出的新努力和新贡献。

"广东在电子信息、新能源汽车等领域都处于靠前的位置。省委、省政府在推动产业转型升级，发挥绿色技术、绿色金融等优势方面，将会出台一系列的政策措施。

"粤鹏集团是商贸流通企业，我们所长就是长期积累的、遍布全球的客户、资源、商誉、专业化技术和市场化机制，以及深入理解国家战略的政治优势。

"为此，我们制订了新的五年发展规划，对内外贸并举、技工贸融合、国际化布局等内容赋予了新的含义。

"钢贸业务的定位是：智慧钢铁供应链。在规划中，这个智慧钢铁供应链将会把物联网、AI人工智能和大数据处理技术应用于传统供应链，为产业链上下游提供智能选材、智慧物流、工程配送、物流仓储配套、金融解决等一系列服务。现在华能公司在钢铁供应链领域的布局已初露端倪。

"在内贸方面，华能公司与宝武、河钢、首钢等大中型钢厂建立了战略合作关系，在上海、沈阳、西安和成都这些重点枢纽城市设立了子公司，立足华南，辐射全国；同时我们计划在两到三年内建立新加坡和印度尼西亚两个海外子公司平台，先期拓展东南亚市场。

"大宗商品和进口业务的定位是：专精特新供应链。这个供应链将发挥好机电设备、技术改造和大宗商品进口的传统优势，围绕产业转型中生产工艺和结构升级改造的服务需求，把机电进口业务做精做实；围绕创模式、延链条、强资本的三重定位，把大宗业务进口做深做实，支撑我省的能源体系向低碳、清洁、高效、安全、智慧的方向转型。这也需要我们坚定不移地推进产业转型，通过改革创新，激发市场活力。上个月，我和方总去合肥考察了一家做锂离子电池的公司。他们现在在国内湿法隔膜行业领域内排名前三，我们已经达成了初步的合作意向。"

郑恺南说完，方亦舒赞许地点了点头。

这时，王婉飞拿起手机说道："恺南经理，线上直播有提问。一个网名叫'躺赢也是赢'的职工问，粤鹏集团要推进产业转型，对于我们这些传统产业的子公司怎么办？纺织服装业的定位是什么？是不是要淘汰我们？"

听了这个三连问，郑恺南和方亦舒相互看了一下。

郑恺南拿起话筒说："风能、光伏等新能源具有不稳定的特征，对传统能源的替代是一个漫长的过程。在这个过程中，保证能源供应和新能源逐步替代传统能源，需要按照工作方案，遵循市场化规律动态平衡推进。我们的战略规划也是如此。刚才我提到，我们的产业转型不是空穴来风，不是空中楼阁，而是在发挥传统产业优势基础上的转型。"

方亦舒说话了："粤鹏集团将围绕'双循环'新发展格局与'贸易强省'的双轮驱动政策导向，锚定'双碳'目标，推进内外贸并举、技工贸融合和国际化布局。在这个过程中，对于符合产业转型方向的项目和业务，集团会给予方方面面的支持。对于高污染、高能耗、低附加值的业务，我们将坚决退出。刚才恺南已经讲了钢贸业务和大宗商品、进口业务的定位。我来讲讲纺织服装行业的定位：健康环保供应链。

"第一，在产品层面上，我们将稳步发展中高档服装出口业务规模，重点发展高附加值的面料贸易业务，大力推进绿色环保纺织品贸易业务发展，逐步提升供应链各环节的管理服务能力；第二，在市场层面上，我们将巩固传统市场，开辟新兴市场，重点发展终端客户和品牌客户；第三，在研发层面上，我们将深化科研中心建设，加强战略研究、行业分析。同时不断完善打样中心、研发中心和检测中心，提高对客户需求的响应速度，设计研发绿色环保的新产品，跨越国际市场的质量与绿色壁垒。

"当然，这样一个产业转型的过程不是一蹴而就的，我们从四年前就开始探索发展、谋划实施，现在已经取得了阶段性的进展。粤鹏集团的爱得佳、乐马、红珊瑚等品牌，以全新的标识体系进入制服类服装市场。下个月我们将召开爱得佳环保校服上市新闻发布会。这只是我们迈出的一小步，未来要实现企业的高质量发展，需要我们系统谋划，分步实施；需要集团上下勠力同心，锚定目标，抓住机会，乘势而上，需要在座各位同学的苦干、实干和巧干，为推动广东服务贸易高质量发展做出积极的贡献。同学啊，躺赢是假赢，只有奋斗才是真赢。"

方亦舒的讲话赢得了热烈的掌声和欢快的笑声。

接下来，青春同学会进入答疑解惑阶段。会前，团委征集到了青年员工们最为关心的一些问题，包括"如何破解工作生活中瓶颈""如何处理与领导的关系""如何维系客户"等。方亦舒和郑恺南用职业成长和亲身经历讲述了自己的看法和观点，并给出了几点具体建议：

一要志存高远。练好内功、提升修养，努力成为可堪大用、能担重任的栋梁之材。注重把公司战略和个人发展有机结合。作为粤鹏人，青年员工职业规划的场景在粤鹏，制订个人规划时要紧密结合企业的发展。二要找准定位。发挥自己的能力特长，立足本职岗位，与公司"同频共振"，和公司共成长。三要多换位思考。站在合作伙伴、领导、同事的立场去看待问题。四要持续学习。追求专业上的精进和能力上的提升。

？ 本章思考题

1. 无领导小组讨论面试题目如何设计，可以提高效度？
2. 企业人力资源总监在工作中应该把握好哪些方面的平衡？
3. 企业战略规划如何上接天线、下接地气？
4. 风险控制事前预防有哪些关键节点？
5. 国有企业改革的困境是什么？如何破解的？
6. 什么是政治意识？什么是国之大者？

本章知识点

7.1 无领导小组讨论

无领导小组讨论（Leaderless Group Discussion）是一种采用情景模拟的方式对考生进行集体面试的考察方式，考官可以通过考生在给定情景下的应对危机、处理紧急事件以及与他人合作的状况来判断该考生是否符合岗位需要。

无领导小组讨论是评价中心技术中经常使用的一种测评技术，通过一定数目的考生组成一组（6—9人），进行一小时左右的与工作有关问题的讨论，讨论过程中不指定谁是领导，也不指定受测者应坐的位置，让受测者自行安排组织，评价者来观测考生的组织协调能力、口头表达能力、辩论的说服能力等各方面的能力和素质是否达到拟任岗位的要求，以及自信程度、进取心、情绪稳定性、反应灵活性等个性特点是否符合拟任岗位的团体气氛，由此来综合评价考生之间的差别。

7.2 MBTI 性格评估测试

MBTI（Myers-Briggs Type Indicator），是一种性格评估测试，用以衡量和描述人们在获取信息、做出决策、对待生活等方面的心理活动规律和性格类型。由美国的心理学家Katherine Cook Briggs（1875—1968）和她的女儿心理学家Isabel Briggs Myers根据瑞士著名的心理分析学家Carl G. Jung（荣格）的心理类型理论与她们对于人类性格差异的长期观察和研究而著成。经过了长达50多年的研究和发展，MBTI已经成为当今全球最为著名和权威的性格测试。主要应用于职业发展、职业咨询、团队建议、婚姻教育等方面，是国际上应用较广的人才甄别工具。

7.3 新结构经济学

新结构经济学是经济学家林毅夫提出的"以新古典经济学的方法来研究

一个经济体中经济结构的决定因素和其变迁"。林毅夫在旧结构主义和新自由主义的诸多洞见的基础上，提出了一个使发展中国家获得可持续增长、消除贫困，并缩小与发达国家收入差距的理论框架。这个框架可称为"经济发展过程中结构和其变迁的新古典框架"，或"新结构经济学"。

新结构经济学强调，在经济发展过程中，必须发挥市场和政府的协同作用，同时，政府的政策和各种制度安排必须考虑不同发展阶段的结构性特征，这些结构性特征在很大程度上受各个发展中国家要素禀赋结构及其市场力量所内生决定，而非旧结构主义所假设的那样，是权力分配或其他外生固有刚性因素所决定。

7.4　MBO

MBO（Management Buy-Outs）即"管理者收购"的缩写。经济学者给MBO的定义是，目标公司的管理者与经理层利用所融资本对公司股份的购买，以实现对公司所有权结构、控制权结构和资产结构的改变，实现管理者以所有者和经营者合一的身份主导重组公司，进而获得产权预期收益的一种收购行为。由于管理层收购在激励内部人员积极性、降低代理成本、改善企业经营状况等方面起到了积极的作用，因而它成为20世纪七八十年代流行于欧美国家的一种企业收购方式。

7.5　国之大者

各级党委和领导干部要自觉讲政治，对国之大者一定要心中有数，时刻关注党中央在关心什么、强调什么，深刻领会什么是党和国家最重要的利益、什么是最需要坚定维护的立场，切实把增强"四个意识"、坚定"四个自信"、做到"两个维护"落到行动上，而不能只停留在口号上。

——2020年4月20日至23日，习近平在陕西考察时强调

一分部署，九分落实。各地区各部门各方面对国之大者要心中有数，强化责任担当，不折不扣抓好中共中央决策部署和政策措施落实。要加强协同配合，增强政策举措的灵活性、协调性、配套性，努力取得最大政策效应。

要转变工作作风，坚持实事求是，尊重客观规律，把更多力量和资源向基层下沉，在务实功、求实效上下功夫，力戒形式主义、官僚主义。

——2020年5月23日，习近平在看望参加全国政协十三届三次会议的经济界委员时强调

领导干部想问题、作决策，一定要对国之大者心中有数，多打大算盘、算大账，少打小算盘、算小账，善于把地区和部门的工作融入党和国家事业大棋局，做到既为一域争光、更为全局添彩。要深入研究、综合分析，看事情是否值得做、是否符合实际等，全面权衡，科学决断。作决策一定要开展可行性研究，多方听取意见，综合评判，科学取舍，使决策符合实际情况。

——2020年10月10日，习近平在中央党校（国家行政学院）中青年干部培训班开班式上强调

让人民生活幸福是"国之大者"。全面推进乡村振兴的深度、广度、难度都不亚于脱贫攻坚，决不能有任何喘口气、歇歇脚的想法，要在新起点上接续奋斗，推动全体人民共同富裕取得更为明显的实质性进展。

——2021年4月25日至27日，习近平在广西考察时指出

7.6 双循环

2020年4月10日，在中央财经委员会第七次会议上，习近平总书记强调要构建以国内大循环为主体、国内国际双循环相互促进的新发展格局。

2020年5月14日，中共中央政治局常委会会议首次提出"深化供给侧结构性改革，充分发挥我国超大规模市场优势和内需潜力，构建国内国际双循环相互促进的新发展格局"，之后新发展格局在多次重要会议中被提及。

党的十九届五中全会通过《中共中央关于制定国民经济和社会发展第十四个五年规划和二〇三五年远景目标的建议》，将"加快构建以国内大循环为主体、国内国际双循环相互促进的新发展格局"纳入其中。构建基于"双循环"的新发展格局是党中央在国内外环境发生显著变化大背景下，推

动我国开放型经济向更高层次发展的重大战略部署。

7.7 碳达峰、碳中和"双碳"目标

碳达峰（peak carbon dioxide emissions）是指在某一个时点，二氧化碳的排放不再增长达到峰值，之后逐步回落。碳达峰是二氧化碳排放量由增转降的历史拐点，标志着碳排放与经济发展实现脱钩。

碳中和（carbon neutrality）是指国家、企业、产品、活动或个人在一定时间内直接或间接产生的二氧化碳或温室气体排放总量，通过植树造林、节能减排等形式，以抵消自身产生的二氧化碳或温室气体排放量，实现正负抵消，达到相对"零排放"。

碳达峰与碳中和一起，简称"双碳"。

2020年9月22日，国家主席习近平在第七十五届联合国大会上宣布，中国力争2030年前二氧化碳排放达到峰值，努力争取2060年前实现碳中和目标。

2021年10月24日，中共中央、国务院印发的《关于完整准确全面贯彻新发展理念做好碳达峰碳中和工作的意见》发布，提出10方面31项重点任务，明确了碳达峰碳中和工作的路线图、施工图。

"双碳"目标是中国基于推动构建人类命运共同体的责任担当和实现可持续发展的内在要求而做出的重大战略决策，展示了中国为应对全球气候变化做出的新努力和新贡献，体现了对多边主义的坚定支持，为国际社会全面有效落实《巴黎协定》注入强大动力，重振全球气候行动的信心与希望，彰显了中国积极应对气候变化、走绿色低碳发展道路、推动全人类共同发展的坚定决心。这向全世界展示了应对气候变化的中国雄心和大国担当，使我国从应对气候变化的积极参与者、努力贡献者，逐步成为关键引领者。

01 全球领导力的研究前沿应当在中国

广州地处亚热带，背山面海，长夏暖冬，一年四季草水常绿、花卉常开，很早就享有花城的美誉。广州人种花、爱花、赏花和赠花的历史源远流长。

西汉时期，陆贾出使南越国时，就发现岭南人爱种花、插花、戴花，屋前屋后，厅堂房内也都摆满了花，便赞誉这里都是"彩缕穿花"的人。

汉代的广州，随着海上丝绸之路贸易的兴起，已引入海外各种花卉。到了唐代，广州的花卉已全国闻名。著名诗人孟郊曾描绘广州冬季仍然处处有花草的奇景："海花蛮草延冬有，行处无家不满园。"

周泽明向窗外望去，花开得正旺：红白相映缠绕着的三角梅，留香的桂花，含苞的玉兰，争奇斗艳，青翠欲滴。这场景让人分不清到底是春天还是冬天。

粤鹏大楼内花草繁茂，充满了春天的气息。

"丁零零"，电话铃声响起。

"董事长，中山大学的研究生来找您。"一楼前台打来电话。

三分钟以后，三个学生模样的年轻人戴着口罩出现在周泽明办公室门口。

"欢迎你们。咱们坐的距离远一点，我把窗户开大一点，你们可以把口罩摘了。"周泽明从办公桌前起身走到沙发边。

一个身穿杏黄色外套的女学生摘下口罩后，粲然一笑，说道："周师兄好，我是童朗辰，这两位是刘伟、潘小敏。打扰了。"

落座以后，童朗辰开门见山，直奔主题。

"周师兄好，最近，我们在做一个国有企业党组织领导力方面的课题，是国家社会科学基金项目。我们听陆晋元老师说，您在这方面有丰富经验和切实体会。所以今天来专程拜访，要耽误您一点时间。"

"你们好，前几天我和你们陆老师吃饭，聊到了这个话题。经验谈不上丰富，体会确实是有的。今天我们就交流一下。"

"周师兄，刚才，我们在一楼大厅的展厅看到了粤鹏集团这几年的发展：一个企业从风险频发到现在焕然一新。'十三五'期间粤鹏集团实现营业收入、利润总额、资产总额、净资产四项指标复合增长率15%以上。这里面师兄作为一把手，功不可没。"

"您觉得企业发生这么大的变化，党组织发挥了什么样的作用？从领导力的角度看，它是如何构成的，又是如何发挥作用的？"

童朗辰说起话来，露出一口小白牙和甜甜的笑容。

"在回答你这些问题之前，我想问问你们为什么研究这方面的课题？现在的领导力理论研究热点是什么？在交流的过程中，你们不要拘束，大家畅所欲言。与你们面对面地交流碰撞其实也是我的一次学习机会。"

周泽明的提问，给这场对话打开了一个更大的空间。

三个人互相看了一下，最后还是推举童朗辰来回答。

"周师兄的这个问题很有深度，不愧是我们管理学院的杰出校友。"

童朗辰先用温婉可亲的话语给周泽明戴了一顶高帽。

"其实，在前几十年，国内组织行为学和领导力的研究对党建领域的关注不多。国内领导力研究的热点主要跟随国外的趋势。研究的热点包括交易型领导、变革型领导、魅力型领导、道德型领导、真诚型领导、整合型领导、共享型领导以及虚拟型领导等。这些研究领域基本上都是西方学术界在引领推动。"

周泽明点点头，说："二十年前，我在学校上的课基本上就是这些内容。"

童朗辰接着说："从2014年开始，学术界开始反思这种现象。因为没有自己的理论架构，亦步亦趋地跟随西方研究的热点，必然导致要么用中国材料证明西方观点，要么用西方观点裁剪中国现实的现象。"

"这种现象由来已久，我记得当时上学的时候，也是以能参加国际研讨会为荣，实际上想想是'外国月亮比中国圆'的观念在影响。"周泽明说。

"我个人觉得这是和我们以前缺少学术自信，不加分析地与国际接轨有关。一些学术创新、学术能力以西方学术评价体系来评判。有的还要求学术成果必须有外文注释。这些评价导向，都会对学术研究产生误导。"

周泽明看着童朗辰娓娓道来，心里想，这个小师妹敢说、敢想、敢闯，真像当年初生牛犊不怕虎的自己。

"我觉得，中国领导力的研究应该关注中国社会在发展过程中发生的重大问题，并且以严谨并且有创造力的方式去开展研究，这样才有可能对国际学术界做出贡献，并且对中国的社会发展产生真正的影响。这才是学术研究的价值。"周泽明说。

"师兄，您说得太对了。这几十年，中国经济迸发的强劲活力引起全球的关注。1995年，财富500强榜单发布时，中国只有三家公司上榜。到今年，中国大陆已经有135家企业上榜。而在这135家企业中，国有企业占了60%。这可以看到我们国有企业的成长。

"特别是过去的几年，国有企业改革取得显著性进展，实力不断增强。我们认为，国有企业的领导力，特别是党组织的全面领导力发挥了至关重要的作用。

"全球领导力的研究前沿应当在中国。因为，全球领导力实践最活跃的地方就是中国。研究国有企业怎么由弱变强、由小变大、由劣变优，是我们的使命和任务，也是我们申报这项课题的主要原因。"

童朗辰说完，潘小敏和刘伟都使劲地点头。

周泽明刚想讲话，看到刘伟似乎有话要说，就问他："你的观点呢？"

刘伟说道："刚才童朗辰说了我们课题申报的主要原因。其实还有一个原因，就是国际社会对中国共产党领导力现象的持续关注。这已经成为国际学界的'显学'了。"

> **显学**
>
> "显学"之名最早见于《韩非子》，指盛行于世且影响较大的学术派别。现在一般是指在社会上处于热点的、煊赫一时的学科、学说、学派。

"国际学界的'显学'？说来听听。"周泽明饶有兴趣地看着刘伟。

"近年来随着中国经济的迅速发展和国际地位的提升，国内外对中国共产党的研究越来越重视。西方的研究者围绕'中国共产党到底是什么样的党''中国共产党为什么能成功''中国共产党为什么能创造经济奇迹''中国共产党的执政密码是什么'等议题展开深度研究。"

"现在世界一流大学和智库，几乎都有中共学研究。基辛格、陆克文等国际政要都在深入研究中共。福山、约瑟夫·纳、齐泽克等一批有影响力的国际学者纷纷转向中共研究。中共学已经成为国际学界名副其实的世界显学。这些方面西方学者在深入研究，我们国内学者自然不能落后。我们不仅不能落后，还要做客观实证的研究，发出我们自己的声音。"刘伟说。

听完三个人的观点以后，周泽明从桌子上拿过来一本书，说道："以往说起领导力的研究、培训和应用，常常局限在领导行为类型和领导风格特点，偏重于个体层面的分析。一些学者对于领导力作用的底层机制关注不够，元理论建设不足。"

> **元理论**
>
> 元理论是学科的基础理论，它是对一门学科性质的高度理论概括，是对该学科研究方法的指导思想和指导原则，是关于该学科核心研究对象的理论。任何一门学科都必须具有元理论的部分，否则就是一个缺乏核心的松散联盟，不能称其为科学。

"师兄，什么是元理论？"潘小敏问。

"这个我知道。我来说一下。说得不对的地方，请师兄指正。"刘伟说。

"元理论是一门学科的基础理论，是对这门学科性质的高度理论概括，也是这门学科研究方法的指导思想和指导原则。任何一门学科都必须具有元理论的部分，否则就是一个缺乏核心的松散联盟，不能叫作科学。"

　　听完刘伟的回答，周泽明点点头说道："对于领导力来说，中西方的概念多不胜数。但是领导力有没有通用的、基础的框架结构？内在逻辑如何？作用机制是怎么样的？以往研究在这方面的关注不多。这些如果搞不清楚的话，领导力就很难称得上是一门独立的学科。"

　　"我也是刚刚看了这本《管理心理学》，才对元领导力的概念有了一些认识。"周泽明翻开手中这本天蓝色封面的书说道。

　　"它从元认知的概念出发，提出领导能力的元理论，即元领导力框架包含动力、活力和张力三个要素。在这三个要素中，动力元是最基本的心理内驱力，活力元是激发心理动力的要素，张力元发挥开发性拓展作用。这样就形成了元领导力三角模型，作为领导力建构的深层次框架。"

　　"是不是可以这么理解：动力元为领导力的发挥提供了源源不断的发动机；活力元为领导力的发挥提供了生动活泼的爵士乐；张力元为领导力的发挥提供了目标导向的瞭望塔？"潘小敏问。

　　"发动机、爵士乐、瞭望塔。小敏，你这个反应够快的啊。"刘伟说。

　　周泽明微微一笑，说道："不管是生活还是工作，个人还是组织，都需要不断更新领导力。我觉得这个元领导力框架的提出，探索了领导力作用发挥的机制，为我们理解、应用和开发领导力提供了参考。"

　　"对组织和团队来说，它既需要唐僧这样意志坚定、百折不挠的张力元，也需要猪八戒这样插科打诨、调节气氛的活力元，更需要孙悟空这样七十二变、神通广大的动力元。"童朗辰说。

　　"这样西天取经一不会迷失方向，半途而废；二不会枯燥乏味，心情郁闷；三不会能量耗尽，被妖怪抓去。"

　　刘伟惟妙惟肖地说完，四个人一起哈哈笑了起来。

　　"在国有企业党组织领导力的结构模型中，是不是也存在着这样一个三维的元领导力框架？它们的作用机制和逻辑关系是怎么样的？这个需要你们做扎实、客观的实证研究。我们公司的实践可以作为其中的一个样本。

"总体来说，我觉得你们研究的这个课题非常有时代意义。总书记说，要深刻反映我们这个时代的历史巨变，描绘我们这个时代的精神图谱，为时代画像、为时代立传、为时代明德。过去几年是国有企业改革取得显著性进展，全面加强党的建设、党的领导不断深化的几年。我们粤鹏集团也从风险频发的困境中走出了一条持续健康发展的道路。这几天，我对这个问题做了一些梳理。"

说完，周泽明起身到办公桌上拿了一张纸过来。

02 党建引领力：坚持党的全面领导，凸显国有企业鲜明底色

"国有企业党组织领导力的第一个维度是党建引领力。这是国有企业党组织发挥领导力最根本最核心的维度。"周泽明说。

"周师兄，坚持和加强党的全面领导，对于各行各业、各地各区都是应有之义。在经济领域怎么理解党建引领的重要性和必要性呢？"童朗辰问。

周泽明笑了一下，说道："这是一个有深度的问题。"

童朗辰也笑了。

"从世界大势来看，我们现在依然处在社会主义和资本主义长期共存和竞争的世界体系中。发展经济必须既要充分发挥市场和资本的作用，又要对其加以约束和规范。坚持党对经济工作的领导，就是因为只有党才能引导和驾驭资本，克服市场的盲目性。国有企业是党领导经济工作最直接、最集中的体现。只有党的领导，才能和公有制运行机制兼容，确保公有制经济真正代表公共利益，避免个人决策和集体利益的冲突，防止私有化和内部人控制等风险。

"你们去看看，这些年无论是抗疫、抗震、抗洪还是抗击重大自然灾害、应对各类突发事件，还是落实国家宏观调控政策、实施国家重大战略，谁在肩负产业兴国、实业报国的重担？是国有企业，是国有企业在融入党和国家中心大局中担当使命，勇往直前。在这次疫情抗击的过程中，总书记、

党中央一声号令，国有企业各级党组织和广大党员听党指挥、闻令而动，不讲条件、不惜代价，全力抗击疫情，筑起了人民健康的钢铁长城。

"疫情抗击中，我们粤鹏集团充分发挥商贸流通的产业优势，在前期与全球多个国家和地区紧急洽谈采购医疗用品，成立'党员先锋队''青年突击队'，招募100多名党员志愿者返岗加班，千方百计快速抢单交运，进口交付口罩、防护服、医用手套、呼吸机等医用设备，在医疗物资补充、生活物资供应、应急物质流通等领域提供了强有力的保障。

"这些方面，粤鹏集团也走过一些弯路。以前我们是什么赚钱就做什么，只强调经济利益和经济属性，一味强调'在商言商'，一心想着赚快钱、堆业绩，忽视了企业的政治属性，模糊了自身的红色属性。结果我们不仅亏了钱，还赔了声誉。这些年，在党建的引领下，我们把企业的核心竞争优势和党中央的决策部署、省委省政府的重大战略有机结合起来，找到了企业发展的正确方向。

"事实证明，正是因为坚持党的领导，国有企业改革才有了正确发展方向，瞄准人民的真实需要，避免资本盲目性导致的投机，避免资本无序发展，避免导致巨大的资源错配和浪费，从而在长远和宏观上实现更高效率的资源配置，让中国经济具备更强大的发展动力。"

周泽明说到这里，喝了口水。

刘伟趁机说道："我觉得这就是讲政治。所谓政治经济学，经济没有一天离开过政治，政治也没有一天离开过经济。"

"周师兄，您刚才的观点让我对经济领域讲政治有了更多的感悟。具体来说，粤鹏集团是如何发挥党建引领作用的？加强党的建设是从2016年底开始的吧？我记得那一年的10月，习近平总书记发表了一个国有企业党的建设的讲话。"童朗辰问。

"其实，加强党的建设是国有企业一直在做的工作。2016年10月，习近平总书记在全国国有企业党的建设工作会议上发表重要讲话。我的理解是这是国有企业发展史上一个里程碑的事件。总书记的讲话深刻阐述了国企改革发展和党的建设一系列重大理论问题，为建设中国特色现代国有企业制度赋予了核心、根基和灵魂，其理论和实践贡献可以说是彪炳史册。

"以前，国有企业党的建设会遇到一个问题，就是怎么处理好党的领导和现代企业制度的关系？因为现代企业制度是以市场经济为基础，以企业法人制度为主体，以公司制度为核心。它的基本特征是产权清晰、权责明确、政企分开、管理科学。这个制度实际上是从西方经济学演绎过来的。它里面有一句话叫政企分开。"

"政企分开是不是就是说党的建设和企业经营要分开？"潘小敏问。

"曾经有段时间，一部分人是这么理解的。一些企业强调不讲条件的、无原则的政企分开。说是加强党的建设，实际上是削弱了。因为政企分开了，党建的归党建，经营的归经营。企业是讲究效益的，党建工作说不上话，做不了主，帮不了忙，地位自然就弱化、虚化、边缘化了。"

"理论上没有突破，实践就会停滞不前。"刘伟说道。

"小伙子总结得不错嘛。正是因为理论上缺少创新，国有企业党的建设一直没有突破性进展。这个状况一直到你刚才说的2016年10月才发生根本性的变化。

"习近平总书记说了两个"一以贯之"：坚持党对国有企业的领导是重大政治原则，必须一以贯之；建立现代企业制度是国有企业改革的方向，也必须一以贯之。中国特色现代国有企业制度，'特'就特在把党的领导融入公司治理各环节，把企业党组织内嵌到公司治理结构之中。"周泽明说。

"这个中国特色现代国有企业制度的提出，有点像1982年小平同志提出的建设有中国特色的社会主义。我们没有照搬苏联的社会主义模式，而是与中国实际相结合，走中国特色社会主义道路。"童朗辰说完，若有所思。

"习近平总书记的重要论述，明确了国有企业党组织在公司法人治理结构中的法定地位和作用，为我们国有企业党的建设指明了方向。我们认为，从国有企业党组织领导力的角度出发，第一条就是增强党建引领力，发挥党委领导核心作用，把握企业改革发展的正确方向。"周泽明说。

"周师兄，粤鹏集团党委领导核心作用是如何发挥的？能不能具体介绍一下？"潘小敏问。

"把方向、管大局、保落实。五年前，我们新一届领导班子到任以后，面对的是一个风险四伏的企业。一个子公司资金链岌岌可危，负责人违规逃往香港，风险资产1.6亿元，人心不稳，业务流失。一个子公司1000万美元货款被诈骗。另外几个子公司增长乏力，徘徊不前。

"面对这样的情况，我们班子经过调研走访和讨论，决定从加强党的建设、明确战略发展方向抓起。

"针对基层党建工作存在的'弱化、淡化、虚化、边缘化'等问题，围绕'一切改革发展问题都从党的建设上找原因'，提出实施党建引领工程，抓好意识形态的关键点，提升员工的思想凝聚力，增强干部队伍的战斗力，构筑企业的综合竞争力。

"我们研究提出了五年发展规划'一一二三三四'发展思路（一个引领、一个核心、两翼腾飞、三驾马车、三链平台、四链驱动），明确实现'1005'（100亿元营收、5亿元利润）发展目标。正是因为党建引领发挥了方向标的作用，我们才能持之以恒推动战略落地，稳步推进风险化解，不断推进管理提升，确立了向上向好的发展态势。"

"周师兄，您刚才说的把方向、管大局、保落实具体是指哪些方面呢？"童郎辰一边问，一边在笔记本上飞快地记着。

"你看这九个字其实把党的领导发挥作用的方式从方向到大局到落实都有了。我们认为，把方向有三个要点。第一是要把准政治方向，以严明的政治纪律和政治规矩，确保全公司政令畅通，令行禁止；第二，就是要把准改革发展方向，确保企业发展的总体态势是良性的，轨道运行是良性的，是符合实现战略目标发展的；第三，就是把准生产经营方向，确保企业经营方向不偏，实现国有资产保值增值。

"管大局，先要搞清楚什么是大局？不同发展阶段，经营层面、管理层面、组织架构层面以及思想文化层面对企业发展的影响都有所不同，影响大时就是影响企业大局的事情。管大局首先要管长远，强化改革发展的顶层设计，谋划好中长期战略规划；管大局意味着要管决策，重点是'三重一大'事项，加强过程管理和监督，提高决策质量，把控企业风险。管大局还要管稳定，处理好改革、发展、稳定三者关系，确保企业持续健康发展。"周泽明说。

"周师兄，我们在调研中发现，不同企业对这九个字的理解不同。有的企业认为党的领导重点在大事要事方面，这主要体现在前面六个字上。在落实方面，党的领导是促落实，而不是保落实。请问粤鹏集团是怎么理解这个问题的？"潘小敏问。

"又是一个好问题。"周泽明笑言。

"总书记讲过一句话，我一直记忆犹新。'一分部署，九分落实。各地区各部门各方面对国之大者要心中有数，强化责任担当，不折不扣抓好中共中央决策部署和政策措施落实。'总书记一贯强调工作任务的落实落地。我们粤鹏集团以前出了那么多问题，是因为没有制度，没有要求吗？不是！是因为在落实中跑了偏，走了样，出了问题。

"强调实干，注重落实，是我们党一贯的优良传统。我们认为保落实，首先要确保企业任务目标全面实现。企业是讲究效益的。目标方向写得再漂亮，如果没有业绩目标来保障，所谓的领导力只能是空中楼阁。保落实，就要发扬钉钉子精神，一锤一锤接着敲，直到把钉子钉实钉牢。看准了的事情抓紧干。落实工作不在于制定一打一打的新规划，喊出一个一个的新口号，而在于实干、苦干和巧干，脚踏实地把既定目标变为现实。保落实，还要有闭环运行，持续完善的科学方法。紧盯关键环节，从工作布置、过程反馈、事后总结、流程优化全过程抓起，闭环运行，持续完善，一抓到底、久久为功。

"在具体工作中，公司党委是实现党的全面领导的中心环节。我们通过会议制度建设、上会环节把握、会议过程讨论以及议事决策能力提高等几方面来提高党委会前置程序的质量。这样就能够从党委层面做到'抓党建从生产经营出发，做生产经营从党建着手'的理念，以企业发展成果检验党组织战斗力。"

◇03 战略决策力：服务国家重大战略，把握企业发展正确方向

周泽明起身给三个研究生的杯子里续了热水。

看着热气腾腾的茶杯，三个人感觉心里暖洋洋的。

周泽明接着说道："我们认为，国有企业党组织领导力的第二个维度是战略决策力。这个战略决策就是持续深度融入党中央和全省重大战略，在服务大局中不断做强做优做大国有企业。

"坚决落实党中央决策部署、聚力服务省委省政府的重大战略，本是国有企业的职责所在。粤鹏集团在这方面也是走过弯路的，以前可以说是有点急功近利。企业只重经济效益不顾政治效益和社会效益，盲目投资金融、房地产等领域。公司前几年的下坡路也是由此而来。"

"四年前，我们粤鹏集团的进口业务板块风险大、技术含量低、利润少。出口业务主要是来样加工，是纺织服装行业中利润最薄弱的环节。省委省政府提出建设外贸强省的主要目标以后，我们粤鹏集团就在思考：针对产业结构单一、创新严重不足等问题，如何聚焦高质量发展？如何更好服务于粤港澳大湾区建设和广东省外贸强省建设？"

"周师兄，我们正想请教您呢。自从党的十九大提出高质量发展理念，党的百年奋斗重大成就和历史经验的决议中又明确提出贯彻落实新发展理念、推动经济实现高质量发展。高质量发展已经成为这几年的上榜热词。那么到底什么是高质量发展？粤鹏集团又是如何实现高质量发展的呢？"童朗辰问道。

周泽明想了一下，说道："什么是高质量发展？你这个问题太宏大，要经济学家来回答才比较完整。我只能把我们粤鹏集团的理解和实践介绍一下，供你们参考。

"高质量发展就是体现新发展理念的发展，必须坚持创新、协调、绿色、开放、共享发展相统一。对于我们粤鹏集团来说，就是围绕双循环的重大战略，主动谋篇布局，加快转型升级，打造智慧钢铁供应链、专精特新供应链、健康环保供应链。

"广东是经济大省、人口大省、科技大省、开放大省。经济特区又是联结两个市场，聚合两种资源的区域性经济中心。粤港澳大湾区、深圳先行示范区建设更是贯通国内国际，引领国内国际。在党中央双循环决策部署中，我们粤鹏集团必须找准定位，精准发力，把国家所需、广东所能、粤鹏所长融会贯通起来。"

周泽明将桌上的一个册子拿了过来，说道："这是我们的五年规划。"

"周师兄，我觉得'国家所需、广东所能、粤鹏所长'这十二个字简单明了地表明了粤鹏集团的担当精神和实干态度。"童朗辰说。

"我们是商贸流通企业，优势就是长期积累的、遍布全球的客户、资源、商誉、专业化技术和市场化机制，以及深入理解国家战略的政治优势。

"粤鹏集团理解的高质量发展，就是发挥好机电设备、技术改造和大宗商品进口的传统优势，围绕'双循环'新发展格局与'贸易强省'的双轮驱动政策导向，锚定'双碳'目标，实现内外贸并举、技工贸融合、国际化布局的持续发展。

"智慧钢铁供应链是钢贸业务的定位。这个平台是将物联网、AI人工智能和大数据处理技术应用于传统供应链，为产业链上下游提供智能选材、智慧物流、工程配送、金融解决等一系列服务。现在我们的华能公司在钢铁供应链领域的布局已徐徐展开。

"专精特新供应链是大宗商品和进口业务的定位是。这个平台重点聚焦在高端制造业和高新技术产业领域，重点是把机电进口、技术改造等已有优势发挥好，拓宽延伸到新材料、新技术、新设备等三新经济，将公司打造成国际贸易供应链的集成服务平台。

"健康环保供应链是纺织服装行业的定位。我们四年前成立了科研中心，加强战略研究、行业分析，稳步发展中高档服装出口业务规模、重点发展高附加值的面料贸易业务、重点推进绿色环保纺织品贸易业务发展，逐步提升供应链各环节管理服务能力。"

"周师兄，我们一说起国有企业，大部分人都会认为是能源、电信、交通等关系国计民生的行业。像粤鹏集团是商业贸易行业，我的理解是充分竞争的行业，因为没有准入限制，各种所有制企业都可以经营。你们是如何保持竞争力的呢？"童朗辰问。

"你这个问题问到点子上了。"周泽明对童朗辰说。

童朗辰有点不好意思地笑了。

"保持市场敏锐判断是增强战略决策力的前提条件。宏观形势错综复杂，市场竞争异常激烈，竞争型国有企业如果缺乏决策力，小则与市场机遇擦肩而过，大则日益萎缩甚至被市场淘汰出局。

"粤鹏集团必须保持清醒的认识，自我加压，刀刃向内，遵循市场规律，持之以恒推进内外贸业务转型升级。

"从四年前开始，我们就在企业管理部设置了一个战略研究和行业分析岗位，主要就是对国内外的市场信息和国家、省里的政策措施以及行业里的发展态势进行持续研判分析，服务于整个粤鹏集团的战略发展和改革创新。

"我们很清楚，粤鹏集团这种竞争性的国有企业必须保持敏锐的市场直觉和灵活的经营策略，才能和民营企业、外资企业在市场中同台竞争，一决高低。"周泽明说。

说到这里，门口响起咚咚咚的敲门声。

刘伟起身打开房门，办公室主任黄子薇进来了。

"不好意思，打扰了。"黄子薇递给周泽明一份资料。

"周董，我们粤鹏集团爱得佳环保校服新闻发布会的方案已经准备好了。中国纺织品进出口商会、中国保健协会健康纺织分会都要我们明天中午前把方案发给他们。所以，我冒昧进来打扰一下，请您今天抽空再看一下。如果没什么问题，明天上午我就发给他们。"

黄子薇转身想走，周泽明叫住了她。

"这一稿的方案有哪些变化？"周泽明问。

"改动有三点。第一点是参会的嘉宾增加了两个人，一位是我们爱得佳品牌的首席科学家、中科院研究员陈云海博士；另一位是我们品牌总顾问许小牛。原来他们都没时间过来，现在都可以来参加了。"黄子薇说。

"这个好！你们怎么把他们的时间协调过来的？"周泽明的脸上自然而然地露出了笑容。

童朗辰从旁边拿了一把椅子过来，请黄子薇坐下说。

"我们分别跟他们沟通联系，告诉他们出席新闻发布会的单位和嘉宾。请他们尽量协调时间。他们一听一些重量级的嘉宾都来了，就有些心动。最后，他们调整了计划，答应出席我们的新闻发布会，并且做主旨演讲。"

做成了一件重要的事情，黄子薇也是喜上眉梢。

"第二点是会议议程相应地增加了两项主旨演讲。一个是陈云海博士对爱得佳品牌的高科技含量做介绍，同时介绍我们爱得佳品牌顶尖的研发设计团队。另一个是品牌总顾问许小牛从美学理念介绍服装的文化底蕴和艺术特色。

"第三点是公益签约。两个公益组织的时间刚协调好。我们将在新闻发布会上，与蓝梦公益基金、红雨伞公益组织现场签约，提升我们爱得佳的品牌形象。这些改动要点，我已经用红笔标出，并做了说明。具体内容方案上有。"黄子薇说。

"好的，我今天抽空再看一下，有问题再找你。"周泽明说。

黄子薇起身离去。

"这个其实就是我们粤鹏集团战略决策的里程碑事件。"周泽明把手里的资料放在了茶几上。

"以前，我们是做服装代理出口，赚的是辛苦钱。从四年前开始，我们粤鹏集团整合了下属几家公司的力量，贯彻落实省委省政府和省国资委的决策部署，坚持创新引领高质量发展，着力打造爱得佳、乐马、红珊瑚等品牌，以全新的标识体系进入制服类服装市场。特别是这次针对中小学校服的爱得佳品牌，是我们与中科院教授陈云海博士、许小牛设计师共同合作开发的。这个品牌采用GOUB纳米材料抗病毒技术，是我们重点打造的拳头产品。我们希望这个品牌立足广州，辐射珠三角，面向全中国，走向国际市场。所以，这场新闻发布会，我会去的。也欢迎你们有空来参加啊。"周泽明说。

"好的，等会儿，我们向办公室主任问一下具体的时间和地点，到现场给周师兄助力。"童朗辰说。

"周师兄，您刚才提到的爱得佳品牌在科技研发方面投入巨资打造，提高了含金量。在市场营销方面，爱得佳品牌有没有什么特色？毕竟，我们要和民营企业、外资企业同台竞争呢。"潘小敏问。

"这个问题问得好。我们市场营销是一个总体方案，也是在不断优化调整的。我就简单说说其中的'四个一'高品质服务吧。

"一键式订购——通过微信小程序、手机App、线下展销会、直营店都可完成下单订购，打通消费者的'最后一公里'。同时，我们会结合电商的几个重大节庆日，开展针对性的营销推广活动。

"一站式追溯——消费者订购完成爱得佳校服以后，可以通过标签、二维码等信息跟踪整个生产流程。这样，每件衣服都能查到哪个工厂、哪个车间、哪个工人，甚至是哪道工序的生产信息，让消费者更直观地感受到我们的环保理念。

"一家人服务——我们拥有一支专业化的销售服务团队，这支团队可以及时响应客户的需求，涵盖售前咨询、产品维护、售后服务等各个环节。我们的理念是，一家人服务一家人，让祖国的花朵健康快乐成长。

"一体化理念——我们爱得佳品牌校服，用绿色环保、高科技的材料为千千万万的青少年送去健康和快乐。同时，我们助力公益，为希望小学、公益组织和残障儿童送去温暖。爱得佳品牌服装每销售一件，就会给公益基金捐赠一毛钱。"

周泽明说完，打开手机里的照片，给三个人展示爱得佳校服的样品。

04 创新驱动力：塑造组织变革能力，构建创新发展机制体制

"周师兄，国有企业改革说了快几十年了，是不是最近这几年的力度特别大？"潘小敏问。

周泽明看了一眼纸上的提纲，说道，"国有企业的改革从20世纪80年代就开始了。那时候不叫国有企业，叫国营企业。改革从一开始的承包制、利改税，然后是公司制、股份制、混合所有制到现在，一直都没有停止过。在这个过程中，国有企业不断发展壮大。这个发展壮大的动力是什么？这就是我要说的第三个维度，创新驱动力。

"党的十九大根据发展阶段和社会主要矛盾重大变化，经过充分论证，明确提出我国经济已由高速增长阶段转向高质量发展阶段。什么是高质量发展呢？就是体现新发展理念的发展，坚持创新、协调、绿色、开放、共享发展相统一。

"对于我们国有企业的高质量发展，我认为创新是第一动力，也是重要标志。你们去看看'二战'结束以来，开启工业化进程甚至短暂跨过中高收入门槛的国家很多，但真正跨越中等收入陷阱、成为发达国家的不多，只有韩国、新加坡、以色列等少数国家。这些国家有一个共同特征，那就是在全球创新和产业链分工中占据关键位置。

"中央提出来要实施创新驱动发展战略。从微观的角度，我个人认为要形成以企业为主体的创新体制。因为企业在市场经济的一线，最了解人民群众鲜活生动的消费需求和普罗大众的市场需要，并且有动力把技术创新转化为产品创新和服务创新。"

"周师兄，我们一谈起企业创新，感觉多是大型企业在生产制造、技术革新、产品研发等领域的举措和机制。他们有实力，也有技术做企业创新。但是，对于像粤鹏集团这样的中小企业，如何实现创新驱动呢？"童朗辰不解地问。

周泽明微微一笑，说道："大企业在攻克重要领域'卡脖子'技术，掌握更多'撒手锏'式技术方面，具有资金、技术、人才、平台等各方面的优势条件，毫无疑问发挥着创新引领发展的作用。对于我们中小企业而言，正是因为市场竞争激烈，产品迭代日新月异，创新反而发挥更显著的驱动作用。

"就像我们刚才看到的爱得佳品牌，如果不在四年前就谋篇布局，在科技研发方面投入巨资，提高产品的含金量。那我们现在就会有三种死法。

"第一种死法，闷死。产品生产出来了，国外卖不出去。从出口来说，欧盟早就出台了环境足迹产品指导目录（Product Environmental Footprint, PEF）。PEF在评估方法和标识认证上，全面统一欧盟现有的各种绿色贸易壁垒，从产品生产各个环节进行评价。不管你的产品有多好，只有通过认证才能进入欧盟市场。而且，欧盟平均不到

绿色贸易壁垒

是指在国际贸易活动中，进口国以保护自然资源、生态环境和人类健康为由而制定的一系列限制进口的措施。

两个月就更新一版绿色贸易壁垒的法规。如果你还是用以前的老方法、老思想、老套路去卖东西，必死无疑。

"我们粤鹏集团在四年前设立科研中心，包含了三个分中心。打样中心是采用内部市场化的手段运营，提高对客户需求的响应速度；研发中心是锚定绿色环保的总方向，研判面料发展趋势，设计低碳环保的新产品；检测中心既为我们自己的产品服装提供检测和认证，也为珠三角地区的企业提供检测、培训等服务，帮助外贸企业跨越绿色贸易壁垒。"

"从这几年的实践看下来，这条路我们还真的闯出来了。这个科研中心采用公司制运营，不仅能够养活自己，减轻公司的负担，而且通过提供各种咨询、设计、检测等服务，实现盈利。它已经成为我们公司业务发展的一个新增长点。"

"周师兄，除此之外，这个科研中心也使得粤鹏集团在战略研究、研发设计和检测认证这些关键环节上掌握了主动权吧？我觉得这既是产品创新，也是服务创新、供应链创新。"潘小敏说。

潘小敏说完，童朗辰和刘伟都点头赞同。

"没错，我们总算没被闷死，劈开了一条新路。"周泽明笑言。

"做企业真是不容易。"童朗辰有感而发。

周泽明接着说道："第二种死法，国内卖不出去，憋死。现在市场竞争太激烈了。你刚出一款产品，四季青服装市场和某宝上面马上出现同款。比价格吧，它比你的价格还低；比渠道吧，它的手段比你丰富；比技术吧，你没技术含量，它才容易模仿。产品批量生产了，就是卖不动，那就被活活憋死。

"以往大宗商品和钢贸行业为什么风险很大？一方面是受国内外环境和行业周期波动的影响；另一方面是企业自身的科技含量低，抗风险能力差。

"粤鹏集团从四年前，就开始聚焦专精特新供应链和智慧钢铁供应链这两个平台，谋篇布局，加大投入。我们利用数字化、物联网、AI人工智能技术，贯通大宗商品和钢贸产业的销售、仓储、物流全产业链数据，逐步构建全链条大宗智慧供应链体系，提升企业的抗风险能力。现在，我们已经从纸上谈兵进入排兵布阵阶段。

"这样哪怕行业再发生周期性的波动，企业的生存能力和发展韧劲也会大大增强。有了这些技术支撑形成的竞争壁垒，我们就不至于一遇到风吹草动就晃晃悠悠；不至于遇到一两个业务风险就岌岌可危；不至于我们在行业最低谷的时候撑不下去。这样的话，我们就不会出现第三种死法：饿死。"

童朗辰想了一下，说道："周师兄，您说的这三种死法，让我想起了股神巴菲特的一句话 'Only when the tide goes out do you discover who's been swimming naked'（只有当潮水退去了，才知道谁在裸泳）。企业的创新能力就好比救生圈。海浪打过来了，我们有救生圈，生存的概率就会大很多。不管是退潮还是涨潮，我们都能撑下去。比起裸泳来，我们的胜算概率大一些。这就是抗风险能力。"

听了童朗辰的话，周泽明哈哈一笑，说道："这个救生圈不仅要有，还要提前准备。不仅要准备一个，还要准备多个。这样你才敢在大海中劈波斩浪。

"我们是一家竞争性国企。和民营企业比，效率不占优势；和外资企业比，管理不占优势；我们没有垄断性资源，又要和其他企业同台竞争。怎么办呢？只有不断改革创新，由市场机制倒逼我们去自我革命，不断塑造组织变革能力，构建创新发展的机制体制，这样才能有活力、有效率。我们外贸行业是最先实行混合所有制改革的，充分享受了政策的红利。"

"这个政策红利是不是指员工持股计划？"潘小敏问。

"在混合所有制改革的时候，职工通过自然人持股和职工持股会持股两种方式，分享了企业高速发展的红利。前几年，职工的收入除了工资奖金以外，股权分红也是一笔不小的收入，充分地调动了广大职工的积极性。"周泽明说。

"那像我们这样的应届生如果来粤鹏集团工作，有没有股权呢？能不能享受这个红利呢？"刘伟问了一个现实的问题。

"好问题。混合所有制改革到现在也有十多年了，发挥过巨大的作用，也出现了问题。

"有的企业发展得好，净资产不断提升。这种企业的好处是职工可以分享企业发展带来的红利，手里的股权可以不断增值。但是也有一些职工不思进取，坐享红利；有的企业发展得不好，股权不断贬值。将要退休的职工股权退不出去，没人来接盘。你们说怎么办？"

周泽明的问题让三人陷入了思考。

"这些都是现实中的问题。粤鹏集团是怎么解决的？"潘小敏忍不住问。

"从四年前开始，我们就提出来通过深化股权改革，建立内部股权浮动机制，充分发挥股权的激励作用，为公司转型升级提供可靠的机制保障。

"具体的说，就是运用合并重组、转让分拆等手段，逐步调整优化公司业务布局，建立人才、资金等要素的合理流动机制，扶优汰劣。

"当时我们提出来，经过3—5年的培育，形成2—3家综合竞争力强、年利润超1000万元的核心子公司，2—3家主业突出、年利润超500万元的优质子公司。

"现在来看，这些目标都提前实现了。"周泽明说。

"周师兄，刚才讲了产品创新、服务创新、供应链创新。这一块应当是机制创新。您刚才讲的建立内部股权浮动机制，具体是怎么样的？"潘小敏对于刚才的问题依然念念不忘。

周泽明笑了一下："不错，做学问就是要有打破砂锅问到底的勇气。"

潘小敏不好意思地笑了笑，专注地看着周泽明，手里的笔做好了记录的准备。

"我们采取了四个步骤。一是重新确定职工持股的对象。按照'骨干持股、分级持股'的原则，重新确定持股会入会人员的范围。像你们这些研究生，进到公司以后，工作满一年就符合入会的条件。"

听到这里，三个人都露出欣慰的表情。

"二是将自然人持有的股权逐步转入职工持股会。公司高管需增持股权的，一律从职工持股会获得；以自然人身份持有股权的公司高管凡调离、退休等需转让股权的，一律转到职工持股会。这样通过建立职工持股会这个平台，逐步减少自然人的股份占比。

"三是调整股权分配规则。适当提高公司高管的持股比例；子公司按单位基数、贡献率核定持股数额，再由单位分配给符合持股条件的员工。这样，就可以将股权向关键岗位、重点岗位倾斜。

"四是建立职工持股会股权浮动机制。职工持股会以经营业绩和绩效考核为依据，每年对符合持股条件会员的持股比例进行浮动调整，充分发挥股权的激励作用。"

"这样一二三四做下来，混合所有制的激励作用又发挥了。"潘小敏说。

"混合所有制的激励作用只是一方面，关键要通过混改实现什么？我们认为，要通过改革，引入理念认同、目标一致的战略投资者，带来优质资源和管理提升。

"像我们旗下的华茂、华意、华源、华能公司这几年快速发展，就是以混合所有制改革为突破口，通过引战增资，不断优化股权结构，实现了'引制度、引治理、引资源'的目标。"周泽明说。

"我的理解是深化股权改革，推进机制创新的前提是企业扎实的绩效评价和薪酬分配机制，不然工作价值和贡献率的评定就没有基础。"童朗辰说。

"朗辰说得好。我们通过深化股权改革，也带动了岗位、绩效、薪酬三项制度的改革，修订了相应的管理办法。

"同时，公司率先开展职业经理人选聘改革试点，探索建立市场化薪酬分配体系，构建以岗位价值为基础、以绩效贡献为依据的薪酬管理制度，以岗定薪、按绩取酬、岗变薪变，实施灵活多样的中长期激励机制。

"这些改革和创新都是环环相扣、不可分割的一个整体。当然，创新成为企业发展的第一驱动力，首先要在治理结构上明确定位，设立机构，赋予权责。这就要建立系统的、均衡的公司治理结构。"周泽明说。

⑤ 公司治理力：建立均衡治理结构，提升公司系统治理效能

"周师兄，公司治理结构指的是股东方、董事会和管理层之间的关系吧？和创新也有直接的关系吗？"潘小敏疑惑地问。

三个人一起抬头看着周泽明，看来有同样的问题。

周泽明微微一笑说道："你说的是一种典型的定义。没错，公司治理结构是由所有者、董事会和经理层形成的一定的相互关系框架。

"广义的公司治理结构，包括了所有者（股东）对公司的经营管理进行

监督、激励、控制和协调的一整套制度安排，它反映了决定公司发展方向和经营业绩的各参与方之间的关系。

"这个制度安排，不仅仅是所有者、董事会和经理层的相互关系，而是包括了创新管理在内的企业运营发展所必需的一整套制度体系。参与的主体既包括了所有者、董事会和经理层，也包括了公司机构和全体员工。

"只有对各类主体的责任、权力进行明确的定位，才能形成决策权、执行权、监督权相互支撑、相互制衡、相互促进的治理体系。只有从组织架构、运行规则和主体关系上明确风险防控、创新发展、市场营销、财务管理等重要职能的定位，才能促进相关部门各司其职，高效协同，形成相辅相成的管理体系。"

"这个公司治理的概念更系统，更立体，比我们平常说的法人治理内涵更丰富。那能不能说法人治理是公司治理中最核心的部分呢？"潘小敏问。

"我个人理解，法人治理结构是公司治理的核心环节和基础结构，也是现代企业制度的核心，需要做好顶层设计。同时，像创新发展、风险防控、人才发展这些重要职能都需要科学的治理机构设计，需要在组织保障、职能定位、运行规则、激励机制等方面赋予权责、定下目标、拿出举措。

"第四个维度我把它叫作公司治理力。"周泽明说。

潘小敏点点头，又开始记了起来。

"师兄，您刚才讲到中国特色现代国有企业制度，'特'就特在把党的领导融入公司治理各环节，把企业党组织内嵌到公司治理结构之中。粤鹏集团在法人治理建设这方面是如何做的？我感觉混合所有制和国有独资公司应该有所不同吧？"童朗辰抬头问道。

听了童朗辰的问题，周泽明反问道："你觉得有哪些不同？"

"如果是国有独资公司，出资人是国资委或上级国有独资公司，党组织领导体制完备，利益一致，认识一致，决策容易达成共识；如果是混合所有制公司，党组织发挥领导作用可能面临很多挑战，比如国有股权比例一降低，其他股东和管理层对党组织的地位和作用认识就未必一致。

"我们在调研中发现，有的企业国有股权比例降低到了一定比例以后，很多人就不认为自己是国有企业了，就觉得国企的那套规章制度不适用了。

有的股东甚至不同意设置党建、纪检岗位，认为它是虚的，产生不了效益。粤鹏集团有没有遇到过这样的问题，是怎么处理的？"童朗辰问。

"有的。几年前，我们一个下属子公司的总经理，也是党支部书记，就是觉得国有股比例只有百分之三十，国企的这些条条框框不适用了。企业党组织形同虚设，决策程序缺少监督，组织结构缺少制衡，一把手说了算。结果公司风险频发，连年亏损，差一点破产倒闭。

"虽然国有股权比例下降了，但是这个公司仍然是国有资本相对控股，并且具有实际控制力。所以，必须坚持党对混合所有制企业的领导，这是一个重大原则问题，绝不能有丝毫含糊。那么怎么坚持领导，提高认识呢？首先就要从顶层做好设计，在制度上明确党组织在公司治理结构中的法定地位，健全和完善党组织发挥领导作用的体制机制。

"公司章程是企业内部的根本法。把党的领导和党建工作写进公司章程，要理直气壮，而不能含含糊糊。前几年，我们在进行混改时，把党建进章程作为引进战略投资者，选择合作伙伴进行谈判协商的首要条件。同时，在谈判过程中通过沟通交流，增强合作投资方对国企党建工作的认识和信任。

"有了这个法定地位，党的领导和党建工作才有话语权，才能坚持党的建设同步谋划、党的组织和工作机构同步设置、党组织负责人和党务工作人员同步配备、党的工作同步开展。

"这样一个四同步其实就体现了四融合，党的政治优势与现代企业制度融合、组织体系与法人治理结构融合、党管干部党管人才与企业人力资源管理融合、思想政治工作与企业文化建设融合，确保党的领导和党的建设在混改中得到加强。"周泽明说。

"周师兄，我一直有个问题。比如我是战略投资者，我们来合作。你们粤鹏集团是大股东，或者是相对控股，然后党建又要进章程。那我就想，你们是大股东，然后又要发挥党组织的领导作用。什么事情一表决，都是你们占多数，我这样的小股东还有存在感吗？我还有话语权吗？我还有积极性合作吗？"刘伟很认真地问道。

三个人一起看着周泽明。

"很好的一个问题，也是一个很现实的问题。其实，在混合所有制企业里，由于产权结构的多元化，党组织领导作用的发挥也受制于各股东和经理层的认可和支持程度。相比国有独资公司，混合所有制企业里党组织参与重大问题决策的机制难度大大增加了。

"刚才刘伟问的问题很实际，也是战略投资者普遍关心的问题。为了提高小股东参与公司治理的积极性，我们做了三方面工作。一是在公司章程设置小股东和派驻董事一票否决权；二是明确大股东董事会席位不超过三分之二，让小股东增加话语权；三是请小股东委派专业人员担任董事会下薪酬、战略、创新等专门委员会主任委员等。这样既提高了小股东的积极性，又完善了董事会决策体系。"

"积极性提高了，决策效率是不是会受到影响？如果滥用否决权，很多事情可能会久拖不决。"潘小敏问。

周泽明点点头说道："在混合所有制企业中，会遇到这样的问题。因为股东利益的诉求不完全一致嘛。举个例子，我们有个智慧钢铁供应链项目。粤鹏公司希望子公司落实党中央自主创新、攻克'卡脖子'技术的决策部署，自主研发软硬件智能集成系统，形成核心控制产品。这个是需要投入巨资，花费时间和成本研发的，而且有一定风险。

"而小股东的利益在哪呢？他们和我们合作的目的主要在于利用国企的授信额度，同时依托我们的销售网络，扩大市场占有率，获取资本收益。对于这样花时间、花成本的自主创新项目是不赞成的。公司章程规定，非公股东方对公司重大事项有一票否决权，可以单方面否决议题上董事会。于是他们就迟迟不让我们国有股东方提出的相关议案上董事会。

"怎么办呢？只有不断化解矛盾、统一认识。公司党支部形成决议后，部署相关党支部委员持续、细致地做思想工作，搭建股东之间沟通交流的桥梁纽带。公司党支部联合工会组织两个股东方相关人员去华为公司、大华股份、海康威视等高科技公司参观考察、学习交流，让他们现场感受自主创新的重要性和紧迫性。同时，我们在激励机制、风控机制方面进一步细化操作性方案。最后，大家取得了共识，推动董事会正常召开，并通过了这一方案。"

"周师兄，我还有个问题。如果小股东派出的董事里面有他们自己的党员，那这个党员能按照'双向进入、交叉任职'的方式进入公司党组织吗？不知道粤鹏集团有没有这种情况？"刘伟问道。

"有的。我们有个健康环保供应链项目。小股东派出的董事，是一名党员，也是一个环保方面的专业人员。我们粤鹏集团党群部经过考察，认为这名党员政治素质高，专业能力强，作风正派，可以加入公司党支部。这实际上有利于合作各方的交流和沟通。因为大家在落实中央决策，形成大局意识、长远眼光方面更容易达成共识；而且一旦形成决议，由他去做合作方的思想工作，比我们国有股东方更有优势。"周泽明说。

"通过这样的顶层设计，混合所有制企业里有党组织、董事会、经理层还有监事会等治理主体，每个治理主体之间的权责边界在什么地方？党组织在支持其他治理主体行使职权的同时，怎么发挥好领导作用呢？治理主体之间的协同配合体现在什么地方呢？"童朗辰发出了三连问。

周泽明笑了一下："你们对这个问题思考得很深，我还不能就这样简单地一问一答，那我就具体说说我们粤鹏集团层面是怎么做的吧。"

周泽明起身到电脑边打印了三张纸，递给了三个人。

"这是上个星期办公室刚发给我的，总结了过去几年我们法人治理的工作要点。"

一听说周泽明要重点说说法人治理的具体实践，三个人都露出欣喜的神情。因为，这方面是他们课题研究的关键环节。

"明确一个定位。党委会、董事会、监事会、管理层到底什么定位。在我们粤鹏集团是这样的：党委核心领导，董事会战略决策，监事会依法监督，管理层全权经营。

"建立两项机制。领导机制和决策机制。首先，建立党委和董事会、监事会、高管层'双向进入、交叉任职'的领导体制，我就是党委书记、董事长、法人代表'三肩挑'。其次，修订党委会工作规则，明确党委的职责、决策制度和工作程序。在董事会决策前，积极沟通，充分传递党委会的意见，使党委决策按照法律程序转化为董事会决议。

"重大决策形成后，党委通过宣传发动、个别交流，统一各方面对重大决策的思想认识，提高执行决策的自觉性和主动性，确保决策得到落实。所以不是简单的党委委员进入董事会这一件事情。

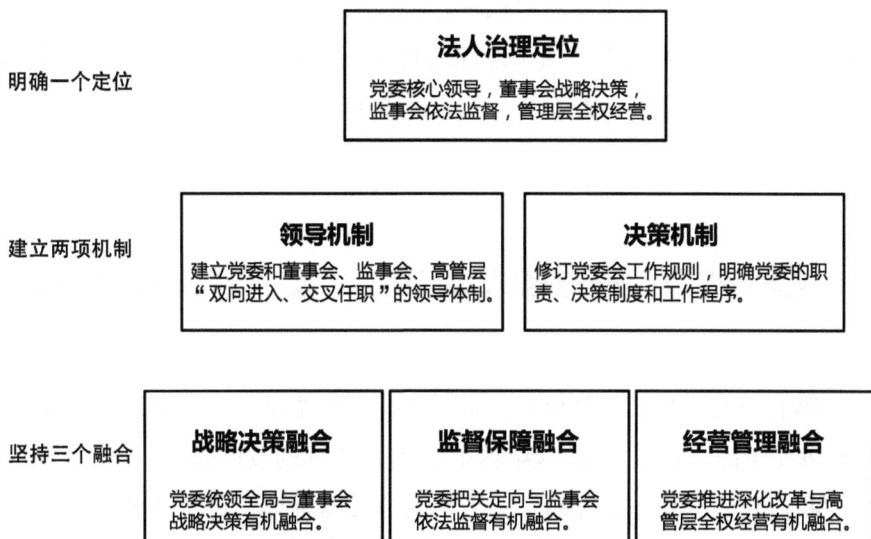

	法人治理定位
明确一个定位	党委核心领导，董事会战略决策，监事会依法监督，管理层全权经营。

	领导机制	决策机制
建立两项机制	建立党委和董事会、监事会、高管层"双向进入、交叉任职"的领导体制。	修订党委会工作规则，明确党委的职责、决策制度和工作程序。

	战略决策融合	监督保障融合	经营管理融合
坚持三个融合	党委统领全局与董事会战略决策有机融合。	党委把关定向与监事会依法监督有机融合。	党委推进深化改革与高管层全权经营有机融合。

粤鹏集团法人治理的一二三原则

"坚持三个融合。

"首先，在战略决策上，党委统领全局与董事会战略决策有机融合。董事会作为公司治理架构中的决策机构，重点在战略决策、高管管理、薪酬管理和风险管理等方面发挥主导作用。党委重在谋全局、议大事、抓重点，积极提出重大改革发展的意见建议，作为董事会制定战略的重要依据。党委和董事会协调一致、相辅相成，有独立也有配合。

"其次，在监督保障上，党委把关定向与监事会依法监督有机融合。监事会是公司治理架构下的监督机构，重点监督董事会、高级管理层的履职尽责情况。我们粤鹏集团的监事长是公司纪委书记担任的，通过依法履行职责，发挥监事会的独立监督作用，切实把党委把关定向作用落到实处。

"最后，在经营管理上，党委推进深化改革与高管层全权经营有机融合。高管层根据董事会的经营发展目标，制订年度计划，落实经营发展责任。

"党委不直接干预日常经营管理，而是通过两种方式推进改革发展。一方面，党委书记、董事长参与管理决策，把党委的决策意图落实到经营计划中；另一方面，党委通过党支部推进子公司的改革发展，以党建带领工会、共青团和职工群众，支持和参与深化改革、转型发展。"

"明确一个定位，建立两项机制，坚持三个融合。这么精练的总结，这么丰富的案例，周师兄你要是回到我们管理学院来讲课，那估计是场场爆满。"童朗辰及时给的一顶高帽，让周泽明会心一笑。

⑥ 风险管控力：坚守安全发展底线，持续完善风险防控机制

"第五个维度是风险管控力，牢牢掌握工作主动权，不断筑牢企业经营发展的安全屏障。在这方面，粤鹏集团是有过惨痛的教训的。"

"我们新领导班子到任后，一方面实施瘦身强体、进退并举，全面化解重大危机风险；另一方面坚持构建体系、形成闭环，启动子公司财务经理委派制，开发业务财务一体化ERP系统，启动财务共享中心建设，实施财务经理委派制。粤鹏集团以系统化、集成化思维建立全面风险管控体系，确保风险可知、可测、可控、可承受、共分担。"

"周师兄，风险防控可知、可测、可控、可承受、共分担这方面能不能举个具体的例子，让我们理解得更透彻些？"趁着周泽明停下来喝水的空隙，潘小敏提了一个问题。

童朗辰和刘伟都点点头，对潘小敏投以赞许的目光。

显然，他们不满足于周泽明简略的描述。

周泽明微微一笑，说："不好意思，刚才我说得太简单了。我具体说说吧。

"可知，是指我们对风险管理有正确的认识。企业经营始终与风险相伴。企业经营的任何一项业务都需要承担风险，只享受收益而不承担风险的业务是不存在的。一般来说，风险越大，收益越大，我们的责任是管理风险。最糟糕的事情是对风险没有正确的认识和错误管理风险。因此，可知是第一位的。我们粤鹏集团建立了一整套的风险管理培训机制，让新员工从上

岗一开始就建立全过程风险管控意识，学习风险控制手段，有力识别、预警和防范各类风险。

"可测，是指风险的识别和评估。像我们粤鹏集团的风险，主要有法律风险、市场风险、运营风险、财务风险和廉洁风险。对这些风险，要用科学手段来测量和评估。严禁开展任何未经风险评估、未落实风险管理措施，以及未经授权的业务。在风险防控的各个阶段，我们要考量的就是找到风险并经过控制后，这个业务的收益与风险是否相匹配？是风险与收益相当？还是风险大于收益？或者风险小于收益？

"可控，是指我们风险控制的流程体系。在组织架构上，董事会确定总体风险管理战略；风险管理委员会定期审议公司风险状况的评估报告，决定重大风险事项；风险管理执行部门负责实施具体的风险管理策略。一个业务能不能做，应该怎么落实风险管控措施，我们有明确的规定和流程。同时，我们根据广泰集团的统一部署，以数字化改革倒逼制度重塑、流程优化、管控闭环，在ERP的各个环节，以集成化的思维建立全面风险管控体系。

"在子公司，我们建立了风险控制的三道防线。业务员是第一道防线。业务员必须严格按照公司制度流程对业务筛选、研判，识别风险。部门经理是第二道防线。守土有责，守土尽责，把控业务的关键节点，预判可能发生的后果，拟订应对措施。同时，我们在各子公司党支部配备了纪检委员。纪检委员是第三道防线。他作为监督的再监督岗位，对业务流程关键节点及相关人员履职尽责进行全面监督，促进公司各岗位相关人员守住规矩底线，不碰纪律红线。"周泽明说。

童朗辰听了以后，有一种豁然开朗的感觉，说道："我们在做这个课题的时候，经常遇到的一个问题是党建业务与经营业务两张皮。周师兄您讲的这个举措，真正体现了党建与业务有机融合的思想。纪检委员一方面协助党支部书记落实党风廉政建设和反腐败工作，建立廉洁风控体系；另一方面充分发挥贴近一线、熟悉业务的优势，对业务制度和风控措施提出更有针对性的意见，帮助各职能部门加强监督。"

"这样就是防火线上加防火墙。"刘伟补充说。

"可承受，是指风险管理，以风险控制在公司风险容忍度之内为目标。

刚才已经说过了，不存在没有风险的业务。风险管理始终要将风险控制在可承受的范围内。"周泽明说。

"如果风险控制分为事前评估、事中监督、事后控制三个阶段。可承受是不是主要指事后控制阶段，特别是当风险产生以后所采取的措施？周师兄，我这样理解不知道对不对？"潘小敏问。

"可承受，应该在事前评估也要体现，这实际上决定了公司要采取的风控措施。"刘伟说。

"对的。可承受是贯穿事前评估、事中监督、事后控制整个过程的，它是一项基本原则，在不同的阶段有不同的重点。

"共分担，是指业务团队和公司共担风险，共享收益。我们粤鹏集团实行了一种激励制度，就是项目配资。这个和金融行业里的项目跟投有点类似。一个业务团队在发起一单业务时，按照一定比例投入资金。比如说这个项目总投入资金是5000万元，那么公司出90%的投入资金，业务团队出10%。现金可以，房产抵押也可以。如果增加投入，按同样比例配比。

"回款的时候，首先回公司的款，然后回业务团队的款。这样风险共担，收益共享。业务团队除了按照公司的考核政策拿奖金以外，还享受这笔业务利润的10%。如果业务团队在公司有股份，还可以享受公司的每年分红。"

周泽明说完，三个人露出钦佩的神情。

"我觉得这个共分担是风险防控机制里面最关键的一点。自己的钱投进去以后，第一，不会为了做业务而冒险投机。猫和老鼠的游戏不太可能发生了。因为猫和老鼠绑在了一起，利益一致，目标一致。第二，业务运作的每个环节，业务员都会紧紧地盯牢，打起十二分的精神，因为他自己的钱也在里面。这种风险防控意识可以说是自动自发。"童朗辰感慨地说。

"这个共分担的机制我们在华能公司试行了一段时间，效果还不错，准备推广到其他子公司。你别看业务团队要投自己的钱，实际上项目做成功了，他们的收益很可观。"

周泽明说完，童朗辰问道："周师兄，通过建立可知、可测、可控、可承受、共分担的风险驾驭能力，粤鹏集团这两年的成效体现在什么方面？"

"通过大家的努力，现在粤鹏集团下属的华策公司已经扭亏为盈，华茂公司解除货款危机，收回本金和违约金7000多万元，处置盘活低效无效资产8项，回笼资金3.2亿元。其他几个子公司到目前为止，没有再出现大的风险事件。"周泽明说。

"看来风险管理是企业经营的紧箍咒，不能怕烦，不能怕念，不能怕疼，要始终如一，如影随形。"刘伟不由自主地发了一句感慨。

"紧箍咒这个比喻有意思。企业经营的过程就是和风险共舞的过程。我们要求全员、全过程、全天候树牢风险控制意识。你们如果来我们粤鹏集团开会，只要不是上级领导来参加的，我们每个会前面十五分钟，一定是讲风险管控案例的。但是，我们和紧箍咒不一样。紧箍咒是痛的。我们讲风险管控的案例内容是严肃的，氛围却是愉快的。毕竟，大家工作都不容易，为什么不多一些笑声呢？"周泽明说。

"这个我们有体会。我们进到粤鹏大院里，还没走几步，就被保安叫住了。本来，我们想，这么多人进进出出，他们不一定能认出我们来。结果，保安一下子就发现我们是陌生人了。这说明我们粤鹏集团安全防范这根弦绷得很牢。"潘小敏深有感触。

"何止绷得紧，前面周师兄介绍过了，粤鹏集团五年规划中，管理提升和风险控制是腾飞的两翼。"刘伟说。

07 人才发展力：营造良好发展生态，打造高素质专业化铁军

"第六个维度是增强人才发展力，打造高素质专业化的国企铁军。国有企业有几个方面的优势，其中一个就是人才优势。但是怎么将人才优势转化为源源不断的企业动力？这是我们班子到任后首先考虑的问题。

"这几年，粤鹏集团坚持党管干部党管人才原则与市场化选人用人机制相结合，建立包括能力培养、轮岗锻炼、市场选聘、选拔任用、正向激励等一系列模块的人才发展体系，树立以实绩实干论英雄的用人导向，营造了人

才发展的良好生态。"

"周师兄，我们注意到以往国有企业的人力资源部门名称都是人力资源部，这几年有的企业改成组织（人力资源）部，有的改成组织发展（人力资源）部，有的改成党委组织（人力资源）部，有的改成人力资源（党委）组织部，这个是不是党管干部党管人才原则在组织保障上的一种体现？"童朗辰问。

"朗辰，我问问你，人力资源工作有哪些功能模块，人力资源部的定位是什么？"周泽明用提问的方法，先看看童朗辰对人才工作的认识。

"我的理解是，企业人力资源工作包括人才的引进、选聘、使用、发展、激励、考评这些方面。人力资源部的定位如何？一方面要看这个企业的战略导向，有的定位是事务性的，以算工资、搞培训、招人员为主，有的定位是战略性的，要参与到企业的战略规划和执行中；另一方面要看这个企业的发展阶段，初创期、发展期和成熟期是不一样的。"童朗辰答道。

听了童朗辰的回答，周泽明笑了笑，说道："不错，阶段不同，策略也不同；战略不同，定位也不同。其实人力资源管理是个舶来词，国内熟知的方法和理念大多来自美国。但中国人力资源从业人员所面临的挑战与美国同行是有根本区别的，即美国的社会及法律环境已经把'组织'这件事的边界都大致划定了。具体来说，人的权利、权力制衡等不仅已经有法律保障，而且已经成为集体潜意识。这些法律及社会环境对于个体企业如何组织起来有着根本性的影响。

"举例来说，你想让我996工作？对不起，我的度假计划已经安排好了。海边日光浴是我生活必不可少的一部分。你想强迫我工作？或者，你因为这个不录用我？你可要想好啊，法律写得清清楚楚的，吃不了可是要兜着走的。

"在这种文化环境下，欧美企业的人力资源部门重点是对人才的选用育留等，就是你刚才说的六个模块。但是，中国企业不一样，中国企业的人力资源部门还承担着组织发展的任务，包括总部和子公司的组织设计、各单位的职能定位和权责边界、组织管控和授权机制的设计等。这些内容实际上和欧美企业有很大的差别。"

"原来如此。难怪有的企业把人力资源部门叫作组织发展部。这个名称的含义和功能要比人力资源部丰富得多。"刘伟插了一句话。

"对于国有企业而言，组织这两个字不仅代表组织实体，还代表着党组织。政治路线确定之后，干部就是决定的因素。国有企业的干部就是企业的核心人才。党管干部、党管人才是我党的光荣传统，也是国有企业的政治优势。

"其实，不仅是国有企业，很多民营企业也重视组织发展和干部培养。华为很早就成立'干部部'，强化干部管理条线，将干部管理彻底从人力资源部分离。人力资源部管规则与监督，干部部管人。华为这些年的快速发展离不开对干部队伍的打造。"周泽明说。

"周师兄，国有企业中的党管干部党管人才主要体现在哪些方面？"潘小敏问。

"主要体现在三个方面。"周泽明说。

"火车跑得快，全靠车头带。首先就是选优配强成员公司的领导班子。领导班子是一个公司的发动机。领导班子配得不好、不强，这个公司就会老出问题。像我们子公司的负责人都有多个岗位的业务经历和管理经验，其他班子成员注重专业化的搭配。其次，在干部选拔使用上，坚持选优、严管、厚爱的原则，激活干部干事创业的奋斗基因。

"选优，就是严把入口的门槛。我们是企业，企业是要讲效益的。党建工作的成效最终要用企业改革发展的成果来检验。粤鹏的干部选拔聚焦业务经营的主战场、项目攻坚的第一线，大力选拔勇于担当、善于作为、实绩突出的好干部。

"严管，就是扎紧制度的笼子。我们通过建立健全管理监督、激励约束等机制，对在攻坚克难和党的建设等工作中有不作为、乱作为的干部早发现、早提醒、早处理，开展提醒函询诫勉、谈心谈话。严管其实就是保护干部。

"厚爱，就是打造成长阶梯。我们制定出台了几个推进激励干部勇于担当作为的制度文件，建立和落实关爱干部、激励干部的系列措施，持续开展评比表彰活动，并对获得表彰的好干部，落实三个优先：优先宣传褒奖、优先选送培训、优先提拔重用。

"干部干部，干是当头的，既要想干愿干积极干，又要能干会干善于干。"

"周师兄，您刚才提到了党管干部党管人才这个人才发展的根本原则，请问干部不属于人才吗？为什么强调党管人才的同时，还要再强调党管干部？这是国企的特色吗？"刘伟说。

听了刘伟的问题，周泽明微微一笑，说道："干部肯定是人才。干部这个词来自日语，意思是骨干部分。而日语的干部其实是日本人根据法语'cadre'一词翻译过来的。法语'cadre'这个词语的本义是骨骼，指在军队、国家机关和公共团体中起骨干作用的人员。20世纪初，'干部'这个词被引进中国以后，孙中山、蒋介石、毛泽东等频繁使用。1922年7月，党的二大制定的党章中，第一次使用了'干部'一词。从此以后，在党政机关和企事业单位中担任一定公职的人员都称为'干部'。党的十二大党章指出，干部是党的事业的骨干，是人民的公仆。"

"这个干部应该和西方管理学中所谓的管理者的角色相似吧？"童朗辰问。

周泽明想了一下说："国有企业的干部是指担任一定职务的人员，也就是管理者。在这一点上，两者有共通之处。但是，我们所说的干部比西方管理学中的管理者又多了一个属性，那就是政治性。"

"周师兄，这个政治性主要体现在哪些方面？"潘小敏问。

"在干部选拔使用上，政治标准是第一位的。选人用人必须严格落实'两个不得''三个不上会''凡提四必''五个不准'干部任免要求。"

周泽明讲完，看着这三个人不太明白的样子就继续讲了下去。

"'两个不得'是指不得以个别征求意见、领导圈阅等形式代替党委（党组）会集体讨论决定干部任免，党委（党组）主要负责人不得凌驾于组织之上，反对和防止个人或者少数人专断。

"'三个不上会'是指讨论决定时，没有按规定进行酝酿动议、民主推荐、组织考察的不上会，没有按规定核实清楚有关问题的不上会，没有按规定向上级报告或报告后未经批复同意的干部任免事项不上会。像上个月，公司党委在考察一个中层经理时，收到了信访举报件。我们就把干部考察的事情暂停。等到纪律检查室把问题搞清楚，发现这个人没有问题以后，再继续

《党委（党组）讨论决定干部任免事项守则》的相关规定

《党委（党组）讨论决定干部任免事项守则》规定，选人用人必须严格落实"两个不得""三个不上会""凡提四必""五个不准"干部任免要求。

一、"两个不得"

1.不得以个别征求意见、领导圈阅等形式代替党委（党组）会集体讨论决定干部任免；

2.党委（党组）主要负责人不得凌驾于组织之上，反对和防止个人或者少数人专断。

二、"三个不上会"

1.没有按规定进行酝酿动议、民主推荐、组织考察的不上会；

2.没有按规定核实清楚有关问题的不上会；

3.没有按规定向上级报告或报告后未经批复同意的干部任免事项不上会。

三、"凡提四必"

讨论决定前，做到"凡提四必"，坚决防止"带病提拔"。

1.对拟提拔或进一步使用人选的干部档案必审；

2.个人有关事项报告必核；

3.纪检监察机关意见必听；

4.线索具体的信访举报必查。

四、"五个不准"

1.不准任人唯亲；

2.不准突击提拔调整干部；

3.不准临时动议决定干部；

4.不准超职数配备、超机构规格提拔任用干部；

5.不准泄露讨论决定情况。

后面的流程。

"'凡提四必'。讨论决定前，对拟提拔或进一步使用人选的干部档案必审、个人有关事项报告必核、纪检监察机关意见必听、线索具体的信访举报必查。

"'五个不准'。不准任人唯亲，不准突击提拔调整干部，不准临时动议决定干部，不准超职数配备、超机构规格提拔任用干部，不准泄露讨论决定情况。"周泽明说。

"周师兄，这个怎么听起来好像是对您这个一把手权力的约束呀？"潘小敏笑着说。

"对权力的监督，重点是对关键少数和一把手的监督。一把手要主动接受监督，自觉接受监督。这方面我们粤鹏集团是有过惨痛教训的。前几年，有个子公司几乎成了一把手的独立王国，什么事情都是一把手说了算。干部

'带病提拔'，把不合适的人放在了不合适的位置上，再加上重点领域防火墙失守，公司最终发生违规违纪违法事件，给国家造成损失。他自己也是锒铛入狱。"周泽明说。

"在市场化选人用人方面，粤鹏集团有什么特色？"童朗辰问。

"这也是我要说的党管干部党管人才的第三个方面，树立鲜明的以实绩实干论英雄的用人导向。粤鹏集团所在的商贸流通行业，是一个高度市场化的行业。要做大做强企业，只能把人才作为最根本的竞争优势。

"从四年前开始，我们坚持市场化导向，建立了'引选育用留'全生命周期人才服务体系。公司以战略为指导，打造分类分层的子公司'一企一策'考核体系，不搞'一刀切'，让考核体系贴近企业实际，真正发挥指挥棒的作用；对标行业薪酬水平，建立统一的价值评价模型，形成更加接轨市场，体现精准激励的薪酬方案。我们子公司管理层的考核指标主要是两大类，一类是经营业绩，一类是党建工作，各占一百分。

"粤鹏集团总部的中层经理，'80后'和'85后'占了50%以上。他们都是在基层一线工作过的，具有扎实的实践经验，现在发挥着重要作用。同时，我们坚持市场选聘人才和内部培养人才并重。现在的企业管理部和人力资源部经理都是我们前几年通过社会招聘引入的人才，发挥着重要作用。"

"周师兄，一个应届毕业生入职到国企一般要经过多长时间才能成为企业的人才呢？"潘小敏说。

周泽明想了一下，说道，"其实，在我看来，个个都是人才。关键是怎么使用，怎么发展。你要问的问题是怎么成为企业的干部吧？"

三个人都笑了。

"国企干部是我们党在经济领域的执政骨干，肩负着经营管理国有资产、实现保值增值的重要责任。毫无疑问，公司会创造良好发展的人才生态，大力培养干部，发展人才。"

"从个人的角度来说，要思考的是怎么把自己的专业特长和企业的经营发展结合起来？怎么把自己的职业发展和公司的战略规划结合起来？立足岗位，恪尽职守，做深做透。

"你只管努力，生活总会给你惊喜。"

周泽明临场发挥的一句广告语，让三个人又笑了。

"这几年，我们公司一批善于治企兴企、管党治党的复合型干部，敢于开疆拓土、改革创新的良将贤才走上了领导岗位；一批优秀青年骨干补充进领导班子。事实证明，党领导的国有企业是锻炼培养优秀人才的大熔炉。"

"周师兄，你们每年招聘应届毕业生吗？好像我们在中山大学没有看到过。"刘伟问。

"有的，数量不多，但是每年都招。这个属于校园招聘，应该是广泰集团，我们的上级公司统一组织的。你们到秋天的时候关注一下广泰集团的官网和公众微信号。"

"好的，我们回去一定关注。希望有机会成为粤鹏集团的一员。"潘小敏大大方方地说。

08 文化凝聚力：传承守护红色基因，激活企业健康发展动力

"欢迎，特别欢迎咱们管理学院的师弟师妹。国有企业党组织领导力的第七个维度是文化凝聚力。对于粤鹏这样一个曾经危机四伏的企业，五年前我们面临的最大问题就是人心涣散。

"你想想，当企业出现困难的时候，每个人如果都是只考虑自己的出路、自己的前途，这个企业还有救吗？

"所以，我们当时提出了信心比黄金还重要，要以正确的、积极的文化凝聚人、鼓舞人、激励人。"

"周师兄，我们在做企业文化的课题时，感觉文化这个概念包罗万象，各式各样，制度、体系、品牌、形象什么都能叫作文化。好像文化像个筐，什么都能往里装。粤鹏集团到底是怎么做的？"童朗辰问。

"经济基础决定上层建筑，上层建筑在一定条件下也会对经济基础起反作用，甚至在局部起到决定性作用。对一个企业来说，树立什么样的价值观、建立什么样的企业文化，是关系企业长远发展的根本问题。

"我们党在长期奋斗中形成的伟大建党精神、井冈山精神、长征精神、延安精神、载人航天精神、改革开放精神等红色基因，就是中国国有企业的天然基因，同西方那种资本控制下形成的企业文化有着根本不同。"

"周师兄，这是不是意味着西方的企业文化理论模型不适用于中国的国有企业？"潘小敏问。

听到这个问题，周泽明笑了："简单地回答适用还是不适用，都不是一个好的答案。"

"对于西方的理论模型，我们既不能照搬照抄，也不能全盘否定。我觉得我们要在全球视野的大格局下，深入中国本土企业，扎扎实实地开展理论和实证研究工作。我们要有勇气做理论创新工作，探索出中国方案、中国道路、中国模式。"

"周师兄，您刚才提到我们国有企业的企业文化和西方的有根本不同，而且涵盖内容包罗万象，那在实践中如何化繁为简、精准定位，体现我们党组织的领导力呢？"童朗辰问。

童朗辰的问题既问出了文化凝聚力在企业的定位问题，又问出了具体的表现形式，可以说是切中要害。潘小敏和刘伟一起抬起头来望着周泽明。

"我认为文化凝聚力的定位主要体现在传承和激发两个方面。红色基因是我们党的精神内核，是中华民族的精神纽带，鼓舞着一代又一代的中华儿女坚持梦想，勇往直前，面对任何艰难困苦都绝不动摇、不懈怠、不放弃。这是我们党独有的精神密码，也是我们国有企业文化的核心内涵。这是需要薪火相传的。

"在粤鹏集团最困难的时候，我们通过讲党课、学党史、强党建等一系列活动举措，让迎难而上、百折不挠的红色基因融入党员干部的灵魂血脉，鼓励全体职工聚焦于攻坚克难的中心任务上来。"

"我们刚才在一楼展厅看到粤鹏领导班子讲党课的照片，内容很丰富，形式很新颖。特别是周师兄您讲课的照片，下面的学员脸上有光，眼里有神，现场氛围感觉很好。这跟我们印象中一脸严肃、中规中矩的党课完全不同。"潘小敏说。

周泽明哈哈一笑："小敏你真会说话，谢谢。讲党课在我们粤鹏集团已成为传承红色基因的一种重要载体。我们讲党课不是照本宣科，也不是完成任务，而是把它与企业改革发展的中心任务紧密结合起来。这就是文化凝聚力的第二个定位：激活发展动力。

"传承红色基因的目的是什么？激活企业的发展活力。国有企业是一个经济组织。党建工作做得再好，企业文化再完美，如果不能促进企业的发展，那终究是空中楼阁、昙花一现。激活企业的发展活力，体现在方方面面，比如说组建党员先锋队、设立党员示范岗，开展小发明、小创造、小革新、小设计、小建议等五小活动，组织劳动竞赛，等等。

"我们评判一项文化建设活动的成效，主要看三个方面，是否有利于企业的改革发展，是否有利于提振企业的精神风貌，是否有利于丰富职工的文化生活，只要符合一条那就是有意义、有价值的文化活动。"

童朗辰听了以后，若有所思，说道："尽管企业文化的内涵非常丰富，内容多种多样，但是只要把握了这三个有利于原则，在实践中就是有价值、有意义的。我认为这也是企业文化建设的出发点和落脚点。"

"通过文化建设来凝聚人、鼓舞人、激励人是党组织领导力最直观的表现。什么是领导力？说到底是一种影响力，这种影响力的形成不是靠一天两天的活动，也不是靠哪一个人一句话两句话，它需要持之以恒、久久为功。文化建设的根本性、广泛性和多样性恰恰是影响力形成的最有效、最直观的途径。"

"除了三个有利于标准，粤鹏集团的文化建设有没有具体的抓手呢？"潘小敏问。

"文化说无形也无形，说有形也有形。每个人理解不一样，每家企业也有不同的做法。我们粤鹏集团主要是从三个方面入手。"周泽明看了一眼手里的提纲。

"第一，理论武装。以党建为魂引领企业文化方向。怎么引领呢，首先要靠理论武装。科学的理论是一面旗帜。没有旗帜就没有方向。除了刚才讲的讲党课、学党史、强党建一系列活动举措以外，我们还定期举办圆桌分享会，与职工探讨党的建设、宏观经济、国企改革等热点理论问题，弘扬正能量，提振精气神，从思想上把大家凝聚起来，让大家对企业的发展树立信心。

"第二，解决问题。光靠思想上的引导是不够的，要帮助员工解决实际问题。说到这里，我来考考你们。以前革命战争年代，我们党一没有钱，二没有地，三没有粮，怎么做思想工作，让老百姓支持我们？"

周泽明的问题让三个人又一次陷入思考。

周泽明起身到桌上拿了一个笔记本过来。

"前段时间，我在看书时，看到这么一段历史，很有意思。1941年6月，张闻天为中共中央宣传部起草了一份文件，名字叫《关于党的宣传鼓动工作提纲》，这是一份体现我们党马克思主义新闻观的历史文献。它提出了对一个鼓动家的四项要求：第一，了解党的路线政策；第二，有鼓动的能力，不管他是用激昂、比喻、幽默来达到都可以；第三，熟悉群众的语言；第四，与群众有密切的联系，了解群众的生活和心理。"

童朗辰看到周泽明翻开的笔记本里，工工整整地抄了一段话。一些词句用红笔重点标记。

"这四项要求，放到现在也适用啊。"潘小敏说。

"你看这四项要求里面，第四项非常有意思。'要与群众有密切的联系，了解群众的生活和心理。'书中举了一个例子，是说我们党领导的红军在游击战争中派工作人员到老乡家里筹款、筹粮。老乡家里的口粮都不够吃，他怎么能愿意拿出来给你们呢？要怎么做思想工作？"周泽明问。

"给老乡们说，我们打仗是为穷人打的。等我们胜利了以后，穷人就能分到田了。"刘伟说。

"如果是家里有田的老乡，不需要田呢？"童朗辰问。

周泽明指着笔记本说："这四项要求中，第一项，要熟悉党的路线政策。就是刚才讲的，要给老乡讲我们打仗的目的和意义。第二项，工作人员说话要有鼓动能力。他一说话，人家爱听，如果再能幽默一点，能把人逗乐了，那就更容易说话了。第三项，要熟悉群众的语言。三句话一说，马上就说到一起去了。关键是第四项，要与群众有密切的联系，了解群众的生活和心理。

"这个书上举了个例子，我党的工作人员到老乡家里，要仔细观察，了解群众的生活。他缺什么？他有什么？他需要解决什么问题？有个工作人员到一个老乡家里，就发现他家里有田、有粮，就是没媳妇，不知道怎么找对象。共产党派出的工作人员都是有文化的，能说会道的，就帮他分析，替他出主意，教他方法。就这样一来二去，这户人家给红军贡献了很多粮食。

"其实，早在中央苏区时期，毛主席就提出要关心群众生活，注意工作方法。"

周泽明看着手里的笔记本说道："毛主席是这么说的：关心群众的痛痒，就得真心实意地为群众谋利益，解决群众的生产和生活的问题、盐的问题、米的问题、房子的问题、衣的问题、生小孩的问题，解决群众的一切问题。[1]"

周泽明说完，问道："当年在苏区，毛泽东是临时中央政府主席，他为解决群众吃水难的问题，带领军民挖了一口水井的故事你们都听说过吧？"

"好像小学里学过，有点印象。"潘小敏说。

"1933年4月，中华苏维埃共和国临时中央政府从叶坪迁到了沙洲坝，通过一段时间的观察，毛主席发现当地百姓都是喝泥塘里的浑水。经过走访调查后，他弄清楚了即使干旱，当地百姓也不打水井的原因：一是打水井花费大，贫苦群众打不起；二是当地传说沙洲坝地底下有条'旱龙'，动不得。弄清楚问题症结后，他破除迷信，带领军民打了一口水井，让沙洲坝的贫苦老百姓喝上了甘甜的清水。

"当地百姓十分感激，给这口井起名为'红井'。正是我们党真心实意

---

[1]　毛泽东：《关心群众生活，注意工作方法》，《毛泽东选集》第1卷，人民出版社1991年版，第139页。

地关心群众生活的一切大事小情，帮助解决群众的种种实际问题，贴着心窝子关心群众，苏区群众才发自内心地跟党走、跟党干。真正的铜墙铁壁是什么？是群众，是千百万真心实意地拥护革命的群众。"

听完周泽明的讲述，三个人都是深有感触。童朗辰说："思想工作不是虚的。我们党之所以能在敌我力量悬殊的困境下坚持下来，由小变大，由弱变强，一步步走向胜利，所依赖的就是与人民群众的血肉联系。思想工作、文化建设不能只讲道理，还要解决群众的现实问题。"

周泽明说："我在看这段历史的时候，也是深受启发。我们的企业文化建设，一定要接地气，反映群众的心声，解决群众的问题。所以，我把解决问题列入了文化凝聚力建设的第二个要点。五年前，我们这里的华策公司出现资金链危机，企业面临破产倒闭的危险。职工集体去上级公司反映意见。回来以后，我们班子成员和他们每个人一对一地促膝长谈，了解他们的诉求，解决他们的实际问题。后来他们业绩表现最好的几个人实际上都是当初意见最大的人。你们想想看，问题解决了，包袱卸掉了，思想一致了，大家能不拧成一股绳加油干吗？

"第三，群团工作。刚才讲的三个有利于其中第三个是强调企业文化的作用。在促进企业改革发展的同时，要不断满足职工的精神需求，不断以新的形势、新的内容丰富和发展企业文化的内涵与外延。这就要发挥工会和团委的桥梁纽带作用，把大家团结在粤鹏集团这面旗帜下。上级公司组织的运动会、定向挑战赛等大型活动，我们不仅参加，而且努力争取名次。同时我们自己举办各种职工喜闻乐见的文体活动，增强职工的归属感和凝聚力。当然，还有其他方面，加强宣传、联系群众等。越是困难，越要把大家拧成一股绳。"

童朗辰点点头说："这个我们在一楼大厅看到了，有趣味运动会、毅行比赛、兴趣小组，还有周师兄参加马拉松比赛的照片。丰富多彩，朝气蓬勃。没想到周师兄还是个运动健将，佩服佩服。"

"那是去年我们公司集体参加广马的照片。我看你们三个身体都不错，可以跑跑看，在我们粤鹏集团有一句口号，叫努力工作、健康生活。"周泽明微微一笑。

"周师兄，最近这几年马拉松特别火，我身边也有一些朋友在跑步，我看着有些心动，但是全马有四十多公里，半马也有二十多公里，像我这样以前体育勉强及格的小白，能行吗？"童朗辰问。

"听说，马拉松比赛中会有生命危险，最近两年经常出现有人猝死，听起来心慌慌的，其他的游泳、羽毛球比赛从来没有出现过这些情况，师兄您怎么看这个问题？"潘小敏问。

"我经常听说有一些人为了跑出好成绩，拼命练习，感觉苦哈哈的，还有的把自己身体搞伤了，这个乐趣到底在哪里？"刘伟问。

"马拉松三连问，火力够猛，你们都是狙击手吗？"周泽明说完，三人都笑了，看周泽明如何接招。

"以前上中学的时候，我的体育成绩是勉勉强强刚及格，跳山羊从来都没有跳过去。最初跑步的时候，三公里要停下来歇两次。可以说是个标准的菜鸟。那时候说起马拉松就像是仰望一座不可逾越的高峰，而且是珠穆朗玛峰。"周泽明自嘲地笑了笑。

"啊？"听到这里，三个人睁大了眼睛。

"从2014年前后，一批企业家和EMBA学员参加戈壁挑战赛以后，把这种健康运动的理念带回到日常生活中。其中对我影响比较大的一个人，是我在参加广交会时认识的，叫孔忠明。他对跑步可以说是一种执念，发自内心地热爱。从戈壁回来以后，他不仅三年内跑完了世界马拉松大满贯，而且不遗余力地推动科学跑步。

"后来，我认识了杭州马拉松热身教练棋暖。她经常到广州来参加活动。这个笑容甜美的邻家女孩本可以靠颜值成为网红，却选择成为热心公益、激发能量的跑步教练。她一直强调，不论一个人的基因、水平能力如何，前期的训练量和强度如果达不到要求，一场马拉松下来是会吃不消的，甚至有生命危险。这几年，她和王洁君、吴子富、孔忠明、李宇锋在普及运动理念、推动大众健身方面发挥了重要的作用。

"我就是在他们的鼓励和指导下，学会了有效的方法，到现在为止没有出现过损伤。后来，在和大家一起交流跑步的过程中，我渐渐就找到感觉了，从5公里，10公里，到半马，全马，不断突破。这些突破靠我一个人来完成是不可想象的。前两年我和孔忠明一起创建了一个乐马会，帮助更多的人科学健身，健康运动。我自己也觉得挺有成就感的。"

说完，周泽明哈哈一笑。

"一个人可以走得很快，一群人才能走得更远。"童朗辰深有感触地说。

周泽明接着说："跑马的人经常会问，你马拉松的成绩是多少，我说能平安归来就是最好的成绩。马拉松是一项极限运动，必须要有日常的锻炼和积累，不能一蹴而就，更不能随心所欲。

"确实，跑马各种各样情况都有，有的人一开始就拼命跑在前面，可能中途退出了比赛，甚至倒在了路上；有的人开始并不突出，但他一直保持速度，结果跑完了全程；有的人边跑边玩，欣赏了一路的美景。其实，人生就像一场马拉松，有的人图一时痛快，暴饮暴食，黑白颠倒，生活没有规律，年纪轻轻就挂了；有的人没有轰轰烈烈，平平淡淡，却是颐养天年。

"企业经营也是一场马拉松。如果没有定力，一味地想着赚快钱、走近路、发大财，而不是扎扎实实地练内功、打基础，提高自己的核心竞争力和抗风险能力，那能走多远呢？内外环境稍微有个风吹草动，企业就要招架不住了。

"我有个观点，就是乐享马拉松，不要一味地提高速度，找到自己的节奏，一路上该吃就吃，该喝就喝，路边有啦啦队和小朋友，跑过去和他们击掌、互动，回应他们的热情，平平安安跑到终点。这是我们乐跑者的乐趣。"周泽明说。

"完美接招。"三个人听完，相视一笑。

⑨ 基层冲锋力：赋能基层组织建设，打造一线坚强战斗堡垒

"周师兄，我们刚刚在一楼大厅的展板上看到了一行字：一个支部，一座堡垒；一个党员，一面旗帜。您刚才讲了党建在企业发展中的引领作用，

除了在公司层面发挥把方向、管大局、保落实的功能，在基层一线是怎么发挥作用的？"童朗辰问。

"党的一切工作到支部，这是我们党的强大优势。党建引领力其实内在包括党支部的战斗力，在基层组织发挥引领作用。但是，它更偏重于基层的冲锋陷阵作用，所以应当是党组织领导力的一个独立维度。你们可以做一下实证研究来验证一下。

"党的力量来自组织，组织力量根在支部。从历史上看，中国历代政权为什么走不出封建王朝的兴衰更替，建立不了现代国家？一个很重要的原因就是不能够直接联系群众，没有办法整合基层社会。民国初年的政党也是因为缺乏严密深入的组织体系，承担不了救亡图存，复兴中华的历史使命。国民党虽然有基层组织，但没有下沉到村落和连队一级，所以才会出现'上层有党，下层无党；都市有党，乡村无党；党的头大，党的脚小'的现象。

"我们党从创建之日起就定位为'群众的党'，把服务群众作为核心任务。此后，我们党长抓基层、善抓支部，从'支部建在连上'发展为'支部建在村上''支部建在楼上'，注重发挥党支部直接教育党员、管理党员、监督党员和组织群众、宣传群众、凝聚群众、服务群众的职责，形成了党的一切工作到支部、一切行动听指挥、一切工作为人民的优良传统。

"2016年，习近平总书记在全国国有企业党的建设工作会议上强调，全面从严治党要在国有企业落实落地，必须从基本组织、基本队伍、基本制度严起[①]。这为新发展格局下我们加强基层党支部建设指明了方向。以前在这方面，我们吃过苦头。五年前，粤鹏集团的党支部'三会一课'不正常。有几个公司的党支部一年都开不了一次会议，连组织生活会怎么开都不知道。党建工作和业务工作两张皮，党员身份意识不够强，党的领导虚化、弱化、淡化、边缘化在不同层面都有表现。

"现在是我们国有企业处于全面深化改革的关键阶段，改革发展的任务十分艰巨，特别是随着混改在更大范围、更广领域推进实施，国企的产权关系、组织结构、经营模式和用工方式等都发生了较大变化。这种形势下，党

---

① 《习近平在全国国有企业党的建设工作会议上强调：坚持党对国企的领导不动摇》，央广网，http://news.cnr.cn/native/gd/20161011/t20161011_523190620.shtml，2016−10−11。

的建设只能加强，不能削弱。必须坚持让党支部在基层工作中发挥战斗堡垒作用，带领党员干部支持改革、投身改革。这两年我们粤鹏集团化解风险的急难险重任务都是党支部在唱主角、挑大梁，党员干部真正做到了先锋模范作用。"周泽明说。

"周师兄，这个维度的领导力，让我想起了我党我军战争年代经常喊的一句话，'同志们，跟我冲'。这和国民党军官经常喊的一句话，'弟兄们，给我上'。形成了鲜明对比。基层干部要冲锋在前，群众才会跟你一起干。"半天没发出声音的刘伟说道。

周泽明微微一笑，说道："这个流传已久的段子背后，其实有真实史料支撑。你们可以去网上搜一下。这就是我党我军必胜的原因，也是我们国企要传承的红色基因。这个维度的领导力不仅强调党员干部的先锋模范作用，也强调对职工群众的影响和带动作用。"

"周师兄，您刚才提到了基层党支部在企业改革发展中的重要作用？请问具体要如何打造才能成为坚强战斗堡垒，而不是乌合之众、散兵游勇？"刘伟问道。

"党建工作虚化、弱化、淡化、边缘化必然导致乌合之众、散兵游勇。像我们广泰集团的一个兄弟公司，前几年也是遇到了危及企业生存的风险问题。困难面前，干部人才，纷纷后退，离职的离职、调动的调动、退休的退休，最后连追讨债权，资产处置的人员都没有。企业哪里还有活路？

"粤鹏集团的基层党建工作是从基本组织、基本队伍、基本制度三个方面抓起。

"第一，以党支部标准化建设为着力点，夯实基本组织。我们按照广泰集团党委印发的规定，以组织健全、制度完善、运行规范、活动经常、档案齐备、作用突出这六条标准为重点，推进党支部标准化建设。在此基础上，打造一批具有先进性示范性引领性的示范党支部。把基层党支部的特色亮点和鲜活经验遴选出来，固化下来，形成可复制、可推广的基层组织建设典型经验。

"第二，以党支部书记、党务干部和党员队伍三支队伍建设为着重点，建强基本队伍。党支部书记是基层组织的带头人，必须选优配强。五年前，我们粤鹏集团下属的华策公司面临资金链断裂、企业破产、职工上访等一系列危机的时候，我们首先考虑的就是党支部书记的人选问题。一支政治过硬、结构合理、素质优良的带头人队伍是企业的中流砥柱，也是党组织培养选拔企业领导人员的重要台阶。

"第三，持续完善基层党建制度体系，全面健全基本制度。制度不在于多，而在于有效管用。首先是加强基层党建制度的顶层设计。在这方面，公司制定出台了基层党支部工作规则，为开展工作提供操作指南。同时，落实落细党建工作责任制考评制度，对基层党支部进行全覆盖、全方位的考核。其次是健全基层组织生活制度。制度的生命在于执行。我们把党建制度的执行情况作为责任制考评工作的重要内容，不断提高制度执行的系统性、协调性和权威性。

周泽明说着，起身从柜子里找出三本红色的小册子，递给他们。

"这些基本组织、基本队伍、基本制度都已经形成了标准化的模板。每年底修订完善一次，让各支部开展标准化建设工作有章可依、有法可循。

"如果你们参加一次我们这里的主题党日活动，就会发现蛮有意思的。各支部的活动主题突出，方式多样，跟以前一开会就昏昏欲睡的组织生活有很大的不同。原因在于我们将信息技术、创新思维注入基层党建工作。每一次的主题党日活动，其实也是一个公司、一个支部、一个部门文化建设整体展现的平台。

"现在都是移动互联时代了，如果你还是只讲空洞的大道理，没人会愿意听。像我们的党史学习教育，有知识竞赛、有情景剧、有接力跑、有看电影、有现场参观，还有微党课比赛。不仅党员干部积极参加，职工群众也很感兴趣。

"另外，我们公司的党建微信群，微信公众号都是将组织生活、学习教育、党员服务融为一体，用生动鲜活的语言和活生生、接地气的案例，来宣传党的主张，落实企业的发展任务。大家愿意看，也愿意互动交流。"

"周师兄，在我们调研的企业中，党建工作和业务工作两张皮是一种普遍的现象。请问粤鹏集团是怎么解决这个问题的？"潘小敏问。

"党建与业务工作两张皮其实是对国有企业中党建工作与经营工作貌合

神离，各行其是，甚至顾此失彼的形象比喻。一方面，企业党建和员工思想政治工作，对生产经营和改革发展帮不上忙，使不上力，对业务工作缺乏推动力；另一方面，公司管理层只顾抓生产经营，认为党建工作是额外负担，漠然视之，消极应对。

"这个是企业经营中绕不开的问题。我们新班子在调研走访和考察学习的基础上，从企业实际出发，制定了六融合工作法，努力实现党建与生产经营的同频共振。

"一是目标融合明方向。公司建立统一的自上而下的党建、生产经营目标体系。党建工作目标和营业收入、利润总额等经营指标一同纳入各单位年度工作目标，做到围绕中心、服务大局。党员带头承担任务，实现目标共担，责任共负。

"二是组织融合聚合力。把党的建设融入公司治理各环节。党组织成员通过法定程序分别进入董事会、监事会和经营班子，落实党组织议事决策前置程序，提高决策的科学化、制度化、规范化水平。这个前面说过了，我这里就不重复了。

"三是职责融合扛责任。将党建和业务职责一并写进岗位职责，一并考核考评。每年末，公司对各单位负责人开展党建与发展'双百分'考核，党建一百分，考核一百分，解决重业务、轻党建的问题。

"四是制度融合提效能。每年对党建和生产经营制度进行双评审，确保党建制度与业务制度有效衔接。党支部制订两项制度深度融合的实施细则，反复听取意见建议，制定具有可操作性的办法。

"五是队伍融合强素质。粤鹏集团建立了一支包括政治宣传员、党课宣讲师、企业内训师在内的兼职党建文化宣传队伍，通过'三会一课'、研讨会、分享会等形式开展工作。每年考评认证。像我就是这三个红本本都有的，都是考出来的。

"六是执行融合保落实。党建和业务工作同谋划、同部署、同推进、同考核。公司党委定期分析研判党建和党风廉政建设工作，实现抓党建与抓业务均衡发力、互相促进。

"我们有一项党建品牌入选了省国企基层党建创新案例。"

说完，周泽明指了一下对面柜子上的一个奖牌。

"这是上星期省国资委颁发的，他们说先让我看两天，然后再放到会议室去。不容易啊，一块小小的奖牌凝聚了我们无数的心血和汗水，是对我们接续奋斗最大的鼓励。"周泽明感慨道。

⑩ 清正廉洁力：深化全面从严治党，涵养风清气正政治生态

"最后一个维度叫清正廉洁力。粤鹏集团这个教训是深刻的，曾经发生了多个违规违纪违法事件。"周泽明说。

"周师兄，这个维度和党建引领力会不会重复了？"童朗辰问。

"我的理解是有相关但是不重复的两个维度。清正廉洁力强调的是通过持续深化的纪律建设，严明政治纪律和政治规矩，营造风清气正的政治生态，为企业改革发展提供坚实的保障作用。它和党建引领力是相辅相成的。

"坚持和加强党的领导，主要体现在党总揽全局、协调各方，根据党在不同阶段的历史任务，制定实施正确的路线方针政策。路线是王道，纪律是霸道。没有严明的政治纪律做保障，党的领导根本发挥不了作用。朗辰，我问问你，全面从严治党为什么取得显著效果？"

周泽明这么一问，把童朗辰问住了。

"全面从严治党，基础在全面，关键在严，要害在治。'全面'就是管全党、治全党，覆盖党的建设的各个领域、各个方面、各个部门；'严'就是真管真严、敢管敢严、长管长严；'治'就是从党中央到省市县党委，从中央部委到基层党支部，都要肩负起主体责任，党委书记要把抓好党建当作分内之事、必须担当的责任；各级纪委要担负起监督责任，敢于瞪眼黑脸，敢于执纪问责。

"几年前我们这一届班子到任以后，坚持问题导向、结果导向，持之以恒推进全面从严治党，出台主体责任和监督责任实施办法，制定四责协同清单，把责任追究落到实处，持续打造政治监督、制度监督、纪律监督、专业

监督、作风监督五位一体的监督体系。政治生态发生了根本性的好转。全面从严治党在我们粤鹏集团发挥引领保障作用，我是有切身体会的。"周泽明感慨地说。

"周师兄，这方面我正想请教您呢。这也是我们这个课题的重点部分。近年来，随着全面从严治党的深入推进，党风廉政建设和反腐败斗争工作取得了明显成效。但从中纪委案件查处情况来看，国有企业的腐败现象呈现了复杂化、隐蔽化、多样化的特征，一些违纪违法行为出现新形式新表象。您刚才也介绍了，粤鹏集团出现了违规违纪违法的案件以后，公司以案促改，取得了明显的成效。对于国有企业反腐败工作机制，粤鹏集团是怎么抓的？是怎么建立起风清气正的政治生态的？想请您再具体介绍一下。"

童朗辰看来是有备而来，问起问题来，一气呵成。

周泽明一听，笑了，说道："毛泽东同志说，世界上怕就怕'认真'二字，共产党就最讲'认真'。你们这个认真劲儿干什么都成。等等哈，这一块是我们这边的纪委书记在牵头落实，我看看她现在有没有空。"

说完，周泽明到办公桌前给卢靖琳打了个电话。

五分钟以后，卢靖琳来到了周泽明的办公室。

"这是我们粤鹏集团的纪委书记卢靖琳，她在党风廉政建设和反腐败方面有很多理论上的思考和实践上的总结。"周泽明说。

卢靖琳微微一笑，说道："不敢当。党风廉政建设和反腐败工作是泽明书记亲自在抓，我们纪委协助党委加强党风建设，组织协调反腐败工作。"

童朗辰三个人起身向卢靖琳致意，落座以后把刚才的问题又问了一遍。

卢靖琳想了一下，说道："要谈机制建立，我觉得首先要分析国有企业腐败问题的现象和根源。找到了源头，才能对症下药，建立长效机制。"

童朗辰三人目不转睛地看着卢靖琳，静待下文。

"国有企业腐败的现象多种多样，我认为主要表现在三个方面。

"第一，政治建设的'主心骨'垮塌。企业党组织管党治党不力、组织涣散、纪律松弛，企业领导人员党的观念淡漠、监督缺位。这是国有企业腐败滋生的主要'病根'。政治建设的'主心骨'垮塌，必然导致党的领导弱化。党委对重大事项的决策权虚化，党组织的领导核心作用边缘化，决策监督制度形同虚设，党风廉政建设机制成为摆设。腐败分子特别是一把手，在不受实质性监督的情况下，就可以利用企业内部控制体系的漏洞，通过各种方式满足私欲、损害企业利益，造成国有资产流失。

"第二，理想信念的'总开关'失守。习近平总书记指出，理想信念就是共产党人精神上的'钙'。没有理想信念，理想信念不坚定，精神上就会'缺钙'，就会得'软骨病'。人生的'总开关'一旦出现问题，就会出现政治上变质、经济上贪婪、道德上堕落、生活上腐化。

"第三，关键领域的'防火墙'损毁。重要领域、关键岗位的监督机制缺位是国有企业腐败多发高发的重要原因。国有企业资本雄厚，掌握重要资源，具有行业优势，容易成为权力寻租、靠企吃企、权钱交易的重灾区。这些岗位和领域的监督机制犹如防火墙，一旦损毁，必然导致权力滥用、贪污腐化。

"以粤鹏集团为例，改制重组、项目投资、产权交易、合同签订、境外投资经营等都是廉洁风险较为突出的薄弱环节。在这些领域和环节中，即使是职级较低的一般管理人员，也掌握着一定的权力，具有较大的牟利空间。因此，常常成为业务客户拉拢、围猎的对象。"

说到这里，卢靖琳停了一下。有问有答要胜过滔滔不绝。

"靖琳书记，我想请教一下，在腐败问题上，国有企业和政府机构、事业单位有没有显著区别？"刘伟问。

"有。在市场经济条件下，作为独立的法人单位，国有企业经营中的商业秘密不宜全部公开，企业的盈利亏损也是市场常态。这是和政府机构、事业单位这些非经营性单位最大的区别。这些亏损中，哪些是市场行为？哪些是以权谋私行为？怎么鉴别？这对企业的内控体系和监督机制提出了很高的要求。防火墙一旦损毁，同时叠加制度不完善、规约不到位、执行不严格，就为腐败分子的违法乱纪行为提供了漏洞，为腐败问题的滋生留下了土壤。"卢靖琳说。

"刚才卢书记您说的这个'一二三'很精准。我的理解是从腐败产生的组织层面、个体层面和环境层面立体分析原因。这些原因找到了，要看措施是不是标本兼治。"潘小敏说。

"原因找到了，只能说是问题的表象，是标。本在哪里？问题的根源你们觉得在哪里？"卢靖琳问三个人。听到这个问题，三个人想了一会儿。

童朗辰说："我觉得这个'本'是深层次的，应该从制度、机制或者是治理结构方面找根源。"

卢靖琳点点头，说道："只有先把腐败问题产生的根源找准了，相应的措施才能管用、有效。制度经济理论认为，社会制度可以分为两个层面：制度逻辑和治理结构。研究表明，这两个层面或类别都影响国有企业的腐败水平。当制度逻辑中的政治建设、价值信仰等软性机制出现问题时，就会出现个人腐化堕落等现象；当治理结构所强调的组织安排和配套机制偏离规范时，就会导致权力滥用等腐败现象的频发[1]。有的学者提出来，个体的贪婪不是官商勾结和腐败的根本原因，引起官商勾结和腐败的根本在于公司治理制度的缺陷[2]。

"如果我们从这两个方面去剖析国有企业腐败的根源，就会发现问题主要出现在治理结构和监督机制两方面。在治理结构方面，我们认为主要有两个方面的症结。

"首先，国有企业中一个现实的问题是党组织的运行逻辑如何与企业的治理逻辑相契合？由于党组织和现代企业制度的结合在实践中有很多难点，导致一些企业党组织软弱涣散，全面从严治党主体责任递减，监督执纪不力，特别是对"三重一大"决策监督不规范，严重制约着治理结构的效能发挥。

"其次，法人治理结构不健全导致董事会、监事会与党组织的监督关系不清晰。你们去看，出问题的企业，董事会的权力制衡大多数处于真空状态，尤其是独立董事对国有资本权益维护的作用很难发挥出来。原因是大多数企业的独立董事数量呈少数，企业原有高管人员担任董事呈多数。在这种情况下，治理机构没有形成对经营管理者的监督约束作用。"

卢靖琳从理论层面上的层层分析，让三个人听得格外认真。

---

① 李莉、云翀：《双重逻辑视野下的国企高管廉洁治理研究：基于170个案例的分析》，《复旦政治学评论（第18辑）》2017年第1期，第53—72页。

② 董伟：《官商勾结和贪腐根本在于公司治理制度缺陷》，《中国青年报》，2015年6月7日。

"监督机制方面主要有两个方面的缺陷。一方面，一些企业在经营决策方面控制不力，表现为对基础设施建设、项目审批、企业改制等关键领域、关键环节没有形成必要的约束制度，缺乏对高层重大决策行为及时有效的监督。另一方面，一些企业对重大经营风险、严重违纪违法等案件追责不力，特别是没有形成严格防范的长效治理监督机制。这也是造成国有资产损失的重要原因。

"正是由于没有对关键环节和重点领域决策权的监督，没有对决策失误的追究，个人专断、滥用权力的不正之风就不可能完全遏制。

"从四年前开始，我们公司的反腐败治理机制主要从两个方面进行探索。一方面是以党的建设引领法人建设，促进党的领导与公司治理有机融合；另一方面是以小切口推动大治理，构建廉洁风险防控长效监督机制。"

卢靖琳说："以党的建设引领法人建设，促进党的领导与公司治理有机融合方面，刚才泽明书记说他已经介绍过了，我就不重复了。"

周泽明说："对，靖琳书记，可以把我们以小切口推动大治理的情况介绍一下。"

"我们认为，国有企业业态多元，情况复杂、问题多样，必须抓住牵一发而动全身的重点问题开展专项整治，有的放矢，靶向治疗，以'小切口'推动'大治理'，从根源上解决监督机制缺位、机构设置不科学、监督形式单一化等问题，形成廉洁风险防控的长效监督机制。我就简单说说，粤鹏集团怎么做的吧。"卢靖琳说。

"一是找准切口精确施治。我们按照'切得进、抓得牢、见成效'的原则，结合实际找准发力点，锁定同股不同权、违规公款消费、违规出租出借房产等领域，紧盯关键环节、关键人，以重点领域的整治，形成强大震慑效果和整体带动效应。

"二是全面覆盖系统施治。粤鹏集团将治理范围形成横向到边、纵向到底的格局。对重点问题线索实行台账管理，统一登记上报、统一交办督办、统一报结销号，以系统施治、标本兼治的理念，做到由'惩治极少数'向'管住大多数'拓展。

"三是统筹谋划整体施治。梳理分析各部门、各岗位的职权，层层排查廉洁风险点，对涉及廉洁风险的重点业务和管理流程进行专项识别，确定风险等级，制定防控措施，特别是做好重点领域、关键环节的内控设计。在此基础上，优化业务决策流程，完善内部控制体系，堵塞经营管理漏洞。

"把企业监督融入治理体系，构建一个上下联通、左右协调、立体交叉的反腐败监督网络。"卢靖琳说。

"精确施治、系统施治、整体施治。粤鹏集团这个'一二三'施治很有特色，成效斐然，靖琳书记下次也来我们管理学院分享一下吧。"童朗辰笑意盈盈。

"成效斐然还谈不上。党风廉政建设和反腐败工作任重道远，正本清源还有很长的路要走。在反腐高压态势下，'靠企吃企'利益输送的方式不断变化，从赤裸裸的权钱交易到暗箱操作搞利益输送，各种方式都会出现。国企管理层被'围猎'的风险依然很高。

"随着经济新业态、产业新模式的不断涌现，腐败问题技术含量更高、隐蔽性更强、被查处难度更大。一些企业人员为攫取利益、逃避打击，往往利用自己的专业技术知识在熟悉的业务圈里作案。这些违法违纪案例可以说是逻辑缜密、手法高超，给我们查办案件提出了严峻的挑战。

"还有，如何在'三不'一体推进方面持续发力，把'不敢'变为'不能''不想'，用'不能''不想'夯实'不敢'基础，仍然需要进一步破题。面对前进道路上的困难问题，我们粤鹏集团只能以改革创新去解决发展中遇到的问题，持续一体推进不敢腐、不能腐、不想腐的防控体系，把全面从严治党切切实实地落到实处。"卢靖琳说。

"靖琳书记在这方面，花了大量的心血，也取得了显著的成效。通过'一二三'施治，粤鹏集团充分发挥全面从严治党的引领保障作用，把清正廉洁作为内生需求来抓，持续营造风清气正的政治生态，不断探索反腐败治理的有效路径，为企业的高质量发展提供了强有力的政治保证。"周泽明说完，抬头看了看墙上的时钟。

"关键是你这个火车头带得好。"卢靖琳笑着说。

"党建引领力、战略决策力、创新驱动力、公司治理力、风险管控力、人才发展力、文化凝聚力、清正廉洁力，国有企业党组织领导力的八个维度。我感觉就像是给粤鹏集团装上了马力十足的红色引擎，推动着企业持续、稳定地向前发展。周师兄、靖琳书记，江湖中有六脉神剑、七剑下天山。我觉得如果搞点花头，这八个力可以叫作八剑下南粤。"童朗辰笑盈盈地说。

"八戒下南粤？那还不如叫作天蓬元帅下南粤。"

周泽明的幽默让几个人都乐了。

"你少说了一个力，基层冲锋力。党支部，是我们党全部工作和全部战斗力的基础。基础不牢，地动山摇。"潘小敏对童朗辰说。

"抱歉抱歉，你看我这一激动，把这个基础忘掉了。请两位领导海涵啊，实在不好意思。"童朗辰一瞬间脸红得像个苹果。

"时间不早了，中午一起在食堂里吃饭吧。"

"谢谢师兄，那我们就恭敬不如从命了。上次听陆晋元老师说，粤鹏集团的食堂体现了国有企业的优越性。我早就心生向往，今天终于得偿所愿了。"

"食堂谈不上多好，但是我们努力让职工们既有诗和蓝天，也有美味午餐。"

四个人边说边走出办公室，留下一屋子的暖阳。

⑪ 劈波斩浪

粤鹏集团三楼食堂的小餐厅里，周泽明、卢靖琳和三位中山大学的高才生围坐在一起，谈笑风生，品尝着美味佳肴。

"叮叮咚咚……"一阵手机音乐铃声陡然响起，周泽明拿起一看，是广泰集团组织部副部长的电话。

"泽明书记，你在公司吗？集团云伟书记下午三点要找你谈话，请提前十五分钟到我这里。我带你过去。"

餐厅墙上的电视机正在播放东方卫视的《东方新闻》：

"中共中央总书记、国家主席、中央军委主席、中央全面深化改革委员会主任习近平昨天主持召开中央全面深化改革委员会第二十四次会议。习近平在主持会议时强调，要加快建设一批产品卓越、品牌卓著、创新领先、治理现代的世界一流企业，在全面建设社会主义现代化国家、实现第二个百年奋斗目标进程中实现更大发展、发挥更大作用……"

本章思考题

1. 国有企业党组织 "把方向、管大局、保落实"具体体现在哪些方面？

2. 为什么创新驱动对国有企业，特别是竞争性国有企业发展具有重要作用？

3. 混合所有制企业里党组织参与重大问题决策的难度在哪里？

4. 风险防控环节机制中最关键的环节是什么？

5. 国有企业中的党管干部党管人才主要体现在哪些方面？

6. 国有企业里文化凝聚力的定位和抓手有哪些？

7. 基层党支部如何做到党建工作与生产经营同频共振？

8. 全面从严治党要在国有企业落实落地，必须从哪些方面严起？

本章知识点

8.1 元理论

元理论是学科的基础理论，它对一门学科性质的高度理论概括，是对该学科研究方法的指导思想和指导原则，是关于该学科核心研究对象的理论。任何一门学科都必须具有元理论的部分，否则就是一个缺乏核心的松散联盟，不能称其为科学。

8.2 元领导力

元领导力（meta-leadership）是众多领导力类型的元认知框架，主要包括动力、活力和张力三项要素。在这三要素中，动力元是心理内驱性基准，活力元是心理动能性联结，张力元是心理开发性拓展，这样形成了元领导力三角模型，作为领导力建构的深层次框架。

——王重鸣：《管理心理学》，华东师范大学出版社2021年版

8.3 绿色贸易壁垒

绿色壁垒（Green Barriers，GBs），也称为环境贸易壁垒（Environmental Trade Barriers，ETBs），是指为保护生态环境而直接或间接采取的限制甚至禁止贸易的措施，主要包括国际和区域性的环保公约、国别环保法规和标准、ISO 14000环境管理体系和环境标志等自愿性措施、生产和加工方法及环境成本内在化要求等分系统。

在国际贸易中，关税壁垒曾经是贸易保护的重要手段。随着全球生态环境问题的日益严重，环境与贸易的冲突也越来越激烈，从而使贸易保护主义从传统的关税壁垒逐渐转向非关税壁垒，而绿色壁垒作为一种新型的非关税壁垒就应运而生了，并成为发达国家以保护环境为名限制发展中国家进出口贸易的一种工具。

8.4 《党委（党组）讨论决定干部任免事项守则》的相关规定

选拔任用干部必须坚持党章规定的干部条件，坚持党管干部原则，坚持德才兼备、以德为先，坚持五湖四海、任人唯贤，坚持事业为上、公道正派，坚持注重实绩、群众公认，坚持信念坚定、为民服务、勤政务实、敢于担当、清正廉洁的好干部标准，强化党委（党组）的领导和把关作用，树立正确的用人导向。

一、"两个不得"

1. 不得以个别征求意见、领导圈阅等形式代替党委（党组）会集体讨论决定干部任免；

2. 党委（党组）主要负责人不得凌驾于组织之上，反对和防止个人或者少数人专断。

二、"三个不上会"

1. 没有按规定进行酝酿动议、民主推荐、组织考察的不上会；

2. 没有按规定核实清楚有关问题的不上会；

3. 没有按规定向上级报告或报告后未经批复同意的干部任免事项不上会。

三、"凡提四必"

讨论决定前，做到"凡提四必"，坚决防止"带病提拔"。

1. 对拟提拔或进一步使用人选的干部档案必审；

2. 个人有关事项报告必核；

3. 纪检监察机关意见必听；

4. 线索具体的信访举报必查。

四、"五个不准"

1. 不准任人唯亲；

2. 不准突击提拔调整干部；

3. 不准临时动议决定干部；

4. 不准超职数配备、超机构规格提拔任用干部；

5. 不准泄露讨论决定情况。

——中共中央组织部《党委（党组）讨论决定干部任免事项守则》（中组发〔2016〕29号）

8.5 对"一把手"和领导班子监督的相关规定

2021年3月27日印发的《中共中央关于加强对"一把手"和领导班子监督的意见》（以下简称《意见》）是我们党针对"一把手"和领导班子监督制定的首个专门文件，是对各级主要领导干部监督制度和领导班子内部监督制度的进一步集成完善。

《意见》明确规定，对"一把手"和领导班子监督的重点是"五个强化"：强化对"一把手"和领导班子对党忠诚，践行党的性质宗旨情况的监督；强化对贯彻落实党的路线方针政策和党中央重大决策部署，践行"两个维护"情况的监督；强化对立足新发展阶段、贯彻新发展理念、构建新发展格局，推动高质量发展情况的监督；强化对落实全面从严治党主体责任和监督责任情况的监督；强化对贯彻执行民主集中制、依规依法履职用权、担当作为、廉洁自律等情况的监督。

这"五个强化"，是对政治监督内涵的集中概括，也是开展政治监督的主要着力点。各级党委（党组）必须围绕"五个强化"，加强监督检查，做到真管真严、敢管敢严、长管长严。

《意见》将加强对"一把手"监督和把党的政治建设摆在首位的要求相贯通，强调"一把手"要以身作则，自觉接受监督。

解读《中共中央关于加强对"一把手"和领导班子监督的意见》（一）
来源：中央纪委国家监委网站
发布时间：2021-06-03 07:21
https://www.ccdi.gov.cn/toutiaon/202106/t20210603_146435.html

附录1
高效会议管理七步法

　　会议是组织和团队中最常用的一种沟通方式：布置任务、履行程序、征求意见、商讨问题、管理项目、激发创意等。据统计，一个中层管理者，每周大约有35%的时间用于开会；如果是高层管理者，在会议上花费的时间平均下来要超过50%。从财务数字来讲，大多数组织"直接"花在开会上的费用，占行政预算的10%到15%，这还不包括以会议为名的其他开销。然而，面对花费了如此多精力和财力的组织沟通工作，大多数人却经常以"熬会"两个字来抱怨会议的烦冗和效率的低下。实际上，尽管会议的类型多种多样，但"万变不离其宗"，掌握了其中的七个关键步骤，就可以开一个高效的会议。

　　第一步：定题

　　定题是会议管理的起点，决定着会议要不要开，为什么开，怎么开三个关键决策点。首先，会议要不要开。组织中有很多沟通的方式，如发邮件，打电话，书面报告、面对面交流等。很多事情未必要通过会议的方式来进行沟通，特别是一些复杂的事情，往往是先通过一对一或小范围交流，征求意见更好。其次，要明确开会的目的，即为什么开会？通常情况下，宣贯会议是要传达精神，布置工作，明确要求；研讨会议是要围绕一个或几个主题，征求意见，群策群力，集思广益；总结会议是在阶段性工作或一个时间段落完成后，回顾过去，总结成绩，分析不足，展望未来。说到底，开会是为了解决一个组织或者团队共同问题的多向沟通。最后，会议怎么开，即开会的形式。从会议氛围来说，有标准正统的宣贯会议，有宽松活跃的研讨会议，有喜庆祥和的表彰会议，有鼓舞人心的启动会议；从会议地点来说，有在工作场所的会议，有在宾馆酒店的会议，有在集团总部的会议，有在下属分部的会议；从会议形式来说，有主题明确的专题会议，有多重内容的综合会议，有组织/部门内部会议，有跨组织/跨部门的会议。只有明确了要不要开会，以及为什么开会，怎么样开会才能定下来，会议的主题才能明确，后续的一系列步骤才能得以展开。

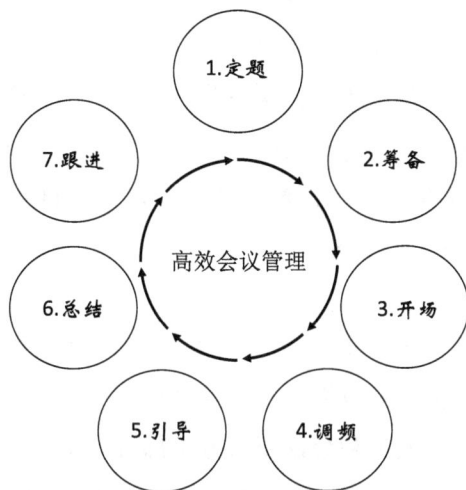

高效会议管理七步法

第二步：筹备

明确了会议的主题之后，在筹备阶段要确定以下几个要项：什么时间开？哪些人参加？谁来主持？会议的议程是什么？准备工作有哪些？

第一，确定会议的时间。对于大多数的组织来说，一般以高层领导的时间安排为主。重要的会议应提前一周通知参会人员。在安排重要会议的时间时，要避开生产和经营的高峰期，这时候从中层到基层都在支援生产经营一线，很难抽出身来参加会议。重要会议也不宜安排在周末和节假日前夕，因为大多数人都安排好了假日行程和出行计划，难免有些"心不在焉"，这个时候很难沉下心来讨论有深度的问题。

第二，确定参会的人员。根据会议的主题和类型，来确定哪些人发言，哪些人出席，哪些人旁听，哪些人记录，哪些人若不能参加可以由谁来代替或传达。

第三，谁来主持。主持人非常重要，是会议管理的关键角色。优秀的会议主持人能够调节气氛，把控进度，聚焦主题，掌控局面。这就要求主持人首先要具备较高的职位，一般为出席会议最高领导的副职或直接下属；其次要具备清晰的思路、流畅的表达和驾驭复杂局面的能力。

第四，确定会议的议程。在确定会议议程时，首先，要与会议主办方和最高领导确认议程；其次，要与各发言人提前确认时间和内容；最后，要估算好各项议程的时间和中场休息的时间。

第五，做好会议准备工作。在这一节点，除了确认会议的设施设备正常运转，各项服务齐全之外，还要提前3—5天通知与会人员开会时间和地点，提醒各位参会者做好准备工作，熟悉其他发言人的材料。如果是正规性会议，还应当在着装方面明确要求。

第三步：开场

"万事开头难"，开场是一场会议的开头，非常关键。开场开得好不好，直接影响着后面会议的效果。常规性会议开场一般分为会议背景、会议目的、会议议程、会议人员和会议要求五个部分。主持人在开场时，应简明扼要地介绍召开本次会议的背景，会议要达到的预期目标，会议的议程安排，出席会议的领导、嘉宾以及参会人员的基本情况。在介绍上述内容之时，主持人要特别注意精神面貌、声音语调、沟通方式三个方面的细节：

第一，精神面貌积极向上。主持人的精神面貌影响着整个会场，以及后面发言人的状态。因此，在开场之初，主持人就应以一种高昂、饱满、积极向上的精神面貌和端正、得体的姿态开好头、起好步。

第二，声音语调清晰洪亮。主持人的声音语调应平和有力，抑扬顿挫，清晰洪亮，将声音传递到会议室的各个角落。这和高昂的精神面貌是密不可分的。有些会议为什么会让人感觉烦冗？其实大多数时候不是发言的内容不好，而是发言的声调如小河流水，没有节奏，令人昏昏欲睡。

第三，沟通方式生动全面。在会议开场之时，主持人不应过于严肃或者呆板，而应以亲切、端庄的表情与参会的人员保持目光的交流。有些公司开会的气氛很压抑、很严肃，让人不敢笑，整个脸都是紧绷的，从上到下都是这样。其实这完全没有必要，本来会议就是利用大家的时间来解决问题，为什么不快乐一点呢?要不然别人会不愿意参加你的会。这就需要在会议中添加一些娱乐性的东西。比如在会前可以做个小游戏、唱歌、讲笑话、讲故事等，也可以做一些简单的舒展肢体的活动。轻松而有效的会议是我们的目标。高效的会议充满笑声、热情和能量。

第四步：调频

调频是会议主持人在会议中和发言者在发言之前应做的工作。在常规性会议中，往往会出现以下现象：一些参会者对某一问题的讨论有不同意见，或有相同意见凑在一起，窃窃私语、交头接耳，形成"上面开大会，下面开小会"；一些参会者不遵守会场纪律，在低着头捂着嘴打电话；一些参会者在全神贯注地摆弄手机，收发短信；一些参会者还沉浸在上一个发言者的发言内容里，若有所思，神游天外；一些参会者来回走动，去外面上洗手间、打电话、抽烟或者聊天。显然这些人都在自己的频道上，而没有在这会场的主频道上。如果这时候，会议照常进行，发言者精心准备的发言内容多半是白讲。会议效果会大打折扣。这个时候就需要调频。在调频之前，可根据会议时间长短，比如间隔1—1.5个小时安排五分钟的中场休息。除此之外，在开场之初、半场之初，以及每位发言人之前，都应当花5—10分钟的时间进行调频，以保证所有人都能调到会场的主频道来，接收到发言人的信息。调频的方式有很多种，常用的是提问，要求在座的人员进行回答。因为在大庭广众之下回答问题，每个人都会感受到压力，所以注意力会非常集中，关注提问的问题，以及如何回答。这个问题一般是"题外之话"，最近的新闻、电影、时尚等，有一些趣味性，看起来与发言内容无关，但实际上说明一个现象或一个道理，并由此引申出发言的内容。这就要求主持人和发言人事先就要设计好，准备好，去除杂音，控制局面，成为全场的主频道。

第五步：引导

开会过程中，主持人应当肩负起引导会议主题的责任。

第一，定好会议规则。这些会议规则包括：明确会议议程、会议总时间和各时间段；明确发言要求；明确主题发言和互动讨论秩序；明确发言时间；明确会议记录和其他事项；明确发言规则，如互动讨论时，发言前要举手，谁先举手谁优先，但要得到主持人允许后才可以发言；别人发言的时候不能打断等。

第二，倡导有效沟通。引导者和参与者都要学会有效沟通，包括认真倾听、保证自己正确理解他人的观点以及不着急去反驳别人。开会的时候很容易出现的状况就是大家争得不可开交，但其实如果我们真的理解了对方的意思，到最后往往会发现彼此说的东西并不矛盾，只是各人表述的方式不一样而已。特别是在研讨性会议中，主持人要特别提醒与会者在发表意见之前，自己已经正确理解了别人的观点。

第三，防止主题跑偏。在开会过程中，一些发言者在表述过程中，由于思维的发散性，会将内容的某一方面扩展或延伸开来；一些发言者对会议的主题或研讨的主题理解不到位，很容易陷入与主题不相关的讨论中。在这种情况下，主持人应巧妙地将话题转换过来，快速引导到原来的主题上。这就要求主持人既要照顾到发言者的"面子"，又要确保会议的主方向不会改变，没有跑偏。

第六步：总结

总结是会议的收尾之笔，点睛之作。在总结阶段，主要分为回顾总结、领导点评、会议要求三个部分。

第一，回顾总结。在这一步，主持人应对会议的主要议程进行回顾，梳理总结会议取得的成果。作为引导者，主持人要比其他人更注重对会议的记录以及即时的梳理，以便在总结阶段，按照问题的逻辑顺序重新整理会议取得的进展，确保没有遗漏或误解。

第二，领导点评。在总结阶段，主持人应先请出席会议的最高领导进行点评发言或提出工作要求。领导首先应对本次会议的总体成效进行点评，对会议取得的成绩进行肯定，对会议过程中存在的问题进行指导，并就会议的主题，发表指导性意见，或提出下一步工作要求。

第三，会议要求。在领导发言之后，主持人应对领导的发言要点进行概述，一方面，复述领导的指导性意见和工作要求；另一方面，根据会议的主题和目标，对下一步的工作进行部署和要求。特别是任务布置会，在总结阶段，需要对任务的分工、负责人、责任范围、配合部门、截止时间、任务需要达到的效果等进行明确落实。

第七步：跟进

会议结束以后，并没有完。还有最后一步——跟进，非常重要。由会议记录员撰写会议纪要。会议纪要主要包括以下内容：会议主题、参加人员、主持人、会议时间、会议地点、会议议程、会议主要进展（取得的成果）、会议决议或工作要求、下一步的工作任务、会议后续重要工作/项目的责任人、完成时间、监督者。会议纪要经主持人审定后，发送给全体参会人员，并抄送给相关人员。组织中的绩效管理部门负责对会议决议事项进行跟进、监督。在下一次会议开始之前，由主持人对上次会议决议事项的执行情况进行回顾、考评。

综上所述，一个高效的会议管理，离不开定题、筹备、开场、调频、引导、总结、跟进七个步骤。每个步骤环环相扣，相辅相成。在第一步和第二步要做细致周密的策划和准备工作，在第三步、第四步、第五步和第六步，需要主持人清晰的思路，具有亲和力和感染力的主持风格以及全面的把控能力。在第七步，需要做好会议的跟进和决议的落实工作。掌握了这七个关键节点，会议管理会变得轻松、有序、富有成效。

HRD的六脉神剑：工作中需要把握的六个平衡关系

六脉神剑是金庸武侠小说《天龙八部》里面的一种功夫，"有质无形，是一套将剑意转化为剑气的高深武学"，用之可谓出神入化，所向披靡。对于集团化运营的公司，人力资源总监（Human Resource Director，HRD）由于其岗位的重要性和特殊性，面临的挑战和困难非一般可言，需要更加强调工作的策略、方法和艺术。笔者认为，一名优秀的HRD需要在工作中把握好六个方面的关系，运用得当，可如六脉神剑，能在上下左右的协调平衡中得心应手，游刃有余。

一、刚柔并济——把握目标刚性与方法柔性的平衡

作为一名HRD，往往承担着年度战略目标分解，绩效管理体系推进，组织架构设计调整，核心人员配置优化等"刚性"的目标和任务。这些"刚性"的目标和任务是组织发展之需，战略推进之要，是公司决策层确定下来，需要不折不扣地完成的。然而，在开展这些工作之时，不能用刚性的方法，而是要用"柔性"的方法和策略来实施。"柔性"含有全能的意思，即具有适应不同情况的能力，以及坚强、韧性，忍受变化带来的负面影响的能力。对于HRD来说，80%的时间是在沟通，这就需要具备与不同类型的人沟通交流的能力，"见什么人说什么话，到什么山上唱什么歌"，通过合适的地点、合适的时间，以合适的方式将组织意图和工作任务与相关部门和员工进行沟通交流，听取意见、阐释政策、答疑解惑，以取得他们对工作的理解和对目标的支持。"目标是坚定的，方法是灵活的，策略是多样的。"刚柔并济就是在人力资源管理中坚持目标方向的"刚性"不动摇，同时在过程中体现出"耐心、灵活、敏捷、韧性"等柔性特征。

二、情理交融——把握工作理性与生活感性的平衡

随着人力资源从"事务管理"向"战略支持"的角色转变，一方面，

HRD需要更多地参与到公司战略规划和执行的工作中来，不仅需要全局意识和战略眼光，而且需要具备较强的逻辑分析和理性思考的能力。分析问题不仅要客观，还需要系统化地解决问题的能力。另一方面，HRD的工作主要还是对人的工作，需要与不同部门、不同层级、不同岗位、不同类型的人建立广泛而真实的联系。如何赢得员工的信赖？如何赢得同事的信任？如何了解员工的真实想法和发展需求？这就需要HRD呈现出乐于参加团队活动，兴趣多样、感情丰富、胸怀开放等感性的人格特征，以更具亲和力和同理心的表达方式满足员工的情感需求，赢得员工的信赖，进而达到求才、留才，以及激励人才的效果。"工作要严谨，生活要随和"，HRD需要在严谨、理性的工作之余，充分展现自己平易近人、开放随和的性格特征，"和什么样的人都能交朋友，都能谈得来"，多参加不同类型的非正式群体活动，在工作中加入更多情感的、互动的元素，真正走人员工的心中。

三、内外兼修——把握业务理解与专业支持的平衡

作为业务部门的战略伙伴，HRD的工作如果要做出成效，除了要练好HR专业的"内功"，还要修炼公司业务的"外功"，对核心业务要有透彻深入的理解。特别是对于具有多个业务单元的集团化公司，HRD更需要了解业务，需要渗透其中，形成每个单元的人力资源解决方案。人力资源如果不懂业务，永远是站在后面，被动地听从业务部门的人事任务分配，永远是"慢一拍"的后勤支持部门，难以发挥"业务伙伴"的作用。因此，HRD需要深入一线，重心前移，参与业务部门的运营分析会和绩效会议，保持与业务部门各岗位人员定期的沟通和交流，掌握公司业务发展的动向和运作模式的变化。同时，了解业务并不是深陷其中，就事论事，HRD需要从具体的业务中跳出来，抽丝剥茧、由表及里，层层剖析，前瞻性地预测业务发展对人力资源的需求，并以此为基础，从人力资源规划、招聘配置、入职培训、绩效管理、职业发展、薪酬激励等各个模块入手，提供专业化的支持和系统化的解决方案。

四、松紧有度——把握靠前服务与有效管控的平衡

"兵马未动，粮草先行。"在集团化运营的公司里，业务单元和业务部门如同行军打仗的野战军，承担着开拓市场，披荆斩棘，冲锋陷阵的重任，

人力资源如同后勤保障部，必须做好支撑和服务工作，绝不能让在前线奋勇杀敌的将士们缺衣少粮，挨饿受冻。这就需要HRD靠前服务，深入业务，前瞻性地洞察业务模式的变化以及分析带来的影响，提供专业化的HR支持服务。在业务拓展的培育期和成长期，对于业务部门的需求，要人给人，要费用给费用，要政策给政策，给予业务部门充分的支持。在做好靠前服务的同时，HRD需要在组织架构设计、关键岗位配置、任职资格管理、薪酬总额管理等方面进行有效的管控，帮助业务单元选聘到合适的人才，增强组织核心能力，降低劳动用工风险。在成熟期和衰退期，HRD更需要对业务单元和业务部门的人员编制、劳动用工、工资总额等关键工作要项进行测算分析，严格把关，规避风险，实现人力资源与业务发展相匹配的动态平衡。

五、奇正相生——把握按部就班与开拓创新的平衡

企业的人力资源管理涵盖人力资源规划、招聘与配置、培训与开发、绩效管理、薪酬福利管理、劳动关系管理等六大模块，内容非常宽泛，事务性工作非常多而且琐碎，大到员工的劳动关系纠纷，小到每个月每个员工绩效工资的核算发放，都需要人力资源工作者扎扎实实、年复一年、日复一日、细心、耐心地完成处理。任何一个点上处理不好，都会影响到整个面上的问题。因此，HRD的首要工作是保持人力资源基本职能按部就班地正常运行：招聘配置及时有效、培训发展有条不紊、绩效管理循序渐进、薪酬发放正常按时、劳动关系和谐稳定、上情下达、下情上报、沟通内外、协调左右等。在做好人力资源管理基本面工作的同时，HRD必须要开拓创新，勇于探索，"不走寻常路"。从大的方面来说，HRD要在参与战略制定，引导变革的过程中提升企业效益，使现有的人力资源增值；从小的方面来说，HRD要在每个模块的每个环节上深挖下去，总结、完善、再总结、再完善，持之以恒地建构体系，优化流程，提高效率。

六、顶天立地——把握战略规划与落地执行的平衡

企业战略规划能否得到有效实施，关键看人力资源规划的水平。人力资源规划是企业战略规划中不可或缺的重要组成部分，是企业人力资源管理工作的出发点。而所有的战略规划都有一个特点：如果找不到切入点和落脚点，并对其进行持续的完善修订，"规划规划，只能是纸上画画、墙上挂挂"。为了避免这种现象发生，这就需要HRD把握好"上得厅堂，下得厨房"的平衡：既要前瞻性地根据公司内外部环境的变化，刻画达成战略目标所需的组织核心能力，明确人才队伍建设的规划目标，制定具体的人才获取模式、人才培养程序、人才发展路径以及人才管理策略等举措方法，又要务实地将战略规划与日常工作紧密结合起来，将战略目标分解至年度重点工作和月度绩效目标，并督导绩效计划的落地实施运行。在此基础上，建立人力资源战略规划的动态调整和优化完善机制，确保规划根据公司战略的发展和内外环境的变化及时调整完善，实现规划的系统性、协调性、可执行性与持续发展的有机统一。

参考文献

1.《哈佛大学调查报告：中国民众对中央政府的满意度高达93.1%》，人民网，载https://baijiahao.baidu.com/s?id=1672350807899081450&wfr=spider&for=pc，2020-07-16。

2.《加强党的建设　推动国企高质量发展》，央视网，载http://news.cctv.com/2021/10/10/ARTIHunchOE2iZzc73MB23Ik211010.shtml，2021-10-10。

3.《认真学习贯彻习近平总书记在党的群众路线教育实践活动总结大会上的重要讲话巩固和拓展教育实践活动成果，加强党的作风建设，全面推进从严治党》，《光明日报》，2014年10月15日。

4.《习近平要求各级党委重温毛泽东《党委会的工作方法》》，人民网-中国共产党新闻网，载http://cpc.people.com.cn/xuexi/n1/2016/0226/c385474-28153158.html?q/59185/96659，2016-02-26。

5.［美］科里·帕特森：《关键对话：如何高效能沟通（原书第2版）（珍藏版）》，毕崇毅 译，机械工业出版社2017年版。

6.［美］哈里森·欧文：《开放空间引导技术（第3版）（修订本）》，电子工业出版社2018年版。

7.《中共中央国务院关于深化国有企业改革的指导意见》，人民出版社2015年9月版。

8.郑志刚：《国企混改：理论、模式与路径》，中国人民大学出版社2020年版。

9.邵宁：《国有企业改革实录：1998—2008》，经济科学出版社2014年版。

10.国企改革历程编写组：《国企改革历程 1978—2018》，中国经济出版社2019年版。

11.王出：《通过钢贸风险事件对资金管理的反思》，《铁路采购与物流》

2017年第12期。

12. 王彦龙：《国企改革之从股份制改造到所有制混合改革》，腾讯新闻，载 https://xw.qq.com/cmsid/20200731A0B43U00，2020-07-31。

13. 朱昌明、张煜：《浙商资产混改，地方AMC员工持股第一家的成功秘诀》，SOLAR明律师课堂，载https://baijiahao.baidu.com/s?id=168284724775 8448314&wfr=spider&for=pc，2020-11-09。

14. 《"陕西要有勇立潮头、争当时代弄潮儿的志向和气魄"——习近平总书记陕西考察纪实》，《光明日报》，2020年04月25日。

15. 《习近平在看望参加政协会议的经济界委员时强调：坚持用全面辩证长远眼光分析经济形势 努力在危机中育新机于变局中开新局》，《人民日报》，2020年05月24日。

16. 《习近平在中央党校（国家行政学院）中青年干部培训班开班式上发表重要讲话》，中国政府网，载http://www.gov.cn/xinwen/2020-10/10/content_5550258.htm，2020-10-10。

17. 《习近平：让人民生活幸福是"国之大者"》，人民日报客户端，载https://baijiahao.baidu.com/s?id=1698184075341448361&wfr=spider&for=pc，2021-04-27。

18. 《十三大以来重要文献选编》（中），人民出版社1991年版。

19. 孙晋、徐则林：《国有企业党委会和董事会的冲突与协调》，《法学》2019年第1期。

20. 杜莹芬：《企业风险管理：理论·实务·案例》，经济管理出版社2008年版。

21. 王仁荣：《企业风险防范及危机管理:案例、法规及指引》，中国法制出版社2016年版。

22. 《杜邦：三百年企业常青之路》，《当代经理人》，新浪财经，载http://finance.sina.com.cn/leadership/case/20060811/11182813850.shtml，2006-08-11。

23. 刘鹤：《必须实现高质量发展》，《人民日报》，2021年11月24日。

24. 胡鞍钢、谢宜泽、任皓：《高质量发展：历史、逻辑与战略布局》，《行政管理改革》2019年第1期。

25. 任保平等：《新时代中国经济高质量发展研究》，人民出版社2020年版。

26. 易昌良：《中国高质量发展指数报告》，研究出版社2020年版。

27. 王克：《牢记绿色发展使命 推动经济高质量发展》，人民论坛网，载 http://www.rmlt.com.cn/2019/0920/557345.shtml，2019-09-20。

28. 《经济体制改革理论的探索者林毅夫——"伟大时代是我的底气"》， 《人民日报》，2019年2月14日。

29. 《【百廿英才】知识报国的现实经济学家——记北大林毅夫教授》，北京 大学新闻中心，载https://news.pku.edu.cn/bdrw/8bb0500d178946778b8c27d4 5c9e2f35.htm，2018-04-18。

30. 《中国领导科学》编辑部：《增强组织力为实现党的全面领导提供坚强保 证》，《中国领导科学》2021年第5期。

31. 洪晓楠：《用中国话语阐释中国发展 推动中国话语体系强起来》，《人民 日报》，2019年08月14日。

32. 路克利：《全面看待当代西方中共学》，《前线》2020年第2期。

33. 姬旭辉：《党的领导融入公司治理的有效方式 ——以国有控股混合所有制 企业为例》，《中国领导科学》2022年第1期。

34. 毛泽东：《关心群众生活，注意工作方法》（1934年1月27日），《毛泽 东选集》第1卷，人民出版社1991年版。

35. 李莉、云翀：《双重逻辑视野下的国企高管廉洁治理研究：基于170个案 例的分析》，《复旦政治学评论（第18辑）》2017年第1期。

36. 董伟：《官商勾结和贪腐根本在于公司治理制度缺陷》，《中国青年 报》，2015年6月7日。

37. 王重鸣：《管理心理学》，华东师范大学出版社2021年版。

38. 解读《中共中央关于加强对"一把手"和领导班子监督的意见》（一）， 中央纪委国家监委网站，载https://www.ccdi.gov.cn/toutiaon/202106/ t20210603_146435.html，2021-06-03。

39. 《国企党建会五周年特别报道：中央企业负责人多维度解读高质量党建引 领高质量发展》，《国资报告》2021年第10期。

40. 《中国共产党支部工作条例（试行）》

41. 《中国共产党纪律检查机关监督执纪工作规则》

42. 《中国共产党纪律检查委员会工作条例》

43. 《企业会计准则2006》

44. 《中华人民共和国刑法》

45. 《中华人民共和国公司法》

46. 《最高人民法院、最高人民检察院关于办理国家出资企业中职务犯罪案件具体应用法律若干问题的意见》

47. 《最高人民检察院、公安部关于经济犯罪案件追诉标准的规定》

48. 《最高人民法院关于如何认定国有控股、参股股份有限公司中的国有公司、企业人员的解释》

49. 《关于办理渎职刑事案件适用法律若干问题的解释（一）》

50. 《关于进一步推进国有企业贯彻落实"三重一大"决策制度的意见》

专家点评

● 长风破浪会有时，直挂云帆济沧海

　　我是抱着好奇心打开本书的。目录就很让人惊艳，感觉像是用了小说的技巧，随着周泽明升任新职的线索逐步展开，以党建引领为核心、企业改革为主线、个人家庭为辅线，生动鲜活地展现出国企改革所面临的各种挑战，以及作为企业一把手如何力挽狂澜，带领企业从危机重重中突围而出，走向健康发展之路。

　　这本书和一般的学院派教材、专著有所不同。我觉得可以用三个词来形容该书：案例库、知识汇、工具箱。 说它是案例库，整本书是一个大案例，每个点又是一个小案例，内中还穿插了带有时代背景的人物案例（如望北楼），案例丰富，案例后的"灵魂拷问"促进思考；它是一个知识汇，通过脚注、尾注、专栏框等方式简明扼要介绍相关管理知识、党建知识、法律知识以及外贸业务知识，通俗易懂；它还是工具箱，书中提到的诸多建议和做法可以为实践提供参考和借鉴，一些做法比如无领导小组讨论、鱼骨图等都是行之有效的方法。从这三个特点也可以看到作者不仅具有丰富的管理实战经验，还有深厚的管理知识底蕴，又善于观察提炼总结，才能写就这本富有新意的实战教材。

——唐宁玉

上海交通大学安泰经济与管理学院教授、博士生导师

上海交通大学心理与行为科学研究院副院长

海南大学管理学院院长

● 生动翔实的领导力建设读本

故事情节引人入胜，领导力建设有章有法。此书通过人物对话、案例分析的形式，对国有企业党的领导、混合所有制改革、法人治理结构、董事会建设、企业文化、风控机制等经营管理实务进行解读分析，令人耳目一新。

北大纵横在服务企业的过程中经常会遇到这些咨询问题：党组织在企业发展中怎么发挥领导作用？党建和经营怎样融合才能避免两张皮？风控机制建设从哪些方面入手？如何通过法人治理和董事会建设增强企业决策科学高效？高质量发展如何规划等问题。这本书用讲故事的方式，对这些问题进行了生动的演绎，刻画了一个风险企业从危机四伏到健康发展的成长历程，对我们的咨询工作有重要的借鉴价值，可以作为企业改革内部培训的资料使用。

特别值得称道的是，每一章每一节的标题都能吸引人，也容易找到自己的问题点和兴趣点。更值得借鉴的是每章都单列了知识点，便于读后自考学习效果。

总之，这是一本好书！

——王　璞

全国劳动模范

北大纵横管理咨询集团创始人

中国化学工程集团前董事

● 一本饶有趣味的好书

这是一本小说？不是；这是一本政治理论书？不是；这是一本企业管理教材？也不是。这是一本将国有企业党建理论融入故事情节的新时代企业管理案例，它将看似枯燥的企业管理规定带入具体的企业经营场景，将抽象的党建理论融于日常对话与交流，将严谨的纪律检查以饶有趣味的方式呈现。看似不同的企业管理层的工作片段，却是系统地阐述了党的十八大以来国有企业全面从严治党的理论。看似故事主角轻松对话场景，却深入浅出地分析了传统产业向新材料技术、绿色产业、智慧供应链等现代产业转型的趋势。将高深、专业的知识以形象化方法讲述，是一本好书不可或缺的特征，《红色引擎——推动国企高质量发展》就是这样一本难得的好书！

——沈田丰

中华全国律师协会常务理事

杭州市人大代表

杭州市律师协会会长

国浩律师（杭州）事务所合伙人

● 科学治理是企业生存与发展的重要基石

再好的业务，组织管理不善会让一家公司迅速丧失竞争优势；再大的家底，风险控制不好都将带来灭顶之灾。科学治理是企业生存与发展的重要基石，一直以来都倍受企业高层关注。作者基于自身扎实的企业管理经验，以叙事的方式、案例的形式向读者展示了党的建设与公司治理、经营发展与风险管控的内在逻辑和重要意义。

本书将党的建设和企业经营管理融会贯通，其中有不少企业党建和经营管理的方法论介绍，知识点多，实操性强，相信能给读者带来一定的启发。细品本书，大道至简，脱虚向实，能如此生动地阐释本书意旨，足见作者的深厚功底。

——陈　捷

全国优秀党务工作者

传化集团有限公司党委书记、执行总裁

● 求职国企的一本实用参考书

近年来，受到中美经贸摩擦、新冠肺炎疫情暴发等内外部环境的影响，我国高校毕业生的就业形势日趋严峻复杂。在此背景下，作为"体制内"代表的国企、央企受到众多求职者的青睐和追捧。但现实中绝大部分求职者对国企的生态了解不够深入，一些人在过五关斩六将争取到工作机会后，却又发现不适合自己，不仅浪费了时间，也耽误了自己的前程。该书作者以叙事的方式，为读者形象生动地展示了党的十八大以来国有企业的运行规则、管理逻辑和组织体系等内容。其中一个事例是招聘选拔人力资源部经理的面试过程，不仅反映了无领导小组讨论的测评场景，而且刻画了一名HRD的胜任素质和关键能力，同时反映出国企干部选拔录用的基本规则。此外，书中还有新人成长、青春同学会、开放空间等工作场景，贴近实际。作者基于多年企业管理的心得体会和扎实的理论功底，将多个知识点融入日常生活和工作的具体场景中，具有较强的实用性。通过阅读本书，能更直观、全面地了解国企生态，掌握国企对求职者的能力需求，对以国企为择业目标的求职者，有一定的指导和借鉴意义。

——范　巍

中国人事科学研究院企业人事管理研究室主任

管理学博士后

人社部国家职业分类大典专家委员会委员

中国人才研究会理事

● 高质量发展解读的一扇窗口

　　读完此书，有两点体会。第一，党建引领不仅是国有企业的红色引擎，也是我们非公有制企业的发展动力；第二，企业要实现高质量发展，需要在战略决策、创新驱动、法人治理、风险控制、文化凝聚、人才发展、社会责任等各方面谋篇布局、久久为功。

　　这本书对高质量发展的解读，我也非常认同。高质量发展根本在于经济的活跃力、创新力和竞争力，而经济发展的活跃力、创新力和竞争力都与绿色发展紧密相连，密不可分，"绿水青山就是金山银山"。世界上所有的名酒都是背靠好水的，水是啤酒的血液，我常对员工说，我们要像保护自己的眼睛一样保护好千岛湖这湖好水。千岛湖啤酒的生存之本，就是将生态资源优势转化为经济与社会效益，富民利国。

　　此书将现代企业经营管理智慧和政治建设、党史知识有机结合在一起，用小说的手法，讲经营的故事，既有政治高度，又有理论深度，更接地气，贴合实际，非常实用，是我们公司中高层管理者学习培训的重点教材资料。

——郑晓峰

杭州市人大代表

中共杭州千岛湖啤酒有限公司党委书记、董事长

● 生动的案例、学习的样本

　　国企改革一直是经济中的热点问题，也是社会各界比较关注的话题，而以国有企业改革为题材的小说近年来更是汗牛充栋，但读过《红色引擎——推动国企高质量发展》一书后却有了令人眼前一亮的感觉。

　　本书虽以小说体为主要形式，但里面穿插了知识要点与学习思考。读者不仅会沉浸于一个新上任国企一把手所面临艰巨挑战的故事中，而且在其开展工作的每个关键节点上，还能看到及时出现的管理知识点与建议性流程。

　　从全球视角来看，很多国家都有国有企业，各国也根据自身国情建立了各具特色的管理模式，而中国国有企业的最大特色就是党建工作与经营管理工作高度融合。这是由我国的国情特点所决定的。如何将党建与经营管理有机融合付诸实施是一个实践性很强的课题，不同的地区与不同的国有企业在落实过程中又各自具有自身的情况，必须将党建工作与具体实际相结合才能实现国有企业的高质量发展。

　　书中的情节正是将党建的内容贯穿于小说的情节始终，新任一把手面对企业发生的风险事件，如何以加强党的领导为抓手，发动红色引擎，凝聚干部职工人心，抽丝剥茧化解危机，将企业从危机边缘拉回发展正轨。书中的情节梗概过往有所见闻，但如何从党建视角来深入其中则是本书的一大特色。本书在情节的关键之处列示讲解了党建及管理相关知识，尤其是一些专业术语的解读，让非相关专业的读者也能理解其中的道理，既有可读性也有学习性。

过往读过的以国企改革为主题的小说更多的是与官场小说情节相类似，茶余消遣与猎奇的成分居多，而学习的内容较少。本书则独辟蹊径以一种新的学习的形式来展现出国有企业改革攻坚的故事。从另外一个视角来看，党建工作其实并不是单一枯燥的，而是形式活泼与生动易懂的，这样才能够吸引干部职工更好地投身于党建工作，反过来党建工作才能更好地引领国有企业的高质量发展，书中也讲述了如何将党建工作搞活的路径与方法。这对于党建工作者也是大有启发的。

如上所述，这本书其实从某种意义上说早已超出了小说的范畴，可以说是培训教材，也可以说是教育读本，将小说与管理培训有机地结合在一起算是本书的另一个特色了。近些年很多国有企业在管理培训上都下了较大的力度，形式也多种多样，但说实话很多传统的培训教材着实有些枯燥无味，很难让人有心思去认真学习。本书的新颖视角则给人以新的启迪，作为国有企业领导干部读物以及管理培训教材是比较合适的。

本书作者具有多年国企工作经历，在多个管理岗位历练过程中积累了较为丰富的管理经验，对于国有企业的运行规则与发展脉络有自身的独特体悟。良好的专业学术背景与丰富的工作经验对于这本兼具实践与学习价值的小说起到了非常重要的基础铺垫作用。

列宁同志曾说："谁怕用功夫，谁就无法找到真理。"本书作者正是从实践出发下了大功夫，根据自身的经验结合思考心得，找到了一些有益的国有企业管理之道。正所谓达到了理想中的"学以致用"目标，这样也不枉作者的一片苦功夫了。

——冯　毅

中央财经大学博士

浙商资产战略发展部总经理

浙商资产研究院副院长

《极端经济：韧性、复苏与未来》等畅销书译者

● 实现强国理想，服务"国之大者"

作者用躬身经历和简洁构思，向我们展示了一幅国企奋力走向一流的清新画卷。书中充满了对国企党的全面领导和组织治理的真知灼见，令人耳目一新。本书对涵养研究生国企情怀，实现强国理想，成为服务"国之大者"的战略人才具有引领价值。

——张荣祥

浙江大学党委研究生工作部部长

浙江大学研究生管理处处长、研究员

后　记

写作本书的缘由除了前言所及，也源于一份年少情怀。

在广袤无垠的江淮平原北部，伫立着一对对现代化生产矿井。高高耸立的井架里，宽大坚固的天轮忙碌旋转，日夜不停，在湛蓝的天空里构成了一座座煤矿蒸蒸日上、稳健经营的图腾。一辆辆矿车从地下深处把挖掘开采出来的"乌金"——煤炭运送到地面，经过选煤、洗煤等工艺，再通过一辆辆专列，昼夜不息地运送到祖国各地。这里曾经是华东最大的能源基地。

在小镇上，煤矿主办的医院、中学、小学、托儿所、电影院、广播站、电视台等生活设施一应俱全。数万名职工和家属在这里繁衍生息，平凡而热闹地生活着。

清晨，伴着广播里的早间新闻，人们从住宅区出发，穿过热闹的集市，精神抖擞地去上班；孩子们三五成群，叽叽喳喳地去上学。傍晚，人们三三两两地走出矿大门，或是相约去工人俱乐部看场电影，或是到镇上的国营饭店里觥筹交错，或是回家早早吃完晚饭，和左邻右舍围坐在一起收看香港电视连续剧。孩子们做完作业，在房前屋后变着花样地玩游戏。夜深了，灯火逐渐暗淡，只有上早班和下夜班的干部职工，在昏黄的路灯下，匆匆赶路前行……在小镇上，游手好闲、寻衅滋事的青年被称为"小痞子"。他们也时常挑起事端，打架斗殴，但很快就会被镇上的派出所和煤矿的公安科联手制服，绳之以法。

工作场景秩序井然，工程建设组织有力，邻里关系和睦安然，文体活动丰富多彩，职工队伍朝气蓬勃。这是笔者少年时对国企的最初感知，也是留存心间的美好家园。现在回想起来，一座座现代化矿井能从平原上拔地而起，把各行各业管理地井然有序，让数万名职工家属在此安居乐业，主要归功于煤矿党委的坚强领导和有序治理。

1993年11月，党的十四届三中全会明确提出要进一步转换国有企业经营机制，建立适应市场经济要求，产权清晰、权责明确、政企分开、管理科学的现代企业制度。那时，笔者正在淮南矿业学院就读，与师长同学们的交流探讨，进一步加深了对国企的认识，尽管了解了国企体制机制的一些弊端，心中却依然保留着一份真挚情感。

进入20世纪90年代中期以后，随着改革开放的不断深入，国有企业的发展遇到了深层次的问题。一些企业经济效益急剧下降，一批职工下岗待业。一些企业亏损严重，甚至出现破产、倒闭。

笔者大学毕业之时，刚好是国企脱困三年行动的攻坚阶段。那个时候，经营亏损、管理低效、缺少活力是人们对国企的普遍印象。留在笔者年少时的那份美好记忆渐渐地被一系列问号所笼罩：国有企业怎么了？国有企业的问题根源在哪里？国有企业还能不能重振辉煌？

面对国有企业的困局，党中央、国务院要求加快推进国企改革，打一场改革和结构调整的攻坚战。1997年9月开始，以建立现代企业制度为方向的国有企业改革攻坚全面展开，实行鼓励兼并、规范破产、下岗分流、减员增效和实现再就业工程，全面打响三年脱困攻坚战。自此以后，国资国企领域先后启动了公司制改革、股份制改革、混合所有制改革和公司治理机制改革。

进入2000年，国有及国有控股企业逐渐脱困扭亏，实现持续增盈。国企改革不断取得突破性进展。然而，一方面，一批国企领域的贪腐案例不断曝光，国有企业出现党的领导弱化、虚化、淡化、边缘化等不同程度的问题；另一方面，丑化、妖魔化国有企业的言论甚嚣尘上，一部分人始终戴着"有色眼镜"看待国企改革发展。与此同时，国有企业内部的体制机制问题依然存在，仍然是困扰经营效率的重要因素。

党的十八大以来，新一轮国企改革进入以建立现代企业制度为特征的新阶段。国企改革围绕提升效率、改善治理、优化资本债务结构、发挥资本市场功能、加强创新和优化激励机制等方面开展，聚焦于混合所有制改革、兼并重组、淘汰落后产能和公司治理机制等关键性领域，重点解决效率低下、债务偏高、公司治理不善等迫在眉睫的基础性问题。

万山磅礴，必有主峰。2016年注定是国有企业发展史上不平凡的一年。

这一年的10月10日，党中央召开全国国有企业党的建设工作会议，习近平总书记亲自出席会议并发表重要讲话，系统阐释了新时代我们党领导国有企业的大政方针、根本原则和重大举措。这在国有企业发展史上具有划时代的里程碑意义。

自此以来，国务院国资委和广大国有企业创造性贯彻讲话精神，把抓党建、强党建作为第一责任，把企业改革发展作为第一要务，把基层党组织打造成为坚强战斗堡垒。党员干部在化解风险攻坚克难中当先锋、打头阵，在服务国家重大战略中当尖刀、挑重担，在生产经营管理一线创佳绩、做奉献，把党建优势切切实实转化成为国有企业的创新优势、发展优势和竞争优势。

在党建的引领下，国资国企经受住了复杂形势和繁重任务的严峻考验，呈现出前所未有的生机和活力，国企改革发展进入充满希望的历史新阶段。各地各国有企业赓续红色血脉、传承红色基因，把国有企业打造成为党和国家最可信赖的依靠力量，成为我们党赢得具有许多新的历史特点的伟大斗争胜利的重要力量。

国有企业全面从严治党的成功经验在新时代具有推广价值和普遍意义。在党建的引领下，国有企业改革发展取得重大成果，为增强我国综合国力、促进经济社会发展、保障和改善民生提供了重要支撑。这既是习近平总书记为国有企业改革发展和党的建设指明前进方向、提供根本遵循的必然结果，也离不开国务院国资委和广大央企、地方国企的担当作为和积极探索。国有企业党建创造的经验，成为国有经济发展的动力，也通过混合所有制等渠道影响了广大非公有制和混合所有制企业，成为彰显"中国道路""中国模式"说服力的重要载体[①]。

在新发展阶段，如何发挥全面从严治党在国有企业经营发展中的引领保障作用？以党建促经营促发展的企业党组织领导力是如何形成的？怎么样发挥作用的？在世界进入动荡变革期，中国经济进入新发展格局的背景下，国有企业面对复杂形势和繁重任务的严峻考验，又将如何发挥党组织的领导作

---

① 《国企党建会五周年特别报道：中央企业负责人多维度解读高质量党建引领高质量发展》，《国资报告》2021年第10期。

用，带领党员干部和广大职工迎难而上、劈波斩浪？

本书尝试从基层党组织领导力淬炼的角度切入，整合借鉴了高质量党建引领高质量发展的典型案例，选取行业标杆，辅以故事情节①，运用文学化的手法，反映了一家国有企业如何在市场竞争的第一线，发动红色引擎，整合力量，凝聚人心，实现企业高质量发展的主要历程。期望本书能够在国企党组织领导力的理论构思和实证研究方面做出一些有益的探索，同时也期望能为广大读者朋友打开一扇窗口，了解党的十八大以来全面从严治党在国有企业的生动实践，眺望国企高质量发展的宏伟航程。

世界百年未有之大变局，呼唤新的发展理论和发展道路。我国面临具有许多新的历史特点的伟大斗争，给国有经济赋予了更加光荣和艰巨的使命。全球金融危机以来，特别是新冠肺炎疫情的暴发，反映了西方主导的现代化模式还有很多缺陷，人类社会特别是广大发展中国家，迫切需要找到一条更公平、更公正、更可持续的现代化道路。国有经济作为中国发展道路的重要特点和独特优势，在探索新的现代化道路上具有重要意义。

本书动笔之时，正值所在集团公司改革重整的关键时期。白天无暇思考，只有在夜晚和周末写写改改。写作过程既是对过去近二十年工作经历的回顾提炼，也是对本职岗位能力和相关业务知识的再学习。由于笔者能力有限，写作手法可能不够丰富，创作方式可能不够严谨，认识理解可能不够深刻，同时书中难免会出现不当和疏漏之处，恳请读者朋友们批评指正。

在写作本书的过程中，浙江省国际贸易集团公司、浙江省国贸集团资产经营公司、浙江省浙商资产管理有限公司、浙江中大技术进出口集团公司的领导和同事给予了大力支持；笔者主导的菁英汇、师课训项目为本书提供了部分素材；在中国电信杭州分公司的工作经历加深了笔者对央企战略单元运营逻辑和战略管理的实践体验；参加中共中央党校（国家行政学院）习近平新时代中国特色社会主义思想研究中心、党的建设教研部、中国领导科学研究会共同主办的"中国共产党领导力论坛"为创作提供了宏伟视野；参加中共浙江省国资委党委的交叉巡察工作为创作提供了思考感悟；在中大技术和

---

① 本书中的人物、事件和机构均为创作。

亲爱的同事们勠力同心、并肩作战、攻坚克难的日日夜夜给笔者留下了难以磨灭的印记和弥足珍贵的精神财富，也是本书写作源源不断的动力。

本书成稿以后得到了恩师浙江大学文科资深教授王重鸣和中共中央党校（国家行政学院）党的建设教研部教授张国玉的关心支持和欣然作序；上海交通大学安泰经济与管理学院教授、海南大学管理学院院长唐宁玉，中华全国律师协会常务理事、杭州市律师协会会长沈田丰，全国优秀党务工作者、传化集团有限公司党委书记陈捷，中国人事科学研究院研究员、管理学博士后范巍，全国劳动模范、北大纵横管理咨询集团创始人王璞，浙江大学党委研究生工作部部长张荣祥，中央财经大学博士、浙商资产战略发展部总经理冯毅，杭州千岛湖啤酒有限公司党委书记、董事长郑晓峰等专家学者在百忙之中，慨然应允，以心点评；中国出版集团研究出版社社长赵卜慧，副总经理、副总编丁波为本书出版提供了大力支持，责任编辑寇颖丹提供了专业、精准的建议。

言之谆谆，意之殷殷，情之切切，无以言表，在此表示诚挚感谢！

因篇幅有限，水平有限，笔者所做的努力，可能仅仅是浩瀚星空里的一点微光。笔者愿意以这一点微光，引燃更多有识之士的熊熊火炬，讲好国企故事，助力建设世界一流企业，谱写这个伟大时代的精彩篇章。

吴东晓

2022年5月